李存光——著

巴金传

團結出版社

图书在版编目（C I P）数据

巴金传 / 李存光著. -- 北京 : 团结出版社, 2018.3

ISBN 978-7-5126-5788-5

Ⅰ. ①巴… Ⅱ. ①李… Ⅲ. ①巴金（1904-2005）— 传记 Ⅳ. ①K825.6

中国版本图书馆 CIP 数据核字(2017)第 284064 号

出　版：团结出版社
（北京市东城区东皇城根南街 84 号　邮编：100006）
电　话：（010）65228880　65244790
网　址：http://www.tjpress.com
E-mail：zb65244790@vip.163.com
经　销：全国新华书店
印　装：唐山新苑印务有限公司

开　本：170mm×240mm　　16 开
印　张：24.5
字　数：379 千字
印　数：4045
版　次：2018 年 3 月　第 1 版
印　次：2018 年 3 月　第 1 次印刷

书　号：978-7-5126-5788-5
定　价：68.00 元

巴金写作《随想录》

上：巴金手迹（给作者的信）

下：巴金与本书作者李存光

目录

第一部　幼稚而大胆的叛徒

（1904—1930年）

第一章　生命之春 …… 3

1904.11—1923.4

1．又依恋又诅咒的大家庭

2．从睡梦中惊醒

3．为人生而艺术

第二章　黑夜行舟 …… 46

1923.5—1926.12

4．东南大学附中

5．浮沉于理论之河

第三章　寂寞而痛苦的心 …… 60

1927.1—1930.12

6．从东海到地中海

7．在巴黎和拉·封丹的故乡

8．震动文坛的初作

9．返国以后

目录

第二部　在暗夜里呼喊光明
（1931—1941年）

第四章　灵魂的呼号 …… 99

1931.1—1934.10

10．“正式地写小说”

11．梦想和现实

12．爱情与革命

第五章　“我是一个人” …… 127

1934.11—1937.6

13．横滨的寂寞和东京的噩梦

14．文化生活出版社

15．追随鲁迅的足迹

目录

第六章　站在自己的岗位上……151

1937.7—1941.12

16 · 呐喊，控诉！

17 · 血管里流着中国人的血

第七章　创造自己的径路……168

18 · 应和时代的召唤

19 · 文学道路上的丰碑

20 · 激动万千青年读者的心

目录

第三部　黎明前的探求与企盼

（1942—1949年）

第八章　生活与创作的转折 …… 187

1942.1—1946.4

21·属意"小人小事"

22·桂林笔战

23·花溪情长

24·胜利前后

第九章　寒夜中 …… 207

1946.5—1949.6

25·夜，的确太冷了

26·怀念·企盼

目录

第四部 从"天堂"到"炼狱"（1949—1976年）

第十章 赤诚的心 …… 221

1949.7—1957.12

27 · 大会

28 · 朝鲜战地的日日夜夜

29 · 礼赞与针砭

第十一章 风雨之路 …… 243

1958.1—1966.5

30 · 批判声声急

31 · 朝鲜的梦

32 · 作家的勇气和责任心

第十二章 灵魂的煎熬 …… 262

1966.6—1976.9

33 · "炼狱"

34 · 萧珊之死

35 · 扑不灭的火焰

第五部 “掏出自己鲜红的心”

（1976—1993年）

第十三章 春蚕 …………………… 285

1976.10—1986.8，上

36．秋天里的春天

37．现代文学馆

第十四章 “保留我的真面目” …………………… 306

1976.10—1986.8，下

38．用自己的脑子思考

39．总结“十年浩劫”

目录

第六部　让生命开花
（1987—2005年）

第十五章　愿化泥土 …… 323

1987.1—1998.12

40．把心奉献给读者

41．文因德而益彰

42．没有神

43．告别读者

第十六章　生命没有沉寂 …… 350

1999.2—2005.10

44．为他人而活着

45．丰富满盈的生命

尾　章 …… 362

流向大海

我眼中的巴金老人——代后记

新版后记 …… 380

第一部

幼稚而大胆的叛徒

(1904—1930 年)

第一章　生命之春

(1904.11—1923.4)

1. 又依恋又诅咒的大家庭

一

巴金出生在四川成都一个封建官僚地主家庭，时间是清光绪三十年十月十九日，即公元 1904 年 11 月 25 日。李家祖籍浙江嘉兴，巴金的高祖李介菴作为“幕僚”携家入川，到巴金这一辈，李家定居四川已经有五代人了。因此，成都是巴金生于斯长于斯的真正故乡。

巴金出生时，当过县官的曾祖父李璠已谢世 26 年，做过知县、知州的祖父李镛已闲居在家，他置了不少田产，在成都北门建了一座漂亮的公馆，现在虽垂垂老矣，仍作为至高无上的一家之主，掌握着大家庭的命运。

李镛有六子一女，长子李道河，字子舟，即是巴金的父亲。李家虽算不上显赫的贵胄世族，但历代为官，也称得上一方名门。同当时中国大地上所有的封建大家庭一样，李家的一切行事，都严守着卑尊有别、长幼有序的祖宗遗训。祖父和父亲为巴金取名“尧棠”，字“芾甘”，乳名 (小名) 升麐 (即“麟”的异体字)。按照李家的家谱，巴金这一辈是“尧”字辈，他的同胞大哥名“尧枚”，三哥名“尧林”，二姐名“尧桢”，三姐名“尧彩”。兄弟姐妹的顺序是按大排行排列的，二哥、大姐都是二叔李道溥的孩子。

巴金的名和字，出自《诗经》中的《召南 · 甘棠》。这是一首颂扬周召公姬奭施惠于民的德政的民歌，全诗三节，每节都以“蔽芾甘棠”一句开头。“甘棠”即棠梨树，“蔽芾”是描绘甘棠树繁茂状貌的形容词。巴金的祖父能诗文、喜字画，曾自印过一册题为《秋棠山馆诗钞》的诗集。给子孙取名字，自然要引经据典。拆开完整的诗句，取末字“棠”为名。中间二字“芾甘”为字，于原诗的文意并不通达。但选中这一句诗，却表明祖父和父亲对这个孩子的厚望。

对于自己幼年时的家庭环境和生活经历，巴金在30年代写的《最初的回忆》《家庭的环境》《我的幼年》《我的几个先生》等自传散文中，曾作过充满深情的具体描写，在50年代以后写的谈《家》《春》《秋》等作品的创作谈和80年代写的《随想录》中，又作过若干片断的回忆。这些文章所提供的事实和材料，成为人们了解、叙述巴金童年和少年时期生活最主要的根据。

成都北门有一条正通顺街，东西走向，长不足一里。街的中段有一座坐北朝南的大公馆，这就是巴金渡过生命最初19年的“家”。

巴金在他最著名的长篇小说《家》第一章末尾，这样描写高公馆及其周围的环境：

有着黑漆大门的公馆静寂地并排立在寒风里。两个永远沉默的石狮子蹲在门口。门开着，好像一只怪兽的大口。里面是一个黑洞，这里面有什么东西，谁也望不见。每个公馆都经过了相当长的年代，或是更换了几个姓。每一个公馆都有它自己的秘密。大门上的黑漆脱落了，又涂上新的，虽然经过了这些改变，可是它们的秘密依旧不让外面的人知道。

走到了这条街的中段，在一所更大的公馆的门前。弟兄两个站住了。他们把皮鞋在石阶上擦了几下，抖了抖身上的雪水，便提着伞大步走了进去。他们的脚步声很快地消失在黑洞里面。门前又恢复了先前的静寂。这所公馆和别的公馆一样，门口也有一对石狮子，屋檐下也挂着一对大的红纸灯笼，只是门前台阶下多一对长方形大石缸，门墙上挂着一副木对联，红漆底子上现出八个隶书黑字：“国恩家庆，人寿年丰。”两扇大门开在里面，门上各站了一位手执大刀的顶天立地的彩色门神。

巴金的家李公馆与作品中描写的高公馆并无二致。需要补充的是，打开油亮闪光的黑漆大门，迎面是一堵白色的照壁，“长宜子孙”四个土红色的篆字，组成一幅图案，嵌在照壁中央蓝色的圆框子里。公馆里有四进院落，几十间房屋，还有花园、竹林和许多树木。

巴金的家所在的成都，是怎样的一座城市呢？它地处长江支流岷江的中游，位于号称“天府之国”的川西平原中部，是一座有两千多年悠久历史的古城。其名的来历，据说是沿用周代“一年而所居成聚，二年成邑，三年成都”之说。此城因织锦业盛，并设锦官管理，又别称“锦官城”“锦城”；因城上遍植木芙蓉，亦别称“芙蓉城”。早在公元前 311 年战国时代，秦惠工就在这里设县筑城；三国时期的蜀汉，五代时的前蜀、后蜀，都以此地为国都；北宋的李顺和明末的张献忠等农民起义军，也曾以这里为都建立“大蜀国”和“大西国”。历代诗人墨客，留下过许多诗文，咏唱这座富庶华美的历史文化名城。西晋诗人左思在他的名作《蜀都赋》中，称它“既丽且崇，实号成都”，并用“轨躅八达，里闬对出。比屋连甍，千庑万室”这样的文句，形容其街道纵横、人口稠密的富足繁华状况。唐代诗人杜甫到成都后，感叹地称它为“喧然名都会”(《成都府》)。宋代诗人陆游则以“濯锦江边天下稀”(《成都书事》)的诗句，表达他对这座名城的赞美。据有关资料，到清代乾隆四十八年(公元 1783 年)，成都城的规模为周回二十三里三分，东西相距九里三分，南北相距七里七分。这个规模大概保持了一百余年，到本世纪初也无大变化。在巴金出生的前后，成都已拥有 300 余条大小街巷、20 多万人口，堪称中国西南的泱泱大城。

幼年的巴金在成都这个锦衣秀食之乡，在李公馆的高墙深院之中，过着优裕富足的少爷生活，衣食起居有仆婢伺候，玩耍嬉戏有丫头陪伴。母亲陈淑芬温馨地珍爱着这个与自己生日相同的幼子，年长七岁的大哥尧枚和两个姐姐待他们的四弟都很好，三哥尧林更处处照顾着小自己一岁的胞弟，同辈的弟妹也很喜欢他们的四哥。天真烂漫的巴金就在这样的环境中生活了近五年时光。

二

1909 年，巴金的父亲就任广元县知县，全家离开成都，去到广元。

位于四川北部的广元，群山怀抱，人烟稀少，是一个地处偏僻的苦寒山区。知县一家住在县衙内。进县衙的大门是一块空地，两旁是关犯人的监牢，中间是问案的大堂，后面是二堂、三堂、四堂，再后面有草地、桑林，整个县衙有六七进深。这在小小的穷县城里，称得上是堂皇巍峨的建筑了。李道河夫妇和孩子们的居室在三堂，孩子们的活动天地也就在他们眼中显得十分宽阔的县衙内。

白天，巴金随哥哥、姐姐一道到二堂的书房里跟着家塾先生认字、读书。放学以后，便到四堂后面的草地、桑林玩耍，拾桑果，做游戏，自由自在，无忧无虑。他们还养了二十几只鸡，巴金把它们当作亲密的伙伴，一一取了名字。晚上，母亲在油灯下教尧林和巴金读词，读本是母亲用娟秀的小字，亲手从舒梦兰(字白香)编选的《白香词谱》上抄下来的。这部流传很广的词集选录的历代名家之作，它是巴金最初接触到的文学作品。年幼的巴金还不可能理解这些词章深邃的意境和富于表现力的文字，但每一首都能熟记背诵。母亲教读时那柔和清朗的声音，令巴金和尧林心醉，这是他们兄弟俩在这荒寂的山区所能享受到的“唯一的音乐”。

广元的生活并不全是平静、喜悦、温馨，也有困惑、眼泪、悲哀甚至愤怒。孩子的心是好奇的，每当听到衙役们喝叫“大老爷升堂啰！”的声音时，巴金就溜出书房，跑到大堂，悄悄站在公案旁观看父亲审案。父亲穿着奇怪的衣服坐在公案前，衙役们手持竹板侍立两旁，“犯人”跪在地上回答老爷的问话。“犯人”若不招供，脸色阴沉的父亲便猛地一拍桌子，厉声喝道：“给我拉下去打！”两个衙役应声而上，把“犯人”按倒在地，褪下裤子，露出屁股，然后用小竹板从左右两边打下来。“犯人”哭号着大叫“冤枉”，屁股由白变红，而紫，鲜血直流。直到“犯人”表示“招供”，衙役才停止抽打。然后，衙役牵起挨过打的人，给大老爷磕头，谢恩。……巴金看着这一幕幕，脑子里常常冒出疑问：为什么平时在家里很和善的父亲，审案时就变成了另一个人？为什么“犯人”不招供就要挨打受刑？为什么被打得皮开肉绽的“犯人”却要向命令打自己的父亲谢恩？

公堂上的事情巴金弄不明白，家里也有一些事情使他感到困惑和难过。比如，他最喜爱的大花鸡有一天被宰杀，变成了饭桌上的美味菜肴。他又伤心，又气愤，不吃一口鸡肉。他质问母亲："为什么做了鸡，就应该被人杀来做菜吃呢？"当他明白鸡活着就是为了给人们做食物，此后不仅对养鸡失去了兴趣，并对那些养肥自己，以便给人们作食料的动物，都怀有厌恶之心。又如，祖父生日的那一天，全家在广元敬神祝福，巴金却不肯磕头，因此第一次挨了母亲的鞭子，这使他感到少有的委屈。

到广元的第二年，巴金的第二个妹妹（十妹）出世了。母亲雇了一个奶妈给十妹喂奶。当十妹出水痘时，发生了一件事情。按老习惯，这期间奶妈不能随便吃食物，尤其忌讳吃鲜黄瓜之类的"发物"，但有一天奶妈在偷偷吃凉拌黄瓜时被母亲发现，结果挨了二十下皮鞭并遭辞退。巴金的心上蒙上一层阴影：比父亲更温和善良的妈妈，总教自己要爱人、要帮助人，并且不许自己打骂仆婢的妈妈，为什么也做出这种残酷的事情呢！

照料巴金和尧林生活起居的女仆杨嫂的遭遇，更给巴金留下了深深的感伤。30多岁的杨嫂是一个寡妇，在李家做了四年佣人，又跟着他们一家从成都来到广元。杨嫂干活勤快利落，口才也好，会讲许多很好听的故事。这个能做会说的杨嫂却生病了。巴金和三哥尧林偷偷跑到三堂后边的平房去看过一次病中的杨嫂。房内阴暗发臭，杨嫂躺在床上，乱发飘蓬，脸色惨白，双手又瘦又黄，说话有气无力。不久，缺少照顾的杨嫂神经错乱，凄惨地死去了。这是巴金懂事以来死去的第一个他最接近、最熟悉的人。再也看不到勤快的杨嫂那高高的身影了，再也听不见会讲故事的杨嫂那悦耳的声音了，一个活生生的人永远消失了。这就是死！它使巴金感到可怕，可怖。年幼的巴金第一次朦胧地知道了什么是死，感受到死的悲哀的含义。

公堂上的事情和家中的一些事情，使幼小的巴金感到，身边的事并不都是"爱"，他看到的鞭打、受刑、眼泪、哭号、死亡，都与"爱"相矛盾。直觉告诉他幼小的心灵：并不是一切的人都能随时得到爱，也不是一切的人都始终给别人以爱。这是为什么呢？一个时隐时显、时弱时强的疑团，常常在他的脑中盘旋。

三

正当巴金在广元过着幼年时代最特殊的一段生活时，中国国内发生一连串惊心动魄的大事。1911 年 6 月，为反对清政府向帝国主义出卖铁路权，四川人民奋起抗争，组织了川汉铁路保路同志会，保路运动风起云涌。9 月 8 日，保路同志会武装起义，包围省会成都。25 日，荣县同盟会以“保路”为口号起义，一举成功，成立了中国历史上第一个资产阶级政权——荣县军政府。荣县首义极大地推动了四川的革命运动，并成为辛亥革命的序幕。在革命运动蓬勃发展、清王朝风雨飘摇的形势下，这一年初秋，也许是感到清王朝已朝不保夕，也许是心仪革命运动，也许是不愿在这苦寒山区久留，巴金的父亲李道河辞去了知县的官职，带全家回到阔别两年的成都。不久，武昌起义爆发。11 月 25 日，成都宣告独立；不久，成立了大汉军政府。巴金的父亲带领孩子们用碗口、杯口印制图案为 18 圈的新国旗。但是，军政府成立才 12 天，12 月 28 日（夏历 10 月 18 日）成都就发生了一场兵变。

根据有关史料记载，这场兵变是由部分巡防军带头起事的，继而，一些边防军、陆军、武装巡警都卷入了。变兵抢劫银行、银号、捐号、票号，繁华街道上的商号、当铺，乃至一些大公馆、大住宅，闹得偌大个成都城鸡犬不宁，户户自危。巴金的父亲忙着埋藏了银圆和其它贵重物品。母亲带着不满七岁的巴金和除大哥尧枚以外的其他孩子，躲到外祖母家，起初呆在房内，后来听到外面的哭闹声和枪声，担心不安全又爬过围墙，在墙外菜园的茅棚里坐了一夜。当晚，正通顺街家中真的冲进十来个变兵，由于有十几个堂勇和三叔从南充带来的镖客持枪以待，家里才免遭洗劫，只“借”给变兵一百圆银元了事。这场持续了半天一夜的兵变和洗劫，使全城关门闭户，人心惶惶。第二天（夏历 10 月 19 日）本是巴金和他的母亲的生日，但心神不定的家人却忘了这件事，也无心顾及这件事了。年幼的巴金不可能理解这场兵变，对他来说，这是一场难忘的惊骇。它使一颗幼稚的心在更广大的范围内第一次直接感受到社会动乱给普通人带来的忧虑苦难和不幸。

回到成都以后，已经懂事的巴金常常同哥哥、姐姐以及同辈的堂姐妹、表兄弟们聚会，做各种游戏，拍皮球，踢毽子，掷大观园图，逢年过节，还行各种酒令助兴。除了玩耍，当然还得读书。巴金同三哥尧林一起上家塾，在先生的强迫下，不仅读“四书”“五经”，还熟读了许多其它诗文，特别熟悉《古文观止》中的两百多篇散文。《红楼梦》是家里的大人们都读过的书，巴金常常听长辈们谈论，因此，熟知书中的人物和故事。唐诗、宋词、晚清小说和先秦以来的各体散文，这些中国古代优秀的文学遗产，成了最早浇灌巴金心灵之花的精神养料。

巴金在公馆里受到的最初的教育，主要来自母亲陈淑芬。在荒僻的广元时，母亲自然是巴金幼小的世界的中心。回成都后，长辈、亲人多了，活动的天地更广了，但巴金最依恋、最敬重的人仍然是母亲。巴金后来把母亲称作人生道路上的“第一个先生”。母亲对巴金的言传身教主要是“爱”。巴金说：“她教我爱一切的人，不管他们贫或富；她教我帮助那些在困苦中需要扶持的人；她教我同情那些境遇不好的婢仆，怜恤他们，不要把自己看得比他们高，动辄将他们打骂。”①母亲作为大家庭的长房长媳，是一个温和宽厚的贤妻良母。“一张温和的圆圆脸，被刨花水泯得光光的头发，常常带笑的嘴。淡青色湖绉滚宽边的大袖短袄，没有领子。”②这就是巴金在追忆中描绘的母亲的肖像。母亲絮絮教诲巴金兄弟“忠实地生活，忠实地爱人，帮助人”，力图让孩子们懂得为人立身处世最根本的道德规范。她把中华民族民族性中宽厚待人的一面，同传统伦理中施善积德的泛爱思想揉和起来，作为做人的根基。母亲“爱一切人”的教诲，深深地植在巴金幼小的心中。它对巴金的影响主要在于推己及人：“因为受到了爱，认识了爱，才知道把爱分给别人，才想对自己以外的人做一些事情。把我和这社会连起来的也正是这个爱字，这是我全性格的根柢。”③

巴金的母亲谆谆教诲的“爱”，在抽象的意义上讲，是不管贫富贵贱，不分阶级阶层，泛指“一切的人”，但它的实际内容，却往往偏向于现实生活中处于困顿、不幸境地的贫穷者和弱小者。这使得巴金最初就把“爱”同对被压迫、遭凌辱的贫苦人民的同情联系在一起。在大家庭中，这首先表现

①③　《我的几个先生》，《中流》半月刊第 1 卷第 2 期，1936 年 9 月 20 日。

②《最初的回忆》，《巴金自传》，第一出版社，1934 年 11 月版。

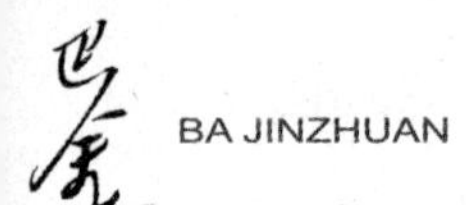

为母亲允许他到轿夫、仆人、厨子这些“下人”[①]中去。这样，巴金得以经常同“下人”们谈天说地，玩耍嬉戏，以至“下人”们成了什么事都不对他隐瞒的亲密朋友。与“下人”的交往，使巴金在大公馆的高墙深院中，除了花厅、书房、卧室、花园，除了祖父、父母、叔婶、胞兄弟姐妹和堂、表兄弟姐妹以外，还有了另外一个迥然异趣的环境，这就是“下人”们生活的马房、门房、厨房。

在狭小的马房、在寒冷的门房，巴金常常听到病弱的轿夫、衰老的仆人叙说自己辛酸的经历，倾诉自己绝望的胸怀。他还亲眼看到这些人惨苦的遭遇：有的因偷了主人的字画被赶出门外，沦为乞丐而死；有的病死门房，身子瘦得像一捆干柴；有的被诬陷“盗窃”，在大门内上吊自杀……这一切，开阔着巴金的眼界，使他知道在“家庭”以外，还有“社会”；除了锦衣秀食、养尊处优的老爷、太太、少爷、小姐之外，还有许多劳作不息、身份低贱、经历坎坷并且受穷、受饿、受苦的人。使他知道大地上并不都是明媚的阳光，还有沉沉的黑暗；生活中并不都是温馨的爱，还有苦难、辛酸、不平和憎恨。当少年巴金听到、看到“下人”的困苦处境和悲惨遭遇时，他深怀同情，“含着眼泪，心里起了火一般的反抗的思想”。他从心底升出这样一个念头：“我不要做一个少爷，我要做一个站在他们一边，帮助他们的人。”[②]

从那些为生活压得干瘦羸弱的劳动者身上，少年巴金还看到了劳动者忠厚、正直、爽朗的品格。饱经艰辛的轿夫老周是“下人”中对巴金最有影响的一个人。这个备受生活薄待的老人孤身独处，老婆早离开他跟别人跑了，儿子当兵又死于战场。他不懂得自己遭受苦难的根源，不恨旧社会，而以自己的生活信念执著地活着。有一次，巴金帮他烧火，老周指着熊熊燃烧的灶堂对他说：“你记住，火要空心，人要忠心。”他说的是烧火的窍门，也道出了做人的态度。他还对巴金说过：“对人要真实，不管别人待你怎样，自己总不要走错脚步。自己不要骗人，不要亏待人，不要占别人的便宜。”老周的话语，深深地刻在了少年巴金的心上。20年以后，巴金成人并做了作家，还深情地把这个倔强而执著的轿夫称为自己幼年时的“先生”，并认为他所说的“忠心”“并

---

① 四川方言，意为“下面的人”“下等人”，指仆婢；与“下人”相对的“上人”，为“上面的”“上等人”，指主人。

② 《我的幼年》，《中流》半月刊第1卷第1期，1936年9月5日。

不是指奴隶般地服从主人。他的意思是忠实地依照自己的所信而活下去。”①老周告诫的为人要“真实”“忠心”，成为了巴金毕生生活信念的两个基石，成了他律己待人的长鸣警钟。

四

1914 年巴金十岁的时候，母亲生病去世了。从小沉浸在母爱中的巴金，受到从未有过的打击。尽管一年以后父亲娶了继母，继母对他们兄弟也很好，但却不能治愈他心上的伤痕，他仍感到悲哀和孤独。母亲去世的伤口还没有愈合，两年半以后父亲又去世了，这更增添了巴金的沉重和空虚。就在父亲去世前后，巴金还经历了两次战乱之苦。1917 年 4 月和 7 月，为了争权夺地，扩张实力，任四川督军的滇军总司令罗佩金和四川省长、黔军总司令戴戡（他们都是入川的护国军），同以四川军军长刘存厚为代表的四川地方势力兵戎相见，成都市内两次发生巷战。4 月的第一次巷战是川军与滇军之战，连续七天枪声不绝，血流街巷，巴金二叔的两个儿子却在这时患白喉症，因为得不到及时医治都死了。战事刚平，巴金和尧林也染上白喉，所幸的是治愈了。7 月的第二次巷战更为激烈，川军和黔军互相攻击，全城硝烟弥漫，火光四起，血流得更多，人死得更多，最后黔军溃败，总司令戴戡自戕，战事才告一段落。这两次战乱的恐惧，作为一种残酷可怖的景象，深深留存在巴金的脑海之中。此后 17 年间，四川各军阀之间混战不休，给号称“天府”的四川人民，带来了深重的灾难。

双亲的相继去世，身边的战乱不已，人间的“爱”是这样少，疾病和残杀不断夺去亲近的和陌生的人的生命，这使巴金更加忧伤惆怅。他从小就喜欢读书，这时更向书本寻求慰藉。他找到《说岳全传》《施公案》《彭公案》《水浒传》等旧小说，一一读过。此后两、三年中，巴金还从大哥那里看到商务印书馆陆续编辑出版的《说部丛书》。这些书是大哥向当律师的二叔借来的。这部丛书 1903 年开始印行，一共 3 集，每集 100 种（第四集 1921 年 5 月至 1924 年 5 月出版，只印行 20 余种），是本世纪初中国最大、最完备的一套翻译小说文库。丛书的译者主要是林纾等人，译文或是文言，或是白话，

① 《我的几个先生》，《中流》半月刊第 1 卷第 2 期，1936 年 9 月 20 日。

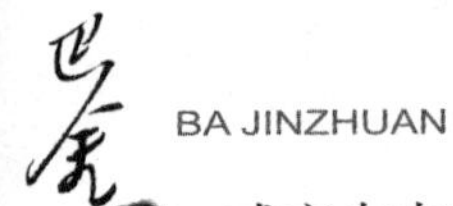

或文白夹杂，选材虽良莠不齐，但包容了托尔斯泰、小仲马、大仲马、狄更斯、莎士比亚、司各特、欧文、易卜生、塞万提斯、斯威夫特、斯蒂文森、里德、斯托夫人、巴尔扎克、雨果等世界各国的许多名家名著。这几百种翻译小说在巴金面前展开了一个斑斓的世界，使他看到了域外种种奇异的人物、世相和思想。整日埋头读书，广泛浏览古今中外的小说，不仅使巴金受到多方面的文学陶冶，也逐渐养就了他沉郁倔强的内向性格和善观察、好思索的习惯。这性格和习惯在巴金的一生中一直起着重要的作用。

父亲去世以后，20 岁的大哥尧枚挑起了巴金一房的生活担子。自幼聪慧的尧枚是长房长孙。祖父指望他尽早传宗接代、兴家立业，因此，当他中学毕业时，就由家庭包办结了婚。新娘不是他爱着的那位姑娘，而是由父亲在祖宗的神主面前拈纸团决定的。大哥顺从地接受了长辈的安排。接着，父亲让他到成都商业场股份有限公司做职员。尽管尧枚在中学毕业时名列第一，满怀着到上海或北京的大学继续深造，甚至去德国留学的愿望，但他性格软弱，不敢违背祖父和父亲的意旨，只好走家庭为自己安排的道路。父亲去世后，尧枚掌管着在全家举足轻重的长房的家务，少不了要应付各处袭来的非难和攻击，应付大家庭中理不清的种种矛盾，但他总是委屈求全，一味忍让、敷衍。他想寻求平静，内心又十分痛苦，因此得了神经病，不时在深夜独自坐进停在大厅的轿子，打碎轿窗的玻璃。巴金常常责备大哥的暮气和软弱苟且，同时又对他的处境感到不平和痛苦。从大哥身上，巴金自觉不自觉地看到一条可怕而可悲的路。

随着年龄的增长，巴金越来越多地看到家中长辈们专横、自私、丑恶、堕落的一面。抽大烟已习以为常，勾引老妈子，按丫头，闹小旦之类的丑剧也不断发生，一个叔叔公然在外面租公馆包独娼，更是闹得乌烟瘴气。此外，为了金钱、财产，家中各房之间还常常发生纠纷和倾轧。巴金憎恶这一切。令他更不能容忍的是，长辈们用封建礼教束缚和折磨年轻人：巴金的三姐被迫嫁给一个陌生的男子，一个表姐被关在古庙似的家里不见天日。这些他所亲近的青年女子的遭遇使他格外痛心。

在父亲去世前，巴金的三哥尧林已进了中学，看到哥哥在新学校里吸收新知，巴金又高兴又羡慕，但他自己却没有这样的好运。由于祖父从来就不赞成子弟进新学校，在尧林入学后，祖父反对再送子弟入新学校，因此，已经 13 岁的巴金只能在家中利用晚上的时间，跟在外国语专门学校读书的表哥濮季云学英语。直到 1918 年秋天，他才进入基督教青年会的英文补习学校学习。祖父不反对巴金上补习学校学英文，并非思想有了开化，而是因为他听说懂英文可以进邮局工作，而这工作不仅薪水高，位置也稳固。可惜巴金身体不好，只上了一个月的课便因病辍学，此后，只得仍在家中跟表哥学习。大家庭内部的冲突、不幸和自己的忧郁，使少年巴金觉得这个高墙围着的“家”像一团阴影，罩在自己的头上，像一座囚笼，关住了自己渴望自由发展的心。他恨家中“上人”们的虚伪、做作，恨封建礼教的专制和对青年人的压制，恨日睹耳闻的欺凌、压迫和不义，恨一切恶势力和种种不合理的现象。这个单纯正直的孩子，受着生活另一个侧面的启发和教育。他不安于周围的环境，不甘心做大家庭的少爷，滋长着怀疑和反抗的精神。

“童年不是黄金时代，它是萌芽的时期，在那时候绿叶正从一棵生命的树上生长出来。那些伴着春天来到人间的嫩绿的新叶，我爱它，看见它们一天天地发育成长，我就想到那茂盛繁荣的将来。”这是 1932 年巴金在《童年》中写的一段话。[①] 巴金的童年和少年时期是他生命的萌芽期，它的确不全是美好灿烂的“黄金时代”。其中，有爱，也有恨；有欢笑，也有泪水；有舒畅，也有困惑；有幸福，也有忧伤。但这毕竟是一个欢乐大于愁苦、依恋重于诅咒的时期。在微风细雨之中，巴金那生命中新绿的树叶正在坚强的生命之树上发育，成长……

2. 从睡梦中惊醒

一

1919 年，中国发生了具有伟大历史意义的五四运动。这场彻底的、毫不妥协的反帝反封建运动和伟大的思想启蒙运动，不仅对于中国现代的历史进

① 《创化季刊》第 1 卷第 1 期，1933 年 3 月 1 日。

程产生了具有决定意义的影响，也培养了整整一代为独立、民主、富强的中华人民共和国献身的新人。40年后，年逾半百的巴金深情地写道：“我常常说我是五四的产儿。五四运动像一声春雷把我从睡梦中惊醒了。我睁开了眼睛，开始看到了一个崭新的世界。”①60年后，75岁的巴金以更充沛的激情写道：“我们是五四运动的产儿，是被五四运动的年轻英雄们所唤醒、所教育的一代人。他们的英雄事迹拨开了我们紧闭的眼睛，让我们看见了新的天地。可以说，他们挽救了我们。”②这些话，既是巴金出自肺腑的自白，也是为五四精神所唤醒的所有同代热血青年的共同心声。

五四运动所以能“惊醒”生活在封建大家庭里的少年巴金，首先得力于当时传播新文化、新思想的报刊书籍。五四前后，以上海、北京为中心出版的新报新刊风起云涌，流向全国各地，也源源流入四川省会成都和另一个大城市重庆，以及川东、川南、川西、川北各县。五四运动发生后，各报竞相报道如火如荼的学生运动、工人运动及社会各界的强烈反应。巴金曾这样记述他们兄弟当时争阅新报刊的情形：

> 当初五四运动发生的时候，报纸上的如火如荼的记载，就在我们的表面上平静的家庭生活里敲起了警钟。大哥的被忘却了的青春也被唤醒了：我们开始贪婪地读着本地报纸上的关于学生运动的北京通讯，以及后来上海的六三运动的记载。本地报纸上后来还转载了《新青年》和《每周评论》的文章，这些文章很使我们的头脑震动，但我们却觉得它们常说着我们想说而又不会说的话。
>
> 于是大哥找到了本城唯一出售新书的那家店铺，他在那里买了一本《新青年》和两三份《每周评论》。我们争着读它们。那里面的每个字都像火星一般地点燃了我们的热情。那些新奇的议论和热烈的文句带着一种不可抗拒的力量压倒了我们三个，后来更说服了香表哥，甚至还说服了六姊，她另外订阅了一份《新青年》。
>
> 《新青年》、《新潮》、《每周评论》、《星期评论》、《少

① 《觉醒与活动》，《巴金文集》第十卷，人民文学出版社，1961年10月版。

② 《五四运动六十周年》，《随想录》，人民文学出版社，1980年6月版。

年中国》、《少年世界》、《北大学生周刊》、《进化杂志》、《实社自由录》等等都接连地到了我们的手里。在成都也响应般地出版了《星期日》、《学生潮》、《威克烈》……《威克烈》就是“外专”学生办的，那时香表哥还在“外专”读书。我们设法买全了《新青年》的前五卷。后来大哥甚至预先存了一两百块钱在“华阳书报流通处”，每天都要到那里去取一些新的书报回来。在那时候新的书报给人争先恐后地购买着（大哥做事的地方离那书铺极近）。

每天晚上我们总要抽点时间出来轮流地读这些书报，连通讯栏也不轻易放过。有时我们三弟兄，再加上香表哥和六姊，我们聚在一起讨论这些新书报中所论及的各种问题。[1]

这些话写于 1935 年春。有意思的是，这样的话语早在 1931 年 4 月写的长篇小说《家》第六章中就出现过了，巴金写道：

过了两年五四运动发生了。报纸上的如火如荼的记载唤醒了他的被忘却了的青春。他和他的两个兄弟一样贪婪地读着本地报纸上转载的北京消息，以及后来上海、南京两地六月初大罢市的新闻。本地报纸上又转载了《新青年》和《每周评论》里的文章。于是他在本城唯一出售新书报的“华洋书报流通处”里买了一本最近出版的《新青年》，又买了两三份《每周评论》。这些刊物里面一个一个的字像火星一样地点燃了他们弟兄的热情。那些新奇的议论和热烈的文句带着一种不可抗拒的力量压倒了他们三个人，使他们并不经过长期的思索就信服了。于是《新青年》、《新潮》、《每周评论》、《星期评论》、《少年中国》等等都接连地到了他们的手里。以前出版的和新出版的《新青年》、《新潮》两种杂志，只要能够买到的，他们都买了，甚至《新青年》的前身《青年杂志》也被那个老店员从旧书堆里捡了出来送到他们的手里。

① 《信仰与活动》，《水星》月刊第 2 卷第 2 期，1935 年 5 月 10 日。

每天晚上，他和两个兄弟轮流地读这些书报，连通讯栏也不肯轻易放过。他们有时候还讨论这些书报中所论到的各种问题。他两个兄弟的思想比他的思想进步些。

两段记叙不仅内容相同，措词也几乎完全一样，差别仅在于前者更详一些而已（作为小说，将书店的名称故意改动了一个字）。巴金这两段文字对自己通过新刊物接受新思想经历的叙述，是真实可信的。

五四作为我国近代第一次伟大的思想启蒙运动和新文化运动，如狂飚骤起，新思想的宣传，声势浩大，泥沙俱下，各种标“新”立“异”的刊物，其政治立场和思想倾向并不完全一致，比较普遍的情况是，即使同一报刊，内容也往往呈现出多种学说并陈杂列的状况。这正是那个时代的特点。但作为整个社会思潮来观察，共同的趋向又是明显的，这就是：竭力攻击卖国害民的军阀政府，强烈反对帝国主义列强的欺凌，彻底否定封建专制制度和封建传统思想文化，热情呼唤民主和科学；密切关注国家、民族的命运和前途，广泛探讨如何“求社会之改造”和“谋人类之解放”的问题，努力从各种外来的新思潮、新学说中寻觅思想武器，以求找到改造中国社会的有效方式和具体途径。在中国的大地上，学生请愿，工人罢工，商人罢市，新报、新刊、新书似雨后春笋，关心和参与国事的种种举动此起彼伏，的确见所未见；“德先生”（民生）、“赛先生”（科学）、“劳工神圣”“妇女解放”“社会改造”“消灭专制制度”“社会主义”，各种不同思想倾向汇聚而成的时代之声，沸沸扬扬，的确闻所未闻。这一切，强烈地吸引着、震撼着被长期禁锢在大黑屋内的巴金。好像黑屋子的墙上打开了无数窗户，他振奋地看到一幕幕从未见过的景象，深感别有洞天，他呼吸到一股股新鲜清爽的空气，胸中畅快无比。

在接触五四新思潮前，巴金锁闭在家庭的高墙大院中，母亲在他心上刻下的“忠实地生活，忠实地爱人”的印记，“爱一切的人”的人道之心，使他同情于一切受虐待、受凌辱的人们；家庭内外的生活事实，又使他看到了黑暗的社会、罪恶的封建势力和陈旧的封建观念以及长辈们的权威所造成的种种不合理、不公平的事情。因此，那各种破旧立新的“文字”，才得以争先恐后地涌入他的脑子，“像火星一般地点燃”他的热情，那有着巨大理性精神和强烈感情色彩的讨伐旧世界、改造旧世界的议论，才能以“一种不可抗拒的力量”压倒他。正如他后来回忆的那样：“五四运动后我开始接受新思想的时候，面对着一个崭新的世界，我有点惊惶失措，但是我也敞开胸膛尽量吸收，只要是伸手抓得到的新东西，我都一下子吞进肚里。只要是新的、进步的东西我都爱；旧的、落后的东西我都恨。”①对巴金来说，五四的思想启蒙在于：明白了当时中国的社会制度是不合理的，现存制度是一切祸害弊端的根源，应该推翻它，改造它；明白了世间分为靠剥削为生的资本家、地主和养活他们的工人、农民两个营垒；明白了人生下来必须劳动，自己的上一辈靠剥削、掠夺为生，是有罪的，自己不能再过寄生的生活，也不应像许多前辈人那样走一条出世、成长、保身、传种以至死亡的路，而应当过一种新的生活，走一条新的路。今天看来，这些领悟并不深沉，然而对于一个生活在 20 年代初封建大家庭中的少爷来说，却是难能可贵的。

二

1920 年初，巴金的祖父去世了。这个四世同堂的大家庭专制家长的离去，拆除了巴金迈向新路的最大障碍。这一年秋天，他和三哥尧林一道，进入了一所新式学校——成都外国语专门学校。不满 16 岁的巴金，终于满怀着喜悦和希望，迈出了通向新生活的重要一步。

进入外国语专门学校，使巴金真正开始走出旧家庭的高墙深院，涉足于社会之中。入学三四个月后，他经历了成都各界为反对军阀刘存厚的请愿、罢课活动。他结识了许多渴求新知识、新思想的同学，读到更多宣传新思想的书籍。也就在进入外国语专门学校以后，巴金开始对各种新学说有所选择和偏重了。在纷至沓来的新思想、新学说中，少年巴金更倾心于广泛吸引进步青年的社会主义学说，而在各式各样的“社会主义”学说中，他更信服无政府共产主义。这一倾向，明显地表现在他 1921 年初以后参加的活动和撰写的文章中。

巴金自己在 30 年代初回忆少年时期的生活时，特别强调克鲁泡特金的《告少年》、廖·杭夫的《夜未央》和高德曼的文章对自己寻求新路的巨

① 《觉醒与活动》注，《巴金文集》第十卷第 120 页，人民文学出版社，1961 年 10 月版。

大思想影响。在众多吸引、感动自己的书籍、文章中特别强调以上三者，既是当时的实际情况，也反映出他彼时以坚信无政府主义学说的眼光观照往事的态度。

《告少年》是俄国著名无政府主义革命家、理论家克鲁泡特金 (1842—1921 年) 用宣传的笔调、雄辩而通俗的语言写成的对青年人的“谈话”。在这篇长文中，克鲁泡特金鲜明地揭示了资产阶级社会中处处可见的黑暗、压迫和尖锐的阶级对立，并针对不同阶级出身的青年各异的处境和思想，一一指明他们应当“做一个什么样的人”,“应该怎么办”。他号召资产阶级家庭出身的青年们“到民间去”，献身于“在民众中间为真理，为正义，为平等”斗争的崇高事业；他号召各个阶级、各种职业的青年都加入到社会主义者的队伍中，通过社会革命,“使真正的平等，真正的自由，真正的博爱实现在人类社会里。”[①]《夜未央》是一出描写 1905 年俄国革命中一群青年同沙皇统治进行浴血斗争的话剧。关于它的作者廖·杭夫 (1881—?) 巴金作过这样的介绍：他是“一个身材短小的神经质的人，于 1881 年生于波兰克拉科。……少年时代加入了波兰社会党，是一个活动分子，后来在国内站不住脚，便亡命德国。25 岁时他在柏林用德文写成了这本《夜未央》”。[②]剧本以慷慨壮烈的场面，不惜流血牺牲的壮举，颂扬革命者的英雄品格和坚定的信念。1930 年，巴金重译了这个剧本，并对它作了这样的评价：“《夜未央》不仅忠实地写出了俄国虚无主义者的精神面貌，最重要的还是在写出了感情与义务之斗争，爱与死之角逐。在我所见到的描写爱与死的剧本中这本《夜未央》要算是最好的了。”[③]高德曼 (1869—1940 年) 是流亡美国的俄国无政府主义女革命家，巴金在《实社自由录》上读到的《无政府主义》《爱国主义》等文章，是高德曼简明阐述无政府主义学说基本内容的文字。

这些文章和作品，给了巴金什么样的影响呢？他后来追忆道：“从《告少年》里我得到了爱人类爱世界的理想，得到了一个小孩子的幻梦，相信万人享乐的社会就会和明天的太阳同升起来，一切的罪恶都会马上消灭。在《夜未央》里，我看到了另一个国度里一代青年为人民争自由谋幸福的斗争之大

---

① 《告青年》(巴金译)，平社出版部，1937 年 10 月版。

②③ 《廖 · 杭夫传略》，《夜未央》，上海启智书局，1930 年 4 月版。

悲剧，第一次找到了我的梦景中的英雄，我找到了我的终身事业，而这事业又是与我在仆人轿夫身上发现的原始的正义的信仰相合的。”[①] 他以崇敬的心情，称高德曼为“第一个使我窥见了安那其主义的美丽的人”，特别折服“她那雄辩的论据，精密的论理，深透的眼光，丰富的学识，简明的文体，带煽动性的笔调”。[②] 以上文章和作品，既不是作者们最主要的著作，也算不上无政府主义的基本读物，它们之所以能深深打动少年巴金，除了浅近直率地表述的道理外，还在于不是用说教的方式，而是以恳挚的态度，捉住青少年的思想脉搏，动之以情，晓之以理。这一特点，自觉不自觉地影响着巴金。他走上文学道路后的小说和散文，亦具有这种能激动当时许多青年的特色。

就在读了《告少年》之后，激动万分的巴金想到自己需要做事情，需要以实际行动来散发反抗旧社会的一腔激情，但他又不知道在中国，在成都，现在该做什么，又当从何做起。他根据《告少年》这本小册子中提示的上海新青年社的地址，“怀着一颗战栗的心和求助的心情”，给《新青年》的编者陈独秀写信。“这是我一生写的第一封信，我把我的全心灵都放在这里面，就像一个谦卑的孩子，我恳求他给我指一条路，我等着他来吩咐我怎样献出我个人的一切。”[③] 当时声名赫赫的思想前驱陈独秀没有答复这个孩子，去信石沉大海。有人假设：如果陈独秀给巴金写来一封热情的复信，会不会对他的人生道路产生重大的影响呢？事实上，历史是不能假设的，况且，一个人人生道路的选择，也决不是某一个人 (更不用说一篇文章、一封信) 便能决定的。

没有收到陈独秀复信的巴金并没有灰心。不久，本地出版的《半月》第 14 号刊登的《适社的意趣和大纲》拨动了他的心弦。文中说：“我们不空谈什么主义，只知道‘适应人类全体生存的要求！’怎样能适应呢？在今日这个恶劣社会底环境，除了委屈、迁就、甘受环境的支配讨苟且底生活外，要解决这个问题，达到这个目的，当向积极的方面去活动，不当在消极的歧路上徘徊。”这积极的方面就是：“‘划除统治权力’‘灭绝经济制度’‘建设

---

①② 《信仰与活动》，《水星》月刊第 2 卷第 2 期，1935 年 5 月 10 日。

③ 《我的幼年》，《中流》半月刊第 1 卷第 1 期，1936 年 9 月 5 日。

互助、博爱、平等、自由底世界！’质而言之，我们‘适社的意趣’。是要‘冲破恶劣底旧环境，改造美善底环境，来适应人类全体生存底要求。’”文中还申明对人对己应采取的态度：对军阀、资本家等，要根据其表现和质地，分别采取“诛尽杀绝”的排除手段和“吸收拢来”的感化手段；对自己，则应言行一致，“抱守极端底严格信条”。文中还具体勾画了该社分三期进行的“事业”：第一期设立编辑、印刷、贩卖、教育四组，彻底革新人群的思想；第二期添设破坏、生产、消费、娱乐、医疗等组，用暴烈手段对付强有力者，同时创造较小规模的公共机关；第三期则组织劳工团、天讨军，实行大破坏和大建设。

巴金觉得文中所谈的意见与自己朝夕所想吻合，决定参加这个组织。他写信给《半月》编者，要求代为介绍。发出信的第二天，一位编辑登门送上回信，并约他去家中叙谈了两小时。对于一个不满16岁的孩子，这种具体而微的关怀和指导，使他备受感动，深受鼓舞。不久，巴金便成了“半月社”成员，参加了编辑工作，并和社内的青年人组织了一个与重庆的“适社”相呼应的团体——均社。1921年6月1日出版的《半月》第21号，发表了《均社宣言》，这个宣言显然不是巴金执笔写的，但从中亦可窥见他当时所拥戴的主张。这份比“适社”的意趣和大纲更具理论色彩的宣言全文如下：

吾人生来是彼此均等的，本能和遗传虽有智愚高下，但这不是吾人自身的罪过，不能不有相等的待遇，那一切权利义务的享受服劳应当均等，贵贱、主奴、治者、被治者的阶级应当划除，凡畸形制度为造成阶级束缚争杀的原动力，或阻碍平等自由互助的，都应一律取消。今略为分写在下面：

教育是智能的养成、德性的培养，□[①]是后天的生命；人之本能，遗传与他动物相差不远，或且不逮，人之所以为人，全靠教育使他发展进步，即吾人不可不受相当的教育。故受教育权利，无论何人，都应当平均的享受。

劳动是吾人生活的代价，即不劳动不能得生存权。是自己生活

---

① 原文已无法辨认，以“□”代替。

的代价，无论何人，不能以劳力卖给人，也不能买别人的劳力供自己，无论何人，应当以相当的劳力换自己的生活，不能使劳者独劳，逸者独逸；所以工作的义务应当平均劳动。

个人有个人的完全自主权，无论何人，在精神上物质各方面，不能被人劫掠或劫掠他人，即不能以少数压制多数，亦不能以多数压制少数，要当使个性充分发展，同赴进化正轨的前途。

我们确信世界是“爱”组成的，不是“杀”组成的，即世界是互助的，不是竞争的。“爱”是人类的天性，是世界进化的要素，应当极力发挥的。“杀”乃是一种病的现象，是阻碍破坏进化的危害物，我们应当消灭他，为世界人类永久进化计，不能不消灭他，用各个人真实的“爱力”去实现我们将来的“爱的世界”。

宇宙的进化，是由黑暗而进于光明，由较不善而进于较善；其在某时期中反致较恶的缘故，这是坏制度酿成，即少数人的自私自利压束劫杀的制度酿成的。现今一般人所诅咒的万恶社会，也并不是生成这样的；险恶的人欲，也并不是生成这样的。我们不可悲观，不可萎堕，促成世界人类的进化完美，全靠我们努力！我们要以各自的光明照破各自的黑暗，并达到世界光明的目的。

我们要达到以上各种目的，可现今世界偏却是恶劣的。这一切“杀”的病像，黑暗势力的造成，致使我们物质享受不能均等，即衣食住相差太远；精神享受不能均等，即教育智能都变成少数强有力者的专利品；劳者过劳，忧瘁痛苦；逸者过逸、肆为淫乐；智者愈智，愚者益愚；富者益赢余骄横、贫者愈无以为生；强有力者生杀宰割一切，弱者只供其鱼肉宰割。遂把一个完全的社会弄成粉碎，平等的社会划分阶级，光明的社会弄成污秽黑暗，爱乐的社会弄成残酷杀掠。这都是畸形制度产出恶劣的结果，才造成这种畸形恶劣的社会，我们不能不取消他。这畸形恶劣的制度是什么？就是：

（一）私产　财产原是人类公有的，如土地、林木、矿山、铁道、机械、轮船、火车等。若论理来，世界一切物产要劳动者才能享受，因为是他们制成的，但现劳动者完全不能享受，完全归于坐享现成者之手，这岂不是太不平均么？怎样社会至于如此？这完全是由私产制度生来的。既有私产制度，各都争权窃利，以利买权，倚权掠利。于是富者愈富愈强，贫者愈贫愈弱，富者终日安享荣乐，任性所为，贫者生活都不能得，那里能干别的事？自然贫者应当享受的一切，精神、物质各方面都被富者强者给抢劫完了。

（二）政府　政府即强权的根据地，把人民一切精神、物质的产物的需要，都拿给他少数人专用；并且以法律、军警等助其恶焰，强力压迫以遂他永久劫杀的私愿；造出君民、贵贱、治者、被治者的种种阶级，你抢我夺，总是以人民为牺牲。因为他们都是把人民抢够了的，本身就是资本家，所以与资本家联络一气，共同来欺压平民。这在专制立宪是这样，就在民主共和也是这样；在限制选举是这样，普遍选举还是这样；人民是莫有利益，或反见危害的。这在本国国内是这样，即国与国相对，总是各张权力，互相争战，以人民为牺牲品，永远是虐杀人民的东西。

（三）附属于政府的及其他：

甲、法律　这是政府的附属物，即是与权力狼狈为奸的东西。有权力的人，他拿法律可以欺压我们，他就拿法律来欺压；法律不能欺压我们，他就拿权力欺压；即是法律只是强有力的人专利品保护品，人民是不能受益反为受害的。并且法律根本就是限制个人不能发展的东西，不是少数压制多数，就是多数压制少数，我们只是自由契约就够了，法律是根本不能存在的。

乙、军警　军警只是强有力者的爪牙，强有力者用以保护自己，驱遣来压迫虐杀平民的。所谓禁暴止乱的话，完全是空言或增加暴乱；就是他能禁止暴乱，在我们自由、平等、互助、互爱的社会里，自无需乎用它。并且以充军警本人来说，他本是一个自由完全的人，乃因为强有力者所迷弄，遂变成压杀人民的器械。从前世界全部的黑暗污秽史，都是由这种杀害生出来的，不去掉它，世界永久莫得光明、净美的时候。

丙、宗教　宗教是迷误人智的，我们当以真理为归，无论如何不能拿一个渺茫不可知的偶像去崇拜皈依，我们当受我们理性的指导，不能为偶像的牺牲，即我们不当拿偶像去迷误别人，也不应以偶像来迷误自己。

以上几项——私产、政府、法律、军警、教会，都是妨害人类的进化，增加世界的黑暗的。有了它，无论如何，一切的享受是不平均的：教育绝不会普及，劳作绝不会均等，富贵贫贱的阶级绝不会消除，永远是残杀的世界，黑暗的世界，压迫束缚的世界，绝不会平等、自由、互相爱助的。我们为我们自己计，为人类进化计，不能不废除他。我们只晓得"各尽所能，各取所需；教育普及，智能均等"，努力做去，以实现我们自由、平等、互相爱助的社会。

从参加"均社"起，巴金开始自称为"安那其主义者"。"均社"的成员们都做一些什么工作呢？巴金曾有这样的记叙：

白天我们中间有的人要上学，有的人要做事，夜晚我们才有空聚在一起。每天晚上我总要走过几条黑暗的街巷到"半月社"去，那是在一个商场的楼上。我们四五个人到了那里就忙着卸下铺板，打扫房间，回答一些读者的信件，办理种种的杂事，等候那些来借阅书报的人，因为我们预备了一批新书报免费借给读者。我们期待着忙碌的生活，宁愿忙得透不过气来。[①]

长篇小说《家》第二十九章中所写的觉慧在黎明周报社的情况，可以作为以上叙述的补充：

他们就在商业场楼上租了一间铺面，每天晚上社员们自由地到那里聚会，日里并不开门（星期日除外），所以连在商业场事务所服务的觉新也不知道觉慧常常到那里去。

① 《我的幼年》，《中流》半月刊第 1 卷第 1 期，1936 年 9 月 5 日。

商业场的主要营业是在楼下，楼上只有寥寥二三十家店铺，大部分的房屋都空着。周报社就孤单地立在一些空屋中间。每天，一到傍晚就有两三个青年学生来把铺板一一卸下，把电灯扭燃，并且把家具略略整理，十几分钟以后热闹的聚会开始了。每晚来的人并不多，常来的不过六七个，偶尔也有女的，譬如许倩如也来过两次。他们在这里并不开会，不过随便谈谈，而且话题是没有限制的，什么都谈，凡是在家里不便谈的话，他们都在这里毫无顾忌地畅谈着。他们有说有笑，这里好像是他们的俱乐部。

除了这样的服务和聚会外，也还有别的工作：

办刊物、通讯、散传单、印书，都是我们所能够做的事情。我们有时候也开秘密会议，时间是夜里，地点总是在僻静的街道，参加会议的人并不多，但大家都是怀着严肃而紧张的心情赴会的。每次我一个人或者和一个朋友故意东弯西拐，在黑暗中走了许多路，听厌了单调的狗叫和树叶飘动声，以后走到作为会议地点的朋友的家，看见那些紧张的亲切的面孔，我们相对微微地一笑，那时候我的心真要从口腔里跳了出来。我感动得几乎不觉到自己的存在了。友情和信仰在这个阴暗的房间里开放了花朵。

但这样的会议是不常举行的，一个月也不过召集两三次，会议之后是工作。我们先后办了几种刊物，印了几本小册子。我们抄写了许多地址，亲手把刊物或小册子一一地包卷起来，然后几个人捧着它们到邮局去寄发。五一节来到的时候，我们印了一种传单，派定几上人到各处去散发。那一天天气很好，我挟了一大卷传单，在离我们公馆很远的一带街巷里走来走去，直到把它们散发光了，又在街上闲步一回，知道自己没有被人跟着，才放心地到约定集合的地方去。每个人愉快地叙述各自的经验。这一天我们就像在过节。又有一次我们为了一件事情印了传单攻击当时统治省城的某军阀。这传单应该贴在几条大街的墙壁上。我分得一大卷传单回到家里。

> 晚上我悄悄地叫一个小听差跟我一起到十字街口去。他拿着一碗浆糊。我挟了一卷传单，我们看见墙上有空白的地方就把传单贴上去。①

就这样，巴金开始了他的社会生活和社会活动。他感到兴奋和充实，沉醉在旧社会很快就会灭亡、新世界将跟着明天的太阳一同升起的幻梦之中。

三

1921 年 4 月 1 日，巴金在《半月》第 17 号上，发表了平生第一篇文章，署名芾甘。这篇千字文章的口气和题目倒不小：《怎样建设真正自由平等的社会》。文章认为，一般人追求的言论、出版、结社、集会等自由，和法律上的平等，“绝对不是真正自由、真正平等”。他强调，妨碍人民自由、平等的根源在于政府和法律保护下的资本家。因此，他的自由平等观是：“安那其才是真自由，共产才是真平等”，也即“没有政治法律，这才是真正的自由；没有资本阶级，这才是真正平等。”他解释说：“安那其就是废弃政府及附属于政府的机关，主张把生产的机关及他所产的物品属于人民全体。人人各尽所能，各取所需，并依各人的能力去分配工作”，“人人都受平等的教育，没有智愚的分别。”他呼吁“劳动界的朋友们”：“你们想建设这种自由平等的社会吗？那么就请你们实行社会革命，推翻那万恶的政治。”这篇稚气十足的短文，传达了少年巴金的勇气。同月，重庆出版的《人声》杂志发表了他写的《五一纪念感言》，文章号召工人奋起参加推翻政府和资本家的斗争。此后，他还在《半月》上发表了介绍世界语和美国工团组织“世界产业劳动同盟”(IWW) 的文章《IWW 与中国劳动者》。

半月社生气勃勃的工作，不久便因为被查封停刊而结束了。由于成都地处内地，封建势力和旧习惯根深蒂固，因此，对封建势力的斗争，成了成都各报刊上最尖锐的问题。沿海一带大城市已不足为奇的女子剪发放足、男女同校、婚姻自主、恋爱自由等，在成都却仍被许多人视为洪水猛兽。成都觉群女校提倡女子剪发，有三个女学生，大胆地剪短了头发，即被卫道者们视为大逆不道，称之为“怪像”，声言“有碍观瞻”“淫乱潜生”。一个叫汪顷

① 《我的幼年》，《中流》半月刊第 1 卷第 1 期，1936 年 9 月 5 日。

波的巡官上书要求明令禁止妇女剪发，警察厅也发出通令。《半月》发表文章抨击反对女子剪发的谬论和警察厅的通令，因而在刊物出版一周年时遭到查禁。在五四以后的四川，《半月》是首家遭封禁的刊物。刊物被封后，他们秘密地出了一期停刊号，详细记述遭禁的始末，其中的两篇长文，是后来成为共产党人的袁诗荛写的。可惜，迄今为止我们还没有找到这一期刊物。倒是在《半月》停刊后巴金参加编辑工作的《警群》月刊上，有一首署名“冷玲”的诗《悼〈半月〉》，多少表达了对于《半月》被禁的抗议和愤怒。诗是这样写的：

可怜的《半月》啊！
你在成都也算得一颗明星；
不幸便陨了；
真叫我何以为情？
是你的力薄吗？
是我们的血和汗，不够做你的滋养品？
可怜你应该受人爱护的小花儿，
却无端遭了蹂躏！
我为你痛恨；为你悲哽！
小花儿啊！
你清润我们的眼目，刺痛了他们的心；还恐要消灭你的灵魂！
不但摧残你的性命！

可痛的《半月》啊！
你出世才一岁，怎么便去了？
果真是“奋斗倦了”吗？
还是被人估着你服了毒！

你纯洁有知的魂儿；将何以自处？
但我知你；决不得畏强权如猛虎！

你须知推翻强权的代价，便是——血、泪、痛、苦！
人生不自由，生命本如泥与土；
便是千人流血，也不过四百兆民中千分之一股；
又何足数？
你果真“虚灵不昧”，自能达到你所望的乐土！

可贺的《半月》啊！
你死了；我虽为你悼惜；
却也应当贺你；
因你的兄弟妹妹，这时都呱呱坠地！
你是先驱；
若他们能生存；你便似死如未死！
我期望他们的精神；与你无差异，
更期望你的灵魂、暗里相扶持！
务使你的彩色、光明，
继续！永远注射在大地里！
战胜了恶魔；
自然有收效的一日；
到了那时：
我们轻松了遍身束缚；
呼吸着新鲜空气；
再诚诚恳恳的追悼你一次！

《警群》是巴金参与创办的第一份刊物，第一期出版于1921年9月1日。刊登在这期头条的《宣言》说：军阀的专横、司法的黑暗、政客的肆行、财主的欺压，“把那‘地大物博’的中国，搞得‘黑气层层’，全国人民几不知什么是‘人生生活’！好像机械似的，没得‘自动’的能力和‘互助’的感情；所以我们组织这个月刊，是要警醒那些可怜的群众，一齐觉悟起来，实行互助！”由于编辑内部的意见分歧，这份刊物的创刊号便是终刊号，仅出了一期

就夭折了。值得提起的是，巴金在这期刊物上发表的《爱国主义和中国人到幸福的路》，依然是大题目。他在文中表示，决不能“把‘爱国主义’当作中国人到幸福唯一的路”，因为人人反对战争，而战争即起源于“爱国”，“这一国的政府想扩充他的土地，不惜牺牲人民的性命，去发挥他的兽欲，叫人民去给他侵伐别国，若是打胜了，只有那般军阀政客快乐，打败了，几百万的军费，哪一些不是贫民的膏脂？”所以，“爱国主义”“是个杀人的怪物”，“是人类进化障碍”。他以为，“中国人要寻幸福只有一条路可走”，这就是推翻政府、私产、宗教几种制度，“这些东西消灭后，再分配财产，自由组织，互相扶助，各尽所能，各取所需；各图众人之利益，众图个人之安宁”，从而走向幸福。

1922年初，巴金又参加创办了《平民之声》周刊。这份刊物由他主持编辑，编辑部的地址就在他的家。这份周刊一共出了多少期，巴金在上面发表了哪些文章，由于无法找到原刊，如今都不得而知。能确认的只有两件事：一是他根据《北京大学学生周刊》和《新青年》上的同名文章，改写了一篇《托尔斯泰的生平和学说》，在周刊上连载；二是他在刊物上题写过“奋斗就是生活，人生只有前进”两句话，作为自己的生活目标，而这两句话的确成为了他一生的座右铭之一。

在五四以后三四年间，巴金所写的文章充满了攻击黑暗、改变现实的热情和对新型社会的渴望，他以先觉者的姿态，急于把自己一知半解的新思想告诉人们。他的文章意气昂扬，态度慷慨，却少有理论色彩，文中的观点、材料乃至语句，大都本自他读过的报刊书籍，用他自己后来的话说，“自然免不了大抄书”。然而，他的文章不是着眼于剪发、恋爱自由等具体的热门话题，而偏重于对有关国家和民族的前途、命运等根本问题的思考。可见，少年巴金思想觉醒的起点是比较高的。他所憎恨的，绝不限于封建家庭和身边的活动环境，而是整个黑暗的社会制度；他迫切要求的，不仅仅是个人的解放和自由，而是企图彻底改造现存社会，创造一个新的世界。巴金对于未来的理想，是建立一个新型的，没有压迫、剥削、强权的“万人享乐的新社会”。这理想是崇高的，美丽的。当然，他倾心的反对和否定一切强权、政府的无政府主义道路，的确不是实现理想的实际道路，而只是“一种孩子的幻梦”

罢了。巴金这一时期所写文章和所参加的社会活动，作为五四时期成都新文化运动的一部分，无疑是顺应时代潮流的，是符合时代要求的。人们应该记住这一切，而不是去挑剔或苛求。

3. 为人生而艺术

一

1922 年 7 月 21 日在巴金的文学生涯中别具意义。这一天出版的《时事新报》副刊《文学旬刊》，发表了署名“佩竿”的 12 首小诗，总题为《被虐者底哭声》。这是巴金最早发表的诗作，也是他最初的文学创作。从这时到 1924 年 5 月，他先后发表新诗 16 题 38 首（其中 3 首重复发表，实为 35 首[①]）。

这些诗作绝大多数写于成都，即 1922 年 7 月《半月》停刊前后至 1923 年 4 月离开四川前。继《被虐者底哭声》12 首小诗之后，1922 年 9 月和 11 月，《文学旬刊》又发表了《路上所见》《梦》《疯人》《惭愧》《丧家的小孩》5 题 5 首稍长的自由诗。1923 年 1 月至 6 月，成都出版的文学刊物《草堂》、《孤咏》发表了均题为《小诗》的诗作 15 首（其中 2 首重复发表，实为 13 首）和题为《报复》的诗一首。这些诗都发表在纯文学刊物上，有的虽披露于巴金离川之后，但都是他在成都时的作品。发表于 1923 年 10 月 1 日上海出版的《妇女杂志》“诗”专栏的《一生》、《寂寞》（即《草堂》第 3 期所刊《小诗》中的第 2 首）和《黑夜行舟》，前两首可以断定作于成都，后一首则写于赴上海的船上。另有《悼橘宗一》和《伟大的殉者》2 题 2 首发表于 1924 年 5 月广州出版的无政府主义刊物《春雷》的“诗”专栏，这 2 首诗均作于南京。

以上 16 题 35 首诗，加上 1931 年九·一八事变后和 1937 年抗日战争爆发后发表的 5 题 5 首（即《失去的星》《我说这是最后一次的眼泪了》《给死者》《自由在黑暗中哭泣》4 首，另有一首题为《上海进行曲》，发表在上海

① 《草堂》第 3 期所刊《小诗》第 1 首、第 3 首，与《孤咏》第 3 期所刊第 1 首、第 3 首完全相同，第 2 首与《妇女杂志》第 9 卷第 10 期所刊《寂寞》相同，仅改动了个别文字，加上了题目。

一份短期的抗日报纸上，笔者尚未查到原诗），总计 40 首。此外，1922 年或 1923 年，巴金在成都还写过一首未完成的长诗《一个灵魂的呻吟》，1928 年将此诗续写后作为杜大心未写完的长诗的末段录入中篇小说《灭亡》第一章，计 28 行，题为《无边的黑暗中一个灵魂底呻吟》。这些就是迄今所知巴金的全部诗歌创作了。为了便于窥见巴金诗作的全貌，这里将他 1923 年 4 月以后所写的 7 题 7 首诗一并加以叙述。

巴金以小说、散文名世，由于他的诗作数量不多，写作年代大都较早，影响也不大，加之他谈及自己的创作时，谈小说、散文既多且详，而对诗作很少涉及，[①] 因此，他的诗歌创作情况较少为人注意。有趣的是，1932 年底巴金在回顾创作历程的《我的写作生活》一文中说："我在十六七岁时也曾写过一两篇小说和十几首小诗投到《小说月报》去，都没有发表出来。"[②] 或许巴金当时的确不知道这些诗作在十年前已经发表，或许他已知道但觉得这些诗作稚气因而不愿提及。尽管 1935 年 10 月改写此文时，巴金删去了这句话，但仍留下一个谜。

巴金写于 20 年代上半叶的新诗，是他全部文学创作的一个组成部分，也是了解他早期思想、文学观和创作特点的重要材料。这些诗作，除 8 首为稍长的自由诗外，其余都是二行或三、五行的小诗。就题材看，只有《报复》《悼橘宗一》《伟大的殉者》3 首取材于当时国内外的政治事件，其余都是面对日常生活的即兴抒怀之作。

二

在巴金即兴抒写日常生活和平凡感情的诗作中，首先可以看到他十分关注、同情现实中那些被虐待者、被侮辱者、被压迫者的痛苦生活和不幸遭遇，不断思索着现实人生中的种种问题。在他首次发表的组诗《被虐者底哭声》中，第一首是这样写的：

---

① 巴金谈自己诗作的文字，仅见于 1932 年所作《我的写作生活》、1980 年所作《关于（火）》、1983 年回答访问者花建（《文学报》1984 年 2 月 9 日）以及 1989 年所作《巴金全集・后记》。

② 《读书》杂志第 3 卷第 1 期，1933 年 1 月；又载《新时代月刊》，1933 年 3 月 1 日，改题《写作生活的回顾》。

> 被虐待者底哭声何等凄惨而哀惋呵！
> 但能感动暴虐者底残酷的心丝毫吗？

短短两行，便鲜明地揭示了世间“被虐待者”与“暴虐者”的尖锐对立。他未完成的长诗片断，则描绘了“一群背着枪带着刀的土匪们”，为抢夺金银，残杀“那患病在床被留下来看守庄院的一个农人”的“可怖惨剧”。面对这样的社会，巴金的心情怎能不忧郁、寂寞、沉重。因此，他用诗歌描画自己在现实中所见的种种痛苦现象，表露自己面对这些现象的不平、忧伤和愤懑。《路上所见》写一头在鞭子不断抽打下负重慢行而“终不能走了”的“瘦的牛”；《惭愧》写一个用“凄惨而且微弱的叫声”行乞的老乞丐；《丧家的小孩》写一个蓬头垢面，因“许久没有吃过饱饭”而头插草标卖身的“丧家的小孩”；《梦》写一群“在灰色的天底下面”“污泥的地上”横卧昏睡的麻木的人们。几组无题的《小诗》，或抒失去母亲的悲哀，身感孤寂的惆怅，或写对天真的孩提时代的追念，对花儿的凋残和寂寞的感叹；他追念小孩的天真，是因为那时有“真正的爱”，有与“老年人底经验”相反的纯洁，他怜惜残花落瓣，意在以此比喻遭受封建礼教束缚摧残的妇女……

年轻的巴金对他所写的那些被挤压在社会最底层的“被虐待者”的境遇，不是冷眼旁观，而是深怀着人道主义的同情。他面对老乞丐的乞讨，却“终于没有摸出钱来”，“只得无力地看了他一眼，／低下头儿走了。／可是我底心上便永远留着‘惭愧’的痕迹了。”(《惭愧》)他见着的那个卖身的小孩，“街上的人帮笑他，厌他；／却没有一个可怜他。”便愤然感叹：“没有母亲保护的，丧家的小孩，／在这世界中是任人践踏的。”(《丧家的小孩》)社会的苦难，人们的不幸，令巴金悲悯，但他又对“在睡梦中的人们”的麻木不仁，含着隐隐的激愤。《梦》就抒发了这种沉痛之感。这首诗借梦境的幻象，描画那些昏睡在污泥上的人们，“他们底身体已经瘦得不成样了，／他们底衣服已烂得不能蔽体了”，但“脸上还带着欢乐的颜色”。一个穿着绿衣的人在他们中间呼叫“起来呀”，终因“没有应声，／也没有一个人被他惊醒”，自己也“发出微微的叹息”而倒于泥淖。

尽管巴金以先觉者的悲悯心怀看待世间的不幸和人们的“昏睡”，但贫穷低贱的劳动者的品格仍感召着他。这在诗中少有表露，而在与《梦》发表于同一个月的散文《可爱的人》中[①]，却表现得比较充分。这是巴金早期发表的唯一一篇纪实散文。它记述一个阴雨的早晨，“我乘轿去友人家，途中与前面那个20岁的轿夫攀谈。轿夫讲述了自己悲哀困顿的家境和昨天抬轿挨打受骂的遭遇，倾吐了自己的愤懑，我听到这里，几乎要哭了。或者可以说我简直被他的话所占有了。我心中只是愤怨，只是悲哀，只是忧愁。我觉得他很可爱，虽然他每天的生活只有苦痛，但是他的心是很纯洁的；决没有害人利己的思想在他心内藏着。他比那些戴着假面具的恶魔至少要好一百倍罢！我对于他只有崇拜。我几乎要发狂了。”这篇散文记的虽是一件小事，表白的文字也幼稚浅露，但少年巴金从此把“这个可爱的人的悲惨的故事”印在了心上，他对受压迫者不幸境遇的忧愤，对他们的心灵和品行的钦佩，对世间“恶魔”——虐待者、压迫者的鄙视和憎恶，却是出自肺腑的。

巴金即兴抒怀的诗作，还强烈地表达了他对理想的追求。他呼唤：“青年人！/要想美丽世界底实现，/除非你自己创造罢！”(《被虐者底哭声·十二》)他渴望：“雨呵！落罢，不停地落罢！/把这世界洗成一个极美丽的罢！”(同上七)他的理想是朦胧的，但心情却是急切的。《疯人》比较直接地写出了他对现实的失望和他所追求的理想：

假若有一个极富的人，
将他所有的金钱，
散与一切的贫民；
这时一般人定说他是疯人了。
但是现在世界中正需要一个这样的疯人呵！
假若有一个商人，
将他所有的货物，
散与一切的贫民；

① 《文学旬刊》第54期，1921年11月1日。

这时一般人定说他是疯人了。
但是现在世界中正需要一个这样的疯人呵！
假若有一个大田主，
将他所有的租米，
散与一切的贫民；
这时一般人定说他是疯人了。
但是现在世界中正需要一个这样的疯人呵！

* * *

我决意要在现在世界中，
寻出一个——只寻出一个——疯人，
但是失败了；
因为我是生在聪明人的世界中呵！
这世界中已经没有一个疯人存在了。

他找不到“疯人”，他深感失望。在人生途程中他更渴求得到指引，《黑夜行舟》就透露了这种拳拳之心：“天暮了，/ 在这渺渺的河中，/ 我们的小舟究竟归向何处？/ 远远的红灯呵，/ 请挨近一些儿罢！”

巴金即兴抒情的诗作中，还有的是从某一具体事物中抽象出某种尚耐寻味的哲理和启悟。比如：“风能吹熄的，/ 水能淹灭的，/ 不过是寻常的火罢了；/ 但是我心底里的火呢！”(《被虐者底哭声 · 十一》)“听高树上不停地叫着的蝉声，/ 我便明白人生底意义了。”(同上六)“笼中的鸟也会高飞天空呵 !/ 可是现在他嘲笑在空中彷徨的乌鸦了 !”(《小诗 · 四》)等。

巴金的这一类诗作，格律是解放的，形式是自由的，字数、行数、节数不拘一格，不注重合辙押韵，有许多篇简直就是散文的分行排列。他用明白如话的语言，或描一个人物，或画一件小事，或状一种景物，或抒一丝思绪，或吟一缕情怀，写法上有少数篇章托物寓意，大部分却是直陈所见、直抒胸臆。这些特点，都表现出他明显地受到五四以后白话新诗的影响。

巴金早期的诗作中，《报复》《悼橘宗一》《伟大的殉者》三首在题材内容和思想倾向上，同抒写身边感兴的诗作有明显差异。这三首诗直接取材于现实的政治事件，写法上既不是直陈所见，也不是借景抒情或托物言志，而是直截了当地表达自己鲜明的政治立场和政治态度。

1922 年初写于成都的《报复》，是为纪念工人运动领袖黄爱、庞人铨被反动军阀赵恒惕杀害一周年而作的。全诗 41 行，诗中称黄、庞为“我们被冤杀的兄弟”，指杀害黄、庞的人为“仇人”“恶魔”。诗一开篇，巴金便发出愤怒的呐喊：

我们是量小的人，
一切过去的事都永远印在我们的心上，
一切也不能忘记呵！
我们的兄弟被冤杀了。
我们能忘记了么？
不！我们的心终久还在，
我们就实在不能忘记呵！
我们是要报复的，
我们的血要为我们的兄弟而流的；
我们的血原也是我们兄弟的血呵！

随后，他以激愤的情绪，向“一切有良心的朋友们”反复呼吁：“快起来报复”，“与恶魔决一死战”，以安慰被冤杀的兄弟，以对待杀人的仇敌，以证实“我们还是人”，“我们有‘人’的热血”。这首诗没有多少实际的内容，也没有出现明确的政治概念，它反复渲泄的只是一种愤怒，一种情绪。

《悼橘宗一》和《伟大的殉者》是 1924 年在南京写的两首悼诗。悼念的是日本著名的无政府主义者大杉荣和他不满七岁的侄儿橘宗一，他们是 1923 年 9 月关东地区大地震期间，被日本政府拘捕杀害的。大杉荣遇难后，在日本无政府主义团体中引起很大反响，中国的无政府主义刊物也纷纷发表文章，称他为“东洋革命史中两个最伟大的不朽人物”之一，“东方无政府主义的革命先驱”，“革命的巨星”等，并筹集捐款刊印他的著作。巴金根据有关资料，翻译、撰写了几篇介绍大杉荣的文章。这两首悼诗，则是他用诗歌形式对这一事件做出的反应，也是他这期间在探索无政府主义的途程上留下的文学屐痕。

在《悼橘宗一》诗后的注中，巴金谈了作此诗的缘由："昨于《劳动运动》上见君的遗照，悲愤不已，便和泪写了这首诗。"《劳动运动》是日本无政府主义团体"劳动运动社"出版的刊物，巴金见到的是 1924 年 (大正十三年)3 月 1 日出版的第 4 卷第 2 号"大杉荣、伊藤野枝追悼号"。该号发表了关于大杉荣的论文和回忆、追悼诗文以及葬仪报道、传略、著作年表等。刊前有大杉荣和其妻伊藤野枝以及其侄橘宗一的大幅遗照各 1 帧，另有大杉荣及其一家的生活照 7 帧。从照片看，橘宗一眉清目秀，面带微笑，稚态可掬。这样一个天真可爱的孩子竟遭杀戮，怎不引起年轻的巴金和泪赋诗的悲愤之情呢！

《悼橘宗一》写得较为具体感人。全诗 3 节，首节在想象中描绘出橘宗一被害的惨景：

我们且闭目想想罢：
一个活泼可爱的小孩，
被残酷的恶魔捉着，
光亮的刀锋刺进肥白的身体，
随着刀喷出的鲜血，
和从痛苦中迸出的叫号。
这是何等的残酷呵！
这样的惨剧又现于资本主义的国家了。

第二节直接指斥"资本主义的恶魔"。作者质问道：

难道这无抵抗的七岁的小孩，
便会破坏你们资本主义的根基，
捣碎你们天皇的宝座么？

第三节深切哀悼这位"小兄弟"，并表示"报复"的决心：

可怜呵，我小小的橘宗一！
可爱呵，我小小的橘宗一！
可敬呵，我小小的橘宗一！
我们的小兄弟，
光明的先驱者，
你等着罢！
你的仇我们是报复的。
我们要使饮你的血的毒剑转去喝一切恶魔的血呵！

在这首25行的诗中，并没有出现凶手的名字，却四次出现对“资本主义”的指斥，鲜明地表现出巴金憎恨的是整个制度而不是个人这一立场和态度。

《伟大的殉者》是献给大杉荣的一篇悼词。巴金后来在文章中多次用“殉道者”作标题，以称颂他所敬重的人。比如，1925年写的《东京的殉道者》，1927年写的《李大钊确是一个殉道者》，1928年写的《无政府主义殉道者的壮剧》等。可见，他所谓的“道”并不专指无政府主义，而是泛指一种崇高的信仰、理想。这首诗也是3节，同《悼橘宗一》一样充满着悲愤，但诗中直歌颂了“为安那其欢呼，这是人生最快乐的时候”，并充溢着昂扬之情，且看第二节：

资本主义的淫威居然压到你头上；
帝国主义的毒剑居然染满了你的赤血；
三十余年贫困，流亡，监禁的生活从此完结；
但你的心却永不死去，
只永在东亚劳动者的心中活跃，
你的生命却永远不朽，
永远指挥着东亚的劳动者向光明自由的路上走。

诗的结尾，巴金更用充满乐观精神的语调写道：

导火线已被你的血光点燃，
劳动者的部队将直往资本主义的阵上走。
且看数十年后的九月一日，[①]
最后的胜利究竟属谁乎？

值得注意的是，发表巴金这两首悼诗的《春雷》，共发表了 5 首悼诗。除巴金的诗外，黄凌霜的《悼大杉荣》用文言歌行体叙述了大杉荣的经历，回忆相互的交往，并感叹群众之不醒，先贤之遭难；卢剑波的《悼大杉荣同志》和《悼伊藤野枝并示女同胞》也表示了愤怒的声讨，但诗中把“西方的魔神”和“苏俄的恶鬼”并列加以抨击，这些在巴金诗中是没有的。

如果把巴金这一时期的两类诗作加以比较，不难发现，在抒写积郁心中的感情，同情被压迫者、抨击黑暗势力和渴望变革现实社会、追求美好理想等方面，两者有明显的内在一致性。但在素材来源、思想内涵、风格基调、表现方式上，两者又有较大的差异。直接因政治事件诱发的 3 首诗，大都是根据报刊上的文字材料而发，较多溢于言表的直接呼喊和声讨，其鲜明的政治观点和慷慨激越的格调，更接近他这期间的杂文和政论文章，甚至可以说是这类文章的“诗”的表现；而抒写日常生活情怀的诗歌，犹如一声声忧郁的咏叹，它们是身边眼前实在的人和事的写真，是内心感受的自然流露，它描绘出一幅幅具体可感的生活图画，于沉重中蕴含着淡淡的哀伤。尽管这两类诗歌在艺术上都不够成熟，但相比而言，取材于政治事件的比抒写日常生活的在艺术表现和文学价值上都更逊一筹。

如果将巴金这一时期直接取材于现实政治事件的诗作，与他 30 年代的几首诗联系起来，可以窥见他的思想和艺术的某些变化和进展，以及对文学反映生活特点更加自觉的把握。1931 年九·一八事变后十天，巴金即写了一首题为《我说这是最后一次的眼泪了》的诗，尔后又写了《上海进行曲》。1937 年七·七事变和上海八·一三事变后，他又写了《给死者》和《自由在

① 当时误传大杉荣遇害于 9 月 1 日，实为 9 月 16 日。此句中的“数十”发表时误为“数千”。

黑暗中哭泣》两首诗。在祖国遭受侵略，面临生死存亡的关头，巴金怀着“祖国永远不会灭亡”的信念，写杂文、散文和小说，更情不自禁地将一腔爱国热情直接发而为诗，愤怒控诉日寇暴行，热烈礼赞抗敌英雄，尖锐抨击不抵抗主义，急切呼唤民众奋起，一颗爱祖国、爱人民、维护正义、反抗侵略的心，跃然可见。

我说，这是最后一次的眼泪了，
哭泣是很可羞耻的事情。
我们的眼泪已经流得太多了！
给武士们当枪靶子的生活也过得很够了！
我们的血管里还流着人的血，
我们的胸膛里还跳着人的心；
我们要站起来，像一个人。
我们要坚决表示：不是任人宰杀的羊群，
我们要靠自己来决定我们的命运。
我说，这是最后一次的眼泪了，
哭泣是很可羞耻的事情。

这是《我说这是最后一次的眼泪了》一诗最后一节，其中一些诗行与《报复》相似，但表达的内容和寄托的感情显然更加厚重，更加坚实。

30 年代巴金因日本侵略而引发的诗歌，不仅在思想内容上比 20 年代的诗作更为深沉、充实，就艺术表现来说，也更为圆熟、凝重，更具“诗”的韵味。《我说这是最后一次的眼泪了》全诗三节，每节首尾都重复“我说，这是最后一次的眼泪了，/哭泣是很可羞耻的事情。”《自由在黑暗中哭泣》分三段，每段末都重复“自由在黑暗中哭泣”一句。这样反复咏叹，对突出中心、强化感情起到很好的作用。这些诗多用对比的手法和排比的句式，比如“火舌舐食繁华的市区，/昨日的高楼——今日的废墟，/孤儿在街头寻觅失去的父亲，/新寡的妇女在避难所中叹息”，“我们曾经夸耀为自由的人，/我们曾经侈说勇敢与牺牲，/我们整天在危崖上酣睡，/一排枪、一阵火毁灭了我们的梦景。”“武士道，江户儿，大和魂，／我们的血，我们的泪，我们的心。／武士们得意，狂笑，／我们哀哭，呻吟……”这些诗句形象鲜明，节奏感强，渲染烘托出一种动人心弦的气氛。这些，在20年代的同类诗作中是很少见到的。

三

巴金20年代初的诗作数量不多，思想欠深刻，内涵欠丰富，艺术上也不够成熟，但的确表现出关注社会生活、抒写严肃主题的现实主义态度。同情被压迫者、被损害者的人道主义精神，以及对人生苦难的忧虑和改变不合理社会的愿望。这一切，在当时是难能可贵的。这正如郑振铎1932年初回顾五四时期的文学时所说的那样：“有许多浅薄的作品，如今是被‘年月’所埋葬了，然而老实的说起来，当时的浅薄，却不就是‘无聊’。他们的技术是‘浅薄’，但他们的感情和意识却是伟大深厚的，他们的心是热的。”①

巴金最早的诗作首刊于《文学旬刊》，这是时代的赐予。《文学旬刊》作为文学研究会定期刊物之一，是当时全中国最有影响的文学期刊之一。在巴金发表诗作的这段时间，在该刊创作栏发表新诗的，主要有文学研究会成员俞平伯、西谛(郑振铎)、剑三(王统照)、王任叔、卢隐、赵景深、徐玉诺等，他们都是当时诗坛上的知名人物。巴金以一个远在内地四川的无名青年的身份，能够跻身在《文学旬刊》发表诗作，而且最多的一次达4首80行(1922年11月21日)，这既说明编者提携和扶持后进青年的态度，也表明巴金诗作的文学倾向得到了文学研究会同人的认同。

事实上，巴金的诗歌初作的确是学习和模仿文学研究会诗人的产物。在文学研究会的诗人中，巴金显然受冰心和郑振铎的影响最大。1983年12月，巴金在回答一位研究者的提问时明确表示：“20年代初，我很年轻，看了《春水》《繁星》一类新诗歌，受到感染，模仿着也写了一些。”②巴金的小诗不仅在形式和写法上颇受冰心名噪一时的《繁星》影响，更有甚者，一些诗的立意亦从冰心诗中得到启发。比如，“小孩时代的光阴如梦如烟地便过去了，

① 《我们所需要的文学》，《痀偻集》，上海生活书店，1934年12月版。

② 见《“我是把文艺作为武器进行战斗的”》(花建)，《文学报》，1984年2月9日。

/只剩下如今的几声长叹了。”(《小诗·四》)似脱胎于冰心“童年呵!/是梦中的真,/是真中的梦,/是回忆时含泪的微笑。”(《繁星·二》)又如“小孩子底天真/与老年人底经验,/是何等地相反呵!”(《被虐者底哭声·九》)完全可以视为冰心《繁星·一〇六》“老年人”与“小孩子”对话的概括。冰心的诗是这样的:“老年人对小孩子说:/‘流泪罢,/叹息罢,/世界多么无味呵!’/小孩子笑着说:/‘饶恕我,/先生!/我不会设想我所未经过的事。’/小孩子对老年人说:/‘笑罢,/跳罢,/世界多么有趣呵!’/老年人叹着说:/‘原谅我,/孩子!/我不忍回忆我所经过的事’”年轻的巴金有自己的经历,自己的感受,自己的思考,因此,一些诗意与冰心又显然异趣。比如,同是对青年人表示希望,冰心写道:“青年人!/信你自己罢!/只有你自己是真实的,/也只有你能创造你自己。”(《繁星·九十八》)巴金则写道:“青年人!/要想美丽世界底实现,/除非你自己创造罢!”(《被虐者底哭声·十二》)又如,同是对母亲的爱和恋,冰心说:“母亲呵!/天上的风雨来了,/鸟儿躲到它的巢里;/心中的风雨来了,/我只躲到你的怀里。”(《繁星·一五九》)而巴金则说:“母亲呵!/每当忍受人们的冷酷待遇时,/便自然忆起了亡故的母亲呵!”(《小诗·母亲》)“没有母亲保护的小孩,/是野外任人践踏的荒草呵!”(《小诗·一》)又如,同是面对花儿的萎顿凋落,冰心怜惜落花,更多是对神秘的生命的感悟:“残花缀在繁枝上;/鸟儿飞去了,/撒得落红满地——/生命也是这般的一瞥么?”(《繁星·八》)巴金却更多地透露出对女性青春易逝的感伤:“未开的——含苞了;/将开的——开放了;/已开的——凋残了;/花儿静悄悄地过了她的一生”(《一生》)

讴歌母爱和童真的冰心,虽然得到巴金的喜爱,但“爱”的哲学毕竟与渴望通过抗争变革现实的巴金有所隔膜,而郑振铎“为人生的文学”、“血和泪的文学”的主张,和诗歌要“真率”“质朴”的要求,以及郑振铎诗作揭示的社会上种种不公道的现象和他面对现实的痛苦、愤慨,与巴金的思想更为接近,更加相通。因此,巴金的诗作在思想上更多地受到郑振铎的影响。1928年8月,巴金在给《文学旬刊》编者的信中,就倾诉了自己对郑振铎5月1日发表的《悲鸣之鸟》的共鸣。《悲鸣之鸟》是郑振铎1922年4月24

日作的一首 70 余行的诗，它写一只在“寂沉沉的墟墓的人间”，“勉振着唱哑了的歌声唱着”的鸟，它悲哀于“人的血都冷了”，“一切的‘人’都死了”，为“找不到一个为兄弟而死的英雄”，“一个为自己的生命与权利自由而奋斗的人”而悲叹，而凄怨，而愤怒。巴金在信中说：“西谛君的《悲鸣之鸟》何等沉痛呵！我读这篇时已陪了不少的眼泪了。”[①] 从创作实际看，郑振铎的诗作对巴金的影响是十分明显的。

“被虐待者底哭声何等凄惨而哀惋呵！/但能感动暴虐者底残酷的心丝毫吗？”巴金首次发表的组诗《被虐者底哭声》中的这首开篇之作，源自郑振铎 1922 年 2 月 20 日发表于《学灯》、又收入 6 月出版的诗集《雪朝》中的《侮辱》。《侮辱》的前半部分是这样写的：“被侮辱的人，不要哭罢！/你的哭声只不过一声声打入我的心里。/他们，/他们强暴的人能听见么？/被侮辱的人，不要哭罢！/像你，一样的哭声，一天还不知有多少呢。/从几百几千年来，你们的眼泪已成河了，已成海了。/谁还留意你的弱小的哭声？”显然，巴金的诗是对郑振铎《侮辱》诗意的提炼和重铸。

巴金的另一首诗《梦》，写“一个穿着绿衣的人”，企图唤醒在污泥的地上沉睡的人们，但没有得到应声，最后他自己也倒在地上，“口里发出微微的叹息”。这首诗同郑振铎《灯光》一诗的情景十分接近。《灯光》写“一个人提着灯”，在荒野中孤单地寻路，见前面有几个人在乱闯，便叫他们共享这灯光，“共向前迈往”，但这些人都不理他，仍径直朝前面的河荡走去，只剩下孤零零的提灯人，“挟着无限的凄凉、感伤”。地上昏睡的人和荒野中乱闯的人一样的麻木，穿绿衣的人和提灯的人一样的寂寞，一样的感伤。两首诗的寓意何其相似。

巴金的《报复》则明显是对一年前郑振铎悼念黄爱、庞人铨的《死者》的应和。郑振铎在诗的后记中说：“我们本想宽恕一切，但可惜我们的度量太小了。”在谈到黄、庞被杀后的惨状时说：“只要是‘人’，是，一个‘人’，谁忍加这种刑罚在他的兄弟的身上呢？”这些话，成为了巴金《报复》一诗的主旨。《报复》开宗明义写道：“我们是量小的人，/一切过去的事都永远

① 《文学旬刊》第 49 期“通讯”栏。1922 年 9 月 11 日。

印在我们的心上，／一刻也不能忘记呵！。”诗中呼吁向杀人者报复时，多次强调“我们还是‘人’呵”，“我们终究还是‘人’呵”。郑振铎在《死者》一诗的结尾期待生存者“以眼还眼，以牙还牙”，并表示“多着呢，多着呢，／我们的血——”，巴金则表示：“我们有的是‘血’呵，／我们青年的热血呵！／我们快起来报复罢！”“我们记着我们兄弟的血，／预备着我们自己的血；／来与恶魔决一死战罢。”

诗歌是青年巴金开手文学创作的文学形式，尽管他的初作免不了模仿甚至依傍，但他既能从别人那里(冰心、郑振铎以及别的诗人)寻求启示，吸取养分，又始终不失自己的思考和创造。巴金诗作在艺术上最初显露的这一特点，为他以后正式走上文学道路开启了一个可贵的端绪。

四

巴金在正式走上文学道路前所写的几十首诗歌，表达了他的思想感情，同时，也在一定程度上体现了他的文学观念和审美情趣。这一时期，他还写了一些零散的文字，直接表露自己的文学观点，这就是他写给《文学旬刊》的一封信和为几首诗写的前言、附记。

1922年8月23日，不满17岁的巴金写信给《文学旬刊》编者。他首先建议说，“我很希望《文学旬刊》能改出周刊，因为现在中国的文学刊物只有《小说月报》《创造》《文学旬刊》三种。”而前两种出版周期太长，《文学旬刊》则容量不大，因此希望“改出周刊”。接着他写道：

“近来《礼拜六》《半月》《快活》《游戏世界》等等杂志很发达，不能算是好现象。但是这也是应该的，因为现在的社会黑暗到了极点，所以这种东西才能受欢迎。西谛君说得好：‘所以我觉得我们现在的工作，……乃在于与这腐败的社会争斗，积极的把他们的那种旧眼光变换过。’”

他批评有一些人认为《小说月报》等刊登的“新小说”不容易看懂，所以一般没有高深学识的人才去看《礼拜六》等杂志的说法，指出：“其实《小说月报》的创作只要读的时候稍稍用点心，就看懂了。无奈一些中国人总恨时间多，只是找消遣的事做，只是游玩，闲要，舍不得用一点心，所以才不喜欢看非消遣的小说。”进而，他明确提出自己的主张：

“我认为现在最好一面做建设的工作，一面做破坏的工作；双方齐进，那末就可得很大的效果；将来中国文学便可立足于世界文学之间，并能大放光明。这就是我的意见。”

最后，他诚恳地表示：“我很希望你们与我常通信教导我。”①

这封 600 余字的信，可以视作青年巴金关于文学的宣言。

首先，它表明巴金以“消遣”与“非消遣”作为衡量文学作品好坏高下的重要标准，把文学的教化作用放在首位。据有关书籍辑录的资料，1921 年到 1923 年，也就是巴金写这封信前后，随着新文化、新思想的传播，全国各地文学社团林立，蜂起的文学刊物多达 52 种。在成都的巴金虽不可能看到全部刊物，但他所能看到的决不止于信中所提及的六七种，而他只对文学研究会主持的《小说月报》《文学旬刊》和创造社新出版的《创造》季刊表示认同，他将这三种刊物视为新文学的阵地，把它们同《礼拜六》等代表旧文学的鸳鸯蝴蝶派刊物对立起来，并明确表示自己支持新文学，反对以“消遣”“趣味”“游戏”为宗旨的文学。这一认识，在当时是十分难得的。

其次，巴金认为，《礼拜六》等刊物的“发达”，“不能算好现象”，他将这一现象同社会“黑暗到了极点”相联系，同一些人无聊得“只是游玩，闲耍”相联系，因而认为这一现象的出现“是应该的”。虽然巴金未能深刻理解这一文学现象出现的社会基础和历史条件，但上述认识却表明他已能初步联系社会环境认识和分析文学现象了。

再次，巴金主张新文学的建设与旧文学的破坏要“双方齐进”，并对新文学的广阔前途深信不疑。如何做这两方面的工作，他没有更深入地谈及，但他建议《文学旬刊》缩短周期，扩大篇幅，提供更多的新的创作，增加与旧文学抗衡的力量，也就是“建设的工作”之一。对正在成长中的新文学，他表示了十足的乐观，相信它终会“立足于世界文学之间，并能大放光明”。这些见解虽嫌幼稚，却是有见地的。

巴金上述文学观点并非独创，明显地表现出受到“为人生而艺术”的进步文学观的影响。1921 年 6 月至 8 月，郑振铎在《文学旬刊》发表的《血

① 《文学旬刊》第 49 期“通讯”栏，1922 年 9 月 11 日。

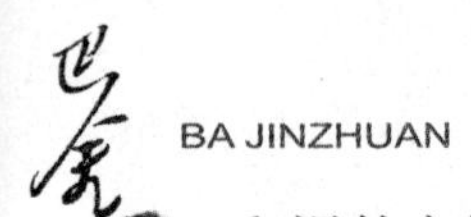

和泪的文学》《消闲》和《中国文人（？）对于文学的根本误解》，以及沈雁冰在《小说月报》发表的《自然主义与中国现代小说》等文，对于鸳鸯蝴蝶派文学都作了严肃的批判，并向文学青年发出谆谆告诫。对于他们的看法，巴金显然是服膺和响应的。由于认识一致，因此，《文学旬刊》记者(郑振铎)在对巴金的公开答复中说："改为周刊，本是很好的办法，只是目前因为编辑与印刷上的困难，一时还不能办到，希望原谅。其余所示，均与同人意见符合。"① 十个月以后(1923 年 7 月 30 日)，《文学旬刊》改为周刊，也算采纳了包括巴金在内的许多热心读者的建议。巴金的文学观点与文学研究会同人"符合"，由此看来，他最早的一批新诗发表于《文学旬刊》，以后的成名作《灭亡》发表于《小说月报》，决非偶然巧合，自有其内在的缘由。

除了给《文学旬刊》的信，巴金还对三首诗作过简短的说明。在《丧家的小孩》后他注明"这是我眼见的一件实事"；在《报复》前面他写道："本年一月十七日是黄、庞二君被赵恒惕冤杀的周年纪念日，黄、庞二君被杀已有一年了，而赵氏还安稳地在湖南做省长，想起来实在令人愤怒。这首诗就是在愤怒(中)做的，所以不像诗；但只要能感动人，是不是诗也不要紧。"在《悼橘宗一》末他简介了橘宗一的身分，称"见君的遗照，悲愤不已，便和泪写了这首诗。"这些说明文字，与郑振铎在《悲鸣之鸟》"附记"中说的"这也许不是诗。但不管它，只当是我一瞬间的热泪流注在报纸上的痕迹罢了。"② 确有相通相应之处，可以看到青年巴金文学观的其他侧面。他的诗不是硬"做"出来，强"吟"出来的，而是感情翻腾的产物，"愤怒""悲愤"之情使他难忍，不能不倾吐为诗。这既道出了他诗作的写作过程，也体现了他对缘何写诗的见解。"只要能感动人，是不是诗也不要紧"，他关注的重心在于是否表达了真率的感情，倾吐了质朴的心声，而不在于声韵格律的规范、语言文字的工巧等，总之，他更加看重内容和思想感情，而不属意于形式、技巧。这一切，与他正式走上文学道路以后正面阐述文学见解的文章，在精神上和具体观点上，都是血脉相通的。

---

① 《文学旬刊》第 49 期"通讯"栏，1922 年 9 月 11 日。"

② 《文学旬刊》第 36 期，1922 年 5 月 1 日。"

巴金的诗歌创作和文学观点，除受到文学研究会的深刻影响外，应该说，还受到克鲁泡特金的某些启迪。

克鲁泡特金的《告青年》，是五四以后令巴金深感激动、十分折服的一篇论文。克氏在文中也表示了他的文学见解。他对于失却了“革命理想”而“流于平凡庸俗”的艺术，即将艺术做为一种职业，“去替小商店装饰门面，替下等小戏园去作剧本，替无聊的小报去作小说”，表示了极大的鄙视。他告诫愿意从事文学创作的青年：“如果你的心的的确确与人类全体的心和谐一致地跳动着，如果你是一个真正的诗人，你有一双诗人的耳朵去注意人生，那么，你亲眼看见那苦海，它的波涛一天天在你四周汹涌；你亲眼看见那些饥饿垂死的平民，你亲眼看见那些累累堆积于矿穴里的死尸……美、崇高和生命，都是永远赞美那些为光明、为人道、为正义而奋斗的人的！”他大声向诗人和艺术家们发出这样的吁请：“在你们慷慨激昂的诗文里，或是深刻动人的图画上，请把民众反抗压迫者的激烈的斗争揭示出来；请把他那曾经感动过我们的先辈的崇高的革命精神，燃烧到青年的心里去……请来指示给民众看，现在的生活是多么丑恶，并请设法让他们知道，这种丑恶的原因究竟在什么地方；请来告诉大家，如果人们的生活不处处受到现实社会制度的愚蠢的罪恶的妨碍，那么，将来的那个合理的生活会怎样地美满。”①

克鲁泡特金的这些话，可以归纳为三方面的意思：第一，他反对文艺流于平庸，即成为一种纯粹为糊口谋生的职业；第二，他主张文艺家关注现实人生的苦难和斗争；第三，他要求文艺表现为争取光明、人道、正义的革命斗争、革命精神和革命理想。巴金反对视文学为“消遣”和为“消遣”而创作，联系社会现实考察文学现象，非常强调作品的思想内容而不刻意追求纯形式，主张破坏旧文学与建设新文学齐进并举，这些文学观点，显然包含着克鲁泡特金的影响，而巴金的诗作，特别是针对政治事件而写的《报复》和《悼橘宗一》《伟大的殉者》则比较充分的体现了克鲁泡特金的文学主张和审美要求。

① 《告青年》，平社出版部，1937 年 10 月版。

第二章　黑夜行舟

(1923.5—1926.12)

4. 东南大学附中

一

1923年4月初一个晴朗的清晨，不满19岁的巴金同朝夕相伴的三哥尧林一道，去成都东门外的江边，登上了一条小木船。兄弟俩将去中国最大的城市上海读书。第一次告别亲人，离开故乡，巴金怀着怎样的心情呢？他后来在文章中，不止一次说自己离家“就像甩掉一个可怕的阴影，我没有一点留恋”。事实并不全然这样。巴金在《家》的末尾，曾描写过觉慧离家时的情景，尽管巴金是得到允许公开离家的，而觉慧是独自私逃，但《家》中描写的觉慧在木船离岸后的思绪，也是巴金自己当时心镜的写照：

船开始动了。它慢慢地从崖边退去。它在转弯。岸上的人影渐渐地变小，忽然一转眼就完全不见了。觉慧立在船头，眼睛里还留着他们的影子，仿佛他们还在向他招手。他觉得眼光有点模糊，便伸手揩了一下眼睛。然而等他取下手来，他们的影子已经找不到了。

他们，他的哥哥和他的两个朋友就这样不留痕迹地消失了。先前的一切仿佛是一场梦。他再也看不见他们。他的眼睛所触到的，只是一片清莹的水，一些山影和一些树影。三个舟子在那里一面摇橹，一面唱山歌。

一种新的感情渐渐地抓住了他，他不知道究竟是快乐还是悲伤。但是他清清楚楚地知道他离开家了。他的眼前是连接不断的绿水。

这水只是不停地向前面流去，它会把他载到一个未知的大城市去。在那里新的一切正在生长。那里有一个新的运动，有广大的群众，还有他的几个通过信而未见面的热情的年轻朋友。

这水，这可祝福的水啊，它会把他从住了 18 年的家带到未知的城市和未知的人群中间去。他这样想着，前面的幻景迷了他的眼睛，使他再没有时间去悲惜被他抛在后面的过去 18 年的生活了。他最后一次把眼睛掉向后面看，他轻轻地说了一声“再见”，仍旧回过头去看永远向前流去没有一刻停留的绿水了。

他们的木船是开往重庆的，到那里换乘小轮船到宜昌，再换大轮船经武汉抵上海。

巴金所以去上海，直接的原因是因为无法交出中学毕业证书，被外国语专门学校改为旁听生，剥夺了获得该校毕业文凭的资格，使今后升学难以为继。也正是这一原因，继母和大哥才同意他去上海读中学。更深刻的原因却是他厌恶像“礼教的囚牢”一样的大家庭，不愿意像大哥那样走家庭安排的路。他那颗追求真理、渴望自由、要求行动的炽热的心，他那年轻人的勇敢和真诚，促使他摆脱封建大家庭，离开闭塞的四川，到神往以久的新文化运动的中心上海，寻求新的知识，会见新的明友，迎接新的生活。

离家的第一个夜晚降临了，江边一片黑暗，木船在平静的江中缓缓前进。尧林似已入睡，巴金却难以成眠，过去的回忆和未来的设想，一齐涌上脑际。前面迎接自己的，到底是充实的生活、火热的斗争，还是孤独的漂泊、寂寞的等待？虽然迈上了离家的旅程，前途却仍感渺茫。……静听着艄公有节奏的摇橹声，巴金的心中又升起了希望。透过船窗，他仿佛看见茫茫黑夜中有一盏红灯在远处闪光，船好像在尾随红灯而行。他想，如果有人像这红灯一样为自己今后的生活指路，那该多好啊！……他想着，望着，等着，口中不觉吟出几句诗：

天暮了，
在这渺渺的河中，

我们的小舟究竟归向何处？

远远的红灯啊，

请挨近一些儿罢！

巴金兄弟俩到上海后，第一天在四马路一家旅馆的二楼上暂住。旅馆的斜对面有一家名为“神仙世界”的游乐场，天一黑，便有穿红着绿的妓女站在门前拉客，载着“出堂”的妓女的人力车，不断地从窗下跑过。看到这景象，巴金感到厌恶，感到悲哀。第二天，他们在远房叔叔李玉书的安排下，搬到汉口路的春江旅馆住下。

几天后，巴金兄弟俩乘火车去祖居的嘉兴探访，在那里见到从未谋过面的四伯祖和其他亲戚。在四伯祖家住了两天以后，李玉书也从上海赶来，同他们一道乘小船到塘汇镇拜谒李家祠堂。巴金当时这样描写供有祖先牌位的祠堂：

未走几步，到了一个地方的门口，又像破庙的大门一样，然而这里却很狭，破庙的门却要宽许多。路是不平的，两边堆着碎石残瓦，不到五步，便走进去了。天井中没有石板，是泥地，走上石阶约十余步，便是神龛，神龛中放着神主（约有三隔，中间放着始祖的神主，但现在记不清楚了），外面嵌满了玻璃，玻璃窗上已生满了尘埃，中间的玻璃也有碎的了。神龛前放了一张破烂的桌子，石阶两旁各有一排栏杆，上面有几扇窗户，但现在已没有了。靠着右边墙壁走过去，有一道小门，四伯祖把门拉开，我们也走去，原来一片堆着碎瓦的地。屋顶是漏的，抬头可见着青天。靠着栏杆放着几块破砖，围成一个小炉子，上放着一个大瓦罐，是盖着的，不知里面煮的什么东西。天井中放一张桌子，一个成衣匠在那里缝衣（注：因为斐卿把祠堂租与成衣匠了）。这就是我们的祠堂！

四伯祖将蜡烛燃起，我们把礼行了。①

① 《嘉兴杂忆・塘汇李家祠堂》，《巴金全集》第十八卷，人民文学出版社，1993年版。

从嘉兴返上海后，巴金将塘汇李家祠堂的情况写信告诉了四川的长辈。不久，兄弟俩考入了上海南洋中学。12月8日，二人再度去嘉兴。这次是遵在四川的二伯祖之嘱，去查验修缮后的祠堂，扫祭祖先，并替二伯祖做神主。到塘汇后，见祠堂已修整好了，各处都很清洁，堂内两旁的墙壁上新嵌了两块石碑，用小楷刻着“蓉洲二伯祖”出资建祠堂的缘起；为防止管理祠堂的族兄斐卿再典当供桌，新供桌是用砖砌的。兄弟俩又花钱把已被斐卿典当出去的祠堂大门赎回，并请木匠用铁钉把门钉牢。这次，兄弟俩在嘉兴住了十天，因为他们已决定转到教学水平高收费又较低的南京读书。

巴金兄弟到南京后，一同考进了东南大学附属中学。巴金在这所学校读了一年半，最初半年读补习班，然后插入高中三年级，直至毕业。

南京是中国东南的一座大都市，东南大学则号称“东南文化中心”。东南大学附中在中国东部地区亦较有名气，它的前身是1902年张之洞创办的三江师范学堂附中，校址在四牌楼大石桥，1905年改名为两江师范学堂附中，1917年更名为国立南京高等师范附中，1922年才正式改名为国立东南大学附中。1927年以后又屡改校名，校址亦变动，现名为南京师范大学附中。巴金兄弟俩在南京北门桥鱼市街21号租了一间房子栖身，这里离学校不远，上学比较方便，房后是一片菜园，十分安静，也是看书写字的好环境。他们住的屋内，只安放着两张木板床，一张破方桌。白天，他俩去学校上课；晚上，便用随身装衣服的小皮箱做坐凳，借着煤油灯光在方桌边读书或复习功课。

从离开成都到进东南人学附中前，为了让成都的继母和大哥了解自己和三哥的情况，巴金用小本子随时记下自己的经历、见闻、感想。到南京后，他将八九个月来的手稿整理成两册，分别题为《写给母亲的信》和《鸿爪集》，一起寄给了大哥。这两册手稿，当是巴金最早的散文随笔作品。十分可惜的是，这些保留着许多珍贵材料的手稿未能保存下来，目前所能看到的，仅有1923年12月在南京写完的记叙两次嘉兴之行的杂记，即《塘汇李家祠堂》残稿和《夜雨中之火车站》。前一篇记两度赴嘉兴拜谒李家祠堂的情景。前半部分描写从嘉兴城外的四伯祖家乘小木船去塘汇镇祠堂沿途和上岸后进茶馆的景象，以及荒芜破败的祠堂；后半部分描写第二次去嘉兴查验祠堂修缮工程并扫祭的情景。后一篇比较完整地记叙由四伯祖家到嘉兴火车站登车赴南京的种种景况：在船中和上岸后的情景，雨中的嘉兴车站的内外景观，火车到站的情景和上车前后的诸种情况。

这两篇杂记虽以记事为主，但不乏生动有味的具体描写和颇有意蕴的感情抒发，从中不难看出巴金此时观察周围景色、风物、人物的眼光和捕捉生活细节常的能力；以及比较娴熟的文字表达能力。试看他描写前后两次乘小木船时的两节文字：

第一次从四伯祖家去祠堂，时值初夏，万物欣欣，首次来到祖居之地的巴金，既高兴又处处感到新鲜：

> 船虽然小，然而湖面却宽。望着一碧无际的水波，令人眼界爽快。两岸有几处种有柳树及其他的树木，投影于波中，载沉载浮。最妙的是摇橹的声音，橹一摇，水便起了一种声音，这是很有节奏，不急不徐，不高不低，并且很幽雅的，这种声音至今还在我耳边。
>
> 船到了岸，我第一个跑上去……

第二次离嘉兴赴南京，正是隆冬季节，出发时又近天暮，加之大风凛凛，细雨绵绵，此时的感受和心情，便与上次的赏心悦目全然不同了。

> ……坐在船中黑暗得很，真有伸手不见五指之慨。外面的风还不停地向着船篷吹来，弄出一种可怕的声音。这种声音中又夹着水流声、摇橹声和偶尔的人声。这些奇异的音乐是我毕生所没有听见的。……就以我那时的心理来说，真是奇异得很，若仅仅描写我那时的心理，恐怕把这本书写完也不够，因为人当了这种时候，心中的感觉奇异得很，复杂得很，第一便是万念俱消，往日心中所想慕的英雄事业至此完全成可悲的梦境，好像英雄末路一样，只有在荒凉中度其余生而已，不复有他念；继而又想到以前的情况，去年此时还在温暖之室中，今年此日便在与烈风奋斗之一黑暗小船中矣，大事之不常若是；后来又想像茫茫之前途与南京的情景。……船篷

外风甚剧，雨亦未止，船行已久，尚不到车站，奈何，坐在此小船中，真正度日如年了。

在黑暗中不知过了许久，渐渐听见了远处的人声，愈走愈近，知离车站不远，乃随手推开身旁小窗，则见窗外红灯一二，荡漾水波中，久处黑暗中之人，睹此灯光，心为之一喜。俄尔人声嘈杂，盖船过铁路桥下也。过铁路桥后，行未久，即抵车站，船泊岸边，时已天暮，雨亦未止。……

透过以上真率坦直的文字，不难窥见青年巴金那敏感而复杂的内心世界之一斑。同样引起我们兴趣的是，这些杂记的语言，不论是用词还是句式，都明白地表现出中国古代散文的影响，并没有显露一星半点“欧化”的痕迹。

二

为了顺利地完成中学学业，取得毕业文凭，以实现报考大学的夙愿，巴金在上海、南京读书期间，不能不把主要精力放在学校的功课上，因为在离开四川以前，他没有念过普通中学，数理化的基础比较差。尽管功课的负担很重，但他仍时时关注着国家的命运和社会的斗争，并在课余继续研究无政府主义学说和社会革命的理论。1924 年 5 月 1 日，广州出版的无政府主义刊物《春雷》，刊登了巴金的一则启事。全文是：

我欲考究安那其主义者在中国运动的成绩，故拟搜集历年所出版之关于此主义的书报，同志们如有此类书报（不论新的旧的），望赠我一份，如要代价者，可先函商。来函请寄南京市北门桥鱼市街 21 号。

可见，这时巴金已准备从全面搜集材料入手，对中国的无政府主义运动进行独立的和系统的考察研究了。同时，在这则启事中，巴金正式向国内各地的无政府主义团体和个人通报自己近期的活动意向和新的地址，因此，它也成为巴金同上述团体、个人取得联系的一座桥梁。

在南京求学期间，巴金参与了两次重要的社会活动：一次是文字的，即写诗撰文悼念被日本政府残杀的著名无政府主义者大杉荣，声讨日本政府在“关东大地震”中捕杀革命者的暴行；一次是行动的，即五卅事件后参加反对日本帝国主义的示威游行活动。

1923 年 9 月 1 日，日本关东地区发生规模为里氏 7.9 级的强烈地震，波及东京等一府六县，地震使一些房屋着火，约有 69 万户房屋倒塌或烧毁，9 万余人死亡，5 万多人受伤。日本政府利用震灾期间的混乱局面，纵容警察、宪兵和暴徒大肆屠杀革命工人、各派社会主义者和侨居日本的朝鲜人、中国人，造成严重的白色恐怖。9 月 16 日，宪兵大尉甘粕正彦等将大杉荣和他的妻子伊藤野枝、侄儿橘宗一捕杀。时年 38 岁的大杉荣是日本著名的无政府主义运动的积极领导者和参加者，他同中国许多无政府主义者，如黄凌霜等，有所交往，1920 年 10 月曾为组织“远东社会主义联盟”秘密到过上海。大杉荣等遇难后，中国无政府主义刊物纷纷发表悼念和抗议文章，巴金积极参与了这一活动。他参照日本《劳动运动》发表的资料，编撰了《大杉荣著作年表》《大杉荣年谱》，又据世界语介绍翻译了《东京安那其主义者 1923 年 10 月 25 日的报告》和《日本政府军阀及反动党对于安那其主义者的攻击》等文，并满怀义愤为大杉荣和橘宗一各写了一首悼诗，哀悼他们的死，颂扬他们的精神，抨击残酷的“资本主义的恶魔”。参与声讨日本政府利用关东大地震捕杀革命者的罪行，是巴金 1923 年 5 月离开四川后的第一次最重要的政治宣传活动。这次事件给他的影响虽然远不及四年以后援救凡宰特、萨珂的事件，但从中仍可窥见他坚信无政府共产主义必然胜利、决心同现存的资本主义制度斗争到底的政治立场和态度。

1925 年五卅惨案发生后，南京的大、中学生即行动起来，6 月 1 日下午东南大学附中率先罢课，次日，东南大学全校学生罢课，6 月 3 日南京各校学生罢课，并往城南一带游行、演讲，4 日东南大学等校学生一万余人，往城北及下关游行，并到英国资本家开的工厂“和记洋行”门口，向工人作宣传，从 5 日开始，这家工厂的工人开始罢工，坚持 42 天，使英国资本家遭到严重的经济损失。现在找不到有关巴金参加这一活动的记述和具体材料。但在他后来创作的小说《死去的太阳》中，他描写了五卅在东南大学和南京各界激起的波澜，描写了东南大学召开南京各校学生代表会议，描写了东南大学大学部、中学部的师生及其他学校的学生在下关的游行和讲演，以及“英商益记工厂”工人的罢工、复工等情节，这些描写，都融入了巴金自己的这段经历、见闻和感受，透过这些描写，完全可以窥见他当时昂扬的反帝激情和热烈的爱国精神。

5. 浮沉于理论之河

一

1925 年夏天，巴金兄弟俩一道从东南大学附中毕业。尧林报考了苏州的东吴大学外文系，巴金则另有志向，他带着来之不易的高中毕业文凭和一本新买到的鲁迅的小说集《呐喊》，只身去到北京，准备报考神往已久的北京大学。不料在检查身体时，发现肺部患病。这对他是一个意外的打击，本来他就担心自己的数理化考不好，现在又查出肺病，即使考试合格也不可能被录取。他心灰意冷，没有去考场应试。在北京的半个月时间里，住在旅馆的巴金很少出门，只与过去有通信联系的朝鲜青年沈茹秋、柳絮见过几次面，他们介绍的朝鲜人民与日本军队战斗的种种情形使巴金万分感动。在旅馆里，巴金反复读着随身带来的《呐喊》，其中的小说深深地吸引着他，他感受到鲁迅那深邃的思想和精湛的艺术功力，寂寞和失望的心，因此得到一些慰藉。离开北京前，巴金得知北海公园对游人开放，便独自去到公园，作为开园第一天的游人之一，他在琼岛的漪澜堂前度过了一个宁静的夜晚。

北上而未能遂愿的巴金，带着惆怅返回了南京。尧林告诉他，自己已被东吴大学外文系录取，将去苏州读书。这消息令巴金欣慰。尧林没有责备他轻率放弃入学考试的行动，陪着他去找医生诊治。为了养病、治病，巴金独自去到上海。此后一年多时间里，他一边治病，一边读书、翻译、写作，把主要精力用在阅读、研究和宣传无政府主义理论方面。他结识和联系了更多的朋友，扩大了同国内外无政府主义信仰者的交往。

还在 1925 年初，经朋友秦抱朴介绍，巴金就开始同著名的无政府主义活动家高德曼、格拉佛等人通信。其中，给高德曼的信件往来，对影响巴金的思想有更重要的意义。巴金最初写给高德曼的信如今已无法看到，但透过高德曼的复信可以看出，巴金的信写得热情洋溢，充分表达了对高德曼的景仰和对无政府理想的憧憬。因此，深深感动了这位56岁饱经风霜的无政府主义革命家。当时在英国的高德曼收到巴金的信后，几天内便写了同样洋溢着热情的回信。信中说：

> 我不能够说出我是怎样深地受了你的感动，而且你的话又是怎样地鼓舞了我。我知道我对于一个如此年轻的学生居然会给了很大的影响，我是非常快活的，你才15岁就读了我的文章，我常常梦想着我的著作会帮助了许多真挚的，热烈的男女青年倾向着安那其主义的理想，这理想在我看来是一切理想中最美丽的一个。

高德曼针对巴金来信中对自己出身的烦恼，谆谆开导他：

> 你说你是从一个富裕的旧家庭里出来的。这没有什么关系。在资产阶级里面也常常产生出活动的革命家。事实上在我们的运动里大部分的领导者都是这样的一类人：他们注意社会问题，并非由于他们自己的困苦境遇，而是因为他们不能够坐视着大众的困苦。而且你生在资产阶级的家庭里，并不是你自己的错，我们并不能够自己选择出生的地方，但是以后的生活就可以由我们自己来处理了。我看出来你是有着每个青年叛逆者所应有的真挚和热情的。我很喜欢。这种性格如今更是不可缺少的，因为只为了一点小的好处许多人就会卖掉他们的灵魂——这样的事情到处都有。连他们对于社会理想的兴味也只是表面上的，只要遇着一点小小的困难，他们就会把它抛掉。

高德曼在信中还进一步表示：

我知道在你们那里你和别的一些青年真挚地思索着，行动着，而且深切地爱着我们的美丽的理想，我觉得十分高兴……[①]

高德曼不愧是一位优秀的宣传鼓动家，这封平易、亲切的信，没有故作高深的矜持，没有居高临下的教训，但处处表现出对青年人应如何生活的教诲。巴金深感从尊敬的前辈中找到了一位理解自己的知音，他受到极大鼓舞，觉得自己与远方的高德曼在精神上完全相通。

1925年9月，巴金和(郑)真恒、(黎)健民、(沈)仲九、三木(李少陵)、(黄)培心、(卫)惠林、(张)禅林、吕千(张履谦)、周(索非)、(毛)一波、(沈)茹秋、(姜)种因、(卢)剑波、(秦)抱朴、(陆)不如等在沪及外地的青年，联名发起成立了旨在“站在民众自己的行动中”从事“民众自己的学术运动、教育运动”的“民众社”，并出版《民众》半月刊。1926年3月，他写信给流亡在中国的朝鲜革命青年组织“高丽青年社”，对他们在北京创办《高丽月刊》深表支持。他说：“我是一个愿意献身于克鲁泡特金主义，终身为自由、平等、正义、人道奋斗的人”，并表示：“未来全世界上的民众是应该互相亲爱、联合一致的。民众本无国界之分，所以甲国民众受了帝国主义者的压迫，乙国民众也应该起来帮助他们，打倒其本国(乙国)的帝国主义者。”“所以你们应该联合日本民众去打倒日本政府和资产阶级。”[②]

为了扩大和加深对无政府主义理沦的认识，巴金直接阅读并译介了国外许多传播无政府主义学说的著作和文章。1925年至1926年两年间，他先后翻译的论著主要有：蒲鲁东《财产是什么？》(部分)，克鲁泡特金《面包略取》(后改题《面包与自由》)，高德曼《妇女解放的悲剧》，柏克曼《俄罗斯的悲剧》，以及德国若克尔《近代劳动运动中的议会活动观》《克鲁泡特金学说的介绍》，阿利兹《科学的无政府主义之战略》《科学的无政府主义》《无政府主义之社会学的基础》和意大利马拉铁司达《科学与无政府主义》等。显然，他已不满足于接受无政府主义的一般性鼓动和号召，而努力探究着无政府主义的

① 《信仰与活动》，《水星》月刊第2卷第2期，1935年5月10日。

② 《一封公开的信》，《民国日报·觉悟》，1926年3月27日。

根据和原理。

在上述译作中，最重要的当是克鲁泡特金的《面包与自由》。这也是巴金翻译的第一部长篇论著。巴金曾这样说明这部著作在克鲁泡特金全部著作中的地位："《面包与自由》与《田园、工厂、手工场》是他底经济学方面的两部重要著作。""它们给我们提供了安那其共产主义的一个明确的解释，和未来社会底一个熟思的方案。"[①] 克鲁泡特金本人也曾说，这本书的主要内容是"无政府共产主义社会的建设部分——能够预见到多少就写多少"。对于《面包与自由》这个书名的含意，巴金做了这样的解释："'面包(安乐)与自由'，这似乎是两个简单的名词，但我们可以用它们来概括克鲁泡特金的安那其主义。这两个名词甚至可以作为未来的自由社会的两大标语。另一个标语'各尽所能，各取所需'只是完成这两大目标的手段。""这两大目标是不可分的。缺少一个，则其他一个也不能实现。经济的平等保证着政治的自由，政治的自由促成经济的平等。这是互相依赖着的。没有万人的面包(安乐)，则没有万人的自由；没有万人的自由，则不能获得万人的面包。"[②] 如何才能实现这两大目标呢？巴金说：在克鲁泡特金看来，"社会主义必须是自由的。人对于人的支配应该跟着人对于人的榨取一起消灭，权力的独占也应该该随着财产的独占消失。不要征服国家，而是消灭国家。中央集权的机关应该让位给自治的公社(或共同社会)之自由联合；自由合意与相互了解会来代替法律的力量。"[③] 巴金的解释，基本上概括了《面包与自由》的主要思想。按照克鲁泡特金的设想，在社会革命胜利之后，便可不要任何权威的机构和个人，取消法律，由群众自己起来，剥夺资产者的全部生产资料和生活资料，立即采取按需分配的分配办法，并用"自由合意"的方式来管理和建设新社会。这幅蓝图的确是美丽的、完满的，然而在现实中却是根本行不通的。当然，克鲁泡特金的这本著作，在人类追求美好生活的历史上，是重要的思想资料之一，在这个意义上，它具有永久的保存价值。巴金把这本书译成中文，其价值和意义，主要就在于此。

---

① 《〈克鲁泡特金全集〉总序》，《克鲁泡特金自传》，新民书店，1933 年 9 月版。

②③ 《前记》，《面包与自由》，平明书店，1940 年 8 月版。

二

这一段时间，巴金以对俄、法革命史的浓厚兴趣，先后编撰了《五一运动史》《法国虚无党人的故事》《俄国虚无党人的故事》《断头台上》等历史传记，以昭示革命历史上的事件和人物，总结前人的经验。同时，他还在广东无政府主义青年创办的《民钟》、北京宣传无政府主义的《国风日报》副刊《学汇》以及上海的《时事新报》副刊《学灯》和《洪水》《民众》等报刊上，发表了多篇以阐释和宣传无政府主义为中心内容的文章。

巴金这一时期的文章，已不再像成都时期那样，主要对社会的弊端作激烈批判，对革命和未来作空泛议论和热情呼喊。一方面，他开始思考、探究和阐释无政府主义的基本原理；另一方面，他运用无政府主义的观点，认识和分析一些重大的具体问题，特别是批评马克思、列宁和革命后的俄国共产党。

1926 年 12 月 15 日发表于《民钟》第 1 卷第 16 期的《无政府主义的阶级性》，是巴金正面阐释无政府主义理论的一篇重要文章。关于这篇文章的来历，他在文末说明道："本来打算把 HlebopJok 在《自由工人》第二期上发表的一篇文章译出，但是译到中间，加了不少的话进去，简直不像原文了。近来我译短篇东西，常常爱就自己的意思加以删改，虽然有时曾声明过，但究竟算是不忠实，对不起原作者，所以这篇率性是'译'字也不要了。"因此，这篇文章可以视为巴金对自己观点的表述。他在文中指出，决不能满足于对于世界无政府主义者力量的夸大宣传，因为尽管号称"无政府主义"的团体和人数有许多，"然而，实际无政府主义者的内部的现象却不能满人意。我们因为怕敌人快意和讥笑的缘故，常常把这苦痛的事实隐藏起来，然而这举动反阻碍我们的认识力，并且表示出来我们的无力，我们的错误，反而使那些我们所欲隐瞒的敌人快意。"因此，他强调，为了"阻止我们这运动的退化"需要"观察危机"。他认为，最大的危机在于"固然全世界中有千万个无政府主义者，然而他们并没有联合成一个整体，并不曾走上同一的道路。他们所相同的是'无政府主义者'这个名称而已。"其主要表现为，许多以"无政府主义者"自称的人，"各个人以为无政府主义是他个人所喜欢的那样的"，因而对无政府主义作随心所欲的解释。巴金在文中集中批评了"无政府主义是全人类的理想，建立在超于阶级斗争之上”从而反对阶级斗争的观点。他指出：“阶级斗争实在是无政府主义的特性，只有由阶级斗争才能实现无政府主义。”“狼与绵羊是不能在一块儿的。……无政府主义是革命的无产阶级的理想和观念学，彼绝不是资产阶级的理想，因此，无政府主义者的革命并非和平的，而是武力的。只有不屈不挠的阶级斗争才能实现无政府主义。”

巴金在《时事新报·学灯》和《国风日报·学汇》发表的《列宁——革命的叛徒》《再论无产阶级专政》《列宁论》《马克思主义与阶级斗争》等文，则对十月革命后的苏联和列宁进行了批评。这些批评集中在无产阶级专政问题上。

巴金认为，十月革命成功的原因有三，一是俄国是农业国，资产阶级缺乏组织、力量薄弱，又没有武装，因此为无产阶级革命提供了条件；二是民众对革命怀有高度的热诚，使革命具有广泛的群众基础；三是各革命党派一致联合，向一个共同的目标努力。基于这种分析，他认为把革命成功的功劳独归于共产党（布尔什维克）不但违背事实，于理论上也说不过去。他还批评“契卡”对反革命的镇压，批评苏联对克龙士脱达暴动的镇压，认为革命后的苏联仍实行“专制”，与革命前相比，专制的名称变了，实质却无差异。他把无产阶级专政理解为“独裁制”，因而认为，无产阶级专政的形式既不是巴黎公社，也不是苏维埃，而是共产党领袖专政形式。他从历史的经验、理论的谬误和理论自身的矛盾三个方面，论证了资产阶级专政的不可能，进而指出：“无产阶级专政同有产阶级专政一样，只不过是少数人的专政，真正的无产阶级专政是做不到的。”他说，无产阶级专政违背了社会革命的原理，因为“社会革命与政治革命不同，它不是推倒一个压迫者而另换一个或一群压制者便算了事，共同的是消灭压制者和治人制度。”他还说，无产阶级专政不能消灭阶级，也不能消灭国家，因而这手段达不到共产党人建设无产阶级国家的社会这一目的。围绕否定无产阶级专政这个中心思想，他批评马克思“偏重于重视政治斗争，因此他所认识的阶级斗争，都是为着政治的目的，主张夺取政权，用阶级统治来统治阶级，即是用政治办法来解决经济斗争”，“实则阶级斗争是为着经济上的解放，所以安那其主义者以为解放人类应用经济的方法，就是打倒私有财产与治人的国家。”立足于上述认识，他批评坚持无产阶级专政思想和实践的列宁“侮辱了革命，背叛了革命”。

巴金不仅用心写了上述一些长篇大论，阐述自己的看法，还以年轻人的盛气，放言批评北京大学教授、经济学家陈启修实地考察苏联 13 个月后发表的报告，[①] 批评著名文学家郭沫若对马克思学说的赞扬。[②] 他认为陈启修在报告中对共产党在俄国革命中的作用、对革命成功后苏联政治状况和经济形势的肯定，都是不实的，“全是些带了着色眼镜后所见的景象”。他讥讽地说：“以一最高学府之有名教授，在俄 13 月实地考察后，而有如此错误的报告出来，自错误人，真令人失望极了。”他毫不客气地挖苦郭沫若“对于马克思完全不了解”，“简直不懂马克思主义”，甚至“连《共产党宣言》都看不懂”，并奉劝“郭君以后多做诗，少谈主义”。陈启修没有理会巴金，郭沫若却写了一篇《卖淫妇的饶舌》予以反击，巴金读后又撰一文答辩，但郭沫若却置之不理了。巴金和郭沫若之间这次小小的笔墨之战，只是他们生涯中的一个小插曲，并无碍于他们此后的关系。

上述文章表明，1925 年以后，巴金在无政府主义思想的道路上大大的进了一步。成都时期那醉心于革命行动的热情，此时已转化为理论研究的热情。他对无政府主义理论的认识和宣传，都更加系统化、理论化了。在理论的河流中浮浮沉沉的巴金，更加自觉地从无政府主义学说中找寻支撑，因而对所知甚少的马克思主义，新生的苏维埃政权和列宁，都持著很深的偏见。他对革命的探索，仍局限于无政主义的书本上和小资产阶级知识分子的圈子里。他对于中国社会的历史和观状，依然缺乏真切深入的了解和客观准确的认识。这一切，使他对社会革命真理的探究，对如何实现祖国自由独立、人民安宁幸福的求索，不能不继续在曲折的路上进行，不能不面临着现实更加严峻的考验。

① 《时事新报·学灯》，1925 年 10 月 22—24 日。

② 《时事新报·学灯》，1926 年 1 月 19 日、4 月 5 日。

第三章　寂寞而痛苦的心

(1927.1—1930.12)

6. 从东海到地中海

一

1927 年 1 月 15 日，22 岁的巴金同朋友卫惠林一道，在黄浦江边登上了法国邮船公司的“昂热”号邮船，自费去法国。法国作为无政府主义思想真正的创始人蒲鲁东的故乡，被视为近代无政府主义的发源地。同时，当时形形色色的革命者都把法国作为庇护所，到那里寓居，或躲避拘捕，或研究理论，或宣传革命，旅法的中国青年也因此比较多。巴金远渡重洋，希望通过对经济学的研究，继续深入探讨无政府主义的理论，进一步寻求救国救民的真理和自己的前进方向。

巴金在船上住的是第二层三等舱。登船后，他走上第四层的甲板，看到住头等、二等舱的西洋贵妇和绅士神气活现，心里有一种说不出的感慨。轮船徐徐地驶出黄浦江，巴金两眼含着热泪，心里装满了悲哀和离愁。他就要离开一直养育他的故土，离开又美丽又黑暗、又富庶又贫弱的祖国，去到遥远的异国。此时，他的心和故土贴得更紧了。广元的群山兀立在他的眼前，成都的沃野展开在他的脑中，南京的星空，上海的楼群，也牵动着他的心。他用双眼紧紧盯住岸上的一切，直到看不见岸上的高楼和江中停靠的外国军舰，才依依不舍地转过头来。22 年来的欢乐和痛苦，希望和挣扎，咬噬着他的心。望着茫茫的海水，他从心底里发出了这样的呼喊：

再见罢，我不幸的乡土哟，这 22 年来你养育了我。我无日不在你的怀抱中，我无日不受你的扶持。我的衣食取给于你。我的苦乐也是你的赐予。我的亲人生长在这里，我的朋友也散布在这里。在幼年时代你曾使我享受种种的幸福；可是在我有了知识以后你又成了我的痛苦的源泉了。

在这里我看见了种种人间的悲剧，在这里我认识了我们所处的时代，在这里我身受了各种的痛苦。我挣扎，我苦斗，我几次濒于灭亡，我带了遍体的鳞伤。我用了眼泪和叹息埋葬了我的一些亲人，他们是被旧礼教杀了的。

这里有美丽的山水，肥沃的田畴，同时又有黑暗的监狱和刑场。在这里坏人得志、好人受苦，正义受到摧残。在这里人们为了争取自由，不得不从事残酷的斗争。在这里人们在吃他的同类的人——那许多的残酷的景象，那许多的悲痛的回忆！

哟，雄伟的黄河，神秘的扬子江哟，你们的伟大的历史在哪里去了？这样的国土！这样的人民！我的心怎么能够离开你们！

再见罢，我不幸的乡土哟！我恨你，我又不得不爱你。[①]

这字字含情、声声有泪的文字，可以作为巴金的《离国宣言》来读。他对祖国悠久历史、对祖国壮丽河山的一片挚爱，他对生活在苦难中的祖国人民、对祖国母亲养育之恩的一片深情，同他对封建专制制度的强烈憎恨，他对军阀战争和现存社会的愤怒诅咒，紧紧地交织在一起，难分难解。28年前，因戊戌政变失败而亡命的改良主义革命家梁启超，曾在日本写下这样激愤的话：“今天下之可忧者莫中国若；天下之可爱者，亦莫中国若。吾愈爱之，则愈益忧之。既欲哭之，又欲歌之。吾哭矣，谁欤踊者？吾歌矣，谁欤和者？”[②]爱国忧国之情溢于言表，与巴金离国时的心情亦相近。但27岁的梁启超发出的感喟，更多地透露出一位“先觉者”居高临下的孤寂。相比之下，巴金的思绪则更为深沉厚重。生活中常常有这样的事，有时候，时间和国界的差异

① 《“再见罢，我不幸的乡土哟！”》《海行》，上海新中国书局，1932年12月版。

② 《忧国与爱国》，《清议报》第33册，1899年12月23日。转引自《饮冰室合集·专集·第二册》，上海中华书局，1936年版。

似乎不是最重要的，比如，巴金离国前的思绪，同杰出的俄罗斯诗人涅克拉索夫更为接近。涅克拉索夫在50年前完成的长诗《谁在俄罗斯能过好日子》中写过这样的诗句：“你又贫穷，你又富饶，你又强大，你又衰弱，俄罗斯母亲！”这不正是50年后巴金长篇自白的凝练表达吗？

满怀着对乡土既恋又不得不去、既恨又不得不爱的复杂心情，巴金暂时告别了祖国。轮船时而游弋在平静的海面，时而起伏于颠簸的浪涛。经香港、西贡、新加坡，穿马六甲海峡，越印度洋，过斯里兰卡的科伦坡和法属索马里的吉布提，进入红海，然后通过苏伊士运河到地中海。一路上，巴金观海看景，闲谈游览，但他从未停止对生活、对现实、对未来的思索。在穿越印度洋七天七夜的平静航程中，他给友人写了一封信，谈到自己在科伦坡参观卧佛寺后的感想。他说：

> 我不是佛教徒，佛教的庄严已经引不起我的注意了。然而我在过去的某一个短时期里也颇有意皈依佛教。因为生与死的苦闷压迫着我，我也曾想在佛经中找到一点东西来解除我的苦闷，我也曾与许多和尚往来（虽然那时候我还是一个小孩子），但是结果我并没得到什么。那只是一个妄想，那只是一个不能实现的梦。佛教的理论纵然被佛教徒夸示得多么好，但这究竟是非人间的、超现实的；人间的、现实的苦闷，还得要人间的、现实的东西来解除。你自信你看破生死罢，然而你看见或者身历可悲、可喜、可愤的事，还是不能不悲喜、愤怒，否则你便不是人了。然则你又何尝看破生死呢？所谓虚无是与现实的人的世界相冲突的。我想拿佛教的理论来解除我的苦闷，到头来我的苦闷却一天比一天地增加。我所见到的人们的痛苦，也是不能够拿玄妙的理论来解除的。于是我不能够忍受下去了，便重回到现实的路上，做一个社会运动者，要用人群的力量来把这世界改造，改造成一个幸福的世界，使将来不再有一个人受苦。这样的我来到了佛教史上的重要地方，站在伟大的卧佛之前，会有什么感想呢？我已经不是任何宗教的信徒了。

> 我现在的信条是：忠实地生活，正当地奋斗，爱那需要爱的，恨那摧残爱的。我的上帝只有一个，就是人类。为了他我准备献出我的一切……[①]

经过 34 天新奇而有趣的海行，“昂热号”就要抵达目的地马赛了。到港的前一夜，巴金急切地盼望着明天的到来，思绪万端。他这样记叙这一夜的景况：

> 我不想睡，趁大家酣睡的时候，跑到舱面上去走走。
>
> 我上了舱面就感到一股寒气，不由得扯起大衣的领子来。四周没有一个人，只有吵人的机器声时时来到我的耳边。
>
> 浪很小，船也平稳，风并不大。一轮明月照在万顷烟波之上，蓝色的水被月光镀上了银色。月光流在波上，就像千万条银鱼在海上游泳。我这时真想拿一根钓竿，把它们钓几尾上来。
>
> 我默默地在舱面上走着。明月陪伴着我，微风轻抚着我。有无涯的大海让我放观；有无数的回忆尽我思量。人生难得几良宵。是乐么，还是痛苦？
>
> 34 天的旅行到此告了一个段落。明天太阳照眼时，我们就要踏上法国的土地了。这时候似乎又觉得船走快了些。现在对于海上的生活又感到了留恋。34 天的生活的确是值得人留恋的。然而明天我们一定要上岸了。
>
> “明天要上岸了，”和以前在家时，在上海时，“明天就要走了”的思想一样，激动着我的心。这种时候要说是快乐罢，自己心里又不舒服；要说是痛苦罢，又是自己愿意做的事情。这是怎样的矛盾啊！我一生就是被这种矛盾支配了的。
>
> 不知道怎样，我竟然被无名的悲哀压倒了。四周有这么好的景致，我却不能欣赏，白白地拿烦恼来折磨自己。时候不早了，明天

---

① 《两封信》，《海行》，上海新中国书局，1932 年 12 月版。

还得走一整天的路。倘若在家里，我的大哥一定会催我："四弟，睡得了——"现在呢，即使我走到天明，也没有人来管我。能看见我的，除了万顷烟波之外，就只有长空的皓月一轮。

"海上生明月，天涯共此时"；"共看明月应垂泪，一夜乡心五处同。"——锋镝余生的我，对此情景，能不与古诗人同声一哭！

然而过去的终于是过去了。我应该把它们完全忘掉，我需要休息。明天我还得以新的精力来过新的生活。①

二

2 月 17 日清晨，邮船抵马赛。巴金终于从东海之滨的上海，来到了地中海北端的法国。下船以后，眼前的人和物，都迥异于祖国，这使巴金有一种似梦似真的感觉。当天晚上，他就登上火车赶赴巴黎。

年轻的巴金养成了一个习惯，每到一处陌生的地方，每经历一种新鲜的生活，强烈的写作愿望便总会驱使他提起笔，留下自己经历、见闻、感受的痕迹，然后寄给亲人们共享。他离开四川赴上海的旅途中是这样，两次去嘉兴老家时是这样，在南京和上海居住时也是这样。这次飘洋过海，他几乎每天都要伏在邮船餐厅的餐桌上记下沿途的见闻、感想。他不厌其烦地写下船的结构和舱内的设施，记载同行的友伴和乘客，描写沿途下船上岸的种种景况，叙述船上发生的各种有趣的或可叹的事情。他写了在九龙和新加坡街头的游转，西贡的街景和美丽的植物园，写了科伦坡雄伟的卧佛寺，塞得港的英国教堂；他记下了船上活泼可爱的中国孩子和法国小孩，记下了永远是一副受苦面貌的波斯神父和玩把戏的阿拉伯卖艺人，记下了抓捕一只逃出铁笼的猴子的经过，以及自己的世界语译本《茵梦湖》不慎落水的情景……他更用一支如画的妙笔，简洁而生动地描绘无垠大海的绚丽，满天繁星的美妙，海上日出的壮阔，明月升空的奇观……到巴黎后，巴金又补记了抵达马赛时的情形和初到巴黎的印象。

同过去的情况一样，巴金写这些文字时，并没有想到要发表。他是为在

① 《乡心》，《海行》，上海新中国书局，1932 年 12 月版。

成都的大哥和在苏州的三哥而写的，他想让他的哥哥了解自己在海上的时光是怎样渡过的，让他们同自己一道游历世界的一部分，领略一些海行的趣味。他将这些杂记寄给已转到北平燕京大学念书的三哥，请他读后转给大哥。他在给哥哥的信中说："这是我的一部分生活的记录，请你们好好保存它。……现在我的心确实寂寞得很！冷得很！望你们送点火来罢。"他还向哥哥们表示，以后要写一本《巴黎杂记》，让两位兄长了解巴黎。所幸的是，这册杂记一直保存在成都老家，1932 年巴金从大嫂那里要回杂记原稿，经整理后题为《海行》，作为自己的第一本散文集正式出版。

在收有 39 篇短文的《海行》中，抒发怀乡恋土和表露心迹志向的篇什，确能动人心弦。此外，最具文学价值的，莫过于那些写景的文字。其中，《海上的日出》《繁星》，因入选中、小学《语文》课本和各种版本的现代散文集，读者几乎人人耳熟能详。其实，《海行》中还有不少写景的篇章或段落，亦堪称精妙的美文。比如，《海上生明月》：

四围都静寂了。太阳也收敛了它最后的光芒。炎热的空气中开始有了凉意。微风掠过了万顷烟波。船像一只大鱼在这汪洋的海上游泳。突然间，一轮红黄色大圆镜似的满月从海上升了起来。这时并没有万丈光芒来护持它。它只是一面明亮的宝镜，而且并没有夺目的光辉。但是青天的一角却被它染成了杏红的颜色。看！天公画出了一幅何等优美的图画！它给人们的印象，要超过所有的人间名作。

这面大圆镜愈往上升便愈缩小，红色也愈淡，不久它到了半天，就成了一轮皓月。这时上面有无际的青天，下面有无涯的碧海，我们这小小的孤舟真可以比作沧海的一粟。不消说，悬挂在天空的月轮月月依然，年年如此。而我们这些旅客，在这海上却只是暂时的过客罢了。

与晚风、明月为友，这种趣味是不能用文字描写的。可是真正能够做到与晚风、明月为友的，就只有那些以海为家的人！我虽不能以海为家，但做了一个海上的过客，也是幸事。

上船以来见过几次海上的明月。最难忘的就是最近的一夜。我们吃过午餐后在舱面散步，忽然看见远远的一盏红灯挂在一个石壁上面。这红灯并不亮。后来船走了许久，这盏石壁上的灯还是在原处。难道船没有走么？但是我们明明看见船在走。后来这个闷葫芦终于给打破了。红灯渐渐地大起来，成了一面圆镜，腰间绕着一根黑带。它不断地向上升，突破了黑云，到了半天。我才知道这是一轮明月，先前被我认为石壁的，乃是层层的黑云。

全篇寥寥500余字，竟然勾画出海上明月的两种景观，紧紧扣住明月的“生”，月、天、云与海、船交相辉映，景与情浑然一体，真是景色胜画，人情幽幽。

7. 在巴黎和拉・封丹的故乡

一

巴金是怀着这样的生活信条去到法国的：“忠实地生活，正当地奋斗，爱那需要爱的，恨那摧残爱的。我的上帝只有一个，就是人类。为了它我准备献出我的一切。”到巴黎后，他住在拉丁区一家公寓的六层楼上。这幢公寓正好坐落在先贤祠(即国葬院)旁边。先贤祠里安葬着卢梭、伏尔泰、雨果、左拉等著名的思想家、文学家，他们都是巴金所景仰的伟人。

巴金离开祖国时，正当第一次国内革命战争白热化之际。在他抵达巴黎后，有关中国大地工农革命运动蓬勃发展和北伐大军节节胜利的好消息不断传来。这令巴金十分关注。他同朋友卫惠林、吴克刚一起就国内的形势，讨论无政府主义对有关实际问题的看法。他们各自写出自己的意见，并将三篇各自独立的文章汇成一册，寄给在广东出版的《民钟》月刊，约3月末4月初，民钟社将这本小册子题作《无政府主义与实际问题》出版了。[①]

巴金所写的文章是小册子中的第二节，约7千字，这是他20年代最重要的一篇政治理论文章。在这篇文章中，他根据无政府主义原理，结合中国革命实际，正面阐述了自己的政治观点和思想观点。首先，他从理论上谈了自

① 上海民钟社1927年4月版。

己对原理与实际二者关系的看法。他表示对那种“不顾实际问题”“只拿着一个原理，奉为天经地义，从里面演绎出一切来”的文章，自己是反对的。他认为，无政府主义是近时代的产物，它的原理“应该应用到实际问题上，由实际问题来证明它。假若原理不能解释实际问题时，我们也不妨修正它，因为我们并不是迷信的宗教徒。”因此，“我们固然要记着原理，但同时也不要忽略了实际问题。”巴金认为，对无政府主义的一些原理许多人也有所误解，比如，说无政府主义者反对战争，其实无政府主义者并不反对被压迫者反抗压迫者、无产阶级反抗资产阶级、弱小民族反抗强国的战争；又如，说无政府主义者是为全人类谋幸福，这“也是不正确的。因为人类已不是整个的，早分成为两个对抗的阶级。”所以无政府主义者不但不反对而且主张阶级斗争。

其次，巴金论述了自己对中国革命实际的认识。他指出，在实际问题中“最重要的自然是中国革命问题”。他认为，“中国现在已进入了革命的时期了。中国现在的革命运动已不是国民党的运动，而是民众的革命运动了。”他着重指出，“现在中国革命的表现已有多少比较国民党主张还要进步的地方，譬如农民起来打倒土豪劣绅，各地农民组织农会抵抗地主，工人组织工会以抵抗资本家等等都是好现象。”尽管在文中他对俄国十月革命后的苏联，对实行北伐的国民党，都有所指摘，但仍认为十月革命是“历史上的一次伟大的民众革命”，“苏俄不比列强坏，国民党和北洋军阀并不是‘一丘之貉’”。

在上述认识的基础上，巴金阐述了无政府主义者对当前中国革命应取的态度。他认为，“若我们要筑堤防止这革命潮流，我们只有被淹没的。”因此，对当前的中国革命“不仅空言反对是不对的，便是袖手旁观也不该”，而“应像巴枯宁那样投身入一切革命的漩涡里，把革命潮流引向无政府主义之海里流去”。他说：“我们若投身到中国革命的漩涡里去，虽不能立刻使无政府的社会实现，但至少能使中国民众与无政府主义的理想接近一点，使这次运动多少带上无政府主义色彩。这样比袖手旁观的在旁边攻击好得多了。”巴金写这篇文章直率地表示对国内革命运动的意见，心中却怀着深深的歉疚。他在文末的附记中说：“我自己在中国革命的时期中像一个逃兵一样跑了出来，看着别人在战场里苦斗，而自己却置身事外，在良心上说是不应该的。不过我相信这些话也有值得注意的地方，我虽不配说话，希望同志们不以人废言

好了。”

在巴黎，巴金的生活单调而呆板。除偶尔和卫惠林、吴克刚等几个熟识的朋友聚聚外，每天上午到寓所附近的卢森堡公园散步，有时在公园的长椅上读书，晚上去法国文化协会附近的夜校补习法文，白天大多关在充满煤气和洋葱味的小屋子里拼命读书。他的居室看不到阳光，视野所及只是一个四方的小天地。黄昏时分，他常常独自到街上默默地散步，店铺已经关门，静寂的街道行人稀少，显得宽敞，他却感到自己的心被什么东西关住了，周围尽是无形的墙壁。

巴金想念着祖国，想念着亲人。孤独、寂寞，忧郁和苦闷，使他的心无法平静。有时，他走到国葬院（也称先贤祠）附近那座卢梭的铜像前，仰望着拿着书和草帽的卢梭，抚摩着塑像冰冷的石座，默默地向这位被托尔斯泰称为“18 世纪世界的良心”的思想家倾诉自己的心声。过去的回忆不断地折磨着巴金，他想到在成都、南京、上海的生活和活动，想到朋友们在困苦的环境里坚持斗争，自己却在陌生的异国用书本蚕食年轻的生命。过去和现在的爱与憎，悲哀与欢乐，希望与挣扎，追求与幻梦……常常无端地奔涌而来。特别是当巴黎圣母院那沉重的钟声响起的时候，他的心就像被铁锤敲击着，又像被小刀割裂着，一股股莫名的火焰便在胸中猛烈地燃烧，升腾。他要慰藉自己寂寞的心，他要发散一腔汹涌的激情。于是，他开始在练习本上写下后来作为中篇小说《灭亡》第一至三章的一些人物和场面。他读过古今中外许多小说，熟悉小说的形式，因此，写作时有意无意地采用了小说的形式，写起来也不费力。他没有写答应过哥哥的《巴黎杂记》，而是写自己过去在国内生活中的见闻、经历和所感所思，写自己因关切国内的革命斗争而生出的愤懑与激情，他把自己的痛苦、自己的寂寞、自己的憧憬、自己的热情，化作一行行的文字留在纸上。每当他写出一些场景或想法后，他便能得到暂时的平静。

然而，从 4 月初开始，中国大地便笼罩在阴霾四合、血雨腥风的气氛中。月初，奉系军阀张作霖在北京逮捕大批共产党人，李大钊等 20 多人英勇就义；12 日，蒋介石撕下“革命”的面具，在上海挥动屠刀，无数共产党人和革命人民遭到逮捕、屠杀；18 日，国民党在南京成立“国民政府”，进一步在全国范围内疯狂捕杀共产党人和其他革命群众。国内绞杀理想、摧毁光明的消息不断传来，客居巴黎的巴金既没有投身到国内的革命运动中苦斗，又无力阻止血腥的暴行，因而陷入极度苦闷之中。在法国的报纸上，他又不断看到屠杀，饥饿，自杀，失业这类比比皆是的新闻。西方资本主义国家同样没有正义和光明，这更加剧了巴金的彷徨和痛苦。

这时，另一个消息正轰动巴黎，这就是援救萨珂和凡宰特的运动。萨、凡二人是在美国从事劳工运动的意大利工人、无政府主义者。1920 年一个名叫萨尔塞多的无政府主义者在美国被捕，5 月 3 日遭到杀害，萨、凡二人在萨尔塞多被捕后即发起组织援救活动，萨尔塞多遇害后，萨、凡二人开始组织更为激烈的抗议运动。美国当局为了镇压工人运动，将 4 月 15 日马萨诸塞州一个制鞋厂发生的杀害警卫和会计的案件强加到萨、凡头上，诬陷他们犯有杀人抢劫罪，5 月 5 日将他们逮捕关押并判死刑。这个案子一直拖了六年，现在，他们将被处死。为了推翻这个荒谬的“判决”，美国国内掀起了大规模的抗议活动，从巴黎、伦敦、柏林、罗马、里斯本、斯德哥尔摩、伯尔尼、马德里、哈瓦那、墨西哥城、布宜诺斯艾利斯、孟买、东京到莫斯科，全世界的无产阶级和进步人士也都发出了抗议的声音。“国际无政府主义者援救会”在法国各大城市组织多次援救演讲会。巴黎的报刊上不断登载的包括乔治・比阿席、罗曼・罗兰、巴比塞、爱因斯坦等知名人士及世界各国各界的宣言、呼吁、抗议，以及英国首相、意大利政府和法国前总理盖约的抗议，街头四处张贴的“讲演会”“抗议会”等援救活动的海报，使巴金的心难以平静。

巴金读过凡宰特的自传《我的生活的故事》，对他的奋斗经历和坚定情操十分钦佩，对他的信仰和理想更为倾心。凡宰特在自传中明确地说：“所谓‘个人为自己，上帝为众人’的话，我是反对的。我袒护弱者，穷人，被虐待者和被压迫者们。我赞美英勇气概，我赞美牺牲，我赞美能力，只要他们是用在正义之战斗上的。”这同巴金的一贯思想息息相通。凡宰特还这样表述自己的理想：“我希望每个家庭都有住宅，每张口都有面包，每个心灵都受到教育，每个人的智慧都有机会发展。”[①] 这美好的愿望也正是巴金所憧憬

① 《我的生活的故事》，文化生活出版社，1942 年 9 月版。

的。巴金一方面怀着复杂的心情，给关在波士顿死囚牢中的凡宰特写信，表示自己的声援，吐露自己的心声。一方面为国内外的刊物撰写有关萨、凡案件的长篇报道及其他揭露欧美反动势力迫害革命人士的文章，他认为，在反动势力统治下的欧美，“正义么？人道么？仅仅是梦幻罢了。…… 全欧美已沉沦在黑暗的地狱中了。”[①]7月11日，巴金收到凡宰特5月写给他的复信。凡宰特在信中对这位未曾谋面的年轻朋友讲述了历史既有“由人的意志而定”，因而可以推动其发展的一面，又有物质条件进步而文明和道德却衰微的“消极一面”。告诉他“‘无政府’的真意就是在了解而且以解放生活，解放个人，废除人对人的压迫和磨擦等等方法，来消灭这种历史的消极结果。”并勉励他“为‘无政府’而奋斗（纵然有人说是愚蠢的举动）到底是度过生活的最美丽的方法——要是这个人是值得生活的话。”[②]读了凡宰特的回信，激动中的巴金立即提笔作复，并附寄上自己的照片，然后又在笔记本上继续写了后来作为《灭亡》第十一章《立誓献身的一瞬间》的一些片断。

巴金在参与援救萨、凡的同时，仍关注着国内的政治形势，他为在美国旧金山出版的中文刊物《平等》撰写了《空前绝后的妙文》、《无政府党并不同情国民党的护党运动》《理想是杀得死的吗？》《反共与反动》《李大钊确是一个殉道者》等杂感式的短文[③]，讽刺与国民党合作并赞成国民党“清党”的无政府主义者李石曾、吴稚晖等人，声讨南北各省继“四·一二”后屠杀中国共产党人的行径。尽管他对共产党的一些理论主张仍持非议，但对李大钊等共产党人从容就义的大无畏牺牲精神却表示由衷的敬慕，对国民党的屠杀政策表示极大的义愤。

二

1927年夏，巴金肺病复发，健康恶化，根据医生的建议，他移居距巴黎约100公里的小城沙多—吉里（今译蒂埃里堡）。这里是17世纪法国著名诗人拉·封丹的故乡。诗人写的许多寓言诗篇，如《乌鸦和狐狸》《狼和山羊》《老

① 《反动的欧美》，《平等》月刊第1卷第1期，1927年7月。

② 《凡宰特致本社黑浪同志信》，《平等》月刊第1卷第4期，1927年10月。

③ 见《平等》月刊第1卷第2期，1927年8月。

人和他的孩子们》等，300 年来一直是脍炙人口之作，巴金当然耳熟能详。他寄宿在以拉·封丹命名的中学里，生活平静而安适。中学正放暑假，和蔼的看门人古然夫人为他和另外两个中国学生做饭，还像慈母一样关怀和照顾着他们。

8 月 12 日，巴金收到凡宰特 7 月 23 日从狱中写给他的第二封长信。信中说：

亲爱的小同志：

我在前几天就收到你 7 月 11 日的来信，每一次读它，都给我带来了快活，我真不知用什么话来感谢你送给我的照片才好。青年是人类的希望，当我看见你的照片时，我的心就会激动地跳起来。我对自己说："呵，在我们衰弱的手中渐渐倒下去的旗帜——那自由事业的旗帜，那无上美丽的安那其的旗帜，将在他们中间高高地举起。"——如果真能这样的话，那可是太好了。你还必须生活若干惨痛的岁月以后，才能够真正懂得这个想法曾经给了垂死的老巴托罗以何等的快活和安慰！

我读后得知这一切——我想象得出，这些声明与事件会对你产生什么样的影响。这种影响无损于一个年长者，因为生活的动荡和逆境已经使他们受了够多的烦恼与磨难。他们能承担起较大的命运的无情打击，而年轻人比较脆弱，容易被黑暗的逆境所压服或者压碎。但是，我相信你会坚定地反抗这一切，不与它们同流合污的。

关于你在信中说到我们理想的问题，我基本上同意你的看法。我在上次信中就这个问题所说的话，主要是为了鼓起你的勇气，更好地去面对为自由事业而进行的严酷斗争，并且防止在将来消极的宿命论所可能带来的混乱，以加强你自己的自由意志，就像所有与我共事的青年新人一样。

也许你比我更了解普鲁东。否则，我劝你向他学习，读他的《和平与战争》。我觉得他在许多问题上比近代的其他伟大人物更加接近真理。

接着。这位即将就刑的长者以从容的气度、严密的逻辑和充满思辩的语言，对他娓娓讲述无政府主义者建设新社会、创造新秩序的宏大使命：

据我的理解，我们，还有大部分的人类，实际上都确实被引向专制与黑暗，我们的安身之地在什么地方呢？

众所周知的有关历史证明了：人类确实在不断地进步，虽然这是缓慢的，交替着前进与倒退，但它终究是在稳定地进步着。

然而，正如衰亡的文明所表明的历史那样，我们无法知道在我们开始掌握历史知识之前的种种来龙去脉。历史照我们现在所理解的进化观念，远远不能解释一个深刻的思想家所提出的问题。那就是：紧接着那些倒退和专制年代以后可能会产生什么样的状况？在一种虚假的民主制度再现之后，是否会不可避免地再产生另一种专制潮流？就像过去几千年中间所发生的那种状况那样？

无政府主义，惟有我们无政府主义者，能够打碎这种僵死的循环，根据自然的共同律来建设生活，更为精确地揭示出创造新秩序的本质要点。这样，历史将会奔向无限自由的海洋，以取代上文所说的那种僵死的封闭式的循环，而这种循环似乎一直到今天。

这是一个极宏大的使命——而且是人性的可能实现。如果我们知道，当被分割、引入歧路的工人阶级，以及所有其他阶级的人们都自觉地加入我们这个历史性的大解放运动，那我们就能创造出幸福的自由王国。但即使如此，我们还必须使我们的使命发扬光大，否则，作为大规模暴行的必然结果，只能使一种新的专制来取代目前的专制。

年轻的同志，这就是我所要告诉你的。沉重的诽谤，如同你的少年的热诚和信仰那样，使我感到十分欣慰。我希望我过去的经验能够使你的精神更为成熟和坚强。

在信的末尾，凡宰特以轻松而诙谐的口吻，谈到自己的自传。他说：

我的朋友们一定是忘记把《一个无产者的生活》送给你了，也许他们正好缺少复本，我想他们能很快给你一本。这是一件微不足道的东西，但你将会认真地对待它。它没有改动我的一些观点，使之适合于那些美国人，对于这些人，你可以随便给他们说什么，他们也喜欢任何东西，但是唯独不要纯真的，赤裸裸的真理。当然，这只是指一般的美国人而言，在他们当中也有少数无法无天的人可以作为例外……

亲爱的李，我现在以兄弟般的喜悦心情拥抱你①。

8 月 24 日，巴金从报上得知，萨珂和凡宰特已于 23 日被烧死在电椅上。他万分震惊，极度愤怒，整整一天，不停地写信寄往各处，表达自己的激愤，控诉资产阶级“法律”的虚伪。随后，他又写了小说的若干片断。从这时到 1927 年年底，他还写了一些文章介绍萨、凡案件及二人受电刑前后的情况。为使更多的人了解凡宰特的思想和为人，他还把凡宰特的自传《我的生活的故事》译成了中文。巴金把未曾谋面的凡宰特称为“敬爱的先生”。这位先生坐上电椅后说的最后一句话是：“我愿意宽恕那些对我不好的人。”巴金景仰这位先生，却不赞成他临死前的这种“大量”，他在献给凡宰特的一篇文章中说：“你在电椅上，在最后的一瞬间，还像神话上的耶稣那样高呼‘宽恕’。……然而我却常常犯罪了，因为我违背了你的教训去宣传憎，宣传报复。”“吾师啊，原谅我，我是不能爱人的，我是不能宽恕人的，我所要宣传的不是宽恕而是报复。至少对于那些吃同类，杀同类，压迫同类的人，我是不能爱的，我是不能宽恕的。”②

连篇累牍的墨写的抗议文字和声势浩大的口头抗议活动，并不能阻止美国和中国的刽子手残杀无辜的暴行，在这种情况下，为了得到内心的安宁，躲避良心的痛苦，巴金把全副精力用于翻译克鲁泡特金的著作。为着翻译，他花费许多时间涉猎从柏拉图、亚里士多德到斯宾诺莎、康德的著作，以及《新旧约圣经》等。整日遨游在艰深的哲理之中，写小说的事，暂时置诸脑后了。

① 《凡宰特致巴金信》（陈思和译），《中国现代文学研究丛刊》，1984 年第 2 辑。

② 《呈献给“吾师”凡宰特》，《断头台上》，上海自由书店，1929 年 1 月版。

他在写给三哥尧林的一封信中说："近来我在拼命地译《人生哲学》，我底全副力量都用在这上面了。……自然要这样地度过一个人底青春，也许是可怜的事，然而现在我也找不到更美丽的方法。"[①] 就这样，巴金用两个月时间，译成了克鲁泡特金晚年的著作《伦理学的起源和发展》(初版题为《人生哲学：其起源和发展》)上卷。他之所以花大力气来译述克鲁泡特金这部涉及内容极广的书，因为他以为这部书对了解克鲁泡特金的思想、理论，具有特别重要的意义。他认为这部书"不仅是他底关于道德的研究的一个结论，这还是他的全部科学的，哲学的，社会学的见解之要略，这又可说是他一生的知识的综合"[②]。译事完毕后，他读了许多有关俄国革命者的书，这些书是通过一年前开始有书信联系的伦敦"自由"社的英国朋友托马斯·基尔借来或买来的。此外，他还读了许多西欧的文学作品，重译了少年时期深深感动过自己的剧本《夜未央》，以及其他一些传记和短篇小说。

三

转眼到了 1928 年夏天，巴金在气候宜人、风景优美的沙多—吉里已经度过了一年时光。他收到大哥从成都寄来的一封信，这封信成了他继续写作并认真完成搁置已久的若干小说片断的契机。大哥恳切希望他在法国努力读书，学到一门专长就回成都，以"扬名显宗""兴家立业"。读了信，巴金的心情十分沉重，他觉得自己所爱的大哥并不了解自己，大哥和自己在思想上的分歧实在太大了。怎样才能使大哥更了解自己呢？怎样向大哥表明自己不能走他所希望的路，而要走与民众共同为真理和正义奋斗的路呢？他想起一年来断断续续写的小说，便找出旧稿，将已写的片断加以整理，并续写了几章，成为一部二十二章的完整作品。它用5个硬面练习簿将凌乱的手稿重抄了一遍，题为《灭亡》，寄给在上海开明书店工作的朋友索非，请他用自己译稿的稿酬充印刷费，自赞印刷两三百册，以便献给大哥、三哥和别的朋友们。在首页的书名旁，他第一次署上一个新的笔名：巴金。

《灭亡》原稿寄到上海以后，索非并没有送去付印，而把它介绍给了当

① 《译者序》，《人生哲学：其起源和发展》上编，上海自由书店，1929 年 7 月版。

② 《(克鲁泡梅金全集)总序》，《克鲁泡特金自传》，新民书店，1933 年 9 月版。

时最有影响的文学刊物《小说月报》，因编辑郑振铎出国而代理编辑的叶圣陶慧眼识珠，看后决定发表。叶圣陶因此成为巴金第一部小说的责任编辑。《灭亡》在1929年1月出版的《小说月报》第20卷第1期开始连载以后，立即引起了读者和批评界的注意，这位以不同凡响的身手闯上文坛的"巴金"，对于文学读者是陌生的名字，因此，一些读者给编辑部去信，询问"巴金是谁？"以致编者不得不公开答复："我们也不能知道，他是一位完全不为人们认识的作家，从前似也不曾写过小说。"①

在《灭亡》写成之前，巴金发表诗作、译作、杂文、论文，大都署自己的字"芾甘"和与此谐音的"佩竿"，英文缩写"P·K"以及"芾""甘"等，这次，他为什么要以"巴金"作笔名呢？因为这是他的第一部小说，他不愿意别人知道作者是自己，所以要换一个新的名字。30年后，他曾这样正式解释这个笔名的来历：在沙多—吉里"有一个姓巴的北方同学跟我相处不到一个月，就到巴黎去了。第二年听说他在项热(地名)投水自杀。我和他不熟，但是他自杀的消息使我痛苦。我的笔名中的'巴'字就是因为他而联想起来的。从他那里我才知道《百家姓》中有一个'巴'字。'金'字是学哲学的安徽朋友替我起的，那个时候我译克鲁泡特金的《伦理学》前半部不多久，这部书的英译本还放在我的书桌上，他听见我说要找个容易记住的名字，便半开玩笑地说出了'金'。"②这里所说的"安徽朋友"，名字叫詹剑峰；那位"北方同学"名字叫"巴恩波"。1930年6月，巴金在《死去的太阳·序》中第一次提到巴恩波："时间是不停地过去了。我底一个姓巴的朋友又在项热(地名)投水自杀。被压迫者底悲哀压倒了我。经过了短时间的痛苦生活之后，我底激情渐渐地消退了，但是悲哀的痕迹却永留在心上。"1979年4月巴金访问法国时，在拉·封丹中学保存的外国学生名册上，还找到了"巴恩波"这个名字。巴金过去发表文章，并不计较署名的含义，除"芾甘""佩竿"外，还随便署过"黑浪""极乐""壬平""李冷"等笔名，现在出版小说，他同样没有多加考虑。在寄出小说稿后的两年中，他虽还用过"巴金"这个名字，也用过"一切""马拉""春风"等笔名，但更多的时候，仍用"芾甘"

① 《最后一页》(记者)，《小说月报》第20卷第4号，1929年4月10日。

② 《谈〈灭亡〉》，《文艺月报》，1958年4月号。

的名字发表著译。他没有料到，“巴金”这个新笔名竟从此与自己分不开了；他更没有料到，对这个笔名，此后几十年中不断有人猜测、考据、议论，甚至指责和“批判”。

在《灭亡》成稿前后，巴金在沙多—吉里还先后完成了三本书稿。第一本汇集了记述俄国、美国、法国、日本等国的无政府主义者为理想献身的悲壮事迹和有关萨、凡事件的报告、文章，书名为《断头台上》。第二本《俄罗斯十女杰》，是为自己所敬爱的 19 世纪俄国民粹派，民意党女革命家苏菲亚·柏罗夫斯加亚、薇娜·沙苏丽奇、薇娜·妃格念尔以及苏菲·色婷娜、游珊、海富孟等十人所写的传记。他说：“我写这十个人，是拿她们来做一种(或可说十种)典型，从这十个人底生涯与性格中，我们可以看出她们底无数姐妹们底面影来。”[①] 第三本《俄国革命史话》，实际也是一本人物传记，描写从十七、十八世纪反抗沙皇暴政的农民起义领袖拉辛·普加乔夫到 19 世纪 20 年代的十二月党人，到赫尔岑、车尔尼雪夫斯基、皮萨列夫等杰出的革命民主主义战士，以及民粹派的英雄，直至巴枯宁、奈其亚叶夫等俄国革命历史上的著名人物和团体(这本书 1936 年再版时又补写了有关拉甫洛夫的一章)。在这三本书中，巴金对不同国度、不同时期、不同思想倾向的革命家，给予了热情的赞扬和肯定的评价。他后来说，这三本书“材料的来源是共同的，写作时的心境也是类似的”。[②] 这话可以用他自己当年所作的剖白来解释：“我自己早已在心灵中筑就了一个祭坛，供奉着一切为人民的缘故在断头台上牺牲了生命的殉道者，而且在这个祭坛前立下了一个誓愿：就是，只要我的生命存在一日，便要一面宣扬殉道者的伟大崇高的行为，一面继续着他们的壮志前进。从那时起我便尽力搜集关于此类的材料，……在寂寞得忍受不住的时候，便写下一点东西……”[③] 不难看出，他力图从这些革命先驱者身上寻求和汲取一种在他看来是共同的崇高的精神，并用以鼓舞自己，也鼓舞别人。这种精神就是不屈不挠地同剥削、压迫、专制、暴政斗争的坚强意志，勇于为人民的事业和理想舍弃个人的一切甚至不惜流血牺牲的英雄主义。巴金在

① 《绪言》，《俄罗斯十女杰》，上海太平洋书店，1930 年 4 月版。

② 《致树基（代跋）》，《巴金全集》第二十一卷，人民文学出版社，1993 年版。

③ 《断头台上》，上海自由书店，1929 年 1 月版。

同一时期、同一环境中，怀着求索的心情写的这三本书，从另一个侧面反映了他在大革命失败后对祖国命运的深切关注，对革命人民经过曲折和痛苦一定会取得斗争胜利的坚定信心，以及他在革命低潮时探索革命道路的焦灼和矛盾。它们同他这一时期所写的小说《灭亡》及有关萨、凡事件的书信、文章，在精神上是完全一致的。

寄出《灭亡》稿约一个月，巴金从沙多—吉里回到巴黎，他准备回国了。在巴黎，他读了左拉《卢贡—马加尔家族》中的几部小说，联想到自己已寄出的小说，他产生了一些新的想法，想把小说继续写下去，学左拉写成连续的系列小说。他打算在《灭亡》前后各加两部，前两部叫《春梦》《一生》，后两部叫《新生》《黎明》。有时，他便在练习簿上写一些不成篇的片段。10 月 17 日，巴金办完回国的手续，第二天便赶往马赛，准备立即乘船返国。由于船员罢工，东去的船只全部停开，他只好住进旅馆等候。等船期间，除了同朋友一道谈天、散步、看电影和去贫民区一家在那里搭伙的中国饭馆吃饭外，每天还必须去打听开船的消息。这段时间，他读完了《卢贡—马加尔家族》中的其它小说，自己写连续小说的愿望更加强烈。他对计划中的四部小说的内容作了这样的构思："《春梦》写一个苟安怕事的人终于连遭不幸而毁灭；《一生》写一个官僚地主荒淫无耻的生活，他最后丧失人性而发狂；《新生》写理想不死，一个人倒下去，好些人站了起来；《黎明》写我的理想社会，写若干年以后人们怎样地过着幸福的日子。"[①] 怀着这样的雄心，10 月 30 日，巴金终于登上了开往上海的轮船。

8. 震动文坛的初作

一

巴金的中篇处女作《灭亡》在 1929 年 1 月至 4 月出版的《小说月报》刊出后，编者叶圣陶评价道："《灭亡》是很可使我们注意的，其后半部写得尤为紧张。"年底，在回顾全年所发表的作品时，编者又称，《灭亡》和 5 月

① 《谈 <新生> 及其它》，《巴金文集》第十四卷，人民文学出版社，1962 年 8 月版。

至12月刊出的老舍的《二马》"这两部长篇在今年的文坛上很引起读者的注意，也极博得批评者的好感"，并预言："他们将来当更有受到热烈的评赞的机会的。"[①]同年10月，《灭亡》单行本由开明书店出版，书店介绍说，该小说发表时"即蜚声文坛，万人传诵，群推为现代文坛不可多得的佳作"。[②]这不是广告的吹嘘。的确，1929年出版的《真善美》《现代小说》《新文艺月刊》《中学生》等杂志，都发表了评价《灭亡》的文章。尽管批评者站在不同的立场解释和批评作品，但对它的成功和影响，却众口一词。当年3月至7月写作、9月在上海出版的谭正璧著《中国文学进化史》，仅仅根据这一部作品，就列入巴金，并将他归入以蒋光赤等为代表的"新写实主义"一派。1933年9月北平出版的王哲甫著《中国新文学运动史》，在回顾1929年的文坛时说："这一年出版的小说虽多，但是轰动当时文坛的杰作，当首推《小说月报》上登载的巴金的《灭亡》。""论者谓为1929年中国文坛仅有的收获，也不为过分"。

读者对《灭亡》，也作出了热烈的反应。巴金的朋友毛一波撰文称赞作者有"善于驾驭文字的手腕，和畅所欲言的魄力"，"文章是平淡和率直的，但又能委曲传神，刻画出他所要表现的人与物事。"[③]一位读者写道："这部书实在有激励人心之效，至少，我平日所抱的享乐主义，已被打消，我情愿抛弃安适的生活，而去为大众工作。"[④]另一位读者表示，作品"把这个残杀着的现实，如实地描写出来了。不宁唯是，它还把万重重压下的苦痛者底反抗力，表现了出来"，因而，自己读了作品以后，"晶晶的泪水，遮着我的眼珠，全身的筋肉都颤动起来。耳畔依稀听见张为群妻子的哭泣，李静淑的幽咽，还有那一切的惨叫声！眼际朦胧地也看见两个鲜血滴滴的人头，在空中摇动。啊！那是杜大心和张为群的首级！……'革命什么时候才来呢？——我这样地思维着！"[⑤]

巴金的这部中篇小说，在当时何以能得到批评界和读者的普遍称赞呢？1928年到1929年，正是"革命文学"崛起的年代。经历了大革命的战斗

① 《最后一页》(记者)，分别见《小说月报》第20卷4月号、12月号，1929年4月、10月。

② 《开明》第2卷第5号，1929年11月10日。

③ 《几部小说的介绍与批评·(六)〈灭亡〉》，《真善美》第4卷第5号，1929年9月16日。

④ 《〈灭亡〉》(俞珍华)，《开明》第2卷第20期，1930年4月。

⑤ 《读〈灭亡〉》(孙洙萍)，《开明》第2卷第24期，1930年8月。

洗礼和失败重创，那种以客观、冷静的笔调，沉重地揭露旧社会弊害的作品，既难为从实际斗争前线退下转而提笔为文的作者们所接受，也难使革命情绪处于亢奋状态的青年们满足。当时，高揭“革命文学”旗帜于文坛的创造社、太阳社诸作家，以其充满政治热情的小说，强烈抗议和愤怒诅咒黑暗的社会，大声疾呼工农革命。他们的作品颇激动进步青年的心。但这些作品在艺术上比较粗糙，结构大都显得松散，情节亦较单调平淡，往往用溢于言表的议论，甚至赤裸裸的大篇说教，直接说出作者的思想观点。作品中的人物，或是理想化的英雄，或是急转突变的角色，往往少有具体生动的性格描画，因而，缺乏感人的艺术力量。在“革命＋恋爱”的新公式和艺术上的标语口号倾向成为“革命文学”中比较普遍的缺点时，初入文坛的巴金，却以其描写革命及革命与恋爱冲突的《灭亡》独受青睐，并被誉为杰作佳篇，决非偶然，个中自有原委。

《灭亡》以“五省联军总司令”孙传芳统治下的上海为背景，描写革命青年杜大心对黑暗社会的强烈憎恨和个人反抗。作者怀着悲愤交加的感情，歌颂了杜大心为被压迫人民复仇而甘于牺牲的献身精神。四年前，杜大心因心爱的表妹被迫嫁人，怀着痛苦的心情离开家乡成都，来到上海考入大学。一年后，母亲去世了，第二年他参加了社会主义团体，后来便抛弃学业，成为在杨树浦纺织工人中从事工人运动的职业革命者，同时，写作发表了倾吐自己反抗旧社会激情的诗歌。杜大心生活在热闹的上海，却觉得置身“一个黑暗的无垠的大荒原”；处于人群之中，却感到“只有他一个孤零零的生人”。他患有严重的肺病，更为现实中的不平不公和被压迫者的不幸而深感苦闷，他认为自己不配有幸福，也不能有爱情，只好用工作来抑止自己的苦闷。当与他志同道合的工会办事员张为群被捕牺牲后，看着他的妻儿成了孤儿寡妇，他受到良心的谴责，毅然诀别深深爱着的少女李静淑，决心做一个替那许许多多受苦者复仇的人，以终止一生的痛苦，停止“长久不息的苦斗”。于是他冒充记者，到总商会举办的宴会上刺杀戒严司令。结果，他开的四枪，只使戒严司令的肩上受了伤，自己却饮弹自杀。戒严司令因遭杜大心刺杀敲诈到 20 万元现款，几个姨太太也因此添了不少首饰；杜大心的头颅却在竹笼中化为臭水，使得行人掩鼻。

《灭亡》描写的虽是1925年发生的故事，但抓住了革命受挫处于低潮这一时期中。人们仇视扼杀革命的新军阀并急于寻求革命出路的迫切心理。它所揭示的社会黑暗和尖锐的阶级对立，它所颂扬的为反抗污浊社会的压迫而不惜献身的精神，它所表现的主人公愤世的痛苦，激烈的情怀，难以名状的忧郁，以及为革命抛弃爱情的态度，同当时那些明显地带有非无产阶级思想色彩而又被称为“革命文学”的作品，在内容上和情绪上都大致相近，因此论者将它归入“新写实主义”，甚至称为“头角峥嵘的革命文学”，“货真价实的无产阶级文艺”[①]。但《灭亡》和一般描写革命的作品相比，又有其突出之处，这正如当时有的论者所透露的那样：“《灭亡》给人以刺激的，不是暴露的浮面的宣传，而是一种针刺式的暗示。在这一点上，它避免了那‘干叫’的毛病，也即是它和流行的所谓标语口号式的革命文学所不同的地方。”[②]与“暴露的浮面的宣传”和“标语口号式”的“干叫”不同，《灭亡》不仅具有充沛炽烈的感情和叙写自如的笔力，而且能在张弛相宜、波澜起伏的情节之中，依据主人公杜大心性格自身发展的逻辑，比较细致逼真地展示他的矛盾思想和复杂心理。同时，巴金那时而舒缓、时而急峻均不失流畅清丽的语言，也为作品增色加彩。这样，《灭亡》在同类题材的作品中，便取得了出众的效果。

我们可以看看《灭亡》第十七章《杀头的盛典》。这是全书中重要的一章，它先概写人涌如潮观看杀头的景象，然后通过杜大心的眼睛，写出被杀者——杜大心的朋友和忠实群众张为群的相貌举动以及杜大心的心理活动，再写围观人群对杀头一事的议论，然后描写杀头的场面，最后详写杜大心痛苦、失落、悲愤交加的心理。在这一节中。叙述、描写、议论穿插，既有直接描写，也有间接描写，有场面，有肖像，有对话，有心理，有议论，显得错落有致；起伏的情节由弛而张，由张而弛，扣人心弦。这一章的结构安排和手法运用，在一定的意义上体现了全书的特点。

① 见《中国文学进化史》(谭正璧)，上海光明书局，1929年9月版；《开明书店一九二九年十月新出版新书·灭亡》，《开明》第2卷第5号，1929年11月10日。

② 《几部小说的介绍批评·(六)<灭亡>》(毛一波)，《真善美》第4卷第6号。1929年9月。

《灭亡》中有许多精彩的具体描写，例如，第七章写李静淑唱歌便为当时的评论者一致称道。

……李静淑渐渐地完全消失在歌中了。她觉得自己就是歌中人，歌曲就是从她自己底心里吐出来的话。好像她自己就是俄罗斯草原上的农家女儿，在送别她底将出发到战场上去的情人，为他歌唱一般。她底眼里和脸上的表情正随着歌中的情节变更；脸颊因为激动的缘故，更染上一层薄薄的红霞。她底青丝一般的浓发盖着鹅蛋形的脸，左边眼角下有一块小小的白痣，秋水一般的清澄的大眼似乎要穿透墙壁上的法国名画。天蓝色的旗袍裹着这苗条的身躯，胸口微微地起伏着，身子也随着歌声和琴音底节奏而略略摇动。在她底不高不低的、白玉一般的鼻子下面，便是那不厚不薄的、充满血气的嘴唇，就从那两片嘴唇里发出来如此美丽的歌声。她唱到委婉的地方，她底声音便是异常柔和，像软软的挽不断的丝；唱到悲壮的地方，她底声音又是十分凄厉，像深夜里战场上的号角。自然地，不疾不徐地，这歌声好似一串明珠从她底口里不断地滚了出来。婉转时，好似一阵微风轻轻地掠过那沉醉在春夜月光下的大草原；激昂时又如深夜的春潮急急地打着那荒凉的石头城。

作品中也有一些近乎说教的直接议论，比如第十章中杜大心对李冷兄妹说明自己为什么不相信爱只相信憎的长篇谈话。他愤激地说：

至少在这人掠夺人、人压迫人、人吃人、人骑人、人打人、人杀人的时候，我是不能爱谁的，我也不能叫人们彼此相爱的。凡是曾经把自己底幸福建筑在别人底痛苦上面的人相应该灭亡。我发誓，我拿全个心灵来发誓说，那般人是应该灭亡的。至少应该在他们灭亡之后，人们才能相爱，才配谈起爱来。在现在是不能够的。

许多年代以来，就有人谈爱了，然而谁曾见到爱来？基督教徒说耶稣为了宣传爱，宣传宽恕，被钉死在十字架，然而中世纪教会杀戮异教徒又是唯恐其不残酷！宣传爱的人杀起人来、吃起人来更是何等凶残。难道我们还嫌被杀被吃的人尚不够柔驯吗？还要用爱去麻醉他们，要他们亲自送到吃人者底口里吗？……

由于杜大心这番慷慨陈词之前有谈自己幼时经历的舒缓恳切的叙述作铺垫，加之这番议论本身言词铿锵，语调多变，气势淋漓，说理透辟，使读者窥见到隐匿在杜大心思想深处的一斑，因而，减轻了“说教”的意味。

二

巴金在写完《灭亡》全书后所作的《序》中说：“杜大心不是我自己”，“横贯全书的悲哀却是我自己底悲哀。”1930年初在答辩《灭亡》评论者时表示：“我承认，我底过去某一个时期的思想确是那样，而且也矛盾得很厉害。”[①]28年后又说：“《灭亡》不是一本革命的书，但它是一本诚实的作品。它没有给人指出革命的道路。但是它真实地暴露了一个想革命而又没有找到正确道路的小知识分子的灵魂。”[②]1987年巴金在校阅毕收入《灭亡》《新生》《死去的太阳》三部小说的《巴金全集》第四卷的校样后又写道：“它们也是一部分青年挣扎着前进的声音，虽然幼稚，但它们又是多么真诚。”[③]

在巴金写作《灭亡》的1927年至1928年，茅盾和丁玲也先后开手创作。茅盾因大革命失败后“感到了幻灭的悲哀，人生的矛盾，在消沉的心情下，孤寂的生活中”，写出了总称为《蚀》的三部中篇，“想要以我的生命力的余烬，从别的方面在这迷乱灰色的人生内发一星微光。”[④]丁玲也“因为寂寞”，“有许多话须要说出来，却找不到人听，很想做些事，又找不到机会”，于是提笔写作，在1927年秋冬创作了处女作《梦珂》《莎菲女士的日记》“代替自己来给这社会一个分析。”[⑤]三位作家写作的时期和心境相近，他们先后

① 《(灭亡)作者底自白》，《开明》第22期，1930年4月。

② 《谈<灭亡>》，《文艺月报》，1958年4月号。

③ 《致树基(代跋)》，《巴金全集》第四卷，人民文学出版社，1987年版。

④ 《从牯岭到东京》，《小说月报》第19卷第10号，1928年10月10日。

⑤ 《我的创作生活》，《创作的经验》，天马书店，1933年版。

同刊于《小说月报》的初作，① 都反映了那个时代中青年的苦闷、感伤、孤独、愤懑和追求，但因思想倾向、生活经验、人生感悟、审美情趣的差别，而使他们作品的题材内容、思想基调和艺术表现，明显地表现出不同的特点。

《灭亡》作为巴金的小说处女作和步入文坛的奠基之作，既是他 23 年生活经历和挣扎奋斗的产物，也是他 20 年代中后期的思想状态，特别是旅法时期思想矛盾斗争的艺术表现。在外界的不断刺激、诱发和内心躁动的驱使下，一年半的时间中，巴金自觉不自觉地断断续续写着这部书，这一写作过程在巴金此后的小说创作中，是少有的。关于这部小说各章主要片断的写作时间，在 30 年代写的《写作生活的回顾》中和 50 年代写的《谈〈灭亡〉》中，巴金所述有异，但有一点是相同的，即第一章至第四章的片断、场面是赴法初在巴黎的寂寞生活中写的，这四章的主要内容是写社会的黑暗、杜大心的孤寂感和杜大心恋爱的悲剧。循着这些内容，小说的中心内容是爱情故事还是革命故事，尚难断定。最后用“杜大心”作主人公贯串若干不连贯的片断，并写成一本表现自己思想选择的小说，则与他当时的实际处境和思想状况息息相关。对国内的“四・一二”事变和革命人士惨遭屠戮，对美国政府不顾全世界的抗议烧死凡宰特、萨珂的愤怒，身居异国的寂寞和远离国内斗争的焦灼，以及对大哥不了解自己要走的路的苦恼，是使巴金写作的外部环境和外界因素；倾诉自己的苦闷，宣泄自己的悲愤，表达自己的希望，则是促使巴金写作的内部动力。

对于《灭亡》所表现的作者的思想立场和主人公杜大心的思想，批评界众说纷纭。有人指“作者的立场是无政府主义的”；有人则断言是“虚无主义的个人主义者的创作”，主人公“在全书的各个地方发挥了他的虚无主义的精神”；有人认为，全书“有系统地在解决爱与憎的问题”，作者的思想，“同时综合地接受了托尔斯泰的人道主义，阿尔志跋巴绥夫式的虚无主义和克鲁泡特金的无政府主义”。面对这些议论，巴金在《〈灭亡〉作者底自白》中坦率地指出，主人公杜大心并不是“某一种主义之人格化”，他说：“总而

① 《幻灭》《动摇》《追求》分别载于《小说月报》第 18 卷第 9 —10 号 (1927 年 9–10 月)、第 19 卷第 1–3 号、第 6–9 号 (1928 年 1–3 月、6–9 月)，《梦珂》《莎菲女士的日记》分别载于《小说月报》第 18 卷第 12 号（1927 年 12 月)、第 19 卷第 2 号（1928 年 2 月)。

言之，我活了二十几年。我生活过，奋斗过，挣扎过，哭过，笑过。我从生活里面得到一点东西，我便把它写下来。我并不曾先有一种心思想写一种什么主义的作品。我要怎样写就怎样写。而且在我是非怎样写不可的。……我不是为想做文人而写小说。我是为了自己(即如我在序言中所说是写给我底哥哥读的)，为了申诉自己底悲哀而写小说。”[①]这些话是符合实际的。因此，小说中的主要人物身上，不同程度地都有巴金的影像。杜大心有他的影像。杜大心的家乡与巴金同为成都，他五岁前的经历就是巴金的经历，杜大心留下的日记中5月28日一则是巴金从自己的日记中摘录下来的；杜大心对母亲的怀念，杜大心关于“憎”的见解，都能从巴金这一时期的文章中找到。但杜大心不是巴金。富家子女李冷、李静淑兄妹身上也有巴金的影像。李静淑“不能再过那种靠别人底血汗、别人底眼泪来建筑自己底幸福的生活”，“不能再过寄生的生活”的想法，李冷“我们这一家底罪恶应该由我们来救赎。从今后我们就应该牺牲一切幸福和享乐，来为我们这一家，为我们自己向人民赎罪，来帮助人民”的誓言，也正些是巴金的思想。但李冷、李静淑也不是巴金。张为群显然不是巴金，但他身上同样有巴金的影像。张为群天真的赤子之心，单纯的理想以及对理想的坚信，对“革命什么时候才来”的焦灼，都与巴金有相似之处。

因此，《灭亡》这本小说，的确诚实地写出了巴金自己当时的孤寂、苦闷、矛盾、惶惑的心情，写出了他所认识的和了解的小资产阶级革命青年。他的心情真实地反映了渴望革命而又尚未找寻到正确道路的一部分知识青年亢奋焦躁的情绪；他描写的青年的思想和行动都很幼稚，他们进行革命的方法和途径都未必正确，因而失败的结局是不可避免的。但他们对旧社会的怀疑和反抗，他们愿为被压迫人民的解放而奋斗的精神，却是令人感动的。《灭亡》表明，巴金开始创作小说，不是咀嚼、沉缅于个人的悲戚和一己的哀怒，也不是吟咏、抒写在黑暗现实重压下无力的沉沦和自戕，而是充溢着对于封建军阀统治下的社会义无反顾的斗争精神，在这个意义上说，这部中篇所标志的巴金跨入文坛时的思想起点，显然超越了同时和后来的许多作家。

① 《开明》第22期，1930年4月。

巴金后来回忆说："《灭亡》的发表似乎没有增加大哥对我的了解，可是替我选定了一种职业。我的文学生活就此开始了。"① 这正应了"有心栽花花不开，无意插柳柳成荫"的俗话。这部小说作为巴金走向文学事业的起点，不仅是他进入文坛的奠基之作，同时也为他以后的创作内容开了一个端绪。循着这部小说的路径，他后来还写了中篇小说《死去的太阳》《新生》和《爱情的三部曲》(《雾》《雨》《电》) 以及一些短篇小说。表现一部分小资产阶级知识青年的革命活动和思想性格，成为了巴金 1928 年以后近十年间创作的一个重要题材内容。

9. 返国以后

一

1928 年 12 月，巴金从法国回到上海，并在这里定居。次年 1 月，正当《灭亡》始载于《小说月报》的时候，巴金却化名"马拉"，开始编辑一份只出了 4 期的《自由月刊》。这份刊物模仿开明书店编印的《开明》，专为自由书店出版的书籍做宣传，以推销这些书籍。除了刊登广告、书评外，为增加趣味，吸引读者，也发表一些译作，比如巴金自己翻译的普希金的诗、屠格涅夫的散文诗《门槛》《赫尔岑的回忆录》片断和左拉的小说《萌芽》片断等。因此，巴金称这份刊物是"半广告半文艺的刊物"。自由书店创办于 1927 年 10 月，是由几个"同情于克鲁泡特金学说的人捐款办的"。这个以"学习翻译""介绍思想"为目的的书店，主要出版宣传克鲁泡特金无政府共产主义学说的书籍，它出版的第一本书，就是巴金翻译的《面包略取》。《自由月刊》中刊登的广告、书评、杂感和译作，三分之二以上出自巴金之手，为了避免人们的猜测，他故意以编者"马拉"的身份说："马拉与巴金当然是两个人，一个姓'马'，一个姓'巴'；一个是本刊的编者，一个是编者的朋友。"②

编辑《自由月刊》的工作，对巴金来说是轻松的。因此，他有更多的时间，

① 《谈〈灭亡〉》，《文艺月报》，1958 年 4 月号。

② 《编者的话 · 一个与其他一个》，《自由月刊》第 1 卷第 2 期，1929 年 2 月 25 日。

继续翻译克鲁泡特金的《伦理学的起源和发展》下编。《自由月刊》停刊时，正值中篇小说《灭亡》在《小说月报》上连载完毕。这部小说的发表使巴金的文学声誉鹊起，但他自己并没有以主要精力继续文学创作，仍然在理论之河中搏击，摸索着摧毁旧社会、旧制度的理论武器。因此，在《自由月刊》停刊以后，他更加紧翻译，为了尽快出书，译完一章，便送排一章。5月译事完毕，他又花费一个月时间，认真地写了一篇近2万字的长文，介绍克鲁泡特金写作这本书的情况和动机，书的内容和中心思想，以及自己对克鲁泡特金伦理学说的理解。在这篇文章中，巴金对克鲁泡特金道德学说的三要素——互助，正义，自己牺牲，作了这样的阐释："固然各时代中的道德概念是因各民族底生活样式之不同而差异，然而正义之概念总是存在于其中的。公平，自己与万人之一视同仁之原理在各时代各民族中并无大差异。""在互助——正义之外还有一个道德之第三个要素，这就是所谓'大量'，'宽宏'或'自己牺牲'。我们各人都有过剩的活力，除了满足自己底需要之外，还可以无报酬地给与他人，这种行为，就可归列在这第三个要素之内。居友说得好：'我们单为自己是不够的：我们有着更多的眼泪，为我们底苦痛所流不尽的；我们有着更多的快乐，为我们底生存所享不完的。'这种'自己牺牲'乃是生命之横溢。"巴金认为，克鲁泡特金的伦理学说"确实给我们证明了'幸福并不在个人的快乐，也不在利己的或最大的欢喜；真正的幸福是在民众中间与民众共同为真理和正义的奋斗中得来的。'"在文章的最后，巴金表示："在我们与克鲁泡特金之间并没有什么人生哲学之差异。固然 tactiques 会因时势而变更，然而根本原理却是永远真实的。"[①]

《伦理学的起源和发展》是一部从社会本能出发论证道德概念的来源和历史发展的论著。巴金感到，青少年读它有一定的难度。他决定再译一部更宜于青少年阅读的书。他选择了克鲁泡特金1898—1899年所写的回忆录。1930年1月，巴金译完这本回忆录，并将它改题为《克鲁泡特金自传》，他在写给16岁的小弟弟的信中怀着恳挚的心情说："在你这样的年纪，理论的书是很不适宜的，而且我以为你的思想你的主张应该由你自己去发展，我决

① 《克氏底〈人生哲学〉之解说》、《人生哲学：其起源和发展》下编，上海自由书店，1929年7月版。

不想向你宣传什么主义。不过在你还没有走入社会的圈子接触实际生活以前，指示一个道德地发展的人格之典型给你看，教给你一个怎样为人怎样处世的态度；这倒是很必要的事。”他认为，“固然名人的自传很多，但是其中不是‘忏悔录’，就是‘成功史’；不是感伤的，就是夸大的。归根结底总不外乎描写自己是一个怎样了不起的人。”而这本自传却不同，“在这里面我们找不出一句感伤的话，也找不出一句夸大的话。我们也不觉得他是一个高不可攀的伟人，他只是一个值得我们同情的朋友。”①

在《自传》中，克鲁泡特金记叙了自己自 1842 年出生到 80 年代末近 50 年间曲折丰富的生活经历。巴金这样概括这本自传的内容：“从穿着波斯王子的服装站在沙皇尼古拉一世的身边之童年时代起，他做过近侍，做过军官，做过科学家，做过虚无主义者，做过囚人；做过新闻记者，做过著作家，做过安那其主义者。他度过贵族的生活，也度过工人的生活；他做过皇帝的近侍，也做过贫苦的记者。”②尽管克鲁泡特金在自传中对历史事件的介绍、评价，对各种人物的描述、评析，都贯穿着他的无政府主义观点，但这本自传仍在相当程度上反映了 19 世纪 40 年代到 70 年代俄国农奴制衰亡和革命运动高涨的时代风貌、社会状况，以及 70 年代中期以后西欧社会主义运动的某些侧面，并生动地描绘了他所结识的各阶级、各阶层形形色色人物的形象和心理。

巴金在向读者介绍这本自传时，特别强调书中记述的克鲁泡特金献身革命的历程和为人处世的态度，因此，他推崇这本书展示了“一个道德地发展的人格之典型”。最使巴金倾心的是，皇族后裔、高贵的公爵子弟克鲁泡特金，甘愿放弃亲王的爵号和富裕的生活，抛弃巨大的家产和显赫的前程，宁肯去过清贫的生活，遭受监禁之苦，甚至离国亡命，矢志不移地为推翻旧制度的社会革命和科学研究事业献身，对此“没有一点良心的痛悔，没有一点遗憾”。巴金认为，克鲁泡特金的这种勇气和精神，体现出“最纯洁最伟大的人格”。巴金殷殷地寄希望于青少年读者们“拿他做一个例子，做一个模范，去生活，去工作，去爱人，去帮助人。”③为了使更多的青少年了解克鲁泡特金的经历和事迹，1932 年，巴金根据克鲁泡特金的自传，撰写了一篇介绍克鲁泡特

①②③《译者代序——给十四弟》，《克鲁泡特金自传》，新民书店，1933 年 9 月版。

金少年时代生活的传记《克鲁泡特金》，作为“革命者的青年时代”专辑之一，发表在《中学生》杂志上。

二

人所周知，巴金的幼年、少年时代有过三位从生活态度上给他重大影响的“先生”：温和慈祥的母亲、贫穷瘦弱的轿夫老周、具有言行一致的牺牲精神的朋友吴先忧。巴金步入“而立”之年以后，曾经怀着深深的感激说：“母亲教给我‘爱’；轿夫老周教给我‘忠实’(公道)，朋友吴教给我‘自己牺牲’，他还给我‘勇气’。”[①] 这三位“先生”都是巴金十分熟悉的人，或朝夕相处，或经常见面，巴金自觉、不自觉地受到他们言传身教的影响。实际上，在巴金进入青年时代以后，也有三个人对他树立政治信仰和坚定生活态度产生过重大的影响。我们完全可以把这三个人称作巴金青年时代的三位“先生”。

这第一位“先生”，是长期流亡国外的俄国无政府主义活动家高德曼，巴金称她为“我的精神上的母亲”，“第一个使我窥见了主义的美丽的人”。第二位“先生”，是被美国政府处死的意大利工人凡宰特，巴金把他称作“我所敬爱的先生”“吾师”。第三位“先生”，便是1921年以80高龄去世的克鲁泡特金。巴金同这三位外国“先生”都没有见过面，他是通过读他们的著作和文章认识他们的。高德曼和凡宰特与巴金有过多次书信往还，曾给予巴金直接的教诲和鼓舞。克鲁泡特金长巴金62岁，他去世的时候，巴金只有16岁。克鲁泡特金没有直接为巴金写过只言片语，但他给予巴金的影响，却是三位“先生”中最全面、深刻、长久的。

在巴金的心目中，克鲁泡特金集“人、战士、学者”于一身，他不仅是“无政府主义的最伟大的思想家”，又是一位“前进的科学家”，一位“最勇敢最热诚的社会革命的战士”和一位“性格极其和谐的人”[②]。巴金表示，对于克鲁泡特金和他的学说，自己的基本态度是：“我们并不把他当作偶像，然而我们爱他，敬他，信他。他所遗留下的一切著作将永远是我们在正义之

---

① 《我的几个先生》，《中流》半月刊第1卷第2期，1936年9月20日。

② 《<克鲁泡特金全集>总序》，《克鲁泡特金自传》，新民书店，1933年9月版。

恶斗中的指导原理。世间的一切都不能把我们，至少是我，和克鲁泡特金分离开了。”[①]“我们安那其主义者没有教主，也不是某一个人的信徒，因为安那其主义的理想不是由某一个人创造出来的。不过在大体上我愿意做一个克鲁泡特金主义者。”（巴金自注：“自然克鲁泡特金对于某一特殊问题的意见，我有时也并不同意。”）[②]克鲁泡特金对于巴金的影响，不限于某一时期、某一方面，而是“整个的”。克鲁泡特金论述并坚持的“保证万人的面包与自由”“各尽所能，各取所需”的社会理想，反对一切强权、专制、国家的思想立场，成为了巴金坚强的信仰，给他提供了反对旧社会制度的思想武器；克鲁泡特金阐明的“无报酬地给予他人”的伦理原则，为多数人的利益贡献出个人的一切的为人品格，使巴金树立了处世待人的基本态度，明确了生命的价值和目标。

我们在读克鲁泡特金的自传和巴金回忆少年时代生活的散文时，不难发现这样一个现象：尽管他们所处的时代、国家、地区和家庭有很大差异，但他们少年时代的经历和境况却有许多相近相似。比如，他们都幼年丧母，对母爱怀着深深的眷恋。巴金 9 岁半失母，因而他能够说：“在我幼小的时候，她是我的世界的中心。她很完满地体现了‘爱’字，她使我知道人间的温暖，她使我知道爱与被爱的幸福。”[③]克鲁泡特金 3 岁半丧母，他只能感受到母亲遗泽的恩惠，他说，母亲生前体恤仆婢，因而受到周围人们的爱敬，由于母亲的情份，他和哥哥才能在母亲去世后从奴婢那里得到“一般孩子所应该享受的爱之空气。”[④]克鲁泡特金和巴金在少年时都有一位启蒙的家庭教师。克鲁泡特金称他的家庭教师、莫斯科大学学生斯米尔诺夫为“给我的智的发达以第一个鼓动的人”；巴金则说教自己英文的香表哥“是对于我的智力的最初的发展有帮助的人”。克鲁泡特金和巴金的思想觉醒都得益于传播新思想的书刊。涅克拉索夫、车尔尼雪夫等主编的《同时代人》，赫尔岑主持的《北极星》《钟声》等杂志，对克鲁泡特金反对农奴制思想的形成，产生了重要

① 《克氏<人生哲学>之解说》，《人生哲学：其起源和发展》下编，上海自由书店，1929 年 7 月版。

② 《序》，《从资本主义到安那其主义》，上海自由书店，1930 年 7 月版。

③ 《我的几个先生》，《中流》半月刊第 1 卷第 2 期，1936 年 9 月 20 日。

④ 《我的自传》（巴金译），三联书店，1985 年版。

的作用；巴金则因阅读《新青年》《每周评论》《星期评论》《北京大学学生周刊》等新刊而睁开了眼睛，开始重新认识周围的世界。更重要的是，克鲁泡特金和巴金都对家中仆婢的遭遇深怀同情。克鲁泡特金曾这样描述自己耳闻的农奴们的悲惨境遇：

> ……男男女女被人生生地拖走，离开他们的家庭和故乡，被地主买卖，被地主在赌博时输给别人，被地主拿去换一对猎狗，然后被押送到远方去开垦新的领地；许多的小孩被人从他们父母的怀抱中拖出来卖与残酷荒淫的主人；农奴中每天都有人要“在马房内”受着极其残酷的鞭笞；一个少女不堪虐待，投水自杀；一个老人替主人劳苦了一生，到了白发的时节终于缢死在主人的窗下；许多次的农奴的反叛都为尼古拉一世的将军所镇服，他们用的方法是将反叛的农奴排列成队，从每十人或五人中抽出一人来鞭笞至死。同时并焚掠全村，使村中居民在兵燹之后不得不到邻省里去乞食过活。……这一切的故事若一一详述出来，不知要感动几多笃厚温顺的人！①

巴金则这样描述自己眼见的仆人的命运：

> 六十岁的老书僮赵升病死在门房里。抽大烟的仆人周贵偷了祖父的字画被赶出去，后来做了乞丐，死在街头。一个老轿夫离开我们家，到斜对面一个亲戚的公馆里当看门人，不知道怎样竟然用一根裤带吊死在大门里面。这一类的悲剧以及那些活着的“下人”的沉重的生活负担，如果我一一叙述出来，一定会使最温和的人也无法制止他的愤怒②。

巴金对少年时代的回忆，是真实的，感人的。我们可以明显地看到，巴

---

① 《我的自传》(巴金译)，三联书店，1985 年版。

② 《家庭的环境》，《巴金自传》，第一出版社，1934 年 11 月版。

金在描述自己少年时的生活和感受时，有意无意地受到克鲁泡特金自传的影响。这影响不在于巴金杜撰了什么不曾有过的事情，而在于他的回忆从纷繁的生活中选取了些什么，突出地描述了些什么。这一情况，我们至少从前面引述的两段文字可见一斑。

1930 年初，巴金读到柏克曼上年 5 月出版的《安那其主义 ABC》。这是柏克曼为美国工人讲解无政府主义基本原理的一本通俗著作。巴金觉得这本书总结了第一次世界大战以后社会主义运动的一些新经验，文字亦简明易懂，打算把它译成中文。细读全书，巴金又感到其中一些观点不当，也未能结合中国的情况，因此，改变主意，想以这本书为基础，自己写一本书。早在 20 年代中期，巴金就有写一本书，系统阐释自己对无政府主义原理的认识和理解的打算，但一直没有付诸实行。现在，有柏克曼的书作依托，他决心把书写出来。7 月，一本题为《从资本主义到安那其主义》的论著出版了。这本 15 万字的著作，是巴金唯一的一本全面谈论无政府主义的论著。巴金在书的封面上印了一段话，说明它的内容："这不是一本宣传的书，这是解释的书。它告诉你们资本主义是什么，社会主义是什么，安那其主义又是什么。"根据我对两书的对照，巴金这本书的框架、结构和分章，都模仿《安那其主义 ABC》。柏克曼的书为三部三十一章，巴金删去四章，增辟二章，并对其余各章或多或少地做了压缩、增补、删改，使之成为三部二十九章。尽管巴金在书中根据自己的经验和见解，用自己的语言对克鲁泡特金的无政府共产主义学说，作了若干阐释，但全书的体例、内容乃至章节名均来自柏克曼的书，至于论据，大部分都是从柏克曼的书中"抄袭来的"。这本只能算作编著的书，表明巴金此时仍深怀着澄清中国无政府主义理论的混乱、正确解释无政府共产主义原理的理论热情。然而，中国的革命运动并没有理会这本书。它悄然地湮灭了。

由于巴金把主要精力用于理论著作的翻译与写作，1929 年到 1930 年两年中，他在文学创作方面建树不多。1929 年底，他根据一个朋友的叙述，写成第一个短篇小说《房东太太》。这篇发表于《小说月报》的小说，通过一位因战争失去儿子而忧郁成疾的法国老妇的口，揭露第一次世界大战给法国的普通家庭和整个民族带来的灾难和悲痛，强烈抨击了不义的战争。1930 年，他又先后发表了《洛伯尔先生》《复仇》《丁香花下》《哑了的三角琴》等九篇短篇小说，这些作品连同 1931 年写的《亚丽安娜》等三个短篇，后来集成第一个短篇小说集《复仇》，于 1931 年 8 月出版。这些短篇小说的背景都在法国，大多写的是自己在法国时的生活经历和见闻，少数篇章取材于书籍或朋友的信件。巴金怀着忧郁的心情，用一支带泪的笔，描写为受辱致死的妻子和被害同胞复仇雪恨的德国犹太青年(《复仇》)；因贫穷而失去爱情过早地憔悴衰老的意大利琴师(《不幸的人》)；描写为在第一次世界大战中丧生的优秀青年而深怀痛苦的守墓园的老人(《墓园》)；因情人和哥哥在残酷的战场上相互厮杀又先后丧命而沉痛之极的少女(《丁香花下》)；描写为成全女儿的爱情而出走的慈父(《父与女》)，受家庭阻挠不成眷属而终生抱恨的两个有情人(《洛伯尔先生》)，因家境贫困无力升学而仇视富家子弟的青年学监(《狮子》)；描写因反法西斯而亡命巴黎的意大利革命者(《亡命》)和遭法国政府驱逐出境的波兰女革命者(《亚丽安娜》)……巴金在中国所感受到的社会的不公正、不合理，和在这社会中人们失去“青春、活动，自由，幸福，爱情”的悲哀，以及贫穷造成的痛苦和人们之间的鸿沟，不义战争带来的灾祸，在发达的资本主义国家中同样比比皆是。“似乎整个的黑暗世界都在我的周围哭了”，这就是巴金写这些小说时的心境。他感到，自己所写的是“人类的悲哀”，是“人类的痛苦的呼吁”，他说：“我虽不能苦人类之所苦，而我却是以人类之悲为自己之悲的。我的心里燃烧着一种永远不能熄灭的热情，因此我的心就痛得更加厉害了。”①

巴金的这些短篇小说，多采用第一人称手法(讲故事或日记)，内容虽说不上深厚，但鲜明地寄托着他对资本主义世界的憎恶和对受苦受难的普通人的同情。这第一批短篇小说显露出巴金格调清新、叙述畅达的优美文笔和善于捕捉人物心理的艺术才能，同时，也表现出他开初的短篇小说在叙述方式、故事结构和语言运用方面，明显地受到西方小说的影响。

1930 年初，巴金还写成第二部中篇小说《新生》，他把这部以“五卅”

① 《序》，《复仇》，上海新中国书局，1931 年 8 月版。

事件为背景的小说投到《小说月报》，结果遭到退稿。6 月，他改写了这部作品，并改题为《死去的太阳》出版。在小说中，巴金以 1925 年在南京读书期间的见闻为基础，忠实地描写了“五卅”事件在南京引起的巨大反响，并对向帝国主义复仇的工人给以热情的歌颂，把他们的牺牲比为“依然会和第二天的黎明同升起来”的“死去的太阳”。巴金对这部小说并不满意。使他欣慰的是，他在这部小说里描写了学生的爱国精神，描写了工人的罢工斗争，描写了声势浩大的群众反帝运动，以及小资产阶级知识青年吴养清由盲目活动而幻灭，由幻灭而有所觉悟的过程，因而，他坦白地说，小说中“个人主义的色彩是淡得多了”，“我已经不复以自我为中心来申诉自己的悲哀了”[①]。作品的内容和巴金的自白表明，他自觉地不囿于自我的情绪，而力图选择和表现比较富于社会意义的事件。从创作思想上看，这当然是一个很大的进展。

三

巴金返上海后，还热心于世界语运动。1929 年 1 月，他作为第 317 名会员，加入上海世界语学会。据该会第四次会员大会统计，当时加入该会的普通会员和赞助会员共有 334 人。巴金入会后担任了该会执行委员和由该会主办的世界语函授学校教员，同他一道担任教员的还有王鲁彦、胡愈之、索非、盛国成等。巴金还据世界语译本翻译了俄国阿·托尔斯察的十二幕话剧《丹东之死》、意大利亚米契斯的十四场话剧《过客之花》和日本秋田雨雀的《骷髅的跳舞》《国境之夜》《首陀罗的喷泉》三个独幕剧。同时，他怀着对俄国文学的特殊感情，主要据英译本开始翻译赫尔岑的回忆录、屠格涅夫的散文诗和高尔基的短篇小说。

1930 年，巴金在上海世界语学会的刊物《绿光》上，发表了两篇有关世界语创作的文章：《世界语创作文坛概观》和《世界语文学论》[②]，介绍世界语文坛的诗歌、小说、剧本等情况及其成就，探讨世界语的特点及其与文学创作的关系。尽管这两篇文章是参考或根据有关材料写成的，但其中也表述

① 《序》，《死去的太阳》，开明书店，1931 年 1 月版。

② 分载于《绿光》第 7 卷第 1—2 期合刊、第 3 期，1930 年 2 月、3 月；第 7 卷第 7 期、第 8 期、第 9—10 期合刊，1930 年 7 月、8 月、10 月。

了巴金的或他认同的一些文学观点。

巴金最为关注的，首先是文学与现实的关系。他强调文学应该立足于现实，推动改造现实的斗争。他在评论俄国盲诗人爱罗先珂时说：

> 他虽然用了童话的形式来表现他们，但他却与大部分的世界语创作家不同。他并不曾有一刻离开过现实去到封建社会或幻想之国里去求安慰。他像一个战士一样在黑暗的夜里孤寂地叫号，要把他底呼声响彻人间，唤起人们去追逐光明的太阳。如果我要做esperantisto（世界语者）的话，我决不去做Luyken底世界语侦探家，或Bulthuis底世界语音乐家，我要做Eroshenko（爱罗先珂）式的batalanto（战士）[①]。

基于这一基本观点，巴金一如既往地重视思想内容的作用。在谈到文学作品的思想与技巧的关系时，他表示，“离开了现实生活，忽略了全世界民众底团结力而去追寻所谓幻想之国土，这样的作品在技巧方面虽然很有成就”，“而在意识方面则显然地失败了”。

巴金强调语言对于作品的重要作用，他认为“语言没有文学怎么能够生存呢？活语言之需要文学恰如活人之需要心。文学是每个语言之美的中心，血液汇流到它那里以求纯净，过后又流回到活的身体的各部分。”他肯定人们都有对于美的欲望，因此都期望“说话比别人说得更美丽更巧妙”，但他更强调语言只是工具和手段，重要的在于传达思想感情，“语言好比一株花，使用语言的民族底声音好比是春风，它把语言花底花粉吹散在世界。共同的思想与感情便是语言花底养料，它团结起它底民族，鼓舞起它底诗人，创造出它底精神。”他认为，只要人们把自己的“思想”和“整个灵魂”放在语言里面，这语言“便有了生命，它便是活的”。对于世界语与各民族语言的关系，他的看法是：“我们底文学并不要代替任何国语的文字，那些自有其不灭的价值，我们底文学也有它自己底位置，与那些是并存不悖的。它并不破

①《世界语创作文坛概观》。文中圆括号内的中文是笔者加的。

坏什么，它只是建设，它将来也许会建设起真正的人的文学来。”他尊重不同民族语言的文学，但更神往于表达一种超民族的“人类共有的感情”，他说：“各国的文学总是带有民族性或地方性的，作家们总是极力表现出他这一国人或一地方人底生活行为与思想状态，从里面我们像一个陌生者似地得知那一个（或一些）某国人（或某地方人）底生活，爱情，享乐，受苦。我们被感动，但我们如隔岸观火，我们觉得那不是我们自己。”“世界语文学则不然，已所应该表现的（如果它还未曾表现出来的话）不是法国人，中国人，日本人所独有的感情，而是全人类共有的感情，无论对于欢乐悲哀，生存死亡。”他认为，“现今的世上苦难太多了”，天灾如火山爆发、地震，人祸如战争，“这里是要米饭要空气要阳光的哭声，那里是可怜的母亲们底眼泪”，“那里又是天灾人祸压迫下的人们底呻吟”，世界语作家面对这样的现实，“毅然地起来把救济受苦的人类的责任放在自己的肩上”。对照巴金的短篇小说集《复仇》，这些用中文写作的域外题材的作品，显然比较充分地体现了他的上述文学思想。

第二部

在暗夜里呼喊光明

(1931—1941 年)

第四章　灵魂的呼号

(1931.1—1934.10)

10. “正式地写小说”

一

1931 年的春天，对巴金来说，是一个很不平常的春天。他应上海《时报》副刊编者之约，答应为报纸写一部连载小说。4 月 18 日，一部题为《激流》的长篇小说，开始在报上连载。连巴金自己也没有料到，从这年春天写第一部长篇小说开始，他“竟然把这一年的光阴差不多完全贡献在写作上面去了”。[①]1931 年成为了巴金以主要精力进行文学创作并取得丰饶收获的第一个年头。四年以后，巴金回忆说：“从这一年起我才开始‘正式地’写起小说来，以前我只是在读书、翻译或旅行的余暇写点类似小说的东西。”[②]他为自己这一年作为“作家”的写作情形作了一幅自画像：

> 每天每夜热情在我的身体内燃烧起来，好像一条鞭子抽着那心发痛，寂寞咬着我的头脑，眼前是许多惨痛的图画，大多数人的受苦和我的受苦，它们使我的手颤动着，拿了笔在白纸上写黑字。我不住的写，忘了健康，忘了疲倦地写，日也写，夜也写。好像我的生命就在白纸上面。环境永远是如此单调的：在一个空敞的屋子里，面前是堆满了书报和稿纸的方桌，旁边是那几面送阳光进来的玻璃窗，还有一张破烂的沙发（这是从吴那里搬来的），和两个小小的

---

① 《写作生活的回顾》，《巴金短篇小说集·第一集》，开明书店，1936 年 2 月版。

② 《<爱情的三部曲>总序》，《雾》，良友图书印刷公司，1936 年 4 月版。

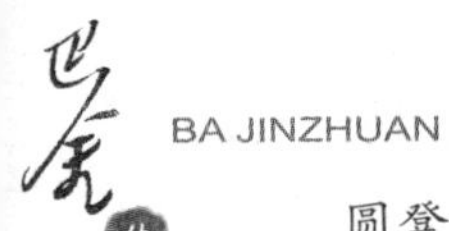

圆凳。这时候我的手不能制止地迅速地在纸上动，似乎许多人都借着我的笔来申诉他们的痛苦了。我忘掉自己，忘掉了周围的一切。我简直变成了一架写作的机器，我时而蹲踞在椅子上，时而把头俯在方桌上，或者又站起来走到沙发前面蜷伏在那里激动地写字。”①

如此热烈的写作热情，如此辛勤的不倦劳动，使巴金在 1931 年不仅写成第一部长篇小说《家》，两部中篇小说:《新生》(第一稿)和《雾》，还写了《老年》《墓园》《亚丽安娜》，和收在《光明集》中的《光明》《狗》《我的眼泪》等九篇短篇小说，取得了丰硕的文学成果。

巴金从 1931 年起“正式地”写起小说，献身于文学事业，这是他继 1920 年在成都加入《半月》社和 1923 年离开四川以后的又一次大转折。作为一个热心于社会革命的热血青年，巴金一直向往着参加实际斗争，“在行动中去找力量”，用实际行动的方式为摧毁他所憎恶的旧社会、旧制度献出自己的一切。然而，面对中国严酷的现实和强大的旧势力，他所信仰的无政府主义的斗争方式和道路，却是软弱无力的，过去和眼前的生活，都没有提供通过这条道路走向他所憧憬的光明的有力事实。这时，一方面，在经历了大革命失败的巨大挫折之后，中国共产党人重振旗鼓，继续斗争，武装起义此起彼伏，革命根据地棋布南方各省，革命力量逐渐复兴并日益壮大发展。另一方面,五四前后蜂起于各地的几十个无政府主义小团体，因其组织涣散，思想行动不一，先后云散，宣传无政府主义的刊物亦随之日渐稀少萎顿；信仰无政府主义的许多人也逐渐分化转向，或投靠国民党，或加入共产党，或离开政治舞台，少数坚持者也大多退而从事乡村教育。无政府主义运动已无十年前的声势，呈现出销声匿迹之态。

对于巴金来说，自己要走的那条本来就模糊虚幻的“实际斗争”道路在现实中难以走通，执著的信仰和倔强的性格使他既耻于与国民党合作，也难以步入治学或经商之道，而小资产阶级知识分子的种种弱点和无政府主义思想的深刻影响，又使他不能也不愿选择新的革命道路。真是欲进不能，欲罢不忍。巴金陷入了深深的苦闷之中。在黑暗的社会面前，在日益严重的民族

① 《写作生活的回顾》，《巴金短篇小说集・第一集》，开明书店，1936 年 2 月版。

危机面前，巴金无法做到袖手旁观，无法忍受沉默。他没有别的本领。他不得不用熟悉的笔做武器同旧社会进行斗争。这正如他一再表白的那样："我不是因为想做文人而写小说"，[①]"我不是一个文学家，也不想把小说当名山盛业。我只是把写小说当作我的生活的一部分。"[②]"我写小说是为了安慰我的寂寞的心，是为了发散我的热情，宣泄我的悲愤，是为了替那些被不合理的社会制度逼迫着做了牺牲的年青人呼吁，叫冤。因为我不能够做别的有用的事情，因为我没有别的武器，我才拿起笔用它做武器，来攻击我的敌人。"[③]当然，当时日益兴旺的左翼文学运动，对巴金奋然提笔写作，也不能不产生直接的影响和启示。把一腔革命热情转化为写作激情，从致力于政治理论宣传到主要从事文学创作，这就是从 1931 年起在巴金身上发生的引人注目的变化。尽管这在当时是巴金无奈的选择，尽管他在一段时间里不断对这一选择自责自怨，但事实本身说明，以忘我的精神从事创作，把主要精力用于文学事业，这在他的生活道路和思想发展中，是一次溢光流彩的转折，是一个具有里程碑意义的重大进展。

对于巴金来说，1931 年的意义不仅仅在于它写出了毕生最有代表性的力作之一《家》，更在于从这一年开始，到 30 年代末，他作为一个新进的、充满朝气的青年作家，活跃在新文坛上，显示了旺盛的创作力，建树了辉煌的文学业绩，从而真正确立了自己的文学地位。我以为，1931 年到 1941 年的 11 年，是巴金文学道路上最辉煌的一个时期。可以为他这期间的创作列一个目录：

长篇小说、中篇小说 14 部："激流三部曲"《家》《春》《秋》，"爱情的三部曲"（《雾》《雨》《电》），"抗战三部曲"《火》的第一部、第二部，以及《海的梦》《春天里的秋天》《砂丁》《新生》《雪》（《萌芽》）和《利娜》；

短篇小说近 70 篇，先后结为 10 个集子：《光明》《电椅》《抹布》《将军》《沉默》《沉落》《神·鬼·人》《发的故事》《长生塔》《还魂草》；

散文集 10 余本：《旅途随笔》《点滴》《生之忏悔》《忆》《短简》《控

---

① 《〈灭亡〉作者底自白》，《开明》第 22 期，1930 年 4 月。

② 《灵魂的呼号》，《天陆杂志》第 1 卷第 5 期，1932 年 11 月 1 日。

③ 《关于两个 < 三部曲 >》，《抗战文艺》第 7 卷第 2—3 期合刊，1941 年 3 月 20 日。

诉》《梦与醉》《感想》《无题》《龙·虎·狗》等。

上述作品的总量占1927年至1949年巴金全部创作的四分之三。巴金保持着步入文坛初期的热情和战斗精神，继续鞭挞和攻击黑暗、邪恶的旧势力，颂扬知识青年对现实的反抗和为理想献身的英雄主义，同时，又逐渐把眼光投向下层社会，广泛描写工人、农民、城市贫民的苦难生活和反抗斗争；他更把笔锋指向腐朽的封建专制制度，揭露抨击封建礼教、封建势力制造的种种人间悲剧；在民族危亡之际，又挥笔揭露控诉日本帝国主义的暴行。巴金的这些题材广泛、爱憎鲜明、感情充沛、风格独特的作品，是汇入同时期文学主流的一股生气勃勃的波流；在他的创作道路上，则写下了高亢激昂而又多姿多彩的一页。

1931年以后，巴金在希望和痛苦两根精神支柱的撑持下，潜心致力文学创作，稿纸一页接一页地写满，作品一篇接一篇地发表，但他的内心，却没有一刻宁静。

1931年夏季一个漆黑的夜，因日夜写作而极度困乏的巴金昏昏睡着了。他做了一个梦：

他躺在棺材里。他又站在一个法庭上接受审判。审判官庄严地说：“你必须死了。”他哀求：“我不能够死。”他痛悔地想到：“我不该把我底二十几年的光阴完全浪费在书本上，在纸笔上。我不该只是带了冷静的眼光旁观着人们怎样生活，怎样受苦，怎样挣扎。写，日也写，夜也写，我究竟写出了什么呢？没有，什么也没有。靠了写作我只是给自己带来寂寞，带来苦痛，给人们也带来苦痛，带来不幸，我是误了人误了自己了。”他诅咒自己：“你当初为什么要拣了这一条路，你为什么不参加在广大的人丛中去，去分享他们的快乐和愁苦，却躺在狭小的屋子里在寂寞与死亡中拿写作来消磨自己年轻的生命？你能够像某些人那样欺骗自己似地说‘我是为社会服务、给人类做了什么贡献吗？’不，你完全在无用中毁了自己了！你用自己的心血渲染了你的作品，但你所爱的人依旧在痛苦的境遇中，呻吟宛转地待死，你所恨的人依旧高踞在那些巍峨的宫殿里，你的笔一点也不能动摇他们。你完全浪费了你的生命！”……他大声哀求：“我是决不再写作了。我已经被写作误了一生了。我要回到生活里去，好好地做一个人。我要忠实地去生活，去爱人，去帮助人，我要与我所爱的人共同受苦，共同挣扎。我要把自己的命运连系在他们的命运上面。……放我回去吧，我不能够死，我不愿意死。……只要我能够回到生活里去，我是决不再走从前的路了。我要忠实地去生活，去受苦，拿行动来爱人，来帮助人，不再拿纸笔来浪费我的青年的生命了。”①

这个梦是真实的。它是巴金当时心态的真实写照。正因为巴金以主要精力从事文学创作既是不得已而为之，也是不能自禁而为之，因此，在他集中精力从事创作的 1931 年和此后的几年中，他思想上的剧烈冲突和内心中的痛苦挣扎，不仅没有减弱，反而更为加剧。正如巴金自己所说。自正式开始文学生涯，“从那时起我就有了更多的矛盾”，“我走的路都变成曲线了”。② 他把这种内心的矛盾冲突概括为掩盖自己全部生活和全部作品的“一个网”，即“爱与憎的冲突，思想和行为的冲突，理智和感情的冲突，理想和现实的冲突……”③ 他“爱一切的人”，现实却逼着他去憎恨、去攻击一切摧残爱的势力；他思想上认识到“在‘私的’方面，我不能够从写作上得到满足，从‘公的’方面，我看见文章和现实的环境相比，等于拿一个鸡蛋去碰石头”，④ 他明白改变旧世界、摧毁旧社会必须“从行为上去找力量”，文学“没有什么力量”，而在行动上，自己却“陷在文学生活里面不能自拔”，“把青年的生命浪费在纸上”；他理智上“希望能够不再提笔”，甚至表示要“放弃文学生活”，感情上却留恋文学，“时时逼着自己提笔”，“拼命地写作唯恐这生活早一天完结”；他坚信万人享乐的新社会的理想一定会来到，却时时面对着大多数人受苦受难的惨酷现实。巴金是一个不掩饰自己真实思想的人，因而常常在文章中直接间接地倾诉这些无时无刻不咬噬着自己的心的矛盾痛苦。他 1931 年写的短篇小说《光明》中的作家张望、中篇小说《新生》中办刊物的鸣冬、亦寒和散文《最后的审判》中那“死”去复又受审的“我”，都不断诉说着这样的苦恼。至于 1932 年写的散文《灵魂的呼号》、创作谈《写作的生活》，

① 《最后的审判》，《文艺月刊》第 2 卷第 8 期，1931 年 8 月 15 日。

② 《片断的记录》，上海《大公报·文艺》第 120 期，1936 年 4 月 1 日。

③ 《灵魂的呼号》，《大陆杂志》第 1 卷第 5 期，1932 年 11 月 1 日。

④ 《片断的记录》，上海《大公报·文艺》第 120 期，1936 年 4 月 1 日。

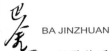

以及此后写的《我的呼号》《我的梦》《我希望不再提笔》《片断的记录》等，更集中地坦露了他“或者抛弃文学，或者死抱住文学。然而我两样都做不到”[①]的思想矛盾。

想从事实际斗争而不能，想放弃文学创作而不忍。一面用文学倾吐自己的愤懑和悲哀，控诉和攻击旧世界，表达对光明的渴求，一面又责备自己的作品在改造世界的斗争中缺乏实际力量，这就是巴金的矛盾和痛苦的根源。从根本上说，可以把他的矛盾和痛苦看作一个革命热情汹涌、思想境界高尚而又陷入矛盾的人生观、文学观的漩涡中难以自拔的正直青年的心态。可内心的冲突与思想斗争的煎熬，并未使巴金沉沦，反倒成为了推动他创作的巨大的内驱力，使他把写小说当作自己生活的组成部分和斗争的一种方式。所以，巴金鄙薄脱离或远离现实生活的“纯粹的艺术”，不能也不愿离开生存和斗争的需要去刻意雕琢刻画完美的作品；他立志不做一个“死抱住文学”的“纯粹的”作家，只愿永远尽“在暗夜里呼号的人的职责”。与同时期巴金的那些信仰无政府主义的朋友相比，与同时期一些为艺术而艺术的作家相比，这似乎既是巴金的不幸，又正是巴金的独特之处和可贵之处。这固然给巴金的文学创作在思想和艺术上都带来若干弱点，同时又使他成为一个始终肩负着时代使命、始终面对着现实生活的杰出的现实主义作家。这后一方面，显然具有更为重要的意义。它不仅使巴金与自己那些同样信仰无政府主义的朋友们的思想距离愈来愈大，以至分道扬镳，也使巴金自己前一时期写的那些语惊四座的政论文字相形见绌，黯然失色，而同时期一些为艺术而艺术的作家，也因此无法与巴金在中国现代文学史上相提并论。

二

1931 年九·一八事变后，国民党当局实行的“不抵抗”政策，更加助长了已经武装占领东北的日本侵略者的野心。1932 年，日军又在上海制造了一·二八事变。在日军进攻上海前几天，巴金应朋友陈范予之约去到南京与友人相聚，事变后历经坎坷才在 2 月 5 日绕道返回上海。五天以后，他写了《从南京到上海》一文，记叙自己曲折的返沪旅程，揭露侵略者给中国人民

① 《片断的记录》，上海《大公报·文艺》第 120 期，1936 年 4 月 1 日。

带来的灾难。巴金回上海后，得知自己的《新生》原稿连同刊登此稿尚未及出厂的《小说月报》，都在 1 月 28 日日军炮击闸北的大火中化作了灰烬。3 月 2 日，日军占据了整个闸北，已经搬出闸北宝山路宝光里的巴金，同朋友周索非一道去旧居取东西，一路上，他目睹了侵略者留下的断木碎瓦和尸骨，并在刺刀下亲历了侵略军耀武扬威的骄横。痛苦和愤怒充溢在他的心中。于是，他将两个月前刚写了头 7 页的短篇小说《海的梦》改写为中篇，不再写他所爱的奇异的海上之梦，他要写陆地上残酷的现实。小说出现了新的构思：描写太平洋上一个岛国的奴隶们为谋求解放、建立“自由国家”，与入侵的“高国军队”所进行的殊死斗争。小说中的“岛国”就是中国，“高国军队”就是日本侵略军。巴金借这个充满浪漫主义色彩的悲愤故事，倾诉自己对日本侵略军和卖国汉奸的一腔愤懑，呼唤、歌颂自己向往的抗击侵略者的英雄。搁下写完小说的笔，巴金深深地吐了一口气，他感到“这不是梦，这海也不是梦里的海。这是血的海，泪的海。血是中国人民的血，泪是中人民的泪。”他为把自己的血泪滴在小说描写的海里而感到欣慰。

写完《海的梦》后，巴金第二次去到福建晋江。在那里生活的近两个星期中，朋友曾带他去看望一个因婚姻不能自主而变疯的少女。一年半以前，巴金第一次到晋江时，在黎明高中结识的朋友中，有一位名叫郭安仁的英文教师，他就是后来以散文诗名世的丽尼。当时，郭安仁和一位姓吴的女教师相爱，但吴的家长却命她同一个有钱的绅士结婚，吴反抗不了父母之命，在绝望中憔悴地死去，郭安仁则带着心灵的创伤被迫离开福建。这件事在巴金的脑中留下很深的印象。现在，再一次遇到这类熟悉的悲剧，巴金的心又受到折磨，他深感到：“不合理的社会制度，不自由的婚姻，传统观念的束缚，家庭的专制，不知道摧残了多少正在开花的年轻的灵魂！”① 5 月，巴金回到上海，在写完中篇小说《雨》以后，他便以两位晋江少女的遭遇为素材，用不到一周的时间写成中篇小说《春天里的秋天》。这部中篇以南国清新明媚的春天为背景，用浓郁的抒情笔调，叙述郑佩瑢和许这两个男女青年从相识到热恋到分离直至死别的爱情悲剧。他借这个令人心碎的故事，为生活中的吴、郭安仁、

① 《序》，《春天里的秋天》，开明书店，1932 年 10 月版。

疯姑娘和作品中的郑佩珞、许这些被葬送了美好青春的男女青年的哀伤，向摧残年轻生命的封建专制家庭和旧传统观念发出控诉。6月，勤于笔耕的巴金根据云南朋友黄子方提供的个旧锡矿的情况，写了中篇小说《砂丁》。这是巴金第一次正面描写工人生活的作品，它讲述一群被五块银元骗到矿山的工人，在暗无天日的矿井里牛马不如的悲惨生活和为了逃生的自发反抗。这部中篇的笔调与《春天里的秋天》全然不同，显得沉郁而绝望。因为生活的隔膜，这部小说写得不算成功，但饱含着巴金对生活底层的工人阶级深挚的关切和同情。

《砂丁》发表以后，巴金的一些朋友认为他的作品忧郁太多、太重，希望他“写出有着更多的光明的作品”。巴金感谢他们，但希望他们能在自己作品里看到“掩藏在绝望和忧郁下面的光明与希望”。他进一步申明自己的创作态度和意图：“我并不是不敢把我的追求光明的呼声叫得响亮一点，免得被人窒息；我并不是为了顾全自己的利益，故意多用曲笔，把文章写得十分委婉，我是把一个垂死的制度摆在人们的面前，指给人们看：‘这儿是伤痕，这儿是血，你们看！’……聪明的读者就不会从这伤痕遍体的尸首上面看出来一个合理的制度的产生么？”①

上海的7月，酷暑难当。巴金住的房间热得像蒸笼一样。他心里燃起的火焰却更加炙人。他整日整夜埋头在方桌上写作，两周时间便重新写出焚于一·二八日军炮火中的《新生》。这部十万字的中篇是《灭亡》的续编，故事发生在杜大心被处死一年半后，主人公是《灭亡》中的富家子弟李冷。小说以李冷日记的形式，描写他“在灭亡的路上”得到“新的诞生”。李冷因杜大心的死而失去了信仰，变成一个空虚孤寂的个人主义者，在妹妹淑娴和爱人玉珠以及朋友朱乐无、鸣冬、秋岳等的感召下，经过多次思想斗争，他毅然离开S市(上海)，去到A地(厦门)从事工人运动，一年后因组织电灯工人罢工被捕。在牺牲前，他感到平静，没有激动、悲哀、恐惧，没有留恋、痛苦、悔恨，因为他认识到“我底路不再是灭亡的路了”，“我已经把我自己底生命连系在人类底生命上面了。我用我底血来灌溉人类底幸福；我用我

① 《序》，《砂丁》，开明书店，1933年1月版。

底死来使人类繁荣。”小说侧重通过心理活动描写李冷从冷漠、厌世到正确认识生命意义的思想转变，人为痕迹较重，全篇议论说理较多，未能塑造出血肉鲜明的人物形象。这部小说是巴金怀着用自己的精力“来作孤注一掷”的决心重新执笔写成的，他说：“我要重新创造出那个被日本底炸弹所毁灭了的东西。我要来试验我底精力究竟是否会被帝国主义的炸弹所制服。”这部不成功的小说对于巴金的意义，不在于作品的主题和内容，而在于凭记忆重写 10 万字这一行动本身，它从一个侧面表现了巴金高昂的爱国主义精神，强烈的民族自信心和对日本侵略暴行的仇恨。

1932 年 9 月，在连续半年多的紧张写作之后，巴金去北方作短期旅行，这是他第二次北上。他在青岛和北平与朋友沈从文、缪崇群会晤，又去天津与在南开中学当教师的三哥聚首。亲友间的情谊温暖着他的心。这一年，巴金还先后写成《电椅》《五十多个》《短刀》《堕落的路》《幽灵》等 12 个短篇小说。其中，《五十多个》是一篇寓言式的小说，描写一群因水灾兵祸被迫离乡的农民，为寻求立足安身之地，忍受着冻饿、劳累，在冰雪中跋涉。到处都找不到工作，得不到饱饭，温暖。一个“美丽的村庄”的幻象鼓舞着这五十多个“有手，有脚，有胆量，有力气”的男女老少，继续顽强地往前面走。作品有些概念化，却是巴金第一次正面描写农民悲苦生活和坚强生命信念的小说。

11. 梦想和现实

一

1932 年 11 月 1 日，胡愈之主编的《东方杂志》向全国各界知名人士发出“1933 年新年做一回好梦”的通启，提出两个问题征求回答：(一) 先生梦想中的未来中国是怎样？(二) 先生个人生活中有什么梦想？《东方杂志》创刊于 1904 年，是近代中国历史最悠久的一份大型综合性杂志。这份杂志为什么要在它创刊 30 周年之际发起这样一次征文呢？编者的征稿信道出了其中的因由。信中说：“在这昏黑的年头儿，莫说东北 3 千万人民在帝国主义的枪刺下活受罪，便是我们的整个国家、整个民族也都沉沦在苦海之中。沉闷的空气窒塞住每一个人，大家只是皱眉叹气捱磨各自的生命。先生，你也应该有同样的感想罢。”“但是我们真的就没有出路了吗？我们绝不作如是想。固然，我们对时局不愉快，我们却还有将来。我们咒诅今日，我们却还有明日。假如白天的现实的生活是紧张而闷气的，在这漫长的冬夜里我们至少还可以做一两个甜蜜的舒适的梦。梦是我们所有的神圣权利啊！”

1933年1月1日出版的《东方杂志》第30卷第1号在《新年的梦想》专栏，刊出了142人的244篇答文。答文分“梦想的中国”和“梦想的个人生活”两部分，按收文日期的先后为序揭载。巴金是一个爱做“梦”的人。他的小说的主人公常常做梦，他的散文也常常写“梦”。因此，收到征答信后，巴金及时作了回复。他的短文分别排在“梦想的中国”第10人和“梦想的个人生活”第7人。专栏刊载的244个“梦”可谓林林总总，形形色色，“有甜梦，又有苦梦；有好梦，又有恶梦；有吉梦，又有噩梦；有奇梦，又有妖梦；有夜梦，又有白日梦。”[①]巴金做的是什么样的“梦”呢？他这样回答“梦想的中国”，“在现在的这种环境中，我连做梦也没有好的梦做，而且我也不能拿梦来欺骗自己。‘在这漫长的冬夜里’，我只感到冷，觉得饿，我只听见许多许多人的哭声。这些只能使我做噩梦。”他表示，“我看不见中国的未来，有一个时期使我甚至相信中国是没有未来的。”然后，他引述了不久前写的小说《电》第五章中吴仁民的两段激愤之词，这两段话对中国“如果得不着新生，就会灭亡”的深刻忧患，对“即使奋斗结果，我们依旧不免于灭亡，我们也应该奋斗”的痛苦陈述，都表明了巴金此时的心态。至于“梦想的个人生活”，巴金是这样说的：

> 我个人的生活里不敢有什么梦想，黑暗的现实把我的梦景全都摧毁了。在这一片血泪的海上，我无论如何是不能够建造我理想中的美丽的天堂。在这时候我只能够有一点小小的希望，这希望也许就是不能实现的梦想罢。

---

① 《读后感》(记者)，《东方杂志》第30卷第1号，1933年1月1日。

> 我的希望是什么？自由地说我想说的话，写我愿意写的文章，做我觉得应该做的事，不受人的干涉，不做人的奴隶，不受人的利用。靠着自己的两只手生活，在众人的幸福中求得自己的幸福，不掠夺人，也不被人掠夺。
>
> 我有一个先生，他说过这样的话："我希望每个家庭都有住宅，每个口都有面包，每个心都受教育，每个智慧都得着光明。"假若这就是他的梦想，那么我的也是这个。我也相信个人和社会分离不开的，要全社会得着解放，得着幸福，个人才有自由和幸福之可言[①]。

按照《东方杂志》记者的意见，"'梦'应该只是代表了意识的'不公开'的部分"，只有"表现各人的心底的秘密而不带着社会作用的，那才是正宗的梦。"巴金"不能够拿梦来欺骗自己"，"个人的生活里不敢有什么梦想"，因而，他借答"梦"宣泄自己对现存制度的抨击，倾吐自己对理想社会的憧憬。他的"梦"是意识的"公开"部分，带着极鲜明的"社会作用"，的确不是"正宗的梦"，但正如鲁迅在读了《新年的梦想》专栏后所说的那样："佛洛伊特以被压抑为梦的根抵——人为什么被压抑的呢？这就和社会制度，习惯之类连结了起来。"[②]巴金的眼睛盯住的是面前黑暗的现实，巴金的心时时想到的是大多数人的饥寒受苦。他的"梦"永远是"巴金的梦"。

二

1933 年初，巴金开始动笔写一个新题材的中篇小说《萌芽》，5 月写成。小说的素材来自 1931 年冬天他在浙江长兴煤矿的见闻。这个矿在几个月前曾发生起义工人冲到矿务局打死局长的事情，巴金到矿时，人们的忧虑和恐怖还没有消除。巴金却四处转看，并找矿工交谈。尽管他知道一个多月前矿下发生过瓦斯爆炸，死了 25 个工人，仍不顾朋友的劝阻，下窑呆了两个小时，在阴暗低矮的坑道中，看矿工们用鹤嘴锄挖煤。煤矿工人艰辛的劳动和受辱

① 《新年的梦想》，《东方杂志》第 30 卷第 1 号，1933 年 1 月 1 日。

② 《听说梦》，《鲁迅全集》第 4 卷，人民文学出版社，1981 年版。

的处境，深深地感动着第一次身临其境的巴金。他把自己的见闻和感受都写进了小说。小说强烈的写实精神得到了批评家的称赞，说他笔下的窑工劳动场景和苦难生活“不是主观臆想出来的”，并因此肯定他的作风“渐渐的走上现实主义的道路”[①]。这部中篇小说以深厚的感情如实地描写了煤矿工人受到的非人压榨，并展现了他们有组织的罢工斗争和武装反抗。在一定观感基础上加以艺术想象创作的《萌芽》，比起巴金过去写的《煤炕》《砂丁》等反映工人生活的作品，在广度和深度上都有明显的进展。它的价值，更多的表现为显示出巴金为开拓新题材的又一次努力。

1933年夏和秋，巴金还创作了一些短篇小说，比如，描写农村凋敝景况和农民苦难生活的《还乡》《月夜》《父子》；从侧面反映革命者革命意志的《父亲买新皮鞋回来的时候》；表现青年男女脱离革命团体后陷入困顿窘迫的家庭生活的《一个女人》；塑造潦倒的白俄贵族悲剧形象的《将军》；以及青年女性正视时代苦难、毅然抛弃爱情与空虚的《玫瑰花的香》等。这些短篇较多地接触到社会各阶层、特别是下层人民的生活，题材比较广泛且更富现实意义，艺术表现也更为多样、圆熟。其中《将军》一篇，被鲁迅、茅盾选入现代中国作家短篇小说集《草鞋脚》，推荐给西方读者。茅盾在他起草的作者及作品简介中，对巴金作了这样的介绍：“《将军》作者巴金是一个安那其主义者，可是近来他的作品渐少安那其主义的色彩，而走向realism了。他是青年学生——尤其是中学生所爱读的作家。”[②]

夏天，巴金离开上海，到香港、广东、福建等地旅行，秋天又去北平。他旅行的目的是为了“到各个地方去看朋友们的亲切的面孔，向他们说一些感谢的话，和他们在一起度过几天快乐的时间”，因此他说：“我并不是喜欢‘名山大川’才开始旅行的，虽然我也很想知道各个地方人民的生活状况。”[③]记述这次南北之行的散文集《旅途随笔》，不仅留下了巴金旅行的踪迹和与朋友愉快的相会，还从多方面反映了当时的社会世相。其中，《海上》《南

① 《〈萌芽〉》(王淑明)，《文学季刊》第1卷第3期，1934年7月。

② 《鲁迅、茅盾选编〈草鞋脚〉的文献》，《中国现代文艺资料丛刊》第5辑，上海文艺出版社，1980年4月版。引文中的英文为“现实主义”。

③ 《序》，《旅途随笔》，生活书店，1934年8月版。

国的梦》《农民的集会》《谈心会》等篇，透露了他的朋友们默默地从事兴办乡村教育、组织农会等活动的侧影，有助于了解他小说里一些青年革命者的形象；《鸟的天堂》《朋友》《在普陀》《一个女佣》等，或绘景，或抒怀，或记人，既是巴金散文的佳作，也是现代散文中的名篇。

这次南行，使不善言谈的巴金有了一次用口对青年们倾吐心怀的机会。在西江师范学校，他参加了一次学生们的谈心会，大家要他讲话，他便直截了当地讲了自己对于生活的见解和经验，他说："爱真理，忠实地生活，这是至上的生活态度。没有一点虚伪，没有一点宽恕，对自己忠实，对别人也忠实，你就可以做你自己的行为的裁判官。""严格地批判自己，忠实地去走生活的路，这就会把你引到真理那里去。"他又谈到自己对什么是丰富的、满溢的生命的看法，他讲道："我们每个人却有着更多的思想，更多的同情，更多的爱慕，更多的欢乐，更多的眼泪，比我们维持自己的生存所需要的多得多。所以我们必须把它们分散给别人，并不一定贪图一点报酬。"最后，他告诉学生们，自己的生活信条是这样的："忠实地行为，热烈地爱人民；帮助那需要爱的，反对那摧残爱的；在众人的幸福里谋求个人的快乐，在大众的解放中求个人的自由。"①

这次南行，使巴金更深切地领略到现代工业的创造力和诗意。他乘火车从新会到公益，过潭江时，火车开到轮船上停下，由轮船载着渡江。巴金看见工人们操作机器时昂头自如的神情，听到机器发出的有规律的响声，一种喜悦的、差不多使他心颤抖的感情抓住了他，他感到一种诗情油然而生，不禁从心里发出了这样的赞美："诗应该给人以创造的喜悦，诗应该散布生命。我不是诗人，但是我却相信真正的诗人一定认识机器的力量，机器工作的巧妙，机器运动的优雅，机器制造的完备。机器是创造的、生产的、完美的、有力的。只有机器的诗才能够给人以一种创造的喜悦。"②

这次南行，还使巴金由衷地体会到"朋友"的意义和友情的温暖。他感到各处的朋友给予他的实在太多了。他感慨道："我的生命大概不会很长久罢。然而在短促的过去的回顾中却有一盏明灯，照彻了我的灵魂的黑暗，使我的

---

① 《谈心会》《旅途随笔》，生活书店，1934年8月版。

② 《机器的诗》《旅途随笔》，生活书店，1934年8月版。原题及引文中的"机器"原均作"机械"。

生存有一点光彩。这盏灯就是友情。”“世间还有许多慷慨的人，他们并不把自己个人和家庭看得异常重要，超过一切。靠了他们我才能够活到现在，而且靠了他们我还要活下去。“他表示，自己不配做一盏明灯，但能做一块木柴，“我愿意把我从太阳那里受到的热放散出来，我愿意把自己烧得粉身碎骨给人间添一点点温暖。”①

8 月，巴金从南方回到上海。他陪生物学家朱洗和他的母亲、妻子等，去到著名的“佛国”普陀山游玩。巴金不信佛，也不愿做山林隐士，山上的寺庙、净土，并没有引起他多大的兴趣，倒是高山、绿树、白云令他倾心。山上的和尚工于计算银钱，也会做赚钱的生意，他们借做佛事、水陆道场敲香客的竹杠，寺里的客房设备新式，客人可以带晕菜、抽大烟、打麻将。目睹这一切，巴金感慨丛生。回到上海后，有人问他此游的印象，他回答：“我游历了一个大商场，在那里贩卖的货品是菩萨，做生意的是一些超等的商人，我自己不过做了一个最不慷慨的顾客而已。”

9 月，巴金匆匆去到北平。两个月前，靳以和在燕京大学做教授的郑振铎着手筹办一个大型文学刊物《文学季刊》，为了办刊物，靳以在北海三座门大街 14 号租了一个四合院的前院，院内有南北各三间房子，以及门房、厨房和厕所，另有门向东的一间跨房。巴金和靳以同住在这里并共桌看稿。城外清华大学、燕京大学的一些朋友常来看望聊天，城内沙滩北京大学的朋友也常来会面交谈，小院里经常是谈笑风生，热热闹闹。1934 年 1 月，荟萃南北作家精品的第一期刊物，以宏大的气魄、厚重的内容、多姿的篇目问世了。它的诞生，也凝聚着巴金的辛劳。在北平，巴金除参与《文学季刊》的编辑工作外，还从容地写成了《爱情的三部曲》最后一部《电》等小说。

1933 年，巴金还应出版社之约，以清新流利的笔触，写了《最初的回忆》《家庭的环境》《做大哥的人》《信仰与活动》等深情地回忆少年时代在广元和成都生活的自传性散文。他把这些文章总题为《断片的回忆》，送交出版社，一年以后，这本小书印出时，书名却变成了《巴金自传》。书中不仅多有错字，还被审查官删去一篇《信仰与活动》，这使巴金很不满意。1936 年他收回版权，

---

① 《朋友》，《旅途随笔》，生活书店，1934 年 8 月版。

增补了几篇文章，将书名改为《忆》出版。

三

1934年，巴金写的作品不多。这一年初，他在《文学季刊》上以补白的形式，发表了《一个读者的要求》《批评家》《“点戏”》《再说批评家》等短文，表示他对文学批评的意见，同时反击某些片面批评自己作品的批评家。他说：“做一个批评家并不是容易的事情。”“一个批评家应该理解艺术的基本原理，也应该丰富地体验生活，同时还应该充分地了解他所批评的作品的内容。”他认为，对作品的批评，应“理解它”“分析它”“拿一个尺度衡量它”；“单凭自己的政治立场，甚至单凭自己一时的印象，这决不是批评”。不能简单地把作品分为“意识正确”“意识歪曲”两种，“正确的自然说上了天，歪曲的骂入了地”。他强调批评应从整体把握作品，反对断章取义地摘取作品中某些话语，然后加以讥讽、批评；他反对不注意去研究作品，津津乐道于捕风捉影或闭门造车的“作家消息”、“文坛塑像”。这些言简意赅的议论，表述了巴金文学批评观的某些重要侧面。

不满于某些简单化、庸俗化批评的巴金，以自己贯有的热情和敏锐的眼光，默默地做着发现和支持文学新人的工作。比如，1934 年 7 月 1 日出版的《文学季刊》上出现的两个陌生的作者，便与巴金有直接的关系。

23 岁的清华大学学生万家宝写出第一个剧本《雷雨》，把它交给童年时的朋友靳以，靳以看后却放进了抽屉。一天，巴金同靳以商量怎样为《文学季刊》组织新的稿件，靳以说：“家宝写了一个剧本，你看看怎样？”巴金取来剧本，一下子就被吸引住了。他一口气读完这个四幕话剧，眼眶里充溢着感动的泪水。万家宝到过三座门大街 14 号，巴金见过他，但同他不熟。读完剧本，作者的才华使巴金震惊。他恳切而又坚定地对靳以说：“剧本写得太好了，应该马上发表！”靳以万分高兴，欣然同意。原来靳以也认为剧本很好，应该发表，只是为了避嫌，才没有作决定，见巴金这样赞赏剧本，他为自己的朋友家宝庆幸。巴金细心地对剧本原稿作了技术上的修改，然后交送排印。清样送来后，巴金又亲自校读，改正错字。“曹禺”这个杰出的剧作家，就这样被推上了中国新文坛。

陈光英是一位爱好文学的失学青年，他把自己修改多次的第一篇小说稿交给朋友郭安仁，请他随便找一个刊物发表。郭安仁却把稿子寄给了巴金。陈光英根本不相信拥有广大读者的名作家巴金会有兴趣看无名青年的作品。出乎他意料的是，这篇题为《灾难中的人群》的小说，不久竟在声名显赫的《文学季刊》“创作”栏，同冰心、鲁彦、张天翼等名作家的作品同时发表了。这篇小说的面世，为“荒煤”这个21岁的青年，打开了走向文学事业的道路。

这一年2月至6月，巴金在北平写了《罗伯斯庇尔的秘密》《马拉的死》和《丹东的悲哀》三篇描写法国大革命中山岳党三大领袖故事的历史小说，用“王文慧”的笔名发表。他说：“写三篇小说，将百数十年前的旧事重提，既非‘替古人担忧’，亦非‘借酒浇愁’。一言以蔽之，不敢忘历史的教训而已。”[①] 他根据读过的有关书籍和自己对法国大革命的理解，力图写出这三位革命家的“为人”，并反驳一些资产阶级历史学家对他们的曲解。他描写曾经叱咤风云的丹东因自大傲慢，脱离了人民，脱离了革命，终遭灭顶之灾的悲剧；他展现“人民之友”马拉的忘我工作精神和对革命的忠诚，对人民的爱心；他揭示“不腐败的重视道德的”罗伯斯庇尔用严酷的恐怖手段维护革命，却不能满足啼饥号寒的人民需要的面包，因而在人民的怨愤中陷入悲哀。巴金一贯高度评价18世纪的法国大革命，他认为尽管革命的结果是民众把有产阶级抬上了权力地位，但“封建制度和王朝是被它打破了”，正是在这个意义上，他表示：“我们都是法国大革命的产儿，都是在它的余荫之下生活，要是没有它，恐怕我们至今还会垂着辫子跪在畜生的面前挨了板子还要称谢呢！”同时，他深切地认识到“法国大革命是英雄的行为之表现，但这个英雄不是米拉波，不是丹东，不是马拉，不是罗伯斯庇尔；这个英雄是民众。”革命能推翻封建王朝“全靠人民的力量，而一旦人民的活动受到压制时，革命就衰灭了。”[②] 巴金对三位历史人物的描绘和他对法国大革命的理论认识，显然都有强烈的现实针对性。他借古讽今，以洋喻中，隐刺国民党当局的法西斯专制和白色恐怖。他把收有三

① 《序》，《沉默》，生活书店，1934年10月版。

② 《法国大革命的故事》，《沉默》，生活书店，1934年10月版。

篇历史小说的集子命名为《沉默》。“沉默”二字来自美国芝加哥工人运动领袖司皮斯 1887 年在绞刑架前说的一句话：“我们在坟墓中的沉默比我们今天被你们绞死的声音更有力的时候快到了。”这个命题，同样表明巴金无声抗议的用意。

除三篇历史小说外，1934 年巴金还写了以 19 世纪 70 年代俄国青年革命活动为题材的书信体中篇小说《利娜》，以及揭露精神堕落的上层知识分子的《知识阶级》《沉落》和间接描写革命青年思想活动的《春雨》《化雪的日子》等短篇小说。他一方面重温外国历史，从中寻觅现实的镜鉴，一方面仍固执地针砭现实。

1934 年巴金之所以在写作上显得沉寂，显然与当时国民党当局加紧对共产党领导的中央苏区发动“围剿”，并在其统治区实行文化专制政策，有着深刻的内在联系。

1931 年以后，国民党当局为了强化文化统治，陆续颁布了许多法令，以限制和禁止进步的、革命的书刊出版与流传。巴金走上文学道路后，把自己的爱、自己的眼泪、自己的深挚同情，给予了受压迫、受虐待的人们，把自己的恨，指向旧制度、旧传统、旧势力，因此，和同时代的许多进步作家一样，他的作品也遭到反动势力的仇视和压制。

《死去的太阳》描写了几个工人的形象，并歌颂了他们的复仇行动，小说出版后，即被密令查禁，罪名是“普罗意识”。巴金冒着酷暑炎热不分昼夜重写的《新生》，因“鼓吹阶级斗争”而被禁。反映工人生活和斗争的《萌芽》，遭遇更为曲折。由于小说的矛头针对当时的黑暗现实，肯定工人的反抗斗争，因而 1933 年 8 月由现代书局印出后尚未售完就遭到查禁。巴金将书名改为《雪》，交《文学》月刊发表，但 1934 年第一期《文学》仅排出两章清样，就被检查官勒令抽去，同期《文学》上巴金的散文《新年试笔》也因此受累，检查官不准“巴金”的名字出现，保留此文但勒令作者改署“比金”，从而为巴金制造了这个仅出现一次的笔名。《萌芽》两度遭禁，巴金不服气，他再次改书名为《煤》，重写尾声，并更换了书中主要人物的姓名，1934 年 8 月交开明书店排印，纸型送审时被命令停印。1935 年 9 月，巴金复以《雪》

作书名，自费印刷，假称“美国旧金山平社出版部出版”，托书店秘密发行。为了瞒过检查官，巴金写了一篇题为《雪》的散文发表，称“接到美国朋友寄来的《雪》”，并在文中对当时的文化专制进行抨击：“窗外的雪明后天就会溶化。窗内的雪却是任何强烈的阳光也不能使它消灭的。假若就拿它来做证人，谁在一百数十年以后读到它，对于写出这本书来的我的思想会有什么样的感想呢？”[①] 这部小说直到 1936 年 11 月才得以由文化生活出版社公开出版。

与《萌芽》的遭遇相似的还有《电》。1933 年底，这部小说在《文学》发表时遭禁止，巴金将书名改名《龙眼花开的时候》，并加副题“一九二五年南国的春天”，书中的人物都改名换姓，作者署名为“欧阳镜蓉”。小说在 1934 年 4 月和 7 月出版的《文学季刊》第 2、3 期分上下篇连载，文末则分别注明“1932 年 5 月于九龙寄寓”、“1933 年 12 月于九龙”。他还用“竟容”的名字在发表小说“上篇”的同一期刊物上发表散文《倘使龙眼花再开放时》，叙述小说写作的经过，以同小说相呼应。这一切，都是为了避开检查在官的眼睛故意做的，使他们相信这部小说的作者是生长在福建、广东一带的人，小说是用一年半时间在九龙写成的。《雪》和《电》的遭遇，从一个侧面反映出 30 年代进步文艺受到的禁锢，也表现出巴金机智的、不屈不挠的顽强斗争精神。

20 年代初，巴金在成都参加编辑《半月》等刊物时，就曾有过与文化专制作斗争的“小小的经验”：刊内的文章被命令抽去，就在文章上面盖一行朱红色的大字“本文奉 ××××× 命令抽去”，原刊仍旧发卖；文章中有被检查员砍头刖足的地方，就注明此处被删去若干行的字样；文章被检查员改得文理不通、错误百出，便另印“刊误表”送给订户；刊物遭禁，便秘密出版停刊号，详细记载被禁经过，并另起炉灶，重组新刊。总之，“各种花样都用过”。想不到十年以后，面对更严酷的文化专制，巴金又重新运用少年时代的“经验”，只不过斗争的“花样”也更加巧妙和多样了。

---

① 《雪》，《水星》第 1 卷第 6 期，1935 年 3 月 1 日。

12. 爱情与革命

一

在巴金 30 年代前半期写成的小说中，《爱情的三部曲》是仅次于《家》的一组最重要的作品。与《家》不同的是，这组中篇小说描写的是一群“从家庭走到社会里面”的知识青年的爱情纠葛、社会活动和革命斗争。

这组作品的第一部《雾》写于 1931 年夏天。一位从日本回来的朋友对巴金谈自己过去的恋爱时，絮絮地赞美所恋姑娘的肌肤的香味，巴金有感于他单恋的苦恼，也不赞成他对待女性的趣味，便利用写《家》的间隙写了《雾》，“想写这小说来劝他，来给他指出一条路，把他自己的性格如实地描绘出来给他看，让他看清楚自己的真面目。”小说的故事是这样的：从日本回国的周如水，在海滨旅馆与一年前见过面的张若兰邂逅，不长时间的交往，双方产生了爱情。周如水在家乡已有由父母包办结婚的妻子，他不爱妻子，却又不敢抗拒父母，因此陷入苦闷之中。他不得不奉父命回到家乡，其实，妻子早在两年前就病故了。当周如水返回海滨时，张若兰已嫁给了别人。怯懦犹豫的周如水失去了张若兰，失去了爱情，也失去了可能得到的幸福。

第二部《雨》自 1931 年 10 月始作，第二年 5 月完成，用了大约八九个月的时间。前三章作于上海，第五章前一部分写于赴福建旅行的途中，后一部分写于泉州平民中学，其后十一章则在返回上海以后写成。小说描写《雾》中出现过的吴仁民、陈真、李佩珠和方亚丹、高志之等一群男女青年在 S 地（上海）的交往和爱情，以及他们对理想的追求、对事业的渴望，和因无力改变现实的苦闷。周如水在《雨》中已成为次要人物，他失去了爱情，深感孤独和绝望，跳进黄浦江了却了一生。第三部《电》是 1933 年 12 月到北平时在沈从文和燕京大学讲师夏云的家中写的，书名最初叫《雪》，写了几章后才改成了《电》。小说描写《雨》（以及《雷》）中的那群青年摆脱空谈，两年半以后在南方 F 地（泉州）从事革命活动的情况。在刺杀旅长失败后，面对反动势力的猖狂反扑和严

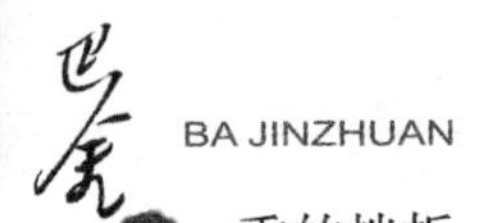

重的挫折，他们经受了锻炼，为积蓄力量决定撤退到农村。

在创作《电》的前两个月，即 1933 年 10 月，巴金写成短篇小说《雷》，小说的背景与《电》相同，也在泉州，时间则发生在《雨》和《电》之间，小说中出现了几个《雨》中未曾出现过的人物。这个短篇描写男女青年间的多角恋爱并未妨碍他们进行革命活动，甚至没有阻止他们去牺牲生命。巴金把这篇“小小的插曲”当作从《雨》到《电》的过渡，因此，将它收入了《爱情的三部曲》集中。

有意思的是，这组小说总题为《爱情的三部曲》，但巴金在写完全部作品后，却一再说明他写的不是爱情。他说：“我并不是单纯地描写着爱情事件的本身；我不过借用恋爱的关系来表现主人公的性格。”[①]“这三部曲所写的只是性格，而不是爱情。所以《爱情的三部曲》的答案还是和爱情无关的。”[②]巴金表示，他力图在作品中写出三种性格，在“《雾》里写一个模糊的，优柔寡断的性格；在《雨》里写一种粗暴的、浮躁的性格”，而在《电》里，“描写一种近乎健全的性格”。[③]对于爱情与性格的关系，巴金所持的见解是：“我还相信把一种典型的特征表现得最清晰的并不是他的每日的工作，也不是他的话语，而是他的私人生活，尤其是他的爱情事件。……一个人常在‘公’的方面做伪，而在‘私’的方面却往往露出真面目，从他的爱情事件上面下手，也许更有效果。”[④]本着这个认识，巴金刻画了《雾》中的周如水的形象，他得到了成功。小说发表以后，“散居各地的朋友们一读到《雾》，就断定谁是周如水。他们说他的性格确实是如此。”[⑤]然而，《雨》和《雷》《电》的内容同《雾》有很大的差别，具体表现为爱情的氛围逐渐淡薄，分量逐渐减少，以至只是点缀；而革命活动的氛围却逐渐浓厚，分量逐渐加重，以至成为主导。就性格描写来说，周如水优柔寡断的性格，固然主要表现在面对爱情的犹豫彷徨，但是，吴仁民的热情和浮躁，李佩珠的稳重、严肃和活泼，却更多地表现在对待他人、对待革命活动方面。在《爱情的三部曲》中，爱情的确只是描写性格的手段之一。那么，巴金写这部作品的最终目的，是否就是展现某种近于抽象的性格呢？应该说，不完全如此。为了弄清楚巴金写

---

①③④⑤ 《〈爱情的三部曲〉总序》，《雾》，良友图书印刷公司，1936 年 4 月版。

② 《<爱情的三部曲>作者的自白——答刘西渭先生》，天津《大公报·文艺》，1935 年 12 月 1 日。

这组作品的真正意图，需要了解他写这部书的有关背景。

《爱情的三部曲》的创作，与巴金三次南下泉州有着密切的关系。

1928 年以后，福建南部特别是泉州一带，成为无政府主义者活动的主要地区之一。1929 年 8 月，在海外侨胞和社会各界的资助下，古城泉州办起了两所学校，一所校址在文庙（孔子庙），名为平民中学；一所校址在武庙（关帝庙），名为黎明高级中学。吴克刚、卫惠林、陈范予、叶非英、陈瑜清、范天均、许谦、沈一叶、袁志伊、郭安仁、陆蠡、林憾庐、王鲁彦和朝鲜的柳子明、柳絮等人先后在这里执教。他们大都信仰无政府主义，许多人是巴金过去的朋友。这些青年在泉州除办教育外，还通过工会、学生会等开展群众组织活动，宣传无政府主义的革命道理，组织工人反对资本家的斗争。

1930 年至 1933 年，巴金三次应邀去到泉州。1930 年 8、9 月间，曾与巴金同在法国留学的吴克刚担任黎明高中校长，约他去那里过暑假，这是他第一次去泉州。1932 年 4 月，在泉州搞养蜂事业的袁志伊到上海，邀他一道去泉州，他又到那里住了十天左右。一年以后，1933 年 5 月，他同在广东新会办西江师范学校的陈洪有一道，再次去泉州住了近一周。关于三度南下福建的情况，巴金曾多次在文章中谈到。他特别赞赏朋友们为教育青年所表现的牺牲精神，他称这里的朋友们“是献身于一个教育理想的人。他们在极其贫困的环境里支持着两三个学校，使得许多可爱的贫家孩子也尝到一点人间温暖，受到一点知识的启发。”“他们忘了自己的健康，忘了自己的家庭，他们只知道一个责任，给社会制造出一些有用的好青年。……他们的那种牺牲的精神可以使每个有良心的人流下感激的眼泪。”① 他还这样回忆在泉州的生活场景：“白天在荒凉的园里草地上，或者寂寞的公园里凉亭的栏杆上，我们兴奋地谈论着那些使我们热血沸腾的问题。晚上我们打着火把，走过黑暗的窄巷，听见那带着威胁似的狗吠，到一个古老的院子里去捶油漆脱落的木门。在那个阴暗的旧式房间里，围着一盏发出微光的油灯，大家怀着献身的热情，准备找一个机会牺牲自己。”“在这里每个人都不会为他个人的事

① 《南国的梦》，《旅途随笔》，上海生活书店，1934 年 8 月版。

情烦心，每个人都没有一点顾虑。我们的目标是‘群’，是‘事业’，我们的口号是‘坦白’。”①

对照《爱情的三部曲》的写作日程和三下泉州的日期，不难列出这样一个时间表：《雾》是第一次到泉州前夕写成的；第一次从泉州回上海后着手写《雨》，其中部分篇章写于第二次到泉州的途中和到泉州以后，回上海后写成全书大部分章节；《雷》和《电》则写于第三次离开泉州约半年以后。三部曲的后两部(以及《雷》)在题材和主题上，之所以与第一部《雾》相径庭，爱情的线索似有若无，社会活动和“革命”斗争的情节则越来越显露，显然与巴金三下泉州的感受和思索有直接关系。写完这组作品后，巴金表示：“我可以说在这《爱情的三部曲》里面活动的人物全是我的朋友。我读着他们，就像和许多朋友在一起生活。”②40年代初，他将《爱情的三部曲》同《激流三部曲》列为“私心颇喜欢”的两组作品，他说：“我喜欢这两个‘三部曲’，这是由于我的私人的情感来的”，“我深爱那里面的几个主要人物。这些人都不是从我的想象中生出来的，他们是有血有肉的人，他们是我最熟悉的，而且是我热爱过的。”③他写的就是在泉州从事社会活动的朋友们。朋友们在闽南小城用自己的行动默默地实践着改造社会的理想，而巴金自己则在书本和写作中消耗自己的生命，他虽不能与朋友们一道行动，却十分感佩他们的精神。他要用自己的笔，留下用行动献身于信仰和理想的朋友们的面影，同时表达自己对于这种献身精神的肯定和赞扬。因此，他把朋友们的性格写进了《雨》和《电》，用典型化的手法，为朋友们写照，并在自己的心里为他们保留一个永远的纪念。

二

《爱情的三部曲》描写了恋爱纠葛，但它的主旨并不在于表现爱情生活；描写了青年们的革命活动，实际上，它的主旨既不在于展示革命行动本身，也不在于回答如何进行革命活动和指示革命道路的具体途径。因此。从“爱情”

---

① 《黑土》，《黑土》，文化生活出版社，1939年10月版。

② 《〈爱情的三部曲〉总序》，《雾》，良友图书印刷公司，1936年4月版。

③ 《关于两个〈三部曲〉》，《抗战文艺》第7卷第2—3期，1991年3月。

的角度和从“革命”的角度去读它，同样都是误读。令人遗憾的是，过去许多年中，一些论者在这样的误区中喋喋不休，却还自认为振振有词。在《爱情的三部曲》中，巴金通过刻画青年们在爱情中和革命活动中的不同性格特点和精神风貌，意在揭示革命者应有的品德和精神，颂扬为改变现社会的坚定信仰和为理想而奋斗、而献身的不屈精神。

巴金在辩驳评论者的文章中说：“永生的不是爱情，而是信仰。从《雾》到《雨》，从《雨》到《电》，一路上就只有一件东西，别的都是点缀。由下种而发芽而开花，一步步地在我们的眼前展开了信仰的全部力量。”正是在这个意义上，他把《电》比作“海景”，称为“结论”[1]。这个犹如壮阔海景的结论，主要通过李佩珠的性格描写得以表现。《电》中的李佩珠不像《雾》里的周如水，他心灵深处既未摆脱旧思想的羁绊，又系于个人的得失，迟疑动摇，畏葸不前；也不像《雨》中的吴仁民，他经不住黑暗现实的重压和感情的折磨，焦躁空虚，狂暴变态。李佩珠树立了坚强的信仰，用信仰统一了爱情与工作的矛盾，牺牲与革命的矛盾，并能遇变不惊，临危不惧，不屈不挠。她体现了巴金所肯定和企求的革命者应具有的品格和精神。李佩珠的形象并没有一个模特儿，这个“妃格念尔型的女性”是巴金以熟悉的俄国女革命家的传记为素材创造的。因而，对巴金来说，李佩珠不是现实的，而是可能的，理想的。

妃格念尔是怎样的一个人呢？看看巴金对她的品德和性格的认识，才能理解《爱情的三部曲》所表现的“海景”和“结论”的寓意。妃格念尔是巴金最崇敬的一位俄国女革命家。20 年代末，巴金在《俄罗斯十女杰》中为她立过传，并说她的回忆录“像火一样点燃了我底献身的热望，鼓舞了我底崇高的感情。我每读一遍，总感到勇气百倍。同时又感到无穷的惭愧。我觉得在这样的女人底面前，我实在是太渺小了。”[2]40 年代末，巴金翻译了妃格念尔的回忆录第二卷《狱中二十年》。妃格念尔 1852 年生于一个贵族地主家庭，为了做一个有用的人，她选择了医生的职业，24 岁起完全投身革命活动。远离上流社会，抛弃富贵荣华，为实践民粹派“在民间活动”的纲领，去到农村，

① 《〈爱情的三部曲〉作者的自白——答刘西渭先生》，天津《大公报·文艺》，1935 年 12 月 1 日。
② 《俄罗斯十女杰》，上海太平洋书店，1930 年 4 月版。

为农民治病，后加入民意党，30 岁被捕入狱，在死牢中被囚禁 22 年，出狱后到西欧继续从事革命宣传活动，1942 年病逝于莫斯科。

妃格念尔的情操，从下面的事例中可见一斑。在她担任执行委员的民意党执行委员会章程中，有几条自我约束的要求：一是“把自己的全部精神力量贡献给革命事业，为革命抛掉一切亲属关系和个人感情、爱情和友谊”；二是“必要时毫不顾惜地献出自己的生命”。其他还有“没有私人财产”，“摒弃个人的意志”，对组织的一切“绝对保密”，脱离组织后对一切“绝对保持缄默”等。对于这些要求，妃格念尔的看法是：“这些要求是很高的，但是对于满怀革命豪情、不避艰难险阻、不左顾右盼、一往无前的人来说，它们是很容易做到的。如果不要求这么高，如果它们不这么深深地触及人的灵魂，它们就会使人感到不满意。而现在，这样的要求却因自己的严格和高度而提高了人们的境界，使人摆脱一切卑微的情欲，更加深刻地感觉到自己心中怀着理想，感觉到一个人应当有理想。”① 妃格念尔被关进吕塞尔堡后，不断地这样鼓励自己：“薇拉，你要勇敢，你要坚定！”“你不要哭。不要为斗争的失败而哭，不要为死亡的同志而哭。不要为你的生活里的那些废墟而哭。”“不要害怕。”“你不是孤独的！”“要奋斗，要征服，要战胜自己！要战胜疾病、疯狂和死亡！”就这样，她度过了 22 年铁窗生涯。

巴金认为，妃格念尔的性格完整而和谐。1929 年和 1948 年，巴金两次引用妃格念尔的朋友米海罗夫斯基这样一段话：“她所放射出来而且如此吸引着她周围的人们的魔力与动人处是由什么东西构成的，这不容易说出来。她自然又聪明，又美丽。但是她岂只聪明而已。至于美丽，那是革命团体中所不大注意的。可是此外她又没有别的特殊才能。她之所以动人，在于她整个身心十分谐和，十分一致，她的一言一动都表现着她的整个自我；疑惑与犹豫是她所不知道的。通常这类人总是非常刻苦、十分严肃的，然而她完全不是这样。刚相反，当党的事情进行得很顺利的时候，她便很活泼，很爱戏谑，就像一个小女孩似的。”② 显然，巴金在描写李佩珠时，也力图体现她这样的“魔力与动人之处”。

---

① 《俄罗斯十女杰》第五章。此处引文见《俄罗斯的暗夜》(谢翰如译)，三联书店，1992 年 3 月版。

② 《狱中二十年》，三联书店，1989 年 12 月版。

巴金最喜爱屠格涅夫 1878 年 7 月写的散文诗《在门槛上》。他认为，这首散文诗描写的“是全俄罗斯几代的革命女青年”，“屠格涅夫不仅描写了他当时的俄国女革命党人，而且也描写了在他底时代以前和以后的俄国女郎。”[①] 让我们读读这首至今仍令人感佩、引人遐想的散文诗吧：

我看见一座大楼。

正面一道窄门敞开。门里一片阴森的黑暗。高高的门槛前站着一位姑娘……一位俄罗斯的姑娘。

望不透的黑暗中散发着寒气，随着寒气从大厦里传出来一个慢吞吞的、并不响亮的声音：

“啊，你要跨进这道门槛来，想做什么？你知道有什么在等着你？”

“我知道，”姑娘这样回答。

“寒冷，饥饿，憎恨，嘲笑，蔑视，侮辱，监狱，疾病，甚至于死亡？”

“我知道。”

“跟人们疏远，完全的孤独？”

“我知道。……我准备好了。我要忍受一切痛苦，一切打击。”

“这些痛苦，这些打击不仅来自你的敌人，而且来自你的亲戚，你的朋友？”

“是……就是从他们那里来的，我也要忍受。”

“好，那么你准备牺牲？”

“是。”

“你准备无名的牺牲吗？你会灭亡——没有一个人……甚至没有一个人会尊敬地怀念你……”

“我不要人感激，不要人怜悯。我也不要名声。”

“你还准备犯罪？”

① 《绪言》，《俄罗斯十女杰》，上海太平洋书店，1930 年 4 月版。

姑娘埋下了头。……

“我也准备犯罪。”

声音停了一会，然后又问下去。

“你知道吗，将来你会不再相信你现在这个信仰，你会认为自己受了骗，白白地浪费了你的年轻的生命？”

“这我也知道。然而我还是要进来。”

“进来吧。”

姑娘跨进了门槛。——厚厚的门帘放下来遮住了她。

“傻瓜！”有人在后面咬牙切齿地咒骂。

“一位圣人！”不知从什么地方传来这一声回答。

巴金为之感奋的这种无私无欲的崇高精神，这种义无反顾的坚定意志，难道可以受到指摘吗？

当然，巴金对当时中国土地上从事实际斗争的新型革命者缺乏接触和了解。他根据书本上的知识和自己有限的生活经验，在《爱情的三部曲》中描写自己视野内和理想中的知识青年。这些青年以先觉者的姿态去到工人、农民当中，还没有真正同人民的力量相结合，因而，他们尽管对旧社会的憎恨是强烈的，反抗是坚决的，却有着或曾有过空虚、孤寂、苦闷、浮躁的情怀，甚至激愤变态的心理，有的还在盲目的冒险中牺牲。从“革命”的角度看，这些青年为反抗黑暗社会的理想而奋斗的精神是感人的，但他们身上的确存在种种弱点。巴金不是不明白他们的弱点，但对朋友们过深的感情和对理想的过于钟情，使他即使在批评主人公时，也给予了过多的温情、过多的体谅和过多的辩解。早在写完《爱情的三部曲》以后，巴金就指出：“这一群青年有良心，有热情，想做出一些有利于大家的事情，为了这个理想他们就牺牲了他们个人的一切。他们也许幼稚，也许常常犯错误，他们的努力也许不会有一点效果。然而他们的牺牲精神，他们的英雄气概，他们的洁白的心却使得每个有良心的人都流下感激的眼泪。”[①]他所强调的依然是现实中和作

① 《〈爱情的三部曲〉总序》，《雾》，良友图书印刷公司，1936年4月版。

品中的朋友们那种“牺牲精神”“勇敢气概”。经历了50多年风风雨雨的冲洗和冷峻的思索，1987年，83岁的巴金重新翻阅《爱情的三部曲》后，深沉地说：“今天我重读小说中某些篇章，我的心仍然不平静，不过我不像从前那样地喜欢它们了，我看到了一些编造的东西。”“我没有一点革命的经验。也可以说，我没有写革命的‘本钱’。我只想为一些熟人画像，他们每个人身上都有使我感动的发光的东西。”“我所写的只是有理想的人，不是革命者。……他们忠于理想，不停止地追求理想，忠诚地、不声不响地生活下去，追求下去。他们身上始终保留着那个发光的东西，它就是——不为自己。”[①]巴金依然珍视那分追求理想的感情，依然赞美那种“不为自己”的品格。他承认作品中有“一些编造的东西”，承认自己缺乏写“革命”的生活经验，承认自己写的并不是真正意义上的“革命者”。这些认识，既是巴金一以贯之的思想，又表现出他审视旧作时勇于自剖的精神和求实求是的态度。

当年，三部曲最后一部《电》以《龙眼花开的时候》为题在《文学季刊》上刊出之后，茅盾在评论中指出，作品有一个“大到不容忽视的缺点”：缺少对社会里“诸色人等”的描写，使人感到青年们是在“纸剪的背景前行动”，“是在一个非常单纯化了的社会中，而不是在一个现实的充满了矛盾的复杂的社会中”。同时，茅盾肯定作品“充分看到作者的圆熟的技巧”，“作者的热情喷发”、“处处可以被人感到”。[②]稍后，老舍发表评论，肯定这部作品的文笔“情锐可喜”，“处处显著匀调”，“充满浪漫气味的作品带着点古典主义的整洁完美”，但他又指出，作品中“个个人都是透明的”，“太简单了，太可爱了”，李佩珠“是个天使”，别的人物“都好得像理想中人物那么好”，作品里“没有阴影，没有深浅”，因而，“我们从这篇东西只得到高尚的希冀，而得不到实际的教训与指导。”[③]两位作家对作品的长与短的看法，可说是不谋而合。对青年们赖以活动的复杂环境和社会关系缺乏具体描绘，因而使人物形象在总体上失之单薄，不仅仅是《电》，也是整个

① 《致树基(代跋)》，《巴金全集》第六卷，人民文学出版社，1988年版。

② 《〈文学季刊〉第二期内的创作》，《文学》第3卷第1期，1934年7月1日。

③ 《读巴金的〈电〉》，《刁斗季刊》第2卷第1期，1935年4月1日。

三部曲的缺陷。尽管如此，巴金以真挚的感情，圆熟的技巧，把 20 年代一部分决心反叛旧世界的知识青年的不同形象摄入自己的作品，描画出他们那强烈而鲜明的爱憎，那美好而迷茫的信仰，那执着而坚定的追求，那勇敢而幼稚的行动，那激昂而矛盾的心理，并在一定程度上反映出大革命失败后令人寒心的时代侧影，这对于人们认识那已经远去了的时代和文学，仍然很有意义。

第五章　“我是一个人！”

(1934.11—1937.6)

13. 横滨的寂寞和东京的噩梦

一

1934 年 11 月到 1935 年 8 月，巴金先后在日本的横滨和东京住了近十个月。离开上海前，10 月 6 日，《文学》社友人在南京饭店为他举行饯别宴会，鲁迅也参加了。鲁迅在席上说日本的风俗人情，并鼓励巴金到日本后也要多写文章。

关于巴金到日本的日期，据他自己的回忆，买的是“浅间丸”二等舱票，大概是 11 月 24 日到横滨的[①]。但据日本学者的考证，巴金乘“浅间丸”到达横滨的日期应为 11 月 7 日。他们查阅了当时的《横滨贸易新报》、《上海日日新闻》等报纸，确定巴金当为 11 月 3 日上船，7 日抵横滨[②]。我以为，日本学者细致的考证是有根据的。当然，这个日期到底是哪一天并不十分重要。

巴金为什么在这个时候去日本呢？他后来解释为“唯一的理由是学习日文”，因为他的两个叔叔在日本留过学，幼时听他们讲过许多日本的情况，后来他通过读书对日本文学发生了兴趣，加之 1934 年春天曹禺从日本旅行回来后的介绍，更引发了他去看看的念头。[③]

① 见《关于〈长生塔〉》及《关于〈神·鬼·人〉》《创作回忆录》，人民文学出版社，1982 年 1 月版。

② 见《巴金在横滨》（山口守），提交“首届巴金学术研讨会”论文，1989 年 11 月；《东京外语支那语部——交流和侵略》第四章（藤井省三），日本朝日新闻社，1992 年 9 月 25 日版。巴老在改定我撰写的有关材料时，仍坚持自己的说法。

③ 《关于〈神·鬼·人〉》，《创作回忆录》，人民文学出版社，1982 年 1 月版。

事实上，巴金此时到日本的动机和心情，远比他上面的说明深刻和复杂。从他在横滨所写的随笔中可以看得很明白。

为什么要到日本？巴金到横滨后，多次向自己提出这个问题。在 11 月写的《海的梦》中，他写道：“‘为什么要走呢？’不知道从什么地方来了这句问话，其实不用看便明白是自己对自己说的话啊！”接着，他自己回答说：“是的，虽然我也有种种的理由，可以坦白地对别人说出来，但是对自己却找不出话来说了。我不能够欺骗自己，对自己连一点阴影也得扫去！这一下可真窘了。”“留恋、惭愧和悔恨的感情折磨着我。为什么要这样栖栖惶惶地东奔西跑呢？为什么不同朋友们一起在一个固定的地方做一些事情呢？大家劝我不要走，我却毅然地走了。我是一个怎样地不可了解的人啊。”两个月后，他又在《繁星》一文中说，朋友梁宗岱“为了要呼吸比较自由的空气，到这个樱花的岛国来了。在他的观点上说，他的确得到了那样的东西，在松林中的安静生活里他们夫妇在幸福中沉醉了。”接着，他厉声责问自己：“但是我呢？我为什么要来到这个地方？我所要求的自由这里不是也没有吗？离开了崎岖的道路到一个陌生的地方来求暂时的安静，在一些无用的书本里消磨光阴：我这样的生活不就是放逐的生活吗？”

劝巴金不要走的是哪些人呢？巴金对别人可以坦陈却无法自释的“理由”是什么呢？他要寻求的是什么样的“安静”呢？显然，为巴金饯行的《文学》社的朋友和鲁迅不会劝他不要走。劝他的朋友同他毅然而走的“理由”和希望寻得的“安静”，却有着内在的联系。

就在上面引述的《海的梦》自问之后，巴金引用了大仲马的长篇小说《阿莫利》中男主人公阿莫利的一封信。信中说：“我离开科隆，并不告诉我到什么地方去，其实连我自己也不知道。……我只愿意离开一切的人，……我秘密地躲到了海得尔堡。在那里探索了我的心；在那里我察看了我的伤痕。……”巴金引这段话，很有些“夫子自道”的意思。他之所以要离开朋友们“躲”到日本，并不是个人的生活中有什么不幸，也不是在政治上遇到了什么麻烦，而在于理想与现实的矛盾给他带来的思想冲突和内心痛苦，在于面临着斗争道路选择的两难处境——用行动进行斗争是有力的，却少有成效，用笔墨进行攻击是无力的，却被迫从事，欲投身有力者而不能、欲放弃无力者而不忍。

他需要有一个合适的环境，冷静地探索自己的心，察看自己的伤痕。因此，他化名“黎德瑞”，身份是“书店职员”，不让人知道他就是作家巴金或无政府主义宣传者芾甘；因此，他经朋友介绍，住到一位过去不认识的、安份守己而又不参加政治活动的汉语副教授武田的家里；因此，他抱着搁笔的决心，想只读书和学日文。

巴金在横滨的生活闲适而平淡，时深时浅的寂寞伴随着他。对现实的关注和心灵的搏斗使他难以得到“安静”，也做不到“搁笔”。在横滨的三个多月，他不仅写了短篇小说《神》《鬼》和童话《长生塔》，还写了被他称为“一点一滴的血”淌成的散文集《点滴》中的大部分篇什。这些散文，是他这段时间里内心的真实剖白。岁末年终，他回忆儿时喜欢过新年的童趣，但并不愿意年光倒流，重返儿时，“做一个生活在这个世界里而看不见这个世界”的孩子，表示“做一个盲人好呢？还是做一个因为有眼睛而痛苦的人？我当然选取后者。而且我还想为这种痛苦做一点点事情。”（《过年》）他为自己赴日本前写的小说《沉落》作辩解，说自己作为一个有血、有肉、有感情、有激情、能观察、能思维的平凡的人，血依旧要沸腾，激情依旧要燃烧，依旧要哭、要笑，要发怒、要诅咒，“所以我永远写不出冷静的文章，所以我永远不能抱住艺术的招牌做白日的好梦。”“对于目前的种种阻碍社会进步的倾向、风气和势力，我无论如何也不能闭着眼睛放过它们。”（《沉落》）。他抨击日本权威的“支那语”教科书，嘲笑它语汇陈旧，揭露它包藏侵华祸心（“支那语”）；他指责日本当代绘画“渺小”，文学“堕落”，即便是芥川龙之介、田山花袋、岛崎藤村的作品，亦“无足观”（《几段不恭敬的话》）。他还批评北平图书馆放弃了“为人民设备的图书馆”的责任（《书》），批评王了一对左拉作品的误译（《关于翻译》）……当然，他还想到在中国南部那一群“像怀了移山之志的愚公一样”的朋友们，他和朋友们曾“把为人类找幸福的船这个重担子不量力地放在肩上胡乱地忙碌过”，“眼睛所看见的只是那在新的巨灵前战栗着的旧社会的垂死的状态”。现在，巴金却不能不面对现实：“时间是骎骎地驰过去了。我们的努力也跟着时间逝去了。一堆废墟留在我们后面，使得好些人叹息。我们不能不承认失败了。”（《月夜》）然而，他并不灰心，

也不悲观，他自信地表示："我还有勇气，我还有活力，而且我还有信仰。我求的只是生命！生命！"(《海的梦》)

现在需要说说在横滨接待巴金的武田。武田生于1903年，长巴金一岁。他名叫"武雄"(1937年1月改名为"博"，1944年改名为"龙泉")，1924年毕业于东京外国语学校支那语部贸易科。他的汉语教授，就是巴金在《支那语》一文中抨击过的支那语教科书《会话篇》《时文篇》编者之一的宫越健太郎。巴金到日本前，武田已是横滨高等商业学校的汉语副教授了。对于巴金的到来，武田给予了热情的欢迎。他带着妻子和两个女儿，打着"欢迎黎德瑞先生"的小旗，从横滨码头把巴金接到中区本牧町小山坡上自己的家中，并让他在一间四铺半席的颇精致的书房里下榻。武田在巴金来到前一个多月信奉日莲宗。巴金住下以后，大部分时间在屋子里读书，每天清早和晚上，都听到武田诵经，有时还伴随着敲木鱼的笃笃声。武田的信神，使巴金感到失望，感到可悲。巴金是不信神的，他是神的敌人。他认为，"本来生在这个世界上，却又想精神地生活在另一个世界中；在这个世界里所没有得到的东西，却又希望能够在另一世界中获得。把自己的一切大量地贡献给空虚里的神，想从那里得到更多的报酬"，"不满意现状，而逃避现实去求救于神"，完全是愚蠢的行为。[①] 面对信神诵经的武田，巴金难以沉默，他以武田为模特儿，写了短篇小说《神》和《鬼》，展现某些逃避现实的日本知识分子向宗教寻求寄托的空虚灵魂。为了不让武田一家知道自己是作家，白天写作的时候，总在手边放一本书，只要有人推门，便马上用书盖住稿纸，以免露出破绽。

二

巴金本来准备在武田家住较长的时间，但武田每天念经的声音使他难以忍受。他决定尽快离开这个信神的人家。1935年3月，他去到东京，住在中华基督教青年会的宿舍里。这时，宿舍楼下的会议室里，杜宣、吴天、刘汝醴正在为东京商科大学的留学生排练曹禺的剧作《雷雨》。住在楼上的巴金能听见排演时的声音，有时也不声不响地下楼去看看排练。4月底，这出剧在商科大学新建的礼堂"一桥讲堂"公演了。巴金怀着"看一幕人生的悲剧"

① 《神》，《点滴》，开明书店，1935年4月版。

的心情，去到剧场看首场演出。尽管个别演员的表演和导演的一些艺术处理有缺点，第四幕的演出又因警察署的干涉缩短了时间和场面，他仍被演出吸引和感动，因为他喜爱并理解剧本，他熟悉剧中反映的封建大家庭的生活，他欣赏作者曹禺卓越的艺术才能。然而，一些为开心来到剧场的留学生却不了解这出撕裂人心的悲剧的深意，他们在观剧时，不时发出轻薄的哄笑声，这使巴金失望，也使他愤怒。一个上海某中学毕业的学生，俨然以“专家”自居，在巴金面前指手划脚，一会儿说“这剧本简直不合戏剧原理”，一会儿说自己从未听见过的曹禺“也许是演文明戏的戏子罢”。巴金听后，真想给他一记耳光，他感到同这样的人说话是一种耻辱，便不再理这位“专家”了。

在东京，巴金虽也有种种不快，但这里的朋友多，生活不像横滨那样单调。他常常到神田街去买旧书，又在中华基督教青年会听陈文澜讲日语课，还抽空乘车到叶山看望梁宗岱、沉樱夫妇，尽管他同梁宗岱在许多观点上有不同看法，常常抬杠，但仍旧是朋友，争论中也能互相启迪。刚刚从国内到日本的诗人卞之琳专程从京都来看巴金，异国遇相知，格外亲热。但是，4 月初，巴金经历了一场噩梦，使他终生难忘。

4 月 7 日，由日本帝国主义一手扶植起来的“满洲国皇帝”溥仪将到日本“访问”。为防范留日和旅日的中国人“滋事”，日本的警察们事前便行动起来。4 月 5 日深夜，熟睡中的巴金被五个便衣警察惊醒，他们动手拉开书桌的抽屉，把朋友们的来信全取出来，随意拆看，又把放在壁橱上层的书一本一本地抽出来翻查，还打开皮箱搜索了一番，直到把整个房间都搜遍了，也没有发现什么“有用”的东西。于是，把巴金带到神田区警察署接受“审讯”。一个课长“审”他，提了几个简单的问题，“审讯”便草草结束。但他们并没有让巴金回去，而“请”他在这里睡一夜，于是，巴金被带到拘留所，这时已是 6 日凌晨两点钟了。巴金扣紧大衣的钮扣，弯了腿躺在这样一个监房里：“房间充满了鼾声和臭味。暗黄色的灯光微弱地颤动着。三铺席宽的小小地方已经睡了七人。外面的一头还有三个，……地板很硬，上面不过铺了一层薄薄的席子。没有枕头，而且没有放脚的地方。”下午 4 点，巴金被释放了。整整 14 个小时，无缘无故地进来，无缘无故地出去，到底为什么，巴金始终莫名其妙。迈出警察署的大门，巴金昂着头，望着落日的余辉，看着熙熙攘攘的人群，迎着春天的风，仿佛做了一个噩梦。第一次在异国遭受到这样明目张胆的侮辱和欺凌，第一次感受到铁窗的滋味，巴金深感做一个贫弱国家的人是多么的可悲，燃着民族自尊心的热血在身上沸腾。他握紧拳头，在心里对自己说：我要牢牢记住这一幕！永远不能忘记我是一个人！我是一个中国人！

回到寓所，巴金写了一篇散文，题为《东京狱中一日记》，记叙自己被拘的经过和在牢中的实况。他把文章寄给《文学》月刊，希望能在7月出版的“特大号”上发表。因为这一年5月发生了《新生》周刊发表《闲话皇帝》引起日本政府“抗议”的事件，《文学》编者只好将巴金的散文抽出。巴金得知后，对原文稍作修改，删去题目中“东京狱中”四个字，改为《一日记》，又寄给《水星》月刊。文章的清样出来后，书店却因经济问题不能付印。后来，巴金根据这篇散文写成纪实短篇小说《人》，并加上副题“一个人在屋子里做的噩梦”，连同《神》、《鬼》两篇小说，结为短篇小说集《神·鬼·人》，列入自己主编的《文学丛刊》第一集，于1935年11月出版。

在东京，巴金还翻译了柏克曼的传记《狱中记》的一些章节，以及克鲁泡特金的论文《告青年》，重译了凡宰特自传《我的生活的故事》，整理并写完7年前的旧作《俄国社会革命史话》。同时，他开始翻译屠格涅夫的散文诗，其中令他最喜爱的是屠格涅夫去世前在法国写的最后一首《俄罗斯语言》：

> 在疑惑不安的日子里，在痛苦地担心着祖国命运的日子里，只有你是我唯一的依靠和支持！啊，伟大的、有力的、真实的、自由的俄罗斯语言啊！要是没有你，那么谁能看见我们故乡目前的情形，而不悲痛绝望呢？然而，这样的语言不是产生在一个伟大的民族中间，这绝不能叫人相信。[①]

这饱含深情而又铿锵有力的诗句，重重地敲击在身居异国的巴金的心上，引起了他深深的共鸣，也给他增添了勇气和力量。

1935年8月，巴金离开日本回上海。

---

① 《译文》第2卷第6期，1935年8月16日。此处引文据巴金修订过的文字，见《屠格涅夫散文诗》，人民文学出版社，1987年10月版。

14. 文化生活出版社

一

1935年初春，在上海《美术生活》杂志社担任编辑的吴朗西，同郭安仁、伍禅、柳静等一道，计划办一个书店，出版一套类似日本著名的《岩波文库》那样的综合性丛书，名称叫《文化生活丛刊》。吴朗西把这个计划写信告诉在日本的巴金，一方面，表示希望他能为丛书译稿、写稿，一方面，提出盼望他回国来主持编辑工作。巴金回信，两件事他都同意。这使吴朗西等人对出版丛书、创办书店更有了信心。5月20日，署名巴金主编的《文化生活丛刊》第一种《第二次世界大战》出版了。这本书的作者是美国政论家约翰·史蒂尔，译者为许天虹，出版者则署上海美术生活社。6月，丽尼(郭安仁)译的法国纪德所著《田园交响曲》作为丛刊第二种出版。这是以"文化生活出版社"名义出版的第一本书。8月，巴金回国，担任了文化生活出版社总编辑。从此，文化生活出版社便以扎扎实实而又生气勃勃的工作，为促进中国新文学事业的发展，做出了功不可没的贡献。

在巴金回国的8月和第二个月，《文化生活丛刊》相继推出的第3至5种书是：鲁迅翻译的高尔基著《俄罗斯童话》，巴金翻译的柏克曼回忆录《狱中记》和巴金编著的《俄国革命运动史话》。为了让读者了解编辑《文化生活丛刊》的意图，扩大它的影响，巴金撰写了一篇《刊行〈文化生活丛刊〉的缘起》，作为广告，以半版的篇幅刊登在风行全国的《申报》上。这份《缘起》虽说是介绍《文化生活丛刊》，实际上阐明了文化生活出版社的宗旨，至今读来，仍引人遐想。《缘起》是这样写的：

> 在闹着知识荒的中国社会里，我们现在来刊行这一部"文化生活丛刊"，这工作并不是没有意义的。"没有书读"、"买不起书"……这样的呼声我们随处可以听到。在欧美，学问的各部门已经渐渐普及到了大众中间，在那里我们遇见过少数的劳动者，他们的学识比

> 得上一位中国大学教授。但是在我们这里学问依旧是特权阶级的专利品，无论是科学、艺术、哲学，只有少数人可以窥它的门径，一般书贾所看重的自然只是他们个人的赢利，而公立图书馆也只以搜集古董自豪，却不肯替贫寒青年作丝毫的打算。多数青年的需要就这样地被人忽略了。然而求知的欲望却是无法消灭的。青年们在困苦的环境中苦苦挣扎为知识奋斗的那种精神，可以使每个有良心的人流下感激之泪，我们是怀着这种心情来从事我们的工作的。我们的能力异常薄弱，我们的野心却并不小。我们刊行这部丛刊，是想以长期的努力，建立一个规模宏大的民众的文库。把学问从特权阶级那里拿过来送到万人的面前，使每个人只出最低廉的代价，便可以享受到它的利益。至于以我们的薄弱的能力能否完成这一个宏大的志愿，那就完全靠着读者大众的支持了。
>
> 本丛刊是真正的万人的文库：以内容精选、售价低廉为第一义，无论著译编校，均求精审，不限门类，所有各个学艺部门，无不包罗①。

他们从事出版工作的这种“心情”，他们怀有的这种“野心”，无疑是值得崇敬的。从1935年6月到1949年8月，丛刊共出书50种，其中24种出版于抗日战争爆发之前。50种书中，除3种是著作外，其余都是翻译。既有车尔尼雪夫斯基、高尔基、屠格涅夫、拉马尔丁、罗曼·罗兰、狄更斯、阿尔志跋绥夫、纪德等的小说，涅克拉索夫等的诗歌，托尔斯泰、博马舍等的剧本，又有赫尔岑、柏克曼等的回忆录和描写柴门霍夫、罗曼·罗兰等的传记；既有研究果戈理、屠格涅夫创作经验的著述，又有爱因斯坦、薛尔曼等的理论著作，的确门类较广，兼收并蓄。

继《文化生活丛刊》之后，1935年，文化生活出版社还推出了《文学丛刊》和《译文丛书》两种影响很大的丛书。前者由巴金主编，后者始由黄源主编，抗战爆发后黄源投笔从戎，参加新四军，遂由巴金接编。这两种丛书，犹如

① 《申报》，1935年9月20日。

文化生活出版社强有力的两翼，在中国新文学的建设事业中，发挥了重要的作用。

《文学丛刊》在文化生活出版社出版的丛书中，规模最大，册数最多，从1935年11月到1949年底，共出10集，每集16种，计160种，其中1935年11月至1937年7月这20个月，就出版了75种之多，占全部出书的近一半。《文学丛刊》包容近百名新老作家的创作，体裁以短篇小说集(占三分之二)、散文集(占四分之一)为主，兼有中篇、长篇小说和剧本、诗集、杂文集、报告文学集、评论集。丛书中不仅有鲁迅、茅盾、王统照、郑振铎等著名老作家的佳构，更多的则是青年作家和文学新人的代表作或处女作，比如：曹禺《雷雨》、张天翼《清明时节》、鲁彦《雀鼠集》、艾芜《南行记》、沙汀《航线》、萧军《羊》、叶紫《星》、萧红《商市街》、端木蕻良《憎恨》、丽尼《黄昏之献》、陆蠡《海星》、靳以《秋花》、欧阳山《生底烦恼》、荒煤《忧郁的歌》、何其芳《画梦录》、万迪鹤《达生篇》、卞之琳《鱼目集》、萧乾《栗子》、臧克家《运河》、艾青《北方》、刘白羽《草原上》、师陀(芦焚)《马兰》、李健吾(刘西渭)《咀华集》、唐弢《投影集》、李广田《银狐集》、蹇先艾《盐的故事》、蒋牧良《夜工》、周文《烟禾季》、陈敬容《盈盈集》、郑敏《诗集》、穆旦《旗》、杜运燮《诗四十首》、邹荻帆《木厂》、舒群《秘密的故事》、罗淑《生人妻》……真是不胜枚举。作为主编，巴金的作品有十种编入《文学丛刊》，从第一集开始，每集一种，这些作品依次为：短篇小说集《神·鬼·人》、散文集《忆》、短篇小说集《发的故事》、童话集《长生塔》、中篇小说《砂丁》、中篇小说《利娜》、随笔集《龙·虎·狗》、短篇小说集《小人小事》、散文集《静夜的悲剧》、散文集《短简》。

巴金为《文学丛刊》写了一则不足240字的广告，刊于若干单行本附页。广告说：

> 我们编辑这一部“文学丛刊”，并没有什么大的野心，我们既不敢担起第一流作家的招牌欺骗读者，也没有胆量出一套国语文范本。我们的这部小小的丛书虽然包括文学的各部门，但是作者既非金字招牌的名家，编者也不是文坛上的闻人。不过我们可以给读者

担保的，就是这丛刊里面没有一本使读者读了一遍就不要再读的书。而且在定价方面我们也力求低廉，使贫寒的读者都可购买。我们不谈文化，我们也不想赚钱。然而，我们的“文学丛刊”却也有四大特色：编选谨严，内容充实，印刷精良，定价低廉。

《文学丛刊》的出版绵延近15年，汇集了从30年代中期到40年代末的许多优秀作品，堪称中国现代最具规模的一套文学创作丛书。它的出版，对发现和培养文学新人，对展示新文学的实绩和促进新文学的发展，有着不可磨灭的贡献。

《译文丛书》是文化生活出版社出版的另一套影响较大的丛书。这套书力图全面系统地介绍世界各国重要作家的主要作品。尽管这套书只出了近60种，但绝大多数都是俄国、英国、法国、德国等著名作家的名作，比如果戈理的《死魂灵》、普希金的《上尉的女儿》，屠格涅夫的《贵族之家》《父与子》《猎人笔记》等9部作品，契诃夫的《三姊妹》《樱桃园》等，托尔斯泰的《复活》《安娜·卡列尼娜》，陀思妥耶夫斯基的《穷人》，冈察洛夫的《穷人》，高尔基的《阿托莫夫一家》，狄更斯的《双城记》《大卫·柯伯菲尔》、莎士比亚的《罗密欧与朱丽叶》、勃朗特的《简爱》、福楼拜的《包法利夫人》、左拉的《娜娜》、莫泊桑的《两兄弟》、纪德的《伪币制造者》以及雷马克的《凯旋门》和萧伯纳、王尔德、杰克·伦敦等的作品。《译文丛书》从另一个角度，支持和推动了新文学运动。

巴金除主编上述三种丛书外，还主编《新时代小说丛刊》《文学小丛刊》《文季丛书》《现代长篇小说丛书》等。此外，文化生活出版社在30和40年代还先后编辑出版了《少年读物丛刊》《少年读物小丛刊》以及《现代日本文学丛刊》《战时经济丛书》《综合史地丛书》《现代生物学丛书》等多种丛书。它对于新文化事业的贡献，是踏实的，是多方面的。

二

30年代受到巴金关心和培养的一位作家后来说过这样一段话：“他不是拿着个装了五号电池的小手电只顾为自己照路的人，他是双手高举着一盏大马灯，为周围所有的人们照路的人。”[1] 事实的确是这样，30 年代中期，是巴金创作力最为旺盛的时期，他作为一位勤奋的作家和出色的翻译家，一位以笔作武器不停地攻击黑暗、追求光明的战士，以其脍炙人口的长、中、短篇小说和散文，为中国文学增加了光彩。可贵的是，他又是文苑中一位任劳任怨的园丁，从 1934 年起，他就参与了《文学季刊》的编辑工作，后来，在主持文化生活出版社编辑工作的同时，还继续从事刊物的编辑。1936 年 6 月，他和靳以一道创办了大型文学刊物《文季月刊》，这份刊物虽然只存在了半年，出版了七期，却先后发表了鲁彦的长篇小说《野火》，曹禺的剧本《日出》和他自己的长篇小说《春》(第一至十章) 等厚重之作，发表了沈从文、芦焚、萧红、罗淑、张天翼、凌叔华、刘西渭的力作，以及蒋牧良、萧乾、何其芳、萧军、卞之琳、李广田、蹇先艾、丽尼、陆蠡等许多作家的作品。

从巴金自日本回国到 1937 年上半年，近两年中，他在繁忙、紧张的组稿、看稿、编辑、校对工作之余，还写作了《激流三部曲》第二部《春》前十章和《塔的秘密》《隐身珠》《能言树》三篇童话。这三篇童话同在日本写成的《长生塔》一样，说明压迫人民的统治决不会长久，把幸福建立在别人痛苦基础上的人必定灭亡。显然，他用“童话”影射现实，鞭挞专制统治，表达人民推翻压迫者的强烈愿望。除这些作品外，巴金还写了辑入《发的故事》中的《雨》《发的故事》《星》《窗下》四篇短篇小说。其中，《发的故事》塑造了为争取民族解放同日本侵略军展开殊死斗争的朝鲜革命青年的形象，既表现了巴金对侵略者的仇恨和对反抗者的钦佩，也反映了他对世界被压迫人民的深挚同情。《雨》和《星》则是巴金继续描写革命青年在南方从事革命活动的小说。这两篇作品没有正面展现青年们的斗争行动和勇敢精神，采取侧面描写的手法，烘托、渲染出对革命青年忠于理想的英雄气概的崇敬之情。在这两篇小说之后，巴金再没有写过这类题材的作品了。在这个意义上，这两篇作品可视为巴金表现革命青年革命活动题材的结束。

[1] 《挚友、益友和畏友巴金》(萧乾)，《文汇月刊》，1982 年第 1 期。

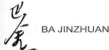

1937年初，《文季月利》终刊以后，巴金和靳以又着手合编一个新的刊物《文丛》月刊，3月开始出版。在这份刊物上，巴金发表了几篇吐露心怀的散文《死》《梦》《醉》《路》，以比较冷静的态度剖析自己，并坦陈自己对于人生的态度。他称赞"真正视死如归的勇士"，鄙视那些"因为怕死甘愿低头去做种种违背良心的事情的人"；他承认自己"是一个在矛盾中挣扎的弱者"，表示，"让我把这一生作为一个试验，看一个弱者怎样在重重矛盾中苦斗罢。也许有一天我会克服了种种矛盾，成为一个强者而达到生之完成的。"他认为，"将个人的感情消溶在大众的感情里，将个人的苦乐联系在群体的苦乐上，这就是我的所谓的'醉'。""进到了醉的世界，一切个人的打算，生活里的矛盾和烦忧都消失了，消失在众人的'事业'里。"他还坚定地表示："我的眼光从不敢离开现实"。"我从没有怀疑过'抗 ×'[①]的路。我早就相信这是我们目前的出路。我所看见的大众的路里就包含着争取民族自由的斗争。此外我再没有个人的路。"

15. 追随鲁迅的足迹

一

30年代初期，在巴金生活的上海，以鲁迅为主将的左翼文学运动日益深入和壮大，在白色恐怖和文化专制的环境中，打开了新文学运动的崭新局面。巴金以对帝国主义、封建专制强烈的憎和对人民深挚的爱，怀着高度的社会责任感和充沛的斗争热情，从事着文学创作和文学运动。他虽未能加入中国左翼作家联盟，但他一直用作品和实际行动支持和赞助左翼文学运动，是左翼文学运动的可靠盟军和忠实朋友。他同鲁迅、茅盾、冯雪峰、胡风等都有交谊，他主编的《文学丛刊》和《文季月刊》，收入和发表了许多左翼作家的作品。1936年他为赵家璧编辑的《二十人所选短篇佳作集》选入萧红、芦焚（师陀）和丁玲各一篇小说。这一切都表明了巴金积极支持左翼文艺运动的态度。

① "抗 ×"即"抗日"。

面对日本侵略中国的严重威胁，1935 年底，文学界有人提出“国防文学”的口号，得到广泛响应，报刊上出现了不少阐释宣传“国防文学”的文章。就在“国防文学”被许多人承认是文艺界抗日统一战线的“中心口号”的时候，1936 年 5 月 31 日，胡风发表《人民大众向文学要求什么》一文，提出“民族革命战争时期的大众文学”的口号。此后，围绕这两个口号，文艺界展开了一场大规模的论争。拥护“国防文学”口号的文艺家于 6 月 7 日成立“中国文艺家协会”并发表《中国文艺家协会宣言》。随后，赞成“民族革命战争时期的大众文学”口号的文艺家发表了《中国文艺工作者宣言》，从而形成了“一个阵线，两个口号”的局面。巴金参与了《中国文艺工作者宣言》的起草工作。他曾谈到这份宣言的起草经过：

> 《中国文艺工作者宣言》是我和黎烈文起草的。当时《中国文艺家协会宣言》已经发表，鲁迅、黎烈文、黄源和我都没有签名。我和黎烈文都认为我们也应该发一个宣言，表示我们的态度。这样，就由我和黎烈文分头起草宣言，第二天见面时我把自己起草的那份交给黎烈文。鲁迅当时在病中，黎烈文带着两份宣言草稿去征求鲁迅的意见，在鲁迅家中把它们合并成一份，鲁迅在宣言定稿上签了名。因此，正式发表的《宣言》很可能经过鲁迅的修改，但鲁迅到底怎样修改的，我就不清楚了。我只记得《宣言》中“一只残酷的魔手扼住我们的咽喉，一个窒闷的暗夜压在我们的头上，一种伟大悲壮的抗战摆在我们的面前”等语是我草稿中的原话，我在别的文章中也这样说过。[①]《宣言》经鲁迅签名后，就抄写了几份，以《作家》、《译文》等杂志社的名义分头去征求签名，胡风也去找他熟识的人签名。然后在《作家》、《译文》、《文学丛报》等刊物上同时发表。《宣言》发表以后，并没有开展什么活动。
>
> 至于 1936 年 5 月 3 日《鲁迅日记》载：“译文社邀夜饭于东

① 《访问巴金同志——谈（中国文艺工作者宣言）起草经过及其他》（上海师大中文系鲁迅著作注释组），《新文学史料》第 1 辑，1977 年 12 月。

兴楼，夜往集者约三十人”，是上海杂志公司为《译文》复刊请客，由黄源出面邀请，这是当时书店与作者联系的一种方法。那天到会的人不少，鲁迅、肖军、肖红都出席了。但会上没有讨论《中国文艺工作者宣言》的事，起草这个《宣言》是以后的事，并没有开会讨论，而是黎烈文和我搞的。

在这份宣言上签名的有鲁迅、巴金、黎烈文、曹靖华、曹禺、靳以、鲁彦、茅盾、欧阳山、胡风、张天翼等77位文学艺术工作者。宣言发表于当月和7月初出版的《作家》《译文》《文季月刊》《文学丛报》《现实文学》等刊物。8月1日，徐懋庸写信给鲁迅，认为“先生最近半年来的言行，是无意地助长着恶劣的倾向的。”信中对“集合在先生的左右的‘战友’，既然包括巴金和黄源之流”加以讥讽，并针对巴金写道：“我从报刊杂志上，知道法西两国‘安那其’之反动，破坏联合战线，无异于托派，中国的‘安那其’的行为，则更卑劣。”8月3日至6日，鲁迅在病中作《答徐懋庸并关于抗日统一战线问题》，文中专门谈到自己同胡风、巴金、黄源等人的关系：“我和他们，是新近才认识的，都由于文学工作上的关系，虽然还不能称为至交，但已可以说是朋友。不能提出真凭实据，而任意诬我的朋友为‘内奸’为‘卑劣者’，我是要加以辩正的，这不仅是我的交友的道义，也是看人看事的结果。”鲁迅明确地指出：

巴金是一个有热情的有进步思想的作家，在屈指可数的好作家之列的作家，他固然有“安那其主义者”之称，但他并没有反对我们的运动，还曾经列名于文艺工作者联名的战斗的宣言。

鲁迅说：“这样的译者和作家要来参加抗日的统一战线，我们是欢迎的。我真不懂徐懋庸等类为什么要说他们是‘卑劣’？……难道连西班牙的‘安那其’的破坏革命，也要巴金负责？”[①]这篇文章是由冯雪峰根据鲁迅的意见拟稿，经鲁迅补充、修改而成的，据现存鲁迅手稿，文中评论巴金的一段话，就是

① 《答徐懋庸并关于抗日统一战线问题》，《鲁迅全集》第六卷，人民文学出版社，1981年版。

鲁迅亲笔加上去的。

巴金曾经这样描述自己看到徐懋庸给鲁迅的信以后的心情："傍晚回到家中，心中很不好受。我没有扭开电灯，亭子间沉落在阴暗里了，我坐在书桌前面，我痴呆似的望着那蓝色的墙壁。"①他先后写了《一篇真实的小说》《答徐懋庸并谈西班牙的联合战线》两篇文章，反驳徐懋庸的责难。他襟怀坦白地说："我这个人是充满着缺点的。我只是一个还在学习写作中的青年，我从不敢自伍于文学家之林，而以什么时代的先继者号召。徐懋庸要攻击我，尽可以用我的许多弱点来施打击，我决不敢维护自己的短处。但像他现在这样把'法西两国安那其'的行动要我来负责，并且要我来代表'中国的安那其'，就未免使人疑心他的脑筋是否健全的了。"他认为，自己已经失掉了"安那其主义者"的资格，"我这几年来离开了实际运动的阵营，把自己关在坟墓一般的房间里，在稿纸和书本上消磨生命。我的行为带了不少小资产阶级的习惯，甚至我的作品中也有一部分和我的信仰多少有点冲突，这样我还配做一个安那其主义者吗？"②

尽管这样，巴金对左翼文艺界在新的历史转折关头产生的，"两个口号"的论争，仍采取了正确的态度，他在答复一个青年的公开信中表示；"我自己并没有参加最近的文艺论争，但我得说一句公平话，这决不是无所谓的笔战，更不能说是'内争'。这论争对于新文学的发展是有大的帮助。有许多问题是要经过几次的论战后，才逐渐地明朗化而终于会得到解决的。倘使没有一切过去的论争，我们的新文学还能够发展到目前的这个阶段么？"③对于主张"国防文学"的"中国文艺家协会"，巴金并没有抱敌对的态度，他认为："不加入文协，并不见得就反对文协，一时不加入也并非就永久不加入文协"，他还进一步指出，"文协似乎应该用工作成绩来说服他们，使他们也心悦诚服地来加入，这才是文协的事业。"④巴金一贯把民族和祖国的命运放在最重要的地位，他深深感到，自九·一八事变以来，"那威胁着我们这民族的危机却是更加紧迫了。一只魔手紧紧地扼住我们的咽喉。一个窒闷的暗夜压

① 《一篇真实的小说》，《大公报·文艺》，1936 年 9 月 23 日。

② 《答徐懋庸并谈西班牙的联合战线》，《作家》第 1 卷第 6 期，1936 年 9 月 15 日。

③④ 《答一个北方青年朋友》，《短简》，良友图书印刷公司，1937 年 3 月版。

在我们的头上，一个沦亡的命运摆在我们的眼前。”[①] 在这种形势下，救亡图存是超越一切问题的头等大事，巴金抛弃个人的不快，10月，同鲁迅、郭沫若、郑振铎等21个包括各方面的代表人物一道，联名发表了标志文艺界爱国统一战线形成的《文艺界同人为团结御侮与言论自由宣言》。

二

1936年10月19日，是中国现代文学史上最沉重的日子。这一天，新文学运动的伟大旗手、巴金敬仰的导师鲁迅在上海病逝。花圈、唁电、挽辞、眼泪、哀哭从中国各个地方像洪水一样地汇集到了上海。巴金陷入了深深的悲哀。

从1926年起，巴金就崇敬着鲁迅，1933年以后同鲁迅有了直接的交往。他说：“我不是鲁迅先生的朋友，我只是他的读者和学生。我很早就爱读他的小说，还带着他的作品走过好些地方。可是只有在他的最后三四年中间我才有机会跟他见面，而且我只有在他逝世的那天到过他的家。”他曾详细记述1933年4月6日在《文学》社举办的宴会上与鲁迅第一次见面的情况：

记得那天晚上我比他先到。大厅里已有茅盾和另外两三位客人。在这以前我也从未见过茅盾。我知道自己不善言辞，尤其是在初次相见的人面前，因此我不愿去打搅这位受人尊敬的作家。但是，像这样不期而遇的时候，我忽然发现和他在一起很自然，很随便。我们谈了起来。这时候，门帘掀开了，鲁迅走进来。这是我从许多照片上早就熟悉的一位老人，矮小、清瘦，头发和眉毛又黑又浓，穿一件普通的长袍……只是脸上的表情比照片上的更加和蔼、诚恳。

那天晚上在座的有十几个人，都是作家。谈话自然围着本行转，谈到我们的工作、作品、文人。鲁迅比谁都说得多，笑得多。他说话极其朴素、自然，用辞简短、鲜明而又富于表现力，不时露出温和、慈祥的微笑。他谈到当时刚刚创刊的《文学》杂志的内容，谈到他打算写的作品，谈到帮闲文人所起的卑劣作用，谈到愚蠢而又肮脏的国民党宣传手段。当然，不是鲁迅一个人谈。其他人也就这些或

① 《我们的纪念》，《文季月刊》第1卷第5期，1936年10月1日。

那些问题谈了自己的意见。不过大家每次都想听听他的看法。

宴会进行了两个小时。只是在向鲁迅告别的时候，我才发现时间过得真快。鲁迅和茅盾一道走了，我望着他们的背影，直到他们从视野中消失才回家去。一路上我不断地在想，这个人是多么和蔼可亲、平易近人啊！[①]

巴金把鲁迅当作自己的导师和旗帜。此后，当他参加的宴会有鲁迅在场时，总是静静地望着鲁迅那不时露出和善、慈祥微笑的脸，聆听着鲁迅那亲切、自然、简洁而又风趣的谈话。他把自己的一些著作和译作敬送给鲁迅。根据《鲁迅日记》的记载，1935年9月25日，鲁迅收到巴金翻译的柏克曼回忆录《狱中记》和他撰写的《俄国社会革命史话》，1936年4月26日，又收到《巴金短篇小说集》第一、二集。这些书都是巴金托黄源带给鲁迅的。为编辑《文学丛刊》，巴金向鲁迅约稿，鲁迅按时把自己的历史小说集《故事新编》交他出版，后来又抱病为《文学丛刊》编辑散文集《夜记》。鲁迅注视着他，关切着他，称赞他做事认真。

鲁迅逝世后，巴金同靳以、黄源、萧军、黎烈文等二十多人，自动担任了治丧办事处的工作人员，19日把鲁迅的遗体从家中护送到万国殡仪馆。此后三天，他天天早去晚归，在殡仪馆料理各种事情。在守灵期间，他肃立在鲁迅遗体旁，看着人们川流不息地来向鲁迅致敬、告别，他的眼泪不断地被悲痛的哭声引出来。他在10月28日用一个晚上的时间写成的一篇文章中，描绘了自己眼见的各界群众哀悼鲁迅的情景：

灵堂中静静地躺着那个老人，每天从早到晚，许许多多的人到这里来，一个一个地或者五六个人站成一排地向他致最深的敬礼。我立在旁边，我的眼睛把这一切全看进去了。

一个秃顶的老人刚走进来站了一下，忽然埋下头低声哭了。另一个十三四岁的女孩子已经走出了灵堂，却还把头伸进帷幔里面来，

① 《鲁迅——纪念鲁迅诞生七十五周年》，苏联《文学报》1956年9月25日，译文见《巴金全集》第19卷。《鲁迅先生就是这样的一个人》(《中国青年报》1956年8月1日）中有内容基本相同的记述。

红着眼圈哀求道："让我再看一下罢，这是最后的一次了。"

灵堂里灯光不够亮。一群小学生恭敬地排成前后两列，一齐抬起头，痴痴地望着那张放大的照片。忽然一个年纪较大的孩子埋下头鞠躬了。其余的人马上低下头来。有的在第三次鞠躬以后，还留恋地把他们的头频频点着。孩子们的心是最真挚的。他们知道如今失掉一个爱护他们的友人了。"救救孩子"，我的耳边还仿佛响着那个老人的声音。

我所认识的一个杂志社的工友意外地来了。他红着脸在灵堂的一角站了片刻，孩子似地恭恭敬敬行了三个礼，然后悄悄地走开了。

我还看见一个盲人，他穿着一身整齐的西装，把一只手扶在另一个穿长衫的人的肩头，慢慢地从外面走进来。到了灵前那个引路人站住了。盲人从引路人的肩上缩回了手，向前移动一步，端端正正地立着，抬起他那看不见的眼睛茫然望了望前面，于是低下头，恭恭敬敬地行了三鞠躬礼。他又伸出手，扶在引路人的肩上默默地退去了。

两个穿和服的太太埋着头，闭着眼睛，默默地合掌祷告了一会儿。我给她们拉帷幔的时候，我看见了她们脸上的泪痕，然后在帷幔外面响起了悲痛的哭声。

……

……我看见了穿粗布短衫的劳动者，我看见了抱着课本的男女学生，我也看见了绿衣的邮差、黄衣的童子军，还有小商人、小店员，以及国籍不同、职业不同、信仰不同的各种各类的人。在这无数不同的人的脸上，我看见了一种相同的悲戚的表情。这一切的人都是被这一颗心从远近的地方牵引到这里来的。①

22日下午，鲁迅灵柩送到万国公墓安葬，巴金和沙汀、黎烈文、胡风、

① 《一点不能忘却的记忆》，《中流》第1卷第5期，1936年11月5日。

靳以、张天翼、姚克、黄源、周文等抬棺上灵车，到墓地后又把棺木放进墓穴。他曾这样记述当时的动人情景和自己的感受：

> 出殡的行列里面，有“挽联队”和“花圈队”。拿挽联和花圈的一共有两百多人，都是临时征集来的，这些男女青年里面也有不少中年人，他们属于不同的阶级；他们也只是在作品里才认识死者。但当有人叫着：“现在需要拿花圈的人多少”，“拿挽联的人多少”。“有愿意拿花圈的人请到这边来”，“愿意拿挽联的人请到这边来”时，他们都自动地跑去了，他们把花圈和挽联从殡仪馆一直拿到万国公墓，中间不曾有过片刻的休息。
>
> 这许多的人都愿意为死者做一点事情，借着一个机会表示一点他们对于这一个伟大的人的感激。
>
> 除了他们外，还有那五六千送殡的人。他们是来自民众中间的。他们伴着他们所敬爱的人直到他长眠的墓地。他们合唱着安息歌，把死者送进墓穴。在那灵柩上覆着民众代表献的旗帜。“民族魂”三个大字，跟着死者的遗体被墓盖所掩了。但是我的眼前许久还有那三个字在晃动。我从没有参加过这样的葬礼。这民众的葬礼在中国还是第一次。①

丧事活动结束以后的一个月内，巴金怀着万分悲恸的心情，撰写了《悼鲁迅先生》(原系《文季月刊》《卷头语》)，《一点不能忘却的记忆》和《片断的感想》三篇情意真挚的文章，记叙人们的哀痛和自己的哀痛，表达自己对鲁迅的无限景仰、由衷感激和深切哀悼。他写了对鲁迅的认识：“他是具有着强烈的正义感的战士，他是跟随着时代而推动着时代的伟大战士中的一个。”“他是第一个‘能够深刻理解人民大众的要求，能够真正表现一个伟大的民族的喜怒哀乐，而且能够代表着他们向一切敌人作不断抗议和思想斗争的人。’”②“近二三十年来他的正义的呼声响彻了中国的暗夜。在荆棘遍

①② 《片断的感想》，《作家》第2卷第2期，1936年11月25日。

地的荒野中，他高举着思想的火炬，领导无数的青年向着远远的一线亮光前进。”①“他的小说固然可以列入不朽的名作之林。但他的杂文也是光芒万丈的。”②他沉痛地表示：“这个老人的逝世使我们失去了一位伟大的导师，青年失去了一个爱护他们的知己的朋友，中国人失去了一个代他们说话的人，中华民族解放运动失去了一个英勇的战士。这个缺额是无法填补的。”他诚挚而又坚定地说：“别了，鲁迅先生！你说：‘忘记我。’没有一个人能够忘记你的。我们不会让你静静地死去。你会活起来，活在我们的心里，活在中国人民的心里。你活着来看大家怎样继承你的遗志向中华民族解放的道路迈进！”③

三

巴金深深景仰着鲁迅的人格，特别敬佩鲁迅对青年的善良、亲切和关心。他说：“我们并不想称他做巨星，比他做太阳，因为这样的比喻太抽象了。他并不是我们可望而不可即的自然的壮观。他从不高高地坐在中国青年的头上。一个不识者的简单的信函就可以引起他胸怀的吐露；一个困苦中的青年的呼吁也会得到他同情的帮忙。在中国没有一个作家像他那样爱护青年的。”作为鲁迅最忠实的学生，巴金不仅是文学青年的朋友和园丁，更是青年读者的知心朋友。巴金感激读者的友谊和信任，并把它当作鼓舞自己的源泉。他把心交给读者，读者也把心交给他。许多相识的和陌生的读者常常给他写信，把自己的苦恼、困难、要求、希望毫不隐瞒的告诉他，把埋藏在心底的秘密倾诉给他，期望从他那里得到安慰，得到支持，得到帮助，得到鼓舞。

1936年初冬，巴金约鲁彦、靳以一道去游西湖。其实，是去帮助一个不认识的读者。几天前，巴金收到一位姑娘从杭州寄来的信，写信的姑娘住在一个小庙中，处境困难，要求援助。巴金和两位朋友在西湖雇了一只小船，上岸到小庙中把那姑娘约出来，到船上谈了两个小时。姑娘是安徽人，因同后娘相处不好而离家，男朋友又抛弃了她，她心灰意冷，独自来到风景如画的西湖准备在这里自杀，不料在湖边遇到一位远亲，经劝说，打消了自杀的念头，决定带发修行。进庙以后，她发现庙里的和尚对自己不怀好意，这和

①③ 《卷头语》，《文季月刊》第1卷第6期，1936年11月1日。

② 《片断的感想》，《作家》第2卷第2期，1936年11月25日。

尚又同她的远亲有关系，她欲逃离虎口又无法可想，只好写信给自己崇敬的作家巴金，请他帮助。姑娘悲痛的叙述感动着巴金和鲁彦、靳以。听姑娘说她有一个舅父住在上海虹口，也姓李，于是巴金决定冒充“舅父”救出姑娘。第二天，三个人又去到小庙，巴金付给和尚80多元钱，算是结清姑娘几个月的房费饭费。领出姑娘后，巴金给她买了一张第二天去上海的火车票，他们三人则在当天赶回上海。次日，巴金和靳以一道去车站接那姑娘，并雇人力车送她到舅父家里。后来，那姑娘随舅父一家去了四川，只来过一封信，便再没有消息了。

类似这样的事，在前几年也曾有过。1933年，一位刚从师范毕业当了小学教师的女青年从苏州写信给巴金，希望他指示自己“应该怎样走人生的大道、做怎样的人。”一个月后，收到了巴金的回信，“他在信中告诉我，他是怎样生活、怎样做人的。要爱真理、爱自由、爱全人类，并且要在全人类的解放斗争中解放自己，等等。”后来，她来到了上海，巴金委托朋友索非介绍她认识了立达学园的沈仲九。这位女青年毕生从事平凡的教育工作，在她78岁的时候，回首一生走过的道路，她这样说，自己虽然“没有做出大的成绩和贡献，但自问也没有走错一步。因此，我感谢巴金先生像一盏指路的明灯，照亮我的一生。”①

有一位急于摆脱殖民地生活回到祖国的南洋少女，1935年写信给巴金。当时，巴金正在日本，收到转来的信后，立即复信，劝她暂时忍耐，待学业完成后再回国。抗战爆发前夕，她再次给巴金去信。巴金热情鼓励她回来，表示会像照顾自己的妹妹一样照顾她，信中还附了一份上海一个学校的招生简章。“巴金这封信起到了使母亲下定决心支持我回国的作用，也是我投奔祖国，走上革命征途的第一张通行证！”少女回到上海后，巴金请好友伍禅夫妇照顾她，因为伍禅是她的同乡，语言相同，而且早年也在南洋住过。少女为巴金的细心考虑和周到安排而感动，把他视为自己在祖国的唯一的亲人、导师和长兄。八·一三以后，少女投身抗日救亡运动，后来在巴金的支持下离开上海去到内地并参加了革命军队，成为一个随着时代的激流前进的革命

① 《回忆巴金先生》(吴罗蕙)，《巴金文学研究资料》1989年第1期。

战士。[①]

对巴金来说，用行动帮助读者的事当然不是很多，更多的是通过书信给读者以帮助和引导。读者关心巴金的家世和经历，关心他的小说中的人物的命运，询问他的近况，向他提出种种问题。巴金总是热情地回答他们。为了满足读者的要求，巴金写了《我的幼年》《我的几个先生》《我的路》《我的故事》等，谈自己的家庭，自己受到的教育，自己现在的情况；写了《关于〈家〉》《关于〈发的故事〉》等，谈自己一些作品的生活依据和写作情况。

巴金说："我绝对不是青年的导师。我只是一个和他们站在同等地位的友人。"[②]他深知"我的一番话并不能够解除谁的苦闷；我的一封信也不能够给谁带来光明。我不能说：'我是世界的光，跟从我的，就不在黑暗里走，必要得着生命的光'因为我是一个平凡到极点的人。"[③]对于那些满怀着信任与热情求教求助的信，巴金就是以这样的态度一一作复的。他的回答既亲切真挚，又具有时代感和责任感。

一个 16 岁的女孩子去信说："我永远忘不了从你那里得来的勇气。你给了我生活的勇气。你给了我战斗的力量。"巴金回信说："朋友，你把我过分地看重了。倘使你真的有那勇气，真的有那力量，那么应该说是社会把你磨炼出来的。"[④]一个中学生写信说，她的一位同学因为考试不及格，又嫌家庭太官僚气，只身去广东，带的钱快用完了，但来信说自己很快乐。她征求巴金对这件事情的看法。巴金揣测写信的女孩也想走这条只身离家的路，于是，给她写了一封长信。巴金说，那个去广东的孩子不愿过寄生生活，要靠自己的手和正直的灵魂建立合理的新生活，这种眼光和志向都值得肯定。但是，年青人如果盲目行动，不是落在更悲惨的境地里，就是垂头丧气又回到家中，这样，不仅不能冲破现社会的樊篱，改造社会，反而会被社会改造，走到守旧的路上。巴金恳切地指出："既然我们有志向要做一两件有益于社会、民族和人类的事情，那么我们也得想到未来的长久的岁月。不要把一切希望都

---

① 《祝愿他，人与青山俱不老》(张弘)，《巴金文学研究资料》1989 年第 2 期。

② 《我的路》，《短简》，良友图书印刷公司 1937 年 3 月版。

③ 《我的几个先生》，《短简》，良友图书印刷公司，1937 年 3 月版。

④ 《我的故事》，《短简》，良友图书印刷公司，1937 年 3 月版。

托付给一时的热情和冲动，决定一个计划还得靠一副冷静的头脑。”①

一个 16 岁的青年因为不能到报纸编副刊而懊恼，他去信指定巴金在刊物上给他回答。巴金答复道，这件事并不是损失，“我们姑且把人生比作一个战场，那么你这一个兵士，你把什么武器带到战地去呢？”巴金告诉他：“丰富的生活经验和正确的认识，便是最好的武器。”因此，他希望这个知识有限的青年“把时间用在体验生活和研究学问，或者做点更有意义的事，更好地充实自己。”②一个中学生在给巴金的信中表露出对民族危机日益加深的现实悲观绝望的情绪，巴金回信说：“生在这个时代我们没有悲观的理由，而且也没有悲观的权利。”“我们生活在这个世界上，并不是作为一件奢侈品来点缀太平，我们是作为一个劳动者来辛勤工作，在荆棘中开辟一条平坦的路。正因为有荆棘，才需要我们来开路，表现我们的工作能力。……同理，这个黑暗时代正给我们一个奋斗的机会，一个可以表现我们力量的机会。”③

巴金写给读者的信到底有多少，现在已无法统计了。前面举到的，不过是一部分公开发表的信。在大量当时未发表的信中巴金又写了些什么呢？从尚健在的杨静如 (杨苡) 保存的部分信件中可略见一斑。1936 年，17 岁的杨静如开始悄悄向中学生最敬爱的巴金写信，倾诉自己被封建家庭囚禁的苦闷。此后数十年间，她与巴金一直保持着书信往还。这些信件中只有少数保存下来，直到 80 年代中期才发表。

当杨静如从天津去到昆明上大学时，巴金在给她的复信中说：“你看见月色想哭，大概又在思念家乡，出门不久的人总免不掉这一套，以后在外面久了，新的环境会使你渐渐忘却了旧的。倘使是由于寂寞，你就应该设法排遣它。你现在是个大人了，应该‘大人气’才行。要是你只管放任感情，说不定会给你招来更多的忧郁思想。”当这位姑娘恋爱时，巴金告诫道：“任感情自然发展，同时用点理智去引导它 (就是说不要糊涂了)，便不会有多大问题。不要过分讨厌或害怕恋爱，只要不做一个恋爱至上主义者便行了。”在她结婚以后，巴金语重心长地说：“人不该单靠情感生活，女人自然也不

① 《给一个孩子》，《短简》，良友图书印刷公司，1937 年 3 月版。

② 《答一个‘陌生的孩子’》，《短简》，良友图书印刷公司，1937 年 3 月版。

③ 《给一个中学青年》，《短简》，良友图书印刷公司，1937 年 3 月版。

是例外。把精神一半寄托在工作上，让生命的花开在事业上面，也是美丽的”，“我赞成人制造梦，可以用梦来安慰自己，却不要用梦来欺骗自己。”“两个人既然遇在一起，用一时的情感把身子系在一个共同的命运上，就应该互相帮助，互相谅解，互相改造自己。”[①]

巴金曾经在答复青年读者的信中说过这样明白而恳切的话：“在这时代是没有个人的出路的。要整个社会、民族、人类走上了康庄大道以后，个人的一切问题才能够得着适当的解决。我说过社会的进步不会停止。它永远沿着曲折的路走向光明。但是我们可以推动它，在可能范围内使它早日达到目标。倘使一个青年来要求我指一条路，那么我就应该叫他把自己的一切拿去贡献给为社会、为民族、为人类的工作。”[②]在答复一个文学青年的信中也说：“路是有的，每个人面前都横着一条到光明去的路，只需要有勇气去走，有锐利的眼光，去看清路上的绊脚石。黎明的未来犹如一座在修造中的大厦，我们每个人都得带些石子加上去帮助它早日完成。每人尽自己有的一分力量，不必超乎能力以上地去做。一个人的力量固然小，但大家合在一起就可观了。”[③]30年代，巴金确信着并走着这样一条“路”。这一条“路”，也正是巴金引导青年的出发点和归宿。

在30年代，用自己的作品感染读者、鼓舞读者的作家不胜枚举，但是，像巴金这样与读者有如此广泛而紧密联系，在作品之外继续以自己的经验、学识和体会真挚地安慰和鼓舞读者的作家，还是不多的。热爱读者，关心读者，敞开心扉与读者交流，成为了巴金走上文学道路后贯穿一生的最显著的特点之一。

---

① 《雪泥集》(巴金书简)，第2页、第5页、第11页，三联书店，1987年5月版。

② 《我的路》，《短简》，良友图书印刷公司，1937年3月版。

③ 《致朱际虞》(1937年)，转引自《〈初阳〉上的巴金佚信》，《文艺报》，1993年3月30日。

第六章　站在自己的岗位上

(1937.7—1941.12)

16. 呐喊，控诉！

一

1937年7月7日，日本侵略者悍然发动卢沟桥事变，妄图把整个中国置于它的魔爪之下。中国人民抗击侵略、保卫祖国的伟大民族自卫战争就此开始。7月20日，巴金写了《只有抗战这一条路》，坚决地批驳当局长期以来对日本侵略野心的“处处低头让步”，鲜明地表示自己拥护反抗强权、反抗侵略的自卫战争的坚定立场。8月7日，他又写了《站在十字街头》一文，他表示：“我们又站在十字街头了，我们只有两条路可走：或是忍辱屈服，或是继续奋斗。”他坚决主张“我们要抗战，我们要继续奋斗。纵使抗战的意思就包含着个人生命的毁灭，我们也要昂然向着抗战的路走。”8月13日，日军发动对上海的进攻，上海人民动员起来，展开了保卫上海的救亡运动。16日，巴金写了《一点感想》，热情洋溢地歌颂上海军民为民族生存同敌人作殊死搏斗的精神和信念。除了撰文抒愤，他还将爱憎直接发为《自由在黑暗中哭泣》《给死者》《上海进行曲》等诗篇，声讨侵略者血腥的暴行，倾吐自己要复仇雪耻、用血肉呐喊的激愤，呼唤群众奋起反抗，“把最后一滴血洒在中国的平原”。巴金坚信“祖国永远不会灭亡”，在民族生死存亡的关头，他挺身而出，毫不犹豫地投身到抗日救国的文化宣传工作洪流中。

战争使许多文学刊物停刊。为了保持阵地，宣传抗战，鼓舞人民，王统照编的《文学》、黎烈文编的《中流》、巴金和靳以编的《文季》、黄源编的《译文》四家杂志联合起来，8月22日创办了名为《呐喊》的文艺周刊，“为我前方忠勇之将士，后方义愤之民众，奋其秃笔，呐喊助威。”自9月5日第3期起，刊物改名《烽火》，期号另起；11月7日出自12期后，因上海沦陷，租界当局阻挠停刊。1938年5月1日在广州复刊，改为旬刊，11月11日第20期出版后终刊。刊物创刊时，由茅盾担任编辑，巴金为发行人。上海沦陷后茅盾离沪，巴金接替他任编辑。茅盾在为刊物写的“创刊献词”《站上各自的岗位》中大声疾呼：“大时代已经到了！民族解放的神圣的战争要求每一个不愿做亡国奴的人贡献他的力量。”“中华民族开始怒吼了！中华民族的每一个儿女赶快从容不迫地站上各自的岗位罢！”[①]这也是巴金的心声，整个抗日战争期间，巴金都明确而坚定地站在自己的岗位上，用笔作武器，为中华民族的自由解放进行斗争。

这份每期仅16页的小刊物，是抗战爆发后最早出版的一份刊物，它恰如一支明亮的“烽火”，为全民抗击侵略而熊熊燃烧。正如巴金所说，其中燃烧着的“那不是文字，是正义的呼号和血的实录”。刊物在它存在的十个月中，共出版22期，发表了大量迅速反映抗日斗争和时代风貌的通讯、报告和有战斗精神的诗歌，还发表了一些精悍的杂文、短论以及散文、美术作品和短篇小说，真正做到了以笔为武器，画民族战士的英姿，描汉奸败类的丑态，喊出全国人民对日寇侵略的愤怒，申诉四万万同胞保卫祖国的决心和热忱。

除了参加《烽火》的工作，巴金还担任了以郭沫若为社长、夏衍为主笔、阿英为主编的上海《救亡日报》的编委。9月，全力投入抗日救亡文化工作的巴金，写了以表达前仆后继坚持抗战为主题的短篇小说《莫娜·丽莎》，接着，又发表了《给山川均先生》和《致日本友人》等散文。《给山川均先生》是巴金致日本的“社会主义者”山川均的一封公开信。山川均在1937年9月出版的日本《改造》杂志上发表《华北事变的感想》，文中有种种侮辱、诬蔑中国人民的谬论。巴金读后，深感气愤，于是以“公开信”的方式予以抨击和痛斥。针对山川均辱骂中国人是“鬼畜以上的东西”，巴金义正词严地写道：“我们素来憎恶战争。但我们绝非甘心任人宰割的民族。当我们的自由与生

① 《呐喊》创刊号，1937年8月22日。

存受到威胁的时候，我们是知道怎样起来防卫的。这是做人的最低限度的权利，倘使连这也放弃，则人就近于鬼畜了。我们是被迫拿起武器的。我们是站在自己的土地上防卫自己的利益的。”针对山川均对中国“普及抗日教育、培植抗日意识、煽动抗日感情”的指责，巴金针锋相对地反驳：“是你们的‘皇军’亲手普及了抗日教育，培植了抗日意识，煽动了抗日感情。是你们用飞机，用大炮，用火，用刀，教育了中国人民，使他们明白‘抗日，是求生的第一个步骤。……中国人民是流了够多的血以后才来发动抗日运动的。”

如果说，《给山川均先生》是巴金对为侵华行径作种种辩护的某些日本知识分子的严厉抨击和抗议，那么，《致日本友人》则表现出他对那些盲从的日本知识分子晓之以理、动之以情的规劝和呼吁。“公开信”是写给 1935 年在横滨接待他的武田武雄的，共有两通。第一信是巴金在目睹 10 月 27 日日军轰炸上海造成闸北大火后的第二天写的。信中说，自己做了一夜噩梦，“我万想不到会梦见你，而且是在战场上，作为两个彼此不能宽恕的仇敌而相见的。”巴金坦诚地指出，由于一般的日本人民“安份守己”“忠厚老实”“崇拜当权者”，因此，很容易上当受骗，听信统治阶级和军阀们的宣传，拥护侵略中国的行动，甚而至于“愚昧到掩着身上的创伤跟在给你们以损害的军阀、政客的后面歌功颂德”。基于这一认识，巴金表示：“所以中国人民横遭残杀，刽子手虽为‘皇军’将士，而你们也不能辞其咎。”在这通信的末尾，巴金语重心长地说：“武田君，你想想看，倘使有一天你对面的山上架起了中国的大炮，向着你那所精致的小木屋轰击，你会有什么样的感想？你能够把这个认为正当的行为，作为对于你们轻侮中国的一种‘膺惩’么？我想你是不会的。那么，对于贵国军阀的行为，你们怎么能认为正当加以拥护呢？”

巴金没有料到，他的“噩梦”有一半已成为事实。在他写这封信的时候，武田真的已经“作为仇敌”在华北战场上了。事情是这样的：1937 年 8 月 30 日，武田辞去横滨高等商业学校的教职，31 日任陆军第二司令部所属一支部队的翻译官，9 月 4 日离开日本开赴天津，后随军转移，一直以翻译官的身份活动在华北战场，直到 1941 年才返回日本，就职于日军设在市谷的参谋总部。

巴金当然不了解武田的情况。在写第一信后近一个月，他又给武田写了第二信。这封信的口气更为委婉，劝诫之意也更恳挚、迫切。在这封信中，他更明确地把“忠厚与诚实”的大部分日本人同“狡诈与狠毒”的一小部分人区别开来。他设想，武田还住在横滨那所“精致的小木屋”中过着“书生的生活”，因而，告诫他“应该劝告你的同胞不要做征服中国的痴梦了，单用武力永久征服一个民族，并不是可能的事。”巴金希望他“应该出来有所动作了”，并呼吁道：“我要求的，只是你和你的同胞们的反省，希望你们起来和我们共同努力，毁灭那个破坏人类繁荣的暴力。”

武田作为“皇军”翻译官已在华北战场活动了两三个月，不明情况的巴金还一再对他作真诚的规劝和恳切的呼吁，不管武田从军是被迫无奈还是出于自愿，他的“行动”本身，似乎是对寄与期待的巴金的嘲弄。但如果把巴金的“公开信”看作不仅仅针对武田个人，而是面向类似武田的众多日本知识分子，那么，不仅他的劝诫、呼吁很有意义，他对军国主义者之所以能发动侵略战争的群众基础的剖析，更具有深沉的意味。

11月，巴金把抗战爆发以来所写的杂文、随笔、书信和诗歌，同1931年九·一八事变后写的散文辑为一集，题名《控诉》出版。集中的作品态度激愤，语调深沉，洋溢着坚决反对日本侵略的时代气息，闪耀着抗战到底的战斗色彩。在《前记》中他说：“这里面自然有呐喊，但主要的却是控诉。对于危害正义、危害人道的暴力，我发出了我的呼声：‘我控诉！’”控诉，这正是巴金抗日战争时期的散文、杂文和小说的主调。

二

抗日战争的爆发，使巴金的生活环境和生活方式发生了很大的变化。1938年2月底，他在充满阴郁沉闷空气的上海写完《激流三部曲》第二部《春》以后，3月便怀着离愁同靳以一道，乘船暂离“孤岛”上海，经香港到广州。此后一年，他辗转于香港、广州、武汉、桂林，6月下旬，他由广州返上海小住两周，然后回到广州；9月初，他怀着“看看大会战前夕的武汉”的愿望，历尽艰难去到武汉，月底重返广州；10月19日，在日军侵入广州前十多个小时，他同林憾庐、萧珊等离开广州，经柳州到桂林。这段时间里，巴金抱定“把个人的情感溶化在为着民族解放斗争的战斗者的情感里面”的决心，除了写散文、杂文和翻译，在艰苦的条件下，继续坚持编辑出版《烽火》、《文丛》

等杂志和文化生活出版社的丛书、丛刊，不仅为文化生活出版社在战争环境中坚持下来，尽着最大的努力，也为抗日救亡事业和抗战时期的文化建设，尽了自己的力量。

1938 年 3 月 27 日，标志着全中国文学艺术界在民族解放旗帜下取得广泛团结的“中华全国文艺界抗敌协会”在武汉成立，成立会上选出该会 45 位理事。巴金这时正离开上海去广州，未能出席会议，但仍被推选为理事。他的当选，是文艺界对他积极投身抗日斗争的行动和在文艺界所具影响的肯定。1938 年 7 月到第二年春天，巴金写了收在《旅途通讯》里的十多篇散文，记叙自己同朋友们一道辗转跋涉的艰苦历程和“在轰炸中过的日子”。这些通讯是为在上海的陆蠡编辑的《少年读物》写的。巴金用“像平日和朋友谈闲话似地”写下的“真实的见闻”，留下了抗战初期华南和华中的一些宝贵史实。此外，他还写了《做一个战士》《“重进罗马”的精神》和《黑土》《南国的梦》等杂文和散文。他用古罗马的传说勉励留在上海的青年“应当感到自己责任的重大而兴奋、振作”；用“做一个战士”来激励那些在彷徨、苦闷中的青年。对于当时需要的“战士”所具有的品格，巴金是这样描绘的：

在这个时代，战士是最需要的。但是这样的战士并不一定要持枪上战场。他的武器也不一定是枪弹。他的武器还可以是知识、信仰和坚强的意志。他并不一定要流仇敌的血，却能更有把握地致敌人的死命。

战士是永远追求光明的。他并不躺在晴空下享受阳光，却在暗夜里燃起火炬，给人们照亮道路，使他们走向黎明。驱散黑暗，这是战士的任务。他不躲避黑暗，却要面对黑暗，跟躲藏在阴影里的魑魅、魍魉搏斗。他要消灭它们而取得光明。战士是不知道妥协的。他得不到光明便不会停止战斗。

战士是永远年轻的。他不犹豫，不休息。他深入人丛中，找寻苍蝇、毒蚊等等危害人类的东西。他不断地攻击它们，不肯与它们共同生存在一个天空下面。对于战士，生活就是不停的战斗。他不是取得光明而生存，便是带着满身伤疤而死去。在战斗中力量只有增长，信仰只有加强。在战斗中给战士指路的是“未来”，“未来”给人以希望和鼓舞。战士永远不会失去青春的活力。

战士是不知道灰心与绝望的。他甚至在失败的废墟上，还要堆起破碎的砖石重建九级宝塔。任何打击都不能击破战士的意志。只有在死的时候他才闭上眼睛。

战士是不知道畏缩的。他的脚步很坚定。他看定目标，便一直向前走去。他不怕被绊脚石摔倒，没有一种障碍能使他改变心思。假像绝不能迷住战士的眼睛，支配战士的行动的是信仰。他能够忍受一切艰难、痛苦，而达到他所选定的目标。除非他死，人不能使他放弃工作。

这便是我们现在需要的战士。这样的战士并不一定具有超人的能力。他是一个平凡的人。每个人都可以做战士，只要他有决心。

这些文字，像一首无韵的诗。它充分表达了巴金对时代战士的理解、崇敬和赞美。巴金用这样的文字激励人，同时也用这些文字自勉。

巴金离开上海后对抗战的认识，比较集中地表现在杂文集《感想》中。集中的杂文主要写于1938年。这些文章充分显示出他对抗日斗争前途的乐观信念和求实态度，表达了他确信人民群众的伟大力量和抗战必将最后胜利的鲜明立场。在《前记》中，巴金说：“收在小册子里的短文只是一些感想和杂感。它们算不得正式的文章，不过我在那里面说的全是真话。而且我以为我们在这时候应该说真话。”[①]这大概是巴金第一次关于“说真话”的表述吧。

在《感想》这本杂文集中，巴金的确直率地说了许多“真话”。他直截了当地反驳人民中间、朋友中间种种不利于抗战的错误言行：这里有“看轻自己民族的力量，经不起任何失败的打击”，“胆颤心惊地整天做着和平的梦”的“失败主义者”；有“希望中国这次抗战胜利之后，就要征服日本，征服世界”的“极端国家主义者”；有眼睛只盯住前线，“糊里糊涂地相信着一两个简单的口号”而不知道怎样用自己的行动去争取最后胜利的“最后胜利主义者”；

① 《感想》，烽火社，1939年7月版。

有不正视抗战中的各种实际问题，只知写内容差不多的抗战八股文的“公式主义者”。巴金认为：“要支持长期抗战，仅仅注意军事力量是不够的。近代战争的决胜点并不单在战场上。”他强调，为着争取胜利，必须解决两个问题：一是改革，一是动员民众。他表示：“政治机构的改革，和有计划的动员民众，是抗战的老鹰的翅膀。”“我们应该叫出的口号是‘抗战与改革’！这两者是应该同时进行的。”他特别重视动员、组织民众的问题，他肯定“历史决不是循环的，重复的。历史是前进的”，而“民众始终是推动历史的一个巨大的力量。离开了民众便不能完成任何伟业。抗战也不能是例外。”巴金直陈的这些意见，是一个有社会责任感的作家对于复杂的现实问题所作的独立思考。

1938 年 11 月，巴金在桂林与随机关撤退到这里的丽尼（郭安仁）邂逅相遇，他约丽尼为《文丛》写稿，丽尼交给他一篇题为《江南的回忆》的散文。这篇散文像丽尼过去的作品一样，依旧文字清丽，诗意盎然，但字里行间，却又充溢着一股不曾有过的炽热而深厚的爱国激情。这激情似乎涤尽了丽尼以往作品中那幽幽的忧郁。读着这篇文章，巴金动了感情。作者对江南人民拿起武器抗击侵略者的由衷赞美，冲击着巴金的心。当巴金读到作者从心底里迸发出来的呼喊“江南，美丽的土地，我们的！”时，为这响亮、热切而又充满豪情的呼声深深激动。他感到，这正是自己离开上海时、离开广州时心里充溢着的感情，口中想喊出的话语。10 月 19 日深夜，他离开广州时，曾记下过自己的遐想：“我爱这个城市。的确这个城市是可爱的，……在我的脑子里浮现了炸不断的海珠桥和血染不红的珠江。我知道在这附近就横着那座桥，流着那江水。但是明天那一道桥还能接连两岸，那一江水还能不染一点血迹么？”“敌人的铁骑果然会踏进我们这个可爱的城市么？我担心这会成为事实。那么就让我们和敌人一起永远埋葬在黑夜里，把明天留给我们的后一代人。”[①]巴金想到上海，想到武汉，想到广州，眼睛涌出了泪水，心里却燃起了怒火。他确信中国美丽的土地，是敌人夺不走的，将永远是我们自己的。这个信念，正是鼓舞巴金坚持用笔战斗的力量源泉。

① 《广州的最后一晚——十月十九日》，《旅途通讯》上册，文化生活出版社，1939 年 3 月版。

为了揭露法西斯的罪行，展现西班牙经历的苦难和反法西斯斗争，吸取西班牙人民抗暴斗争失败的血的教训，1937年底到1939年初，巴金还接连编译了《西班牙的斗争》《西班牙的血》《西班牙的日记》《西班牙》等六七种有关西班牙人民反法西斯斗争的画册和文章。他说："南欧的西班牙在地理上固然和我们相隔甚远，但是它的命运和抗战中的我们的命运却是联系在一起的。"① 因为西班牙人民坚持同佛朗哥政权和德、意法西斯苦战，"以争回他们的自由，重建他们的残破家园，正如我们目前抵抗侵略以争取我们的独立与生存一样。"②

1939年春天，巴金同萧珊一道，离开桂林，绕道金华、温州，回到上海，一直住到第二年7月上旬。他住在被日本侵略军包围着的法租界，过着隐居式的生活。这期间，他不辞辛劳，或根据原稿整理重抄，或搜集杂志上发表的散篇，或用手边已有的作品，先后为散处各地的艾芜、毕奂午、田涛、屈曲夫等相识或不相识的作者，以及一年前因产褥热去世的友人罗淑，编辑出版了《逃荒》《雨夕》《荒》《三月天》和《地上的一角》等短篇小说集。1938年4月，巴金在广州为刚去世的罗淑编第一个短篇小说集《生人妻》时，曾谈到自己从事这类工作时的心情。他说，在战争环境中，"我们的生命犹如庭园中花树间的蛛网，随时都会被暴风雨打断，倘使我们不赶快做完一件事情，也许就永无机会做好它。今天还活着谈笑的人明天也许会躺在寂寞的坟场里。飞机在我的头顶上盘旋了三天了。谁能够断定机关枪弹和炸弹明天就不会碰到我的身上？然而我活着的时候，我还是要工作。我愿意趁这个时机，多做完一件事情。"③ 四个月以后，他在谈到自己在经历了敌机对广州的几次大轰炸以后获得的教益时说："'死'的逼近使人更宝贵'生'，更宝贵活着所能处理的光阴，人明白自己随时都会死去，他更不肯浪费时间，他要在这有限的余生里做好一些事情。"④ 这就是巴金面对"死"的威胁时的思索，

① 《后记》，《西班牙》，文化生活出版社，1939年4月版。

② 《序》，《西班牙的血》，平明书店，1938年4月版。

③ 《关于〈生人妻〉》，《梦与醉》，开明书店，1938年9月版。

④ 《广州在轰炸中》，《旅途通讯》上册，文化生活出版社，1939年3月版。

这就是巴金的生死观。现在，他暂时回到上海，但战火仍在中国的土地上燃烧，阴云仍笼罩在每一个中国人的头上。他仍感到生命时时面临着危险，自己必须更努力、更负责地把“全部精力用来对付‘生’的事情”。这就是巴金此时尽力为朋友们编书的因由。

巴金的这种心情，同样反映在他自己的写作中。他说，1938 年 8 月“在广州的轰炸中，我和几个朋友蹲在四层洋房的骑楼下，听见炸弹的爆发，听见机关枪的扫射，听见飞机的疾降，我在等死的时期还想到几件未了的事，我感到一点遗憾。《秋》的写作便是这些事情中的一件”。[①] 为着写《秋》，从 1939 年 10 月开始，巴金每天晚上九点以后动笔写作，写到深夜两点，有时甚至到三四点，没有间断一天，每写完几章便送到开明书店，由那里发给印刷厂排字，到 1940 年 5 月，花七个月时间写成了小说，从而使《激流三部曲》得以完璧。在小说的《尾声》中，他以作者的身份，直接对读者说话。针对读者可能提出的“高家的故事还没有完呢”的疑问，他说：“亲爱的读者，你们应该想到，生命本身就是不会完的。那些有着丰富的(充实的)生命力的人会活得长久，而且能够做出许多、许多的事情来。”他还表示，作品中的觉新不是“有着充实生命力的人”，但以后会有什么结果则“要看他自己走的是什么样的路”。这些话，显然已经超越了小说的故事，寄托着对现实中人们生活态度的指示。

在上海的巴金把夜晚给了《秋》的写作，白天的时间，则用来读书或翻译。他先后译了赫尔岑的回忆录《一个家庭的戏剧》(《往事与随想》第三篇)，还花费较大的精力，修改重印了克鲁泡特金的《我的自传》《面包与自由》和《伦理学的起源和发展》等书。他之所以修订重印十年前的旧译，是希望这些书能使青年们“在困苦的环境里得到一点慰藉，一点鼓舞，并且认识人生的意义与目的”。希望它们能为“那般想用他们的力量来做一点有利于他们的同胞的事业而又找不到道路的人”提供一个未来的自由社会的理想，提供一个以“在民众中间与民众共同为着真理和正义的奋斗”为“真正的幸福”的伦理思想，提供一个实践这一伦理思想的典范人物。巴金着眼于现在，憧憬未来，

① 《序》，《秋》，开明书店，1940 年 4 月版。

赞美奉献，歌颂高尚，力图用自己认为光明的社会、崇高的思想、伟大的人格，来鼓舞人，激励人，用心是良苦的。

17. 血管里流着中国人的血

一

1940 年 7 月，巴金带着刚刚印出来的厚厚 500 多页的《秋》，绕道越南去昆明。他的未婚妻萧珊在那里的西南联合大学读书。萧珊原名陈蕴珍，抗战期间曾用“慧珠”“程慧”等笔名发表过散文。“萧珊”是她后来翻译屠格涅夫、普希金的作品时用的笔名。这个笔名是“小三”的谐音。她 1939 年春天在上海考入西南联合大学外语系，后转入历史系。她同两位比她年长的女友关系亲密，同住一室，女友称她“小三子”，同学们也都这么叫。萧珊原是上海爱国女中的学生，一个爱国学生运动的积极分子，一个有热情、有勇气的姑娘。她同当时许多少男少女一样，爱读巴金的作品，从中受到鼓舞，巴金是她心目中同旧家庭、旧社会斗争的英雄。1935 年，萧珊作为一位信任巴金的读者，给巴金写信，向他请教生活道路上的一些疑惑不解的问题。第二年，他们第一次见面，以后接触多了，逐渐产生了感情。1938 年 3 月巴金同靳以一道到广州建立文化生活出版社广州分社，7 月底，萧珊高中毕业后也到广州，从这时起，他俩像朋友一样，在广州、梧州、柳州、桂林等地度过了许多颠沛流离的日子。1939 年 7 月，萧珊赴昆明读书，巴金则留居上海。从通信，认识，到熟悉，相恋，他俩的心越来越近。而今，他俩分别已经整整一年了。巴金在已经沦为“孤岛”的上海住了一年半，过着在敌人的刺刀下忍气吞声、提心吊胆的日子。因此当他乘坐的从越南海防开出的火车到达云南河口时，他重重地吐了一口气，为终于又踏上了属于自己的土地而激动。这以后，整整五年的时间，他再没有回过上海，一直在大西南的昆明、重庆、成都、贵阳以及广西的桂林辗转生活。

巴金到昆明后，中华全国文艺界抗敌协会昆明分会在民教馆桂香楼为他的到达举行欢迎会。与会者这样记述当时的情况：

他有不高的身材，面孔有些四方，鼻上架着黄边近视镜，一套灰色西装，脚下穿着黄皮鞋。

由马君介绍之后，他很和气地向每个人打招呼。楚图南先生问他许多上海的事项，他都很干脆的答复了，如出版社概况以及穆时英当汉奸等，他说话又快又有力，一口四川腔，坐的位子离他远了，不免要听不清。

后来大家请他讲创作经验，他很客气，起先不讲，因为大家的鼓掌，才讲了。他说：

“我不是什么了不起的作家，只因为当时遇到的环境好，容易出版，多出了几本书，……《家》写的不满意。……关于抗战的东西，最近写一本《火》不久出版。……”

徐梦麟先生说：

“希望巴金先生再有抗战三部曲！”

大家笑了，他也笑了。

在巴金到昆明之前，天南中学招生时，高中《国学常识》试题中，有一条名词解释：巴金。多数学生都能答这道题，不少学生还能列出他所写的书名。在得知“文协”欢迎巴金后，一些学生也赶到欢迎会场。

有几位青年女学生走进来，都是十几岁的女青年，昆华女中的学生；听口音，都是云南人。她们五六人坐在一旁看巴金先生。

许多人都说：“这是巴金迷啊！”

大家都笑了。巴金先生的小说的确影响青年不浅。所以在会中他自己也这样说：

“我写小说的动机，是因为幼年读的旧小说多，以为小说看的人多，小说容易感动人！……”

其中有一位鼻架眼镜的女生，年岁大些，也似乎能说话，向巴金先生问：

“巴金先生现在哪里住？”

“开明书店。”

大概她们还有往访聆教的意思。[①]

巴金初到昆明表现的对文学工作和文学青年的热忱，感动着昆明的文学工作者们。

抗战以来，巴金在上海，在广州，在桂林，在昆明，一再目睹侵略者给中国人民带来的深重灾难，愤怒的烈火时时燃烧在他胸中，他说：这火“一天天炙着我的骨，熏着我的血，……我必须拿起笔来，否则我会让火烧死我自己。”[②]在这种情形下，1940年9月，他在昆明写完了“抗战三部曲”《火》的第一部。10月下旬，他去到重庆，在那里写了《先死者》《无题》《静寂的园子》《轰炸中》《大黄狗》《十月十七日》等“信笔直书，随便抒发个人的浅见”的散文和杂文。在这些散文中，巴金记述了日本侵略军轰炸昆明造成的种种惨状，他说：“轰炸只是卑怯的屠杀，懦夫的行为。……多轰炸一次，不过多在这两个民族中间添一笔血债。若说用轰炸就可以摧毁对方的抗战精神，收得投降的效果，这是在做梦。历史上就没有这样的先例。何况中国有那么广大的国土，那么众多的人民，这是日本有限的炸弹所炸不尽、毁不完的。”[③]“中国的土地在受难，在受磨炼，在受熬煎。每个人都跟着它受苦，但是都看见它在苦难中生长。多看见这样的伤痕，自然给人增加痛苦，但同时也加强了我对未来的信念。”[④]

11月初，巴金去到距重庆300余公里的小城江安，在曹禺的家中度过了六天安静而又愉快的日子。曹禺执教的国立艺术学校1938年2月由南京疏散到重庆，1940年4月又从重庆搬迁到江安。曹禺借居在江安名士张迺赓的家里，这里环境安适，生活上也得到主人的多方照顾。半年时间过去了，曹禺正经历着家庭生活的痛苦，小城的生活更使他感到孤独与寂寞，他想念在重庆的

① 《巴金在昆明——文协欢迎会上速记》(赵捷民)，香港《大公报》，1940年9月6日。

② 《序》，《还魂草》，文化生活出版社，1942年4月版。

③ 《无题》，《无题》，文化生活出版社，1941年6月版。

④ 《先死者》，《无题》，文化生活出版社，1941年6月版。

朋友们。因此，当他得知巴金从昆明来到了重庆，便写信约他到这座江边的小城来看一看，转一转。战争使两位朋友阔别三年，见面后都很高兴。清晨，巴金出门散步，从东市走到西门，来回好几趟，逢着赶集的日子，便在街上徘徊更长的时间，看农民们买卖东西。曹禺白天有课，不可能时时陪巴金。每到夜晚，他俩隔着一张写字台对面而坐，借着清油灯的微光交谈，往往要谈到九十点钟。

巴金到江安时，带去了上海剧艺社吴天改编的剧本《家》，改编本的情节几乎完全依照巴金的小说，巴金不十分满意，因此把剧本带给曹禺，请他提意见。曹禺觉得剧本太"忠实"于原著，表示自己可以试一试。巴金十分赞赏曹禺的文学才华，相信他一定能写好，于是对他讲述自己写《家》的情形，讲述小说中的高家三兄弟，并对如何改编提出意见。改编《家》的念头一直埋藏在曹禺心中，20个月后，1942年夏，他写完剧本实现了这个夙愿。根据巴金小说改编的第一个话剧《家》，凝聚着曹禺自己的生活体验，表现出曹禺自己的审美感受，人物和情节虽出自巴金的小说，但已是曹禺出色的再创造了。

巴金回到重庆后，12月7日，出席了中华全国文艺界抗敌协会欢迎来渝作家的茶话会，在会上他第一次见到神往已久的中共领导人周恩来。1941年初，他离开重庆回到离别近18年的故乡成都，在那里住了50天后又返回重庆。

二

正当巴金在重庆从事抗日文化宣传活动的时候，1940年底到1941年初，桂林的几家大报上，却掀起了一股"研究巴金"的浪潮。巴金在《火》第二部的《后记》中，曾这样概括"研究者"们的主要观点："有的居然在我的小说里发现了'安那其'"，"有的还很天真的说我只用中学生常用的字眼来写小说"。后来，他又在散文《死去》中描绘了这些吱吱喳喳的议论和骂语："你写的东西全是有毒的"，"你的思想永不会给人们指一条道路"；"一句话说完，他的思想错误，他的作品浅薄"。[①] 这些以"研究"之名行"批判"之实的观点，有的来自敌人的诋毁，有的则是同一营垒的误伤。

① 《死去》，《自由中国》新1卷第4期，1941年11月。

1929年以来，不断有批评者用“安那其主义”来解释巴金的作品，分析他的作品中的人物。对此，巴金也多次提出异议，作出辩解。1930年，他在《〈灭亡〉作者底自白》中就不赞成“巴金思想的立场是无政府主义的”这一评论，并表示“我并不曾先有一种心思想写一种什么主义的作品”。1933年他声明道，“诚然我不必否认我是一个安那其主义者(虽然我觉得我还不配)，可是我的作品的立场常常不一定就与安那其主义相合。”[①]“我没有能力在一篇短篇小说里就把我的宇宙观、人生观以及我对于种种问题的观念全搬写出来或暗示出来”。[②]1936年在答徐懋庸时他又说：“我的作品中也有一部分和我的信仰多少有点冲突。”这次，面对着桂林接连出现的不少文章，他初以沉默相待，继而作出了坦然的回答：“我写过译过几本‘安那其’的书，但是我写的译的小说和‘安那其’却是两样的东西。”“我虽然信仰从外国输入的‘安那其’，但我还是一个中国人，我的血管里有的也是中国人的血。有时候我不免要站在中国人的立场上看事情，发议论。这一层自然是不在那些‘研究者’的范围内的。”[③]张扬自己“血管里有的也是中国人的血”，更加明确地从思想上把自己的小说与自己的无政府主义信仰区别开来，把自己的社会政治理论著述与自己的文学作品区别开来。这样的表述，在巴金还是第一次。这个表述有助于理解40年代初巴金的创作风格和面貌发生显著变化的思想原因。

1941年5月，巴金在重庆写成《火》第二部。7月，他又转赴昆明。这次回昆明，巴金住在钱局街金鸡巷4号萧珊和她的几个同学的住处。这是一处独院，位于金鸡巷巷底。萧珊和她的同学租的是楼上的三个房间，三个男同学刘北汜、施载宣(萧荻)、王文涛住西头一间，萧珊同好友王树藏住东头一间，中间一间公用。巴金到昆明，王树藏和另两位男同学趁暑假作环绕滇池的徒步旅行去了，他就住在男生的房间里。床是用六个盛汽油桶的旧木箱搭成的。小楼上，不时有客人来访，沈从文夫妇和卞之琳从呈贡来昆明看他，金克木、庄重、方敬也来过，住在昆明东北郊的杨静如、赵瑞蕻夫妇，更是

① 《我的自辩》，《现代》第2卷第5期，1933年3月。

② 《后记》，《将军》，开明书店，1934年4月版。

③ 《后记》，《火》第二部，开明书店，1942年1月版。

每次进城都要来坐坐。雨天或来访的朋友少的时候，巴金便坐在小桌子前写作，听见警报声，便带上一两本书躲到最近的山坡或野地里，边看书，边等待解除警报。

在昆明，巴金写了后来收入《龙·虎·狗》中的《云》《雨》《日》《星》《虎》《猪》《龙》《伤害》《生》等 19 篇散文。这些作品或触景生情，或借物寓意，或直抒胸臆，或写梦境幻觉，大都有感而发，含义隽永。他幻想乘上彩云飞向太空，但更留恋人间；雷鸣的巨声使他感到畅快，大雨仿佛能洗净他心上的尘垢，天幕的星星像赐与他祝福的一个人的眼睛；他轻蔑怕石子的小狗，厌恶养肥自己准备给人们饱餐的猪；他热爱死后还令人起敬的猛虎，更崇仰身陷泥沼仍念念不忘追求丰富、充实生命的龙……这些散文篇幅虽小，文字精粹，语调平和，意境深邃，在巴金的散文中别具一格。试读读《日》：

> 为了追求光和热，将身子扑向灯火，终于死在灯下，或者浸在油中，飞蛾是值得赞美的。在最后的一瞬间它得到光，也得到热了。
>
> 我怀念上古的夸父，他追赶日影，渴死在旸谷。
>
> 为着追求光和热，人宁愿舍弃自己的生命。生命是可爱的。但寒冷的、寂寞的生，却不如轰轰烈烈的死。
>
> 没有了光和热，这人间不是会成为黑暗的寒冷世界么？
>
> 倘使有一双翅膀，我甘愿做人间的飞蛾。我要飞向火热的日球，让我在眼前一阵光、身内一阵热的当儿，失去知觉，而化作一阵烟、一撮灰。

在抗日战争极为艰苦的环境和辗转流离的情况下，巴金始终紧握手中的笔，关注着伟大的民族自卫斗争，着意于写“宣传的东西”。长篇小说《火》第一部、第二部，就是他反映抗日斗争生活的重要收获。第一部前三章 1938 年 5 月始作于广州，后在广州、桂林、上海续写了其中四章，1940 年 9 月在昆明写完其余十一章；小说描写“八·一三”后上海爱国青年冯文淑、刘波和朝鲜流亡青年鸣盛、子成等的抗日热情和除奸活动，展示出上海人民为保卫乡土同仇敌忾，英勇地展开救亡运动的生动场面。第二部十五章是 1941 年

3月底到5月下旬，用近一个半月的时间在重庆写成的；小说表现冯文淑等一群男女青年参加“战地工作团”，在敌后进行抗日宣传活动，以及他们在群众斗争中的成长。

巴金说，他写《火》一、二部的意图是“不仅想发散我的热情，宣泄我的悲愤，并且想鼓舞别人的勇气，巩固别人的信仰。我还想使人从一些简单的年轻人的活动里看出黎明中国的希望。老实说，我想写一本宣传的东西。”[①]《火》一、二部的创作，显示了巴金洋溢的爱国主义热情和努力为抗战服务的思想。由于缺乏直接的真切的斗争经验，写自己不大熟悉的生活，又急于为现实斗争服务，这两部作品并不成功，因此，巴金称它们是“浅陋的”，是“失败的工作”。尽管这样，写完这两部小说以后，巴金仍感到愉快，因为作品中不仅融入了抗战时期自己的许多阅历和感受，还利用了未婚妻萧珊和朋友田涛提供的素材，留下了萧珊和朝鲜流亡革命者的面影。更重要的是，作品倾吐了自己对侵略者的仇恨，宣泄了自己强烈的爱国抗敌的情怀。所有这些，都是巴金十分珍惜的。

从另一个角度看，燃烧着巴金仇恨侵略者、热爱祖国人民炙人火焰的《火》一、二部，尽管还带有《灭亡》《雨》《电》等作品那种昂扬的反抗激情和英雄主义精神，但作家笔下那些在上海和敌后开展救亡运动的青年，不论是流亡中国的朝鲜青年的革命团体，还是冯文淑参加的“战地工作团”，都不是从事着狂热活动的散漫组织，主人翁们也没有了那种寂寞空虚或绝望变态的情怀，他们在抗日救亡的群众斗争中得到了锻炼。比如，同样是暗杀敌人，朝鲜青年鸣盛等惩办朝奸时，目的明确，部署周密，相互配合，这同《灭亡》中的杜大心刺杀戒严司令，《电》中的敏刺杀旅长那种个人的盲动，显然不可等量齐观。《火》一、二部中表现出的这些变化，不仅表明抗战以后的时代风云和现实生活的重大变迁，为巴金的思想和创作注入了新的内容，也反映出随着经历的丰富、眼界的开阔，巴金对时代生活也有了新的认识和表现。

1941年冬，巴金再度去到桂林，主持文化生活出版社的工作。12月，他

---

① 《后记》，《火》第一部，开明书店，1940年12月版。

根据自己在日寇狂轰滥炸下的亲身经历，接连写成了以山城重庆普通人的生与死为题材的短篇小说《还魂草》《某夫妇》，控诉日本侵略军屠杀无辜的罪行，表现大后方普通的中国人的坚强意志。自 1937 年以来的近五年中，除去《摩娜·里莎》外，巴金再没有写过短篇小说。这两个短篇的写作，显示出巴金已开始比较自觉地在进行这样一种探索：通过普通的、平凡的人物的生活和命运，点染浓重的时代气氛，反映自己对战争中重大问题的认识，以及对人们心灵和人与人之间关系的思考。这一初露端倪的探索成果，昭示了巴金的创作方法和创作风格的明显变化。

第七章　创造自己的径路

18. 应和时代的召唤

1935年，巴金在认真地回顾了自己自1927年以来的写作生活后，明确地表示："我的作品中无论笔调怎样不同，而贯穿全篇的基本思想却是一致的。自从我知道执笔以来我就没有停止过对我的敌人的攻击。我的敌人是什么？一切旧的传统观念，一切阻碍社会的进化和人性发展的人为制度，一切摧残爱的势力，它们都是我的最大的敌人。我永远忠实地守着我底营垒，并没有作过片刻的妥协。"① 这段自白作为巴金对自己文学创作基本立场的表述，同时概括了他自己20年代初到40年代末全部文学活动的主要倾向。尽管"人为制度"的提法并不科学(50年代，巴金主动把这个提法改作"不合理的社会制度")，但从基本精神看，这段表述的内涵和指向却是十分明确的，他的斗争锋芒，主要针对着封建礼教，针对着封建专制制度和资本主义剥削制度，针对着现实中那些残暴、凶狠、黑暗的邪恶势力。它们阻碍着历史的发展和社会的演进，阻碍着人类对正义、光明、自由、民主以及青春、生命、爱情等幸福的追求。这在半殖民地、半封建的中国，就不能不是首先针对着帝国主义、封建主义、官僚资本主义三位一体的反动势力，和它们的政治代理人，不能不是针对着黑暗、罪恶的旧社会制度。

巴金20年代末到40年代初的创作，充分表现出上述鲜明的时代感和内在的一贯性。如果就题材领域和内容特点考察巴金的主要创作，那么，我试把他这期间的小说(主要是中长篇)归纳为五组：

第一组作品主要描写大革命时期小资产阶级革命青年对反动军阀和帝国

① 《写作生活底回顾》，《巴金短篇小说集·第一集》，开明书店，1936年2月版。

主义统治下的黑暗社会的憎恨和反抗，以及他们在斗争中挣扎的矛盾、苦闷和渴望。这组作品以 1928 年写完的《灭亡》和 30 年代上半期创作的《死去的太阳》《新生》《爱情的二部曲》(《雾》《雨》《电》) 等几部中篇小说为代表。

第二组作品揭露以宗法家族为基础、礼教伦常为核心的封建制度残害青年一代的罪恶，描写封建家庭内部新旧两种势力的相激相荡，并展示封建家庭在新时代、新思潮冲击下的分崩离析和封建制度不可避免的沉落命运。这组作品以 1931 年到 1940 年创作的长篇小说《激流三部曲》(《家》《春》《秋》) 为代表。

第三组作品从多方面展现出社会底层被压迫、被侮辱的劳动者的悲苦生活，以及他们不安于命运所作的抗争。这组作品以 30 年代初期写的中篇小说《砂丁》《雪》以及一些短篇小说为代表。

第四组作品控诉了日本侵略者在中国土地上的暴行，表现出革命青年的救亡活动和全国人民的抗日热忱。这组作品以 1932 年到 1940 年创作的中篇小说《海底梦》《火》第一、二部为代表。

第五组作品是描写域外的现实生活和历史人物的短篇小说。如，以法国为背景的《洛伯尔先生》《亡命》《狮子》，描写日本知识分子的《神》《鬼》和描写法国大革命中山岳党三大领袖故事的《马拉的死》等。

这五组作品相互之间和每一组作品内各个作品之间，在反映生活的深广度和艺术感染力的强弱方面，虽不能等量齐观，但却构成了一个复杂而统一的整体，呈现出巴金之为巴金的独特风貌——政治上明确的反帝反封建的革命立场，思想上强烈的爱国精神和人道精神，艺术上浓郁的感情色彩和抒情风格。

在上述五组作品中，鞭挞封建家族制度及伦理道德和描写知识青年的革命活动与内心世界这两组，突出地体现了巴金 30 年代作品的特色和成就。在《激流三部曲》中，他对封建家庭的不义、罪恶和瓦解，作了集中而又出色的描写；在《爱情的三部曲》等作品中，他从一个侧面表现了 20 年代中期小资产阶级知识青年强烈反抗并要求变革腐朽社会制度的呼声和为理想而献身的激情。巴金以自己的声音，热情地应和着时代的召唤。青年读者则通过他的作品，增强了对旧家庭、旧社会的认识，提高了摆脱旧势力的羁绊、掌握自己命运的勇气，并受到奋起抗争、走向社会的鼓舞，受到为事业、为人类、为理想而奋斗的启迪。这就是巴金在 30 年代的主要魅力，这就是巴金作品富于社会意义和美学价值的思想力量之所在。总之，无情揭露封建专制制度的罪恶并揭示其溃落和必然灭亡的命运，描写知识青年的革命活动和献身理想的精神，是巴金 20 年代末到 40 年代初文学创作中投入深厚感情创作的最富特色的两个系列。这两个系列的作品和 40 年代中期以《寒夜》为代表的描写小人小事的小说系列，同是巴金对于中国现代文学最有价值的贡献。它们表现出巴金在荆棘丛生的环境中，为不断开辟独具特色的思想道路和艺术道路所作的不懈探索。现代文学的历史表明：在上述三个系列中，《激流三部曲》所取得的思想艺术成就更为突出，社会影响更为深远，艺术生命力更为长久，因而，不论对于巴金还是对于中国现代文学来说，也都更具意义。

19. 文学道路上的丰碑

一

《激流三部曲》——《家》《春》《秋》是巴金文学道路上的一座丰碑，也是中国现代文学史上成就卓著的小说力作之一。

从 1931 年开始写《家》到 1940 年写完《秋》，《激流三部曲》的创作过程历时十年。就写作时间的跨度说，这是巴金费时最长的一组作品。

1931 年初，巴金在上海世界语学会结识的朋友火雪明告诉他，《时报》文艺版主持长篇连载的编辑吴灵缘约请他为报纸写一部连载小说。巴金应允试一试。他先写好引言和头两章送到报社。4 月 18 日，题为《激流》的小说开始在《时报》第五版刊登。这一天载出的是《〈激流〉引言》和首章《两兄弟》的头几段。为了吸引读者的注意，小说的题目、作者姓名和题头花均套红色，同一版右上角还刊出这样一则广告：“本报今天起揭载新文坛巨子巴金先生作长篇小说《激流》按时刊登一千余字　不致间断　阅者注意。”

从 4 月 18 日到 11 月 28 日，其间除短暂的间隔外，大体上是每天登几段，千余字，共刊出 184 期。11 月 29 日到 1932 年 1 月 23 日中断近两个月，1 月 24 日起复又续载。对这两个月的停载，编者在 1 月 24 日、25 日、26 日三天重复刊出的《关于小说》中这样说明：“因为‘九・一八’事变发生，多登国难新闻，没有地位继续刊下去了，空了近两个月，实在对不住读者与作者”。除了这个原因外，文艺版编者换人也是一个重要原因，新编辑写信给巴金抱怨小说太长，超过了原先预定的字数。巴金把写完的最后几万字寄出，并表示如继续刊登可以放弃稿酬。因此，编者才在《关于小说》中明确表示：“今天起决定抽出一部分地位，将此稿每天不断地刊登，继续于五六礼拜内登完。”由于上海“一二・八”事变的发生，报纸以大量版面披露战争消息，腾不出篇幅，编者的诺言未能兑现。从 1 月 24 日到 3 月 15 日，近两个月内仅载出 5 期，直到 3 月 16 日以后，才又比较连续地刊出 57 期，至 5 月 22 日全部登完。全书的发表历时一年零一个月，共发 246 期。《激流》发表时，因人们关注的焦点在战局，未能立即引起社会反响，1933 年 5 月，开明书店印行单行本，作者将书名改为《家》，并作为多卷本长篇小说《激流》的第一部。此后，它才逐渐为读者和文学界认识。

巴金的脑海中一直萦绕着自己 19 岁以前在成都大家庭里的那段生活。以自己的封建家庭为素材，写一部叫作《春梦》的小说，这个意图萌发于 1928 年 10 月他在法国马赛等船回国的时候。当时他就在一本练习簿上开始写《春梦》的一些片断。[①] 回国以后，巴金没有继续写这小说。1929 年夏天，大哥尧枚到上海，巴金在闲谈中对他谈到自己想在《春梦》中把自己家的一些事情写进去的想法，大哥极力支持。第二年 4 月，大哥又在来信中特别谈到这件事：“《春梦》你要写，我很赞成；并且以我家人物为主人翁，尤其赞成。实在的，我家的历史很可以代表一切家族的历史。我自从得到《新青年》等书报，读过以后，我就想写一部书来，但是我实在写不出来。现在你想写，我简直欢喜得了不得。弟弟，我现在恭恭敬[敬]向[你]鞠躬致敬，希望你有暇把他[它]

① 巴老给笔者看过写有《春梦》片断的练习簿。这本珍贵的手稿，他保存了 60 年，现已捐赠中国现代文学馆。

写成罢。怕甚么罢。《块肉余生》过于害怕就写不出来了。”[1]大哥恳切的话语，再一次如重锤敲击着巴金的心弦。近一年时间过去了，他写了一个中篇，十几个短篇，《春梦》却一直没有能动笔。一笔重债压在他心上。在得到《时报》的约请后，巴金决心趁这个机会把堆积在心中的东西写出来，以实现自己的写作愿望。他把小说的题目改为《激流》，他不怀恋已经逝去了的难以重温的春梦，他要展示为自己开辟径路的动荡奔腾的生活激流。动笔的时候，全书的故事还没有构思好，他便在序言中事先预告：“在这里我所欲展示给读者的乃是描写过去十多年间的一幅图画。”

提起笔来，巴金便情不自禁地进入了过去生活的图画中。大家庭中一个个熟悉的面影，一件件难以忘却的事情，都浮现在脑海中；在四川19年间的爱和憎，欢乐和痛苦，悲哀和渴望，一一涌上笔端。就在小说开始发表的4月19日，他收到前一天从成都发出的一封电报：大哥尧枚服毒自杀。在这突如其来的噩耗面前，他既痛苦，又愤怒，既感意外，又觉得在意中。他翻看着刚刚写完、还没有送到报社的第七章手稿，小标题《做大哥的人》五个字深深地刺痛着他的心。[2]这一夜他没有合眼，想着死去的大哥，想着成都的大家庭，想着中国土地上千千万万个封建家庭，想着正在写的小说……大哥自杀了，这是一场悲剧。但是生活并不是一场悲剧，它是一个“搏斗”。人生活在这个世界上，就为的是来征服生活。“我底周围是无边的黑暗，但我并不孤独，并不绝望。我无论在什么地方，总看见那一股生活之激流在动荡，在创造它自己的径路，以通过那黑暗的乱山碎石之中。”想到自己在《引言》中写过的这些话，巴金的勇气更足，信心更大。为了大哥，为了自己，为了家中那些被摧残的兄弟姐妹，也为了同时代的无数年青人，他一定要写出这部小说。这一夜，他决定把大哥作为小说的主人公，并最后决定了全书的结构。就这样，巴金继续写这部小说。他觉得自己仿佛掘开了自己家的坟墓，许多熟悉的人物和难以忘怀的事情，争先恐后地浮现在眼前。他描写大哥，作品里的觉新，一个逆来顺受陷入悲剧命运的懦弱青年；他描写祖父，作品

① 见《谈〈新生〉及其它》，《巴金文集》第十四卷，人民文学出版社，1962年8月版；《关于〈激流〉》，《创作回忆录》，人民文学出版社，1982年1月版。

② 1933年印行单行本时，第三、四章合并为一章，第七章《做大哥的人》改为第六章。

里的高老太爷，一个“我说了算”的专制家长。他描写自己亲近的同胞和堂表兄弟姐妹们，觉民、淑贞、淑华、淑英和梅、瑞珏；他描写自己的一些长辈，克明、克安、克定、陈姨太；他描写家中受苦的仆婢，鸣凤、婉儿。他还描写给家里带来希望和光明的觉慧、琴，描写自己从事社会活动的朋友张惠如、方继舜……他要通过这些人物的活动、遭遇，写出旧家庭的倾轧、斗争和崩溃，写出青年人的受苦、挣扎和反抗，倾吐自己对不合理制度的满腔愤恨。

1931 年底，巴金写完《激流》时，想到两个新的书名。他把已写好的小说改题为《家》，作为《激流》的第一部，同时预告第二部的书名为《群》，内容是“写一个社会的历史，因为我底主人翁是从家庭走进到社会里面去了。”[①] 然而这之后他描写走出家庭到社会中活动的青年的小说却是《雾》《雨》《电》，而不是《群》。

1936 年春夏之交，靳以筹备大型文学刊物《文学月刊》，要巴金写一个长篇，从创刊号开始发表。巴金想到《家》的续篇，但他写的也不是《群》，而是继续写发生在高家内部的故事。从这一年 6 月到 1937 年 1 月，小说只发表了十章，刊物便遭查禁。刊物停刊后，巴金抽空续写了一部分章节。7 月，抗日战争爆发，他投身于抗战救亡文化活动，暂时放下了小说，以后打算离开上海，便抓紧写成第一部的 20 章，使小说告一段落。但他并没有能走出上海，在这座“孤岛”里过着苦闷烦躁的日子，他压抑下阴郁的心情，继续写这部小说，终于在 1938 年 2 月底写成第二部十二章，这才结束了《春》的故事。3 月，看完全书的校样，巴金终于离开了上海，他把这部小说作为离别时献给青年朋友们的礼物。在《序》中他说：“我没有权力请求他们将全书仔细翻阅。我只希望他们看到‘尾声’里面的一句话：‘春天是我们的’。”

1939 年 4 月，巴金从桂林回到上海，过着隐居的生活。从这年 10 月到第二年 5 月，他利用晚上的时间，一口气写成了《秋》，小说没有在报刊上发表，直接由开明书店印成书出版。巴金说：“《春》是《家》的补充，《秋》又是《春》的补充。三本书合在一起便是一本叫做《激流》的大书。”[②] 经过十年的时间，他终于完成了这部反映封建大家庭内部生活和斗争的三部曲。

① 《后记》，《家》，开明书店，1933 年 5 月版。

② 《谈〈春〉》，《收获》，1958 年第 2 期。

巴金为什么用十年时间写这部长篇小说？他曾做过这样的解释："倘使不是为了向不合理的制度进攻，我绝不会写小说。倘使我没有在封建大家庭里生活过十九年，不曾身受过旧社会中的种种痛苦，不曾目睹人吃人的惨剧，倘使我对剥削人、压迫人的制度并不深恶痛恨，对真诚、纯洁的男女青年并无热爱，那么我绝不会写《家》《春》《秋》那样的书。"[①] 这是讲他写作这部作品的思想动因和生活基础，他一直不忘记用自己的笔揭露和打击他深恶痛绝的腐朽的封建制度。此外，他还从小说的故事情节发展本身作解释，他感到《家》尽管写到高老太爷死去，觉新有了初步觉醒，觉慧毅然出走，但是，还不足以展现这个家庭"全部悲欢离合的历史"，因为"《家》并没有把我所要写的东西全包括在内，我后来才有写《春》的可能。《春》固然写完了蕙和淑英的故事，但是还漏掉了高家的许多事情，我还并没有写到'树倒猢狲散'的场面。觉新的故事也需要告一小段落。因此我在结束《春》的时候，就想到再写一部《秋》。我并非卖弄技巧，我不过想用辛勤的劳动来弥补自己作品的漏洞。"[②]

除了上面的原因外，应该说，还有一个不可忽视的原因。1934 年以后，他的中篇小说《萌芽》(《雪》) 和《电》先后遭到国民党审查官员的禁止。因此，1936 年他有意避开工人罢工、青年革命这类"图谋不轨"的人物和故事，而把《家》中的人物之一淑英作为主要人物，写成《春》的前半部。1938 年和 1939 年写《春》的后半部和《秋》时，巴金都在孤岛上海，面对汉奸横行、审查严峻的处境，为了不致危及安全，不致使书的出版发生麻烦，他又接着写十几年前的往事，写大家庭中的悲欢离合。然而，巴金毕竟是一个战士，他的笔注定是作为攻击旧制度、旧社会的武器使用的，他不仅继续揭露和控诉封建礼教、封建势力，展现觉民、淑英的奋斗，还在《春》中写进青年们演出《夜未央》等情节，在《秋》中改变了原来构思的觉新自杀、觉民被捕的结局，而让觉新继续活下去，而且活得比过去更愉快，让觉民与琴喜结良缘。他写这些内容，为的是使作品增加一些亮色，以温暖和鼓舞在敌占区挣扎的青年。

---

①② 《谈〈春〉》，《收获》1958 年第 2 期。

二

《激流三部曲》的第一部《家》，描写1920年冬到1921年夏末发生在四川成都一个四世同堂的官僚地主大家庭高公馆里的故事。小说以五四以后广阔而动荡的社会为背景，以大家庭中的青年男女的恋爱婚姻为重要情节，以封建叛逆者的年轻一代同封建卫道者的老一代的斗争为主要冲突，并着重描写大家庭内各种青年女性的不幸遭遇和悲剧命运。从而，真实地反映出腐败的封建家族制度对青年一代的摧残，表现了新一代在五四革命思潮鼓舞下的觉醒和成长，以及他们对封建势力的英勇斗争。《春》和《秋》描写《家》的故事结束后两年多时间里发生在高家的故事。这两部作品循着《家》的主题和情节，通过对高家第二代(“克”字辈)长辈、第三代(“觉”字辈)子孙，和周伯涛、冯乐山两家的描写，深入展示了这个封建大家庭在时代风雨冲击下“树倒猢狲散”的全面崩溃。

在中国现代文学史上，从鲁迅的《狂人日记》开始，揭露封建制度的弊害，是许多作家所关注的一个重要主题。但是，像巴金这样从30年代初到40年代初一直坚持表现这一主题的作家并不多；像《激流三部曲》这样从内部对封建家庭作集中而又深刻的成功描写的大型作品，更是罕见。撕开封建家族制度崇尚诗礼、温柔敦厚的虚伪面纱，显露它吃人的本质，并明确揭示它“木叶黄落”的穷途末路，是巴金对中国现代文学的一个特殊的贡献，也是《激流三部曲》最杰出的思想意义所在。

高家是封建社会的一个缩影，专横暴戾的高老太爷就是这个社会制度的象征。他顽固地反对一切新事物，包办子孙的婚姻，阻止觉慧、觉民参加社会活动。钱梅芬的悒郁致死、婢女鸣凤的含冤投湖和婉儿的被逼入火坑，都是他和高家别的长辈一手造成的。甚至在他死后，还酿成了瑞珏难产身亡的悲剧。三部曲中其他那些封建卫道者，不论是为卫护旧秩序而殚精竭虑的高克明，还是养优蓄娼、坐吃山空的高克安、高克定，或道貌岸然的伪君子冯乐山，昏庸顽固的周伯涛，厚颜无耻的陈克家，虽然言行有别，性格各异，却都是封建制度的产物，他们以各自的面目，从多方面显露出封建礼教、伦理的伪善和堕落。这些卫道者造成了蕙、枚和淑贞的痛苦和死亡，继续以牺牲青年为代价，来维系摇摇欲坠的礼教传统和宗族制度，因为这是他们赖以骄奢淫逸、安身立命的保证，是他们得以滥施淫威、摆布无辜的根基。巴金悲愤交加地描写了从梅到淑贞、枚这许多善良青年横遭摧残的悲剧，从而向在崩溃途中还不断捕获"食物"的垂死的旧制度，发出血泪的控诉。

《激流三部曲》不仅展现了封建家庭内部的罪恶和腐朽、倾轧和迫害，还着力表现了青年一代在五四新思潮影响下的觉醒和对封建势力的不妥协的斗争，满怀激情地歌颂了他们叛逆封建家庭、封建制度的革命行动。高家是在五四浪潮冲击下的封建家庭，它虽然处在西南一隅古老而闭塞的成都，也照样受到革命潮流的荡涤。时代注定了它衰颓灭亡的命运。《家》中的觉慧、许倩如，《春》和《秋》中的觉民、琴、淑英、淑华等，就代表着封建家庭内部正在成长壮大的新生的民主主义力量。这些青年的觉醒和成长，是通过充满爱和恨、欢乐和痛苦的"搏斗"得以展现的。作品描写了三个方面的搏斗：一是新老两代的搏斗，这"父与子"的斗争实质上是封建叛逆者的年青一代与封建卫道者的老一代的斗争。二是觉悟的青年同在旧势力面前妥协退让的思想和行为的搏斗。最突出的表现就是觉慧、觉民对觉新那怯懦软弱的"作揖主义""不抵抗主义"所作的既有谴责和批判，又有开导和激励的斗争。三是青年一代同自身存在的种种弱点的搏斗。觉慧、觉民、琴、淑英都是在这种自我斗争中逐渐坚定起来的。以上三个方面的"搏斗"，构成了一股动荡奔腾的激流，它穿越种种障碍，不断开辟着青年们前进的道路。

在新一代中，觉慧是写得很有光彩的一个人物。经过新思潮的洗礼，他成为高家"第一个'过激派'"。他不满长辈们的生活，决心做一个与他们完全不同的人；他不以"少爷"自居，同情仆婢的境遇。他对整个封建礼教、制度抱着否定的态度，以"不顾忌，不害怕，不妥协"的信念与之坚决斗争。他蔑视长辈的权威，敢于违抗祖父囚禁他的命令，走出家门，敢于帮助觉民抗婚出逃，敢于平等地爱着婢女鸣凤，敢于顶撞三叔克明和陈姨太，敢于蔑视无耻的四叔克安、五叔克定，敢于激烈地批评大哥觉新的怯懦和顺从。他还积极参加反军阀、反封建的社会活动，领会到生活的充实和意义。觉慧是大胆的，又是幼稚的。他过分夸大了自己的责任，"未知的"新生活在他脑中还只是一幅朦胧的图景：他对与鸣凤的爱的结局感到迷茫，又希望鸣凤出身富家，更表明他身上带着时代和家庭的烙印。最后，觉慧为寻求新的力量、新的生活，离家出走，这是他性格发展的必然结果，也表明了五四青年无畏的勇气和义无反顾的奋斗精神。觉慧的精神鼓舞着大家庭中的年青人，在他的影响下，觉民和琴更加坚强地站在斗争的前列，淑英、淑华也在反抗旧家庭的道路上一步步成长起来。正是这一批生气勃勃的青年，从内部冲击着黑暗腐败的封建家庭，并成为加速它瓦解崩溃的一支重要力量。

与觉慧的思想性格相对立的觉新，是一个思想矛盾、性格复杂的人物。这是巴金倾注全部心血、全部感情以大哥为原型创造的一个人物，从描写的深入细致和内涵的深厚丰富看，这个人物堪称现代文学史上最著名的典型形象之一，“觉新性格”已成了那些失去“自我”、具有双重性格的现代知识分子的代名词。觉新还是一个青年，天资聪慧，也受到五四新思潮的洗礼，但“长房长孙”的地位使他过早地肩起大家庭的重担，这样的处境和软弱顺从的性格，使他从《新青年》中吸取了委屈求全、敷衍妥协的“作揖主义”和“无抵抗主义”，企图用这种“新理论”与大家庭的现实结合，以顺应环境。封建势力和封建礼教断送了他继续读书深造的前程，扼杀了他与梅表妹的爱情，又先后夺去了他所爱的梅和瑞珏的生命。他痛心、流泪、苦闷，恨自己“是个懦夫”“没有勇气”，他憎恨残暴，向往自由，但又恪守孝道祖训，不敢反抗专横的长辈，并对旧制度、旧家庭存有留恋，抱有幻想。觉新的思想和性格尽管复杂，但又是鲜明的。懦弱苟安和正直善良、逆来顺受与内心痛苦的矛盾统一，是他的主要特点。这不仅造成了他的两重思想、两重人格，还造成了他既是旧制度、旧势力的捕获物、牺牲品，又不时自觉不自觉地充当旧制度、旧势力的维护者的悲剧。巴金在作品中批判和否定了觉新屈从于封建势力的怯懦和忍让，但对他内心的矛盾和痛苦，又寄与了应有的同情。

《激流三部曲》凝聚着巴金对于封建家庭深刻的生活体验和鲜明的爱憎感情。这部长著是巴金在坚实的生活基础上进行艺术创作的结果，尽管书中的主要人物大都有原型，但他没有把这部小说写成狭隘的自传，而赋予了它更广泛、更重大的社会意义。他在《家》的《后记》中说，“单从这一年的大小事变底描写，我们已经可以看到一个正在崩坏的资产阶级家庭底全部悲欢离合的历史了。这里所描写的高家正是这类家庭底典型，我们在各地都可以找到和这相似的家庭来。”[①]1937 年他又表示：“我不要单给我们家族写一部特殊的历史。我所写的应该是一般的资产阶级家庭的历史。”[②]考察巴金的家庭，固然是一个黑暗的封建王国，但并没有发生如《激流三部曲》中描写的那么多惨酷的事情。为了写出一个典型的封建家庭，巴金在现实生活的基础上，进行艺术创造，使封建家庭和封建礼教的不义和罪恶更加集中，更加强烈，这不是巴金的偏激，恰恰是他作为艺术家的成功。自觉地从社会的角度观照素材，独具匠心创作的三部曲才具有了丰富的时代生活内容和深刻的思想意义，这表现了巴金作为一个现实主义作家的杰出之处。

值得注意的是，在上面引述的两段文字中，巴金一再说明，《家》中所写的高家是一个“资产阶级家庭”。创作前他是这样认识的，创作后也是这样表述的。考察《家》以至整个《激流三部曲》描写的实际，高家作为 20 世纪初期中国封建家庭的典型，是没有疑义的。这不仅因为它完全是一个由高老太爷、高克明等凭借宗法制度和礼教统治着的小王国，更因为其经济来源虽有一些资本的因素(如股票之类)，但最主要的仍是田产、地租。显然，巴金对描写对象的概念表述是很不确切的。[③]20 年代，巴金在许多政论之中，一再把抨击的矛头指向“资本主义社会”“资产阶级家庭”，这些文章中很少出现“封建社会”或“封建家庭”的概念。这是他照搬欧美无政府主义理论、概念的结果。30 年代前期，尽管巴金还没有完全摒弃习用的概念，但他对中国社会的实际有了更多的了解，对旧社会、旧制度、旧家庭的罪恶和必然崩溃的命运，有了更准确的把握，就在《关于〈家〉》中，他这样说明自己对旧制度、旧家庭的总体认识：“旧家庭是渐渐地沉落在灭亡的命运里面了。我看见它一天一天地往崩坏的路上走。这是必然的趋势，是被经济关系和社会环境决定了的。这便是我的信念。……它使我有勇气来宣告一个不合理的制度的死刑，来向一个垂死的制度叫出我的 J' accuse(我控告)。”[④]这一基

① 《后记》，《时报》，1932 年 5 月 22 日；又见《家》，开明书店，1933 年 5 月版。

② 《关于〈家〉》，《短简》，良友图书印刷公司，1937 年 3 月版；又作为《家·十版修订本代序》，开明书店，1938 年 1 月版。

③ 50 年代初，巴金在重印《关于〈家〉》时，将文中的“资产阶级家庭”改作了“封建大家庭”。

④ 《短简》，良友图书印刷公司，1937 年 3 月版。

本理论观点使巴金能够超越个别判断的偏颇，比较准确、深入地观照和表现生活。同时，更重要的是，巴金能面对现实，在写作中忠实于自己熟悉的生活。《激流三部曲》固然是艺术虚构、想象的产物，但其中的主要人物和事件都来自巴金亲身的经历和体验，都饱含着他真实的思想感情。从这个意义上说，《激流三部曲》的成功，也是现实主义艺术的胜利。题材的熟悉，感受的深切，爱憎的鲜明，也为巴金得心应手地发挥自己卓越的艺术才能，提供了广阔的天地。在三部曲中，真挚浓烈的爱憎感情，随着流畅而充满抒情气质的文字跳荡；以生活中熟悉的人物为原型塑造的那些艺术典型，鲜明生动；对客观现实的细致描绘，构成一幅幅真实感人的生活画面。这部巨著的思想艺术成就，标志着巴金现实主义创作已走向成熟。

20. 激动万千青年读者的心

一

《激流三部曲》特别是第一部《家》问世之后，批评界见仁见智，褒贬不一。贬者称作品的笔锋“太浅近了，太笨拙了”，“尽力想在一个旧式大家庭的崩溃里刻上社会的影子，却越觉其模糊。”褒者却认为，作品“很显明而雄劲有力地叙述”出这样的现实：“时代的齿轮时刻在向前转着，陈旧的尸骸是要被遗蜕下来的；然而新社会一方面在形成时，旧社会的恶魔总是不愿轻易放弃它最后的挣扎。”1936 年，茅盾在短篇小说《官舱里》曾写到人们对《家》的议论。在一条内河小火轮的“官舱”中，二老二少两对有“身分”的夫妇间闲谈到“文艺”时，有如下一段谈话：

老太太……微笑着转脸对她的丈夫和那位男青年说：

“近来人的笔路，比李涵秋还圆熟，《广陵潮》有许多地方太做作。”

“哈哈！”老先生伸长了手臂给烟斗点火，两个肩头一个竭力往下倾，一个竭力往上耸。

> 男青年也笑着点头，从新燃起一支卷烟来，三角脸的下端突出一根五寸来长的管子，又不得不放平或朝上翘，——在旁人看来，那样子就很尴尬。
>
> 女青年这时忽然低声说："巴金的《家》很好罢！"
>
> "唔！"老先生喷出一口浓烟将脑袋一侧。
>
> 于是男青年赶快拿下他的太长的卷烟咬嘴，带点忸怩态度说明着："新出的，一部哀情小说。"
>
> "哦！"老先生和"老太太"几乎同时叫了起来。
>
> "也是家庭小说，"那位女青年又低声说。
>
> "倒不曾看过巴金。"那位老太太用了保留的口气回答，接着就微微一笑，发表她的意见了，"哀情小说家庭小说，不能不推《红楼梦》。"于是她就研究起《红楼梦》来，……

老年夫妇津津乐道于评点《广陵散》，而对巴金的《家》无所知；青年夫妇则对《广陵散》无甚兴味，转称"新出的"《家》"很好"。茅盾用调侃的笔调描绘的这一幕，多少透露出一些《家》被青年读者广泛阅读的消息。

《激流三部曲》特别是《家》，的确在三四十年代中国知识青年中不胫而走，广为流布，产生了巨大的影响。这部作品的文学价值和文学意义，通过它广泛而积极的社会作用，得到了充分的体现。

1941 年初，最早系统评论《激流三部曲》的巴人就指出："巴金激动了万千读者的心"，"在中国，巴金是巍然耸立于荒芜的新文艺园地里，拥有极多数的读者"。[①]1942 年初，桂林的一位中学教师有感于《激流三部曲》"是巴金沥心血较大较多的一部份，而散布在青年群中的影响也最广最深"，因而汇集尚不完备的有关资料，编了一本名为《论巴金的〈家〉〈春〉〈秋〉及其它》的小册子。这册小书较粗疏，却因是第一本研究巴金的专集而别具意义。书中对"巴金迷"的现象作了如下描述：

> "要是你活在学生青年群中，你便可以看到巴金的作品怎样地被喜爱。

① 《略论巴金的〈家〉三部曲》，《窄门集》，香港海燕书店，1941 年 5 月版。

尽管大热天，尽管是警报、绿荫下、岩洞里，总有人捧着他的作品狼吞虎咽，上课，尽管老师讲的满头青筋，喉咙像火，他们却在讲台下尽看他们的《家》《秋》《春》，有时，泪水就冒充着汗水流下来。夜半巡宿舍，尽管灯光似燐火，也有人开夜车，一晚上吞噬了六七百面的《秋》并非奇怪。而到书店，口袋里有钱，则唯巴金是问，无管那是好是歹，是散文是小说，无钱，则扫着贪婪的眼光，若是稍不自私的书主，肯把书出借，半月一月后，准是没有了封面。”“这些人物经常挂在他们的口上：反抗家庭的，说是《家》的‘觉慧’、‘觉民’；‘作揖哲学’的是‘觉新’……对于妇女群，他们更落落数得出这象‘梅’、象‘鸣凤’，象‘瑞珏’……总之，他(她)们记得烂熟，他们谈论得唾沫四射，有如说书场争辩《三国志》或《封神榜》《水浒传》的人物和事件。”这位教师并对巴金作品在中学读者中所占的比例，作了比较近乎实际的量的分析：“自然，不能也不会在一个学校里占半数或三五分之一，可是，数目总较对其他作家的喜爱为多。”①

1942年，一位作家这样记述年初他在苏州的见闻：

> 六月前住在苏州，和当地的文学青年颇多接触的机会，在他们中间最容易感到的一件事，就是对巴金作品的爱好，口有谈，谈巴金，目有视，视巴金的作品，只要两三个青年集合在一起，你就可以听得他们巴金长、巴金短的谈个不歇”。根据自己的见闻，这位作家表示：“鲁迅的《呐喊》，茅盾的《子夜》，固然都是文坛上首屈一指的名著，但要说到普及这一点上，还得让巴金的《激流三部曲》之一的《家》独步文坛。《家》《春》《秋》，这三部作品，现在真是家弦户诵，男女老幼，谁人不知，那个不晓，改编成话剧，天天卖满座，改摄成电影，连映七八十天，甚至连专演京剧的舞台，现在都上演起《家》来，藉以号召观众了。②

稍后，一位上海的大学教授也记载了自己了解的情况：

① 《论巴金的家、春、秋及其它·巴金谜与巴金研究》(林萤聰)，柳州文丛出版社，1943年3月版。

② 《巴金的〈家〉〈春〉〈秋〉及其它》(王易庵)，上海《杂志》月刊第9卷第6期，1942年9月。

> 我多次问学生们最喜欢读什么书，他们的答复常是两个名字：鲁迅和巴金。这两位作家无疑地是1944年的青年的导师。让我看来，巴金对学生们的影响好像比鲁迅先生的更大一些，所以他负的责任也比较重。①

一位日本学者曾追述抗日战争末期在圣约翰大学主讲《文学概论》时所作的调查：

> 有一次，我要求二十来个男女学生（多是资产阶级子女）写出自己喜欢的作家。他们的回答是：莎士比亚、歌德、雨果、狄更斯、屠格涅夫、托尔斯泰、罗曼·罗兰，再有就是巴金（他的《家》）等人。②

二

为什么巴金的小说，特别是《激流三部曲》能为知识青年广泛喜爱并对他们产生深刻影响呢？40年代起，人们便开始提出这个问题，并从不同的角度阐述自己的见解。一位评论者问道：“为什么文坛的重镇是鲁迅、茅盾，而读者所狂热地欢迎着的却是巴金的作品呢？到底巴金的作品有什么特殊的优点？他对读者的吸引力是在什么地方？”在谈到《激流三部曲》时，这位评论者表示：“《家》《春》《秋》之所以深受青年读者的欢迎，一大半原因也就由于中国知识青年大多数是从宗法社会的大家庭里生长起来，和巴金有同样的境遇，他们不满意这大家庭想反抗这大家庭也正与巴金相同，所以巴金的三部曲自会得着他们特殊亲切的好感了。”③前面提到的那位在学生中进行调查的日本学者也认为，40年代，中国学生所以喜欢莎士比亚、歌德、雨果、屠格涅夫和巴金等作家，是由于这些不同国度、不同时期的作家有一个

---

① 《中国学生》(卜相贤)，转引自《巴金的生活和著作，第三章》(明兴礼)，上海文风出版社，1950年5月版。

② 《同时代人》(阿部知二)，《现代中国文学4，老舍　巴金(〈骆驼祥子〉、〈憩园〉》，日本河出书房新社，1970年版。

③ 《巴金的〈家〉〈春〉〈秋〉及其它》(王易庵)，上海《杂志》月刊第9卷第6期，1942年9月。

共同之处，“至少可以说是反映了近代市民社会上升时期的意识，或者可以说是反映了旨在打破封建的那种意识。”[①] 这些符合实际的看法，基本上抓住了问题的症结。对这个问题分析得更透彻的是评论家巴人和徐中玉。尽管他们都认为《激流三部曲》还存在若干缺点，但一致肯定作品在反对封建势力、揭示封建专制制度崩溃命运方面所取得的成就。

巴人从《激流三部曲》的实际社会效果出发，明确指出：作品“得到两大成功。其一，由于中国社会的落后，广大的青年，过的全都是家庭生活，缺少社会生活。巴金把他们从其所熟习的生活中拖出来，到更新更阔大的世界去，这在抗战的队伍里，有不少勇敢的青年，是得了巴金小说的启示——特别是《家》——这一事实，便可证明。其二，在这样激动的时代里，巴金首先告诉每一个读者，‘家’就是青年的坟墓，青年不要葬身在这坟墓里，就得奋斗。不妥协的奋斗，逃出这个家。否则只有一个个死去，他举出了一个个的实例。这种不妥协的奋斗激情，贯彻着巴金《家》三部曲的全部。”[②]

徐中玉则侧重从理论的层面，揭示作品的社会意义。他指出：“家庭的斗争事实上也就是一种社会斗争”，40年代都市城镇的少年们已很少受大家庭的苦痛，因此，三部曲的重要影响更在“那些不为人知的穷乡僻壤里，那些内地的交通不便的小县城里，或是在一些城市的若干条外貌很庄严、内面却很空虚的静静的巷子里。这是为什么呢？这是因为反抗大家庭的风暴虽然在五四前后一度高举起来而得着了相当的胜利，但整个封建制度却并不会随着这运动的退潮而完全消失了它的势力，这在受新潮流影响较深的大城市里固是如此，在受新潮流影响较浅的内地自然更是如此。经过20多年来的努力，一直到今天，封建社会的势力虽已减弱了点，但它依然没有消减；依附着它的大家庭的黑暗虽已洗刷了点，然而它也依然存在，这都是事实。巴金先生的这三部作品以使人惊心惨目的姿势向大家重新提出了这个问题——这并不是一个新的问题，这时把它重新提出却有着新的价值和意义。……这三部作品，事实上是要唤醒着大家起来向那封建势力的最后几个堡垒彻底进攻。只要反

① 《同时代人》(阿部知二)，《现代中国文学4，老舍 巴金(〈骆驼祥子〉、〈憩园〉)》，日本河出书房，1970年版。

② 《略论〈家〉三部曲》，《窄门集》，香港海燕书店，1941年5月版。

帝反封建的任务一天没有完结，这三部作品就始终有它们重要的价值。”[①]

无数事实说明，《激流三部曲》之所以深受三、四十年代许多知识青年读者的喜爱，主要在于作品以独具特色的艺术形式包蕴着富于社会意义的思想力量。这里可以借用李健吾在评论《爱情的三部曲》时所说的话：“他的心燃起他们的心，他的感受正是他们悒郁不宣的感受”；[②] 也可以借用沈从文复巴金信中对他说的话：“你代表了多数青年人的感情，也因此得到多数年青人的爱敬[③]。在《激流三部曲》中，巴金用饱和着憎恨和血泪的笔，控诉婚姻不自主的痛苦，家庭和长辈的专制横暴，社会的压迫和不义，这都是青年们感受到和关心着的切身问题；巴金还用充溢着深情挚爱的笔，赞颂青年一代叛逆封建礼教、封建家庭的行动，反抗现实社会、现存制度的活动，这都是青年们希望着向往着的事情。青年读者从巴金的作品中，认识自己的生活环境，认识窒息人的旧家庭和吞噬人的旧社会。他们从三部曲中发现了自己和亲友的生活与思想。他们的处境和命运，心灵和性格，忧郁和痛苦，欢乐和悲哀，爱恋与憎恨，都能在作品中找到写照。觉新的命运使青年们醒悟，对旧势力逆来顺受，委屈求全，妥协苟安，只能换来一枚枚苦果，一幕幕悲剧。而决心“给自己把幸福争过来”的觉慧，则为青年们树立了奋起抗争的榜样。许许多多的知识青年就是从《家》中受到启示和鼓舞，毅然摆脱封建家庭的束缚，冲破封建礼教的羁绊，走向社会，开始追寻新的生活。

---

① 《评巴金的〈家〉〈春〉〈秋〉》、《艺文集刊》第1辑，中华正气出版社，1942年8月版。

② 《〈雾〉〈雨〉与〈电〉——巴金的〈爱情的三部曲〉》，天津《大公报·文艺》，1935年11月3日。

③ 《给某作家》，《废邮存底》，文化生活出版社，1937年1月版。

第三部

黎明前的探求与企盼

(1942—1949 年)

第八章　生活与创作的转折

(1942.1—1946.4)

21. 属意“小人小事”

一

在中国近代历史上，20 世纪 40 年代是一个重要的历史时期。中国在这一时期发生了两件大事，中国人民在这一时期迎来了两次充满希望的黎明。一件是中华民族以八年斗争的沉重代价，取得了战胜日本帝国主义侵略的胜利，迎来了民族解放的曙光；一件是中国共产党及全中国的革命、进步力量，推翻了国民党的反动、腐败统治，迎来了中华人民共和国的诞生。每一次曙光来临之前，都有一个沉沉的暗夜；每一次曙光降临之后，都有一个热烈的期待。

40 年代，随着环境的变迁，阅历的丰富，视野的开阔和个人生活的重大变化，巴金对现实生活的认识，日趋冷静、深沉，他创作的面貌也随之发生了比较明显的变化。巴金作为一位以笔为武器、以写作为事业的作家，他 40 年代创作与二三十年代相比，其变化不仅表现为作品的题材和人物形象相径庭，更表现为思想内蕴和风格特色相异趣。这就是对激愤的叛逆者的颂扬变成了对默默无闻的普通人的关注，对反抗斗争活动的表现变成了对平凡生活场景的描绘，对革命和理想的呼唤变成了对人生意义的沉思，斗争的呐喊变成了压抑的控拆，激情的倾泻变成了冷静的叙述……这变化在 1941 年 12 月写的短篇小说《还魂草》《某夫妇》中，已显出端倪，而以 1942 年写“小人小事”的三个短篇为标志。此后创作的长篇小说《火》第三部 (1943 年) 和中篇小说《憩园》(1944 年)、《第四病室》(1945 年) 日趋明显和成熟，到 1946 年底写完的长篇小说《寒夜》，则可以说是这一变化的定型和完成。

1942年3月至1944年上半年，巴金以桂林为常驻地，往来于贵阳、重庆、成都和桂林。为使文化生活出版社在战争的艰苦环境中支撑下去，这一段时间里，巴金以很大精力从事出版社的编辑工作和社务活动。他还同陆蠡、丽尼协力，将屠格涅夫的6部长篇小说代表作译为中文出版。他们3人各译两部作品，巴金译的是《父与子》和《处女地》两部。此外，巴金还译了一些短篇作品，如英国作家王尔德的《自私的巨人》等3篇童话和德国作家斯托姆的《迟开的蔷薇》等4篇短篇小说。

1942年，巴金在创作方面投入的力量不多，只在5月到9月写了《猪与鸡》《兄与弟》《夫与妻》3篇反映都市中“小人小事”的短篇小说。《猪与鸡》写一个大杂院里几户人家之间的纠纷。艰难度日的寡妇冯太太在院内养鸡喂猪，小鸡到处乱窜，小猪拱来拱去，引起同院人的不满，房东也出面干涉。同院的小孩暗中整治鸡、猪，房东以加房钱相威胁，致使鸡失猪死，四面楚歌中的冯太太只得搬离小院。《兄与弟》写唐家两兄弟，哥哥欠弟弟的赌账不还，弟弟破门而入抄走毯子抵押出去，兄弟俩因此争吵、叫骂、扭打，以至翻脸。当晚，弟弟因房子倒塌被压死，哥哥闻讯赶来抢救，表现出极度的悲痛。《夫与妻》写一对裁缝夫妇间的口角，丈夫怪妻子不做家务，不管铺子，妻子怨丈夫只会发脾气且每天深夜不归家。在这3篇小说中，恩恩怨怨，是是非非，看来都是细故琐屑。邻里间为猪鸡之事相辱相骂，兄弟间为赌账叫骂翻脸，夫妻间因不和争吵不休，这类凡人小事在现实中比比皆是。巴金捕捉住这些生活现象，不仅展示了普通人在怎样地销蚀着生命，同时透视出抗战中期国统区市井生活的混乱和人心的烦闷与浮躁。

巴金将以上3个短篇辑为40年代最后一个短篇小说集《小人小事》出版，后来，又补入1944年5月和1945年10月写的《生与死》、《女孩与猫》两篇，前者描写一个为庸医所误的女人的死，后者写战争环境中一个小女孩的孤独与寂寞。巴金在为小说集所写的《后记》中解释说：“所谓‘小人小事’，并没有特别的意义，不过说这是一些渺小的人，做过一些渺小的事而已。”[①]《小人小事》中的短篇小说是速写式的。作品中场景的叙述和性格的描写，更注

① 《后记》，《小人小事》，文化生活出版社，1945年12月版。

重客观性。尽管每篇作品中都有“我”出现，写的都是“我”耳闻目睹的人和事，但“我”却同所描写的人、事保持着一定的距离，即使“我”有一些感喟，也是冷静的，深沉的，而没有30年代作品中那种偏重主观感情的倾诉。这些方面，都显示出巴金在小说创作方面的新的探求。当然，这种探求在上面的短篇小说中还只是“试笔”。

二

1943年4月至9月，巴金写成《抗战三部曲》的最后一部，即《火》第三部。巴金自己认为，《火》的“头两部是宣传的书，第三部却不是，第三部写了阴暗面，因为我自己看到了阴暗面，不少的阴暗面。”[①]在这部作品中，抗日的气氛还是浓重的，但前两部中那种正面宣传抗战的色彩已大大减弱。故事的地点既不是沦陷区上海，也不是大别山区，而是巴金熟悉的大后方昆明。作品中的主要人物冯文淑、朱素贞等虽是前两部中的人物，她们却已经离开了斗争第一线来到昆明读书。主人公田惠世是新出现的人物。他的原型是林语堂的胞兄、巴金1930年在泉州结识的朋友林憾庐。巴金认为他是一个正直、善良、立志改革社会的人。1938年林憾庐曾和巴金、萧珊等一道从广州逃到桂林，一路上患难与共。林憾庐是一个基督徒，巴金不赞成他对基督的虔诚，却称赞他忠诚的爱祖国之心。1943年初，林憾庐在桂林病逝。他的逝世，使巴金深感悲痛，因此，在此后两个月写《火》第三部时，便把这位朋友的生和死写进了小说中。巴金把田惠世作为主人公，意在表现这个热爱生命、信奉基督的善良知识分子在战争环境中的人道主义思想和爱国行动。田惠世信仰“天国”，主张“帮助人，爱人”，他以“牺牲”为“最大的幸福”，以“忍耐”为达到目的的手段。他倾注全部心血，想方设法，克服种种困难创办《北辰》杂志，为救同胞出苦海竭尽全力。巴金在作品中肯定田惠世以刊物为事业的献身精神，但对他的宗教思想却给予了善意的批评。他描写“宗教者”田惠世同“非宗教者”冯文淑之间爱国情感的交流与契合，哲学思想的碰撞与交锋，比如，田惠世企图以基督的泛爱思想感化人们，冯文淑却认为“爱拯救不了世界，连中国也拯救不了”。但这方面的描写，并未真正展开并予以深入的表现。

① 《致树基(代跋)》，《巴金全集》第七卷，人民文学出版社，1988年版。

综观《火》第三部，称它是抗战中期后方各色普通知识分子的素描，也许更为确切。在这部小说中，前两部里出现的有英雄行动的一些人物(如刘波)已成为故事的背景或隐线，正面活动的除呕心沥血办《北辰》杂志的田惠世外，主要是一群正在读书的青年知识分子。在他们当中，一些人仍满怀爱国抗日之心，却多少失落了前两部中有过的那种热忱；另一些则或浑浑噩噩，醉生梦死，或谋生财之道，发国难财，成为与大时代“完全不相干”的人。作品还表现了大学教授生活的清苦，大学毕业生“书念得好出来饿饭”，以及“只重资格不重学问，只重交际应酬不重念死书”等“古怪”的社会现象。

《火》第三部和特意标明“小人小事”的短篇小说，明显地表现出巴金此时关注的重心已转向后方的普通人，尤其是普通知识分子的生活和命运。出现这种变化，首先是因为40年代初，巴金一直辗转于大后方西南各地，缺乏战斗生活的实际感受。本来，《火》第一、二部中有关抗战场景的描写，就主要来自朋友的口述，第三部继续描写抗敌活动，显然难以为继。更重要的原因则是随着抗战进入艰苦的相持阶段，巴金在后方的桂林以及昆明、贵阳、重庆、成都，目睹着越来越多的不公之事，不平之事，也即他所说的“阴暗面”。一方面是严肃的工作，一方面是荒淫无耻。这就是当时活生生的现实。这使巴金不能不从生活出发构思自己的作品。这就使《火》第三部与前两部相比，题材内容和思想感情的重心，都发生了转移。

《火》第三部初版本的“书尾”是这样写的：朱素贞的未婚夫刘波在上海遭特务机关杀害，朱素贞为复仇回到上海。大约七个月后，冯文淑收到一则剪报，方知朱素贞因主使刺杀汉奸丁默村而遭枪决。1960年1月，巴金在编校《巴金文集》第十二卷时，主动改写了这个尾声。他让刘波、朱素贞双双复活。朱素贞写信告诉冯文淑，刘波已被营救出狱，他俩已经结婚，待遍体鳞伤、身体虚弱的刘波在香港养好身体后，他们要一同去“如今一般年轻人朝夕向往的那个圣地”。冯文淑回信表示，自己三四天后，也要去那个“圣地”。这里两次提到的“圣地”，指当时中共中央所在地延安。

巴金之所以改写“尾声”，显然与1958—1959年对他的作品的大“讨论”有关。当时有影响的文章批判《火》第三部宣扬“超阶级的爱和资产阶级人道主义”，由于作者对抗战前途抱着绝望心情，于是只好把希望寄托在基督徒田惠世身上。批判的硝烟未散，巴金便修改了小说的“尾声”。改动后，巴金声明：“这个小小的改动并不能弥补我这本小说中存在的大缺点。”①

修改本出版后，不满意改动的读者和评论家指责巴金“迎合潮流”，屈从压力，背叛了过去。欣赏改动的读者和评论家则肯定巴金改得合理，基本符合人物性格发展的逻辑。巴金自己在 1980 年作了这样的解释：“几十年来我不断地修改自己的作品，因为我的思想不断地在变化，有时变化小，有时变化大。我不能说我就没有把作品改坏的时候，但是我觉得《火》第三部的结尾改得并不坏，改得合情合理。当时人们唯一的希望就在那里，这是事实。只有这样地结束我的所谓《抗战三部曲》（尽管我写的只是一些侧面），才符合历史的真实。”② 他自己的说明理应得到尊重。

其实，《火》第三部尾声的改动，很难用“好”或“坏”、“合理”或“悖情”来评价。因为原“书尾”和改后的“尾声”，都只是对书中人物结局的一个简要交待，并不具有重要的情节意义，也不具有丰富和深化人物思想性格的功能。初版以朱素贞的英勇牺牲作结，意在表现中国人民抗敌的勇气和决心，为的是点染作品的抗日气氛。因此，对这个尾声不论作怎样的改动，于整个作品的思想倾向和艺术水平，都不会产生大的补益或损害。这个改动是巴金思想发展变化过程中留下的一个印迹。它的意义和价值，仅在于此。

22. 桂林笔战

一

1943 年 12 月 12 日，巴金在桂林的报纸上读到一篇题为《在西方的山巅上》的文章。文章的作者是由香港来桂林的英国神父赖诒恩。文中引用客居美国的林语堂在刚刚出版的时评集《啼笑皆非》一书中对人们“特别关心提高世界生活标准，而忽视了提高道德标准”的批评，并断言这一批评“触着许多

① 《〈火〉第三部·后记》注，《巴金文集》第十二卷，人民文学出版社，1961 年 11 月版。

② 《关于〈火〉》，《创作回忆录》，人民文学出版社，1982 年 1 月版。

人的痒处，而又不能反驳的”。林语堂和赖诒恩指责人们对于提高生活标准的“特别关心”，并声称这一看法“不能反驳”，这一武断看法，激怒了巴金。他立即写了《一个中国人的疑问》一文，发表在12月17日、18日的《广西日报》副刊《漓水》，明确表示自己决不同意他们的观点。12月23日，赖诒恩发表《走向较好的世界》答辩，重申自己的观点：12月26日、27日，巴金又发表《什么是较好的世界》予以反驳。此后，赖诒恩相继发表《何者较好——财富抑廉耻》(12月31日)和《两个标准》(1944年1月31日至2月2日)，巴金也先后发表致《漓水》编者的信(1944年1月6日)和《读〈两个标准〉》(1944年2月24日至27日)，力陈自己的观点。《漓水》除发表他们两人的文章外，还先后发表了其他一些人的评说文章。

在抗日战争的艰苦时期，巴金之所以有意同一个英国神父“抬杠”，[①]除了为分清是非因而要予以批驳外，实际上还有所指，即间接批评林语堂。

尽管巴金同林语堂的长兄林憾庐关系密切，相处甚好，但对他的胞弟林语堂，却一直心存芥蒂，多有非议。早在1934年9月，巴金在上海看了《论语》第49期“两周年纪念特大号”后，就曾以“余一”的笔名写过一篇杂文《〈论语〉的功劳》，讥讽《论语》“把一个现代的人变成过去的人”，是“一个‘小小的功劳’”。第二年初，他在日本编杂感随笔集《点滴》时，又针对《论语》第55期中“决不回骂想以骂我们而成名或推销其刊物的人”等语，在《〈论语〉的功劳》一文后补写了一段话，他说：“倘使骂《论语》就可以成名，……我到现在还未成名，但既然骂了《论语》，也许不久就会成名。不过不知道成名以后我是现代人呢？还是变做了明朝人？”[②]可见，巴金对林语堂提倡的“幽默文学”和半文半白的“语录体”，早就抱有反感。1939年夏，巴金在批评上海出版界抢译赛珍珠的《爱国者》一书时，对林语堂称颂赛珍珠的言论表示不满。林语堂说，赛珍珠“在美国已为中国最有力的宣传者”，巴金则认为，这一看法是不分是非的“糊涂”之见。[③]1944年，在巴金与赖诒恩的争论停

---

① 巴金1984年12月3日回答笔者的提问时说，他同赖诒恩“抬杠”。见《巴金访谈录》，《文艺报》1992年9月12日。

② 《〈论语〉的功劳》，《点滴》，开明书店，1935年4月版。

③ 《关于〈爱国者〉》，《鲁迅风》第17期，1939年7月20日。

止以后，他又在中篇小说《憩园》中，借作品中“黎先生”的口，批评姚国栋“西洋人讲了恋爱以后才结婚，中国人结了婚以后才开始恋爱”的“理论”，“黎先生”说：“你这种大道理还是拿去跟林语堂博士谈罢。他也许会请你写本《新浮生六记》，去骗骗洋人。我实在不懂！”

1943 年秋，林语堂以显赫的身份从美国回到重庆。从 10 月到次年 1 月，先后在重庆、西安、成都、长沙发表《论东西文化与心理健康》《中西哲学之不同》《论月亮与臭虫》等演说和谈话，提倡读《易经》，力主“和平之哲学”，宣称“东方月亮也赏，西方月亮也赏，东方臭虫要扑灭，西方臭虫也要扑灭”。在国家遭受侵略的严重时刻，林语堂以“超然物外”的姿态发表种种貌似不偏不倚的言论，自然受到文化界的批评。郭沫若以《啼笑皆是》为题撰文，田汉、秦牧、曹聚仁等也都发表了批评文章。巴金没有撰写批评文字，但他对林语堂迎合美国读者口味的几本书持有不同看法，也不赞同林语堂回国后的言论，因此，他对赖诒恩称引林语堂观点的尖锐批驳，也应看作是对林语堂的批评。

正当巴金与赖诒恩争论期间，林语堂为看孀居的嫂嫂(林憾庐的夫人)，也到了桂林。巴金曾在林夫人家中遇见他，林语堂的“名人派头”使巴金厌烦，两人交谈了几句，但话不投机，巴金也就缄默不语了。后来，巴金去桂林火车站送靳以夫妇，碰巧林语堂也在这一天乘车返重庆。巴金没有答理他。[①]

二

巴金与赖诒恩在《广西日报》副刊《漓水》就“生活”与“道德”关系的笔战，在抗战后期的桂林文化界，说不上是大事，但这场笔战对了解抗战后期巴金的思想，却是很有意义的。这场延续两个多月的论争，焦点在于如何看待广大人民群众基本的物质生活需要？如何看待道德水平与物质生活水平之间的关系？如何认识抗战以后的中国将面临的主要工作？

赖诒恩认为，道德标准比生活标准更为重要，道德标准的改善“比使人们暖衣饱食为更基础的需要”，因而，指责人们“特别关心提高生活标准”。他强调，“个人的自私心”是万恶之源，贫困的造成，无数人生活水准的低

① 《关于〈火〉》《创作回忆录》，人民文学出版社，1982 年 1 月版。

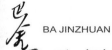

下，奴隶制度的造成，都来自“个人的自私心”。他甚至认为，战争的发生也是由于道德的堕落，如果道德标准有了改善，就会减少发生新战争的危险。而提高道德标准的方法，则在于宗教的感化。

巴金完全不同意赖诒恩的观点，他说：“作为一个中国人，作为人类的一分子，我有权力对赖神甫写出我的疑问，我的良心要我这样的。”他批评赖诒恩和林语堂把事情的秩序颠倒了。他坚持生活决定道德的观点，认为基本的物质生活条件是第一位的，改善生活条件是提高道德水准的前提和基础，“暖衣饱食的确比道德的改善‘为更基础的需要’。”巴金说，现在的事实是，就大多数人来说，道德标准并没有降低，用不着提高，只是生活标准降得太低了，提高的需要倒是很迫切的。在中国，在欧洲的沦陷区“大部分人还是吃不饱，穿不暖，连最起码的生活也过不了”，挣扎在艰苦的生活中，但他们并没有什么违反道德的行为。在这种情况下，“对挨冻受饿忍苦的人民空谈‘道德的标准’，这是奢侈，这是不道德的行为，因为这里面没有同情，没有爱。先帮助他们解决这最基本的生活问题，使他们的生活能够达到平均的标准，才是道德的行为。至于自己不做并且反对别人去做，那就是罪恶了。”巴金还说，“假如沦陷区内的人民完全不顾及道德的价值，他们大可以做汉奸以改善其生活状况”，但他们没有这样做。他认为，现实中的确存在着某些道德堕落的现象，但“道德的堕落便是从大多数人生活标准的降低这一事实来的。”他一再强调，“道德并非脱离人类的单独存在的。人没有‘为道德而遵守道德’的义务。道德是为了帮助人类谋幸福，求发达与繁荣而存在的。人类的完满的生活便是道德的目标。”因此，“人人有饭吃，有衣穿，有屋住，有书读，有工做”既是最基本的生活标准，也是道德本身。“要是最大多数人以至全人类的生活标准不提高，那么纵使有千万个道德的教师，计划出千万种‘提高道德标准的办法’也‘决不能产生出一个较好的世界’。撇开大多数人的幸福和痛苦来谈道德，等于抓起一具枯骨来硬给他装上一个灵魂！”他还指出，宗教并不是解决道德标准提高的办法，“宗教能给人以心灵的慰安，却不能保足人的饥饿。”要“祛除贫乏”“必须先使生产增加，分配合理”。“撇开了人民的幸福来谈宗教，结果呢？结果不是毫无用处，便是回到宗教裁判所去！”

此外，巴金还在他的文章中表示了对第二次世界大战后的复兴工作的看法。他主张战后应该首先抓改善人民生活条件这件事，比如，修建残毁的房屋，耕种废弃的田地，恢复和转换工厂的生产，普及教育等等，而“最重要的两点：贫乏应该消灭，愚昧应该扫除”。他认为，这关系到民族和人类的前途，“倘使我们忽略了这个问题，这个工作，则世界的和平与人类的幸福绝对无法实现”。

显然，巴金在桂林挑起的这场“生活”与“道德”关系的论争，并不是一场纯理论的笔墨官司，更不是个人之间的意气争斗。它涉及的是一个非常重要的实际问题，它反映出两种完全不同的思想观念。尽管巴金的理论观点并非没有偏颇之处，但他的基本立场和基本观点却是正确的。他所阐明的看法，表明他对大多数人民的处境有深切的了解，对现实有清醒的认识，对苦难中的祖国怀着深挚的爱。因此，他才能理直气壮地表示：“在抗战的六年中间，我始终跟着我的同胞在一块儿生活。我同他们一起欢呼过，也跟他们一道受过苦，我有权力在这里用中国人的名义讲话。”

在这场论争停止以后，巴金在回答一位年轻朋友关于“怎样写作”的问题时，没有正面回答“怎样写作”，却着重谈“怎样做人”。他借这个机会，再一次阐述自己的道德观，再一次批评赖诒恩“把人当作一个富于自私心的动物”的人性观。巴金联系坊间一些教训人们“怎样做人”的书籍，明确地表示对以自私、世故、敷衍为目的的人生哲学的不满。他指出：“难道大家就不为了这个民族的前途着想？对人讲手段，讲应付；处世要‘教育’，要‘秘诀’。——那么我们还有什么‘将来’呢？大家都有了‘秘诀’，大家都会‘应付’。什么‘理想’，什么‘正义’，什么‘诚实’，什么‘牺牲’，都会变成梦话了。”因此，他恳切地奉劝这位青年，“不要去读那些‘修养书’”，以免把自己“养”成为“一个小滑头”。

巴金在文中强调，“人是道德的生物。……自有人类以来，他走的是这样的一条路：把个人的命运联系在群体的命运上，将个人的希望寄托在群体的繁荣中。”“至于人的自私与贪欲，社会的不满、罪恶、贫困、战争，都是由不合理的制度来的。它们并非起源于个人的自私心。……人对他的同胞必须真诚，必须互助；离开了合作与互助人便不能够生存。一个最深刻的伦理公式是：‘没有平等便没有正义，没有正义便没有道德。’”他又一次重复他多次引用过的两段话：“一个人如果不使他周围的人解放，他也不能解放自己。万人的自由便是我的自由。”“真正的幸福是从在民众中间与民众共同为着真理和正义的奋斗中得来的。”他表示，“要说‘教育’，这才是真正的‘处世教育’；要说‘秘诀’，这才是真正的‘处世秘诀’。”在谈到“自己怎样做人”时，巴金抄下了他喜欢背诵的法国地理学家邵可侣（Elisée Reclus 今译雷克吕斯，1830—1905 年）在他的巨著《新世界地理、地球与人类》第 6 卷“序言”中的一段话：

> 我无论到什么地方，我都觉得我好像在自己的家里一样，在我自己的国土里一样，在我的同胞、我的弟兄中间一样。我从不曾让我的感情征服了我自己，只有那对于一个大的祖国内所有居民的尊重与同情的感情，才可以支配着我。我们的地球这么快地在空间旋转，好像大无穷中的一颗砂粒，难道在这个圆球上面，我们还值得花费时间来彼此相恨么……

这篇发表在与 30 年代林语堂编辑的《人间世》相近而又相区别的《人世间》杂志第二卷第一期（1944 年 5 月 1 日）的文章，其伦理观点基本来自克鲁泡特金，同时也是 20 年代末以来巴金的一贯思想。这篇文章作为巴金对自己同赖诒恩论争的通俗总结，不仅表现出他对于高尚的道德理想、伦理原则的追求，也反映出他对民族的未来前途的深沉思考和高度负责精神。

23. 花溪情长

1944 年 5 月，在巴金个人生活中，发生了一件重大的事情。

5 月 8 日，贵阳城南郊花溪镇一家名为“小憩”的旅馆里，走进一对来自桂林的情侣。他俩今天在这里结婚。这对新人就是年近 40 的巴金和 27 岁的萧珊。

结婚是人生的一件大事，但巴金对这件大事的安排，却十分平淡。5 月初，他委托小弟李济生印了一份“旅行结婚”的通知送给亲朋好友，然后偕萧珊离开桂林去贵阳。在抗战时期的大后方，“旅行”并不轻松。入夜，他们在桂林上火车，第二天下午到金城江，在这里改乘汽车到河池，再换邮车，经六寨出广西进入贵州，北行过独山，然后抵达目的地贵阳。山路崎岖，在万山丛中穿行的汽车颠簸得厉害，但沿途的群山、土地、庄稼、树木、花草，使他俩眼睛舒畅，心灵舒展。望着目不暇接的景物，一种生机勃勃的感觉袭上巴金的心头，他深深感到，在大自然的怀抱里，生命是多么丰富、多么美啊。

巴金自幼怕热闹，烦礼仪，又不擅长应酬交际，更向来不愿为个人的事情大张旗鼓，惊动四邻。桂林作为抗战时期大后方的“文化城”，聚集着许多与巴金相熟的文化人。在桂林结婚，免不了要举行仪式，要庆贺一番，“热闹”一阵。这种场面对巴金来说，既不习惯，也不情愿。这大概是巴金避开山水甲天下的桂林，采用“旅行”的方式结婚的主要原因吧。

巴金选定贵阳作为“旅行”的目的地，可能有两方面的原因。一方面，与他们两人婚后的行动计划有关。贵阳距桂林较近，地处渝、昆、桂三城市的中点，从那里北上重庆、成都，西去昆明，南返桂林，都比较方便。另一方面，恐怕与巴金 1942 年 3 月到贵阳时留下的印象有关。当时，他曾经这样描述自己在这个被称为“天无三日晴”的山城里度过的几个美丽的晴天：“头上没有一片云，天空是淡青色的。阳光给树叶薄薄敷上一层金粉。大群苍鹰展开两翅在空中自由地翻腾，麻雀在屋檐上愉快地讲话。一阵微风吹到脸上，就像是一只熟习的手在轻轻抚摩。桃花盛开，杨柳也在河畔发芽。我呼吸着春天的空气。”“晚上我又看见更美丽的星天。其实这是月夜，但是我更喜欢提说星星，一钩新月，好些星星，蓝天显得很亮，星星像灯一般地挂在我的头上，好像我们随便拾起一个石子掷去，便可以把它们打落下来。”也就是这一次，在离开贵阳的时候，巴金感到未去花溪的遗憾。这天清晨，他在去车站的路上，看到桥头停着好几辆去花溪的马车，遗憾地想：“倘使不离开贵阳，我今天会坐这样的车到花溪去。但是现在我失掉机会了。”[①] 这次以花溪为终点的旅行，正好弥补两年前留下的遗憾。

---

①《贵阳短简》，《旅途杂记》，万叶书店，1946 年 4 月版。

花溪的“小憩”旅馆，建在幽静的公园里，是一座洋房式的建筑，房间不多，也没有供应膳食的餐厅。巴金和萧珊住在那里的几天中，旅馆里客人很少，显得更加安静。这里虽感寂寞，但没有熟人，也就没有任何人来打扰。整个旅馆仿佛就是他俩的天地。他们没有举行任何仪式，没有办一桌酒席，两人甚至连新衣服也没有添置一件。他们两人相识、相恋 8 年，相知已深，现在正式结合在一起，把身子系在一个共同的命运上，他们所求的是感情和心灵的契合，形式的繁或简，华或朴，甚至有或无，对他们并不重要。

5 月的花溪，一派初夏景象。公园中葱茏的草木和各色鲜花，含笑陪伴着他们；清澈的花溪水发出哗哗的喧闹声，仿佛在不停地赞美和祝福他们。当晚，他俩步行半个小时，去到花溪镇吃结婚宴。巴金这样追忆这一晚的情景：

> 我们结婚那天晚上，在镇上小饭馆里要了一份清炖鸡和两样小菜，我们两个在暗淡的灯光下从容地夹菜、碰杯，吃完晚饭，散着步回到宾馆。宾馆里，我们在一盏清油灯的微光下谈着过去的事情和未来的日子。我们当时的打算是这样：萧珊去四川旅行，我回到桂林继续写作，并安排我们婚后的生活。我们谈着，谈着，感到宁静的幸福。四周没有一声人语，但是溪水流得很急，整夜都是水声，声音大而且单调。那个时候我对生活并没有什么要求。我只是感觉到自己有不少的精力和感情，需要把它们消耗。我准备写几部长篇或中篇小说。

这就是一对相恋 8 年的恋人的婚礼，这就是一个著译等身的名作家的婚礼。婚后几天的情况，巴金是这样写的：

> 我们在花溪住了两三天，又在贵阳住了两三天。然后我拿着我舅父的介绍信买到邮车的票子。我送萧珊上了邮车，看着车子开出

车场，上了公路，一个人慢慢走回旅馆。[①]

巴金和萧珊将近一个星期的“蜜月旅行”就这样结束了。送走萧珊的当天，巴金去到贵阳的“中央医院”诊治鼻子。他利用等待入院动手术的两天时间，开始了中篇小说《憩园》的写作。为做“矫正鼻中隔”手术，巴金用“黎德瑞”的名字在医院住了十几天。出院后，他寄寓在中国旅行社招待所。新婚乍别，巴金略感惆怅。在招待所的十多天日子里，从早到晚，除了吃饭时间，他都埋头写《憩园》。两年前，巴金在给一位年轻朋友的信中，曾写过这样的话：“人不该单靠感情生活，……把精神一半寄托在工作上，让生命的花开在事业上面，也是美丽的。”[②] 这些话，也是巴金自己身体力行的准则。他的工作是写作，他把自己精神的一半寄托在写作上。他恨不得一口气把构思中的《憩园》写完。

本来，巴金打算在贵阳住一段时间便回桂林，但萧珊从重庆两次来信，要他去重庆。于是，他改变主意，决定去重庆与萧珊相聚。动身前，他又去花溪，在“小憩”住了两天，他在寂寞的公园里找寻他俩留下的足迹，站在溪畔栏杆前望着急急流去的水，重温着一个多月前温馨的旧梦。

7 月上旬，巴金来到重庆。他和萧珊在这里开始了小家庭的生活。他们的家，安在民国路重庆文化生活出版社门市部楼梯下一间狭长的小屋子里，屋子只有七八平方米，又黑暗又潮湿。当时担任重庆文化生活出版社经理的田一文认为，用这间房子作新居，实在不像样，提出把自己在楼上住的房子腾出来给他们住，但巴金和萧珊都不同意。萧珊托人买了几只玻璃杯，算是开始组织起这个小家庭。

24. 胜利前后

一

1944 年 5 月至 7 月，巴金写成中篇小说《憩园》。这是他婚后完成的第

① 《关于〈第四病室〉》，《创作回忆录》，人民文学出版社，1982 年 1 月版。

② 《致杨静如》(1942 年 6 月 7 日)，《巴金书信集》，人民文学出版社，1991 年 8 月版。

一部小说。小说的故事源于抗战期间他两度重返故乡成都的见闻和感慨，主人公杨梦痴的原型就是他的五叔。

1941 年 1 月和 1942 年 4 月，巴金先后两次回到成都，第一次住了 50 天，第二次住了 3 个月左右。亲朋见面，家长里短，离情别绪，自然高兴。重返故里，巴金感到，离别 18 年的故乡，似乎一切都变了，似乎又都没有变。一天，他到一个破庙去看刚刚死去的五叔李道沛。面对着廉价的棺材，同去的亲戚却没有一个人有伤心的表示。李道沛自幼聪颖，但阿谀和溺爱的环境把他造就成一个吃、喝、嫖、赌无一不精的阔少爷，一个四体不勤的寄生虫。为了享乐，他学会了偷、骗、借、混，所有的亲戚都厌恶他，妻子和儿子也恨他，最后将他赶出了家门。他没有劳动的能力和本领，成为惯偷，被警察抓起来，病死在监牢里。巴金十年前写《家》的时候，就根据年轻的五叔塑造了高克定这个浪荡公子的形象。现在看到五叔可耻而又可悲的结局，他一点也不感到意外。五叔的结局，使他联想到回故乡后耳闻目睹的另一些情况：金钱在社会上仍然大显神通，成都还是培养各式各样的不劳而获者的温床，新式的老爷、少爷们仍靠着祖先的遗产挥霍度日，醉生梦死……。想到这一切，他愤慨，同时又禁不住涌出种种思绪。就在第二次回成都时，巴金给在小学读书的一个侄子写了四句话："读书的时候用功读书，玩耍的时候放心玩耍，说话要说真话，做人得做好人。"[①] 他用一个孩子能够接受的语言，表示了对成长中的后一辈的期待。

巴金 1941 年回成都时，曾几次去到正通顺街故居，面对改变了的街道和故居，他仍感到亲切。原是铺着石板的街道变成了三合土马路，巍峨的门墙代替了太平缸和石狮子。公馆几易其主，现在的主人是"保安处长"刘兆藜，因此，门墙楣上题着"藜阁"两个字，门前也站着一个全副武装并用怀疑的眼光打量着他的士兵。大门开了，巴金熟悉的照壁呈现在眼前，照壁上那四个篆体图案字"长宜子孙"依然如故。看来，所有在这公馆住过的主人都希望"长宜子孙"，都愿意保存这四个寄托着心愿的文字。巴金望着照壁，注

① 《永远不能忘记的四句话》(李致)，《巴金文学研究资料》，1991 年第 3—4 期合刊。

视着“长宜子孙”四个字，心被一种奇异的感情抓住了。他想起过去的种种事情，想起五叔的悲剧，想起许多像五叔那样的子弟，不禁生出这样的感慨：

> “长宜子孙”这四个字的年龄比我的不知大了多少。这也该是我祖父留下的东西罢。最近在家里我还读到他的遗嘱。他用空空两手造就了一份家业。到临死还周到地为儿孙安排了舒适的生活。他叮嘱后人保留着他修建的房屋和他辛苦地搜集起来的书画。但是儿孙们回答他的还是同样的字：分和卖。我很奇怪，为什么这样聪明的老人还不明白一个浅显的道理：财富并不“长宜子孙”，倘使不给他们一样生活技能，不向他们指示一条生活道路，“家”这个小圈子只能摧毁年轻心灵的发育成长，倘使不同时让他们睁起眼睛去看广大世界，财富只能毁灭崇高的理想和善良的气质，要是它只消耗在个人的利益上面。

他甚至产生了这样激愤的念头：“‘长宜子孙’，我恨不能削去这四个字！许多可爱的年轻生命被摧残了，许多有为的年轻心灵被囚禁了。许多人在这个小圈子里面憔悴地捱着日子。这就是‘家’！‘甜蜜的家’！这不是我应该来的地方。”①

巴金立足于现实生活的这些颇具哲理意味的感想，便是照亮《憩园》构思的火光和贯这部作品的思想主线。这部构思缜密、技巧圆熟的小说，描写先后居住在大公馆“憩园”里的杨、姚两个家庭衰败颓落的故事。两家人的故事穿插交错，通过“我”（黎先生）有机地结合起来。老主人杨老三是一个旧式老爷，吃、喝、嫖、赌，恣意挥霍祖上的遗产，败光家产后，被愤怒的妻儿赶出家门，毙命于监牢中；新主人姚国栋的儿子小虎则是一个新式少爷，他以外祖母为靠山，养尊处优，赌钱，摆阔，逃学，为所欲为，最后在游泳时溺水而亡。财富，金钱和享乐造成了罪恶的结果，不劳而获的生活好景不长，必然崩溃，杨、姚两家注定不配有好的命运。作品以浓郁的抒情意味，真切

---

① 《爱尔克的灯光》，《龙·虎·狗》，文化生活出版社，1942 年 1 月版。

而又舒缓地叙述两个家庭的悲剧故事，有力地揭示出不留德行，留财产给子孙，是靠不住的，财富和金钱，根本不可能“长宜子孙”。正如小说里的作家“黎先生”质问姚国栋时说的那样，“你以为赵家现在有钱，那么他们就永远有钱，……他们的儿子、孙子、外孙、曾孙、重孙都永远有钱，都永远赌钱，看戏，吃饭，睡觉吗？你以为我们人就吃的是钱，睡的是钱，把钱当作父母，一辈子把住钱啃吗？”

在小说中，巴金还通过不安于现状，憧憬着新生活的姚太太（万昭华）同“黎先生”的对话，肯定了只有“活着为自己的理想”才是“一件美丽的事”，也才是合理的、长久的、有意义的生活。当然，这一层意蕴在作品中显得抽象一些。因此，巴金在写完小说后，又借《后记》重申这一层意思，他说，“谁见过保持到百年、几百年的私人财产！保得住的倒是在某些人看来是极渺茫、极空虚的东西——理想同信仰。”

《憩园》描写的虽是40年代初成都两个不同的家庭的故事，但作品的主旨并不在于揭露封建专制的罪恶，也不仅仅是为颓败中的新旧封建家庭唱挽歌。由于作品中的“憩园”是以巴金的故居李公馆为蓝本，老主人杨老三的原型是巴金的五叔李道沛，因而，在他着笔的时候，对失而复见的故居和死于非命的五叔感情十分复杂，愤恨中夹杂着感慨，鞭挞中蕴含着惋惜。并非巴金对13年前在长篇小说《家》中用笔抨击过的对象改变了态度，主要是他要在这部小说中表达自己对生活的一种新的发现和领悟，一种新的思索和探求。他固然痛恨杨梦痴的堕落，不满于姚小虎的骄横和姚国栋、赵家对他的放任，但这些个人并不是巴金要抨击的目标。巴金所抨击的是一种传之久远而使许多人不知其害的传统观念，一种怵目惊心而又为许多人习以为常的沉重事实。在这个意义上说，《憩园》既是《激流》在40年代的续编，又是一部新的《家》。

二

时光飞如流矢，转眼间，文化生活出版社走过了10年的路程。1945年初，巴金翻译了屠格涅夫的41首散文诗，连同1935年去日本译成的10首，合为《散文诗》出版，作为献给在艰苦环境中和困难条件下奋斗的文化生活出版社成立十周年的纪念。他表示："我借用他一句话送给这十岁的孩子：我们要继续奋斗！"巴金借用的这句话出自屠格涅夫 1879 年 11 月所作《我们要继续奋斗》，全诗是这样的：

> 想不到一件极琐碎的小事情有时候也会把一个人完全改变过来！
>
> 有一天我一面沉思，一面沿着大路走去。
>
> 一种苦恼的预感紧紧压住我的胸膛，我意气很消沉。
>
> 我抬起头……在我前面，在两排高大的白杨树中间，道路像一根箭似地伸到远方去。
>
> 跨过它，跨过这条路，离我有十步远近，在那光彩夺目的夏天的金光里跳跃着一大群麻雀；它们活泼地、快活地、充满着自信地跳跃着！
>
> 里面有一只跟别的不同，它奋勇地往一旁跳来跳去，它鼓起它的小胸脯，放胆地叫着，好像在说它什么也不害怕，真是一个勇敢的小战士！
>
> 同时高高地在我头上有一只鹰在天空盘旋，这只鹰也许是命定了要来吞食那个小战士的。
>
> 我望着，我笑了，我摇动我的身子——忧郁的思想马上消失了。我觉得我有了胆量，有了勇气。有了求生的欲望。
>
> 就让我的鹰也来在我的头上盘旋罢……
>
> "无论如何，我们要继续奋斗！"

巴金翻译的《散文诗》，第一次向中国读者成册介绍了小说家屠格涅夫晚年的散文诗作。巴金虽称自己的译作为"试译"，但他的译文忠实地传达了屠格涅夫原作隽永深邃的意蕴，语言表达也准确、优美。借助巴金的译文，屠格涅夫脍炙人口的散文诗名篇《门槛》《俄罗斯语言》《岩石》等，在中国读者中广为传诵。

1945年5月到7月，巴金在重庆写成中篇小说《第四病室》，小说的素材是一年前他在贵阳中央医院第三病室住院的亲身经历。这部中篇的纪实性很强，它以“病中日记”的形式，通过一个年轻病人的眼睛，细致逼真地描写了一间外科病室中二十几个病人所受的痛苦和种种令人心酸的折磨。病室里有翻车致残的司机，有因公负伤的工人，也有患梅毒病的老者。医院把这些受着病痛折磨和死亡威胁的病人，当作“一架有毛病的机器”对待，病人们既缺少药物的治疗，又没有必要的营养，也得不到应有的安慰和同情。病人们在这间肮脏污浊的病室中挣扎、叫号，一个接着一个凄惨地离开人间。

在“第四病室”充满痛苦的病人中，巴金塑造了一个善良而近人情的年轻女医生杨木华。她相貌平常，态度温和，工作认真。她把病人“看作一个人，一个朋友，一个兄弟一样的人。”她的希望是“变得善良些、纯洁些、对别人有用些”，但在这个以金钱为条件的医院和社会里，杨木华毕竟“敌不过钱”，她所能做的，只是安慰病人寂寞的心，帮助他们减轻痛苦的折磨，鼓舞他们生活的勇气。杨木华是巴金理想中的人物，她的形象表现出巴金的希望，也使病室那黑暗惨苦的生活中“闪烁着一线亮光”。

与《憩园》不同的是，巴金是把《第四病室》当作“中国社会的缩影”来写的。他有意通过这部作品，揭开抗战后期大后方黑暗社会的烂疮。作品描写的病人们的种种遭遇和痛苦，正是当时国统区人民苦难生活的写照，正如巴金后来所说：“这小小的病室跟蒋介石统治下的地区是分不开的：在这里发生的事在外面也一样地发生。”①

三

1945年8月14日，日本政府表示接受波茨坦公告。15日，天皇裕仁宣布日本无条件投降。中国人民艰苦卓绝地进行了八年的民族自卫战争，取得了胜利。消息传来，举国上下，万众欢腾。到处是庆祝胜利的狂欢声，到处是庆祝胜利的鞭炮声。8月10日，在得知日本即将投降的消息后，战时的首都重庆便沉浸在欢乐中，人们围聚到被称作“精神堡垒”的广场上，笑着，叫着，跳着，闹着，小孩们追着吉普车跑，大人们举起手欢呼。这一天，巴

① 《谈〈第四病室〉》，《巴金文集》第十四卷。人民文学出版社，1962年8月版。

金也去到广场，挤在狂欢的人群中大笑，他从心底里感到“压在我头上的一个可怕的梦魇去掉了。一个浓墨的暗夜发白了。”

抗战胜利后，祖国的命运和前途将会怎样呢？胜利能解决今后中国的一切问题吗？激动中的巴金深深地忧虑着。在抗战期间颠沛流离的生活中，巴金往来于华南、西南，不仅亲见到国民党统治区物价飞涨、民生凋敝、生活痛苦的混乱景象，更目睹了政府官员贪污腐败、鱼肉人民的种种丑行，他对这样的政府没有抱幻想，不相信它能在胜利后把中国引向光明。因此，他在 8 月 14 日写的短文《一点感想》中不无忧虑地说：“我似乎不配跟着别人欢笑，因为这个胜仗不是我打出来的，而且我连想也没有想到，胜利自己就送过来了。我更担心，这个胜利纵使我会有一份儿，它分到我名下，我也不会抓住它，它会飞走的。……单是‘胜利’两个字并不能解决我们的一切问题，我们狂欢得太早了。”[①] 一个半月以后，他又去到“精神堡垒”，看到的是“一片寒冷和荒凉”，从桂林逃难来的老太婆在这里乞讨，为生活所迫的人在这里摆摊卖东西，没有交通工具返乡的人在这里发牢骚。欢笑的气氛已经消逝。巴金借友人的议论再一次说：“胜利只是一个开始，它并不是结束。它并没有给我们解决一切问题，而且它给我们带来了更多的问题。现在决不是应该欢笑的时候。”[②]

8 月 28 日，毛泽东同周恩来、王若飞等从延安飞抵重庆，代表中国共产党同国民党进行谈判。早在 1941 年春，中华全国文艺界抗敌协会在重庆举办的欢迎会上，巴金就第一次见到周恩来。1944 年底，在重庆文艺工作者的座谈会上，巴金与周恩来又一次见面。这一次，在周恩来的安排下，9 月的一天，毛泽东在上清寺会见了重庆文化界人士，应邀出席的巴金在这里第一次见到毛泽东。身着蓝灰色中山装的毛泽东面带微笑，同文化界二十多位知名人士一一握手。据说，当毛泽东握着巴金的手时，曾与巴金有过关于“无政府主义”的诙谐对话。

10 月 10 日，“中华全国文艺界抗敌协会”改名为“中华全国文艺界协会”。21 日，中华全国文艺界协会举行会员联欢会，巴金在会上又一次见到周恩来，

① 《抗战文艺》第 10 卷第 6 期，1946 年 5 月。

② 《无题》，《少年读物》第 2 卷第 1 期“复刊号”，1946 年 1 月 1 日。

并仔细地听了他介绍延安文艺界情况的讲话。周恩来的讲话，使巴金受到启示，也得到一些鼓舞。

为了筹备在上海恢复文化生活出版社，也为了同留在上海的三哥尧林及其他朋友见面，抗战一结束，巴金就急于返回上海，可是，因为“交通工具全被‘官’字号的人占去了”，他只好滞留重庆等待。11 月初，巴金得以回上海，接近临产的萧珊暂留在重庆。巴金到上海时，三哥已病卧在床，第二天，他把三哥送进医院。11 月 22 日，巴金最亲爱的兄长李尧林在发出一声轻微的叹息后，便静静地死去了。

14 年前的春天，巴金在上海得到大哥尧枚自杀的噩耗，现在，他又在冷峻的寒冬，亲眼看见三哥尧林逝去。深爱着他也为他深爱着的两个兄长都永远离去了。巴金的悲痛难以言喻。同大哥相比，三哥与巴金的关系更为亲密。自 1925 年中学毕业前，巴金一直与三哥相伴相依。中学毕业后，他们便异地居住，不能经常会面，但借助往来频繁的书信，他们之间的感情交流从未中断。

尧林 1930 年在燕京大学毕业时因成绩优异而获得学校颁发的“金钥匙”，毕业后在天津南开中学当了十年英语教师。他一直过着默默无闻的独身生活，像一根燃烧的木柴，给许多少年带去光和热，不惜自己默默地毁去。巴金含着眼泪，在虹桥公墓安葬了三哥，并用三哥自己译著的稿费修建了陵墓。墓前的大理石石碑上，刻着一本摊开的书，书页上镌着“别了，永别了。我的心在这里找到了真正的家。”这句话，是从尧林翻译的冈察洛夫的《悬崖》中摘出的。安葬了三哥，还没有摆脱悲痛心情的巴金，又匆匆返回重庆，因为萧珊即将分娩，急需他去照顾。12 月 16 日，他们的第一个孩子——女儿李小林平安降生。新生命的诞生给巴金带来了新的欢愉。

第九章　寒夜中

(1946.5—1949.6)

25. 夜，的确太冷了

一

1946 年 5 月，巴金一家三口人回到上海，迁徙流离的生活终于结束了。当年只身逃离上海，现在举家返还，然后他并不喜悦。在上海，在整个国民党统治区，并没有出现任何光明的、令人高兴的景象。现实愈加黑暗、恐怖。7 月，蒋介石撕毁国共两党前一年 10 月 10 日在重庆签署的协定，悍然发动全面内战，并颁布“戡乱”法令，封闭进步报纸，查禁革命书刊，不断迫害绑架甚至暗杀进步人士。

巴金在抗战胜利时曾有过的一点点希望，像烟尘一样散去。事实证明了他那时的忧虑实在不是多余的。巴金对现实有清醒的认识，对前途也没有失去信心。在为纪念鲁迅逝世 10 周年所写《鲁迅先生十年祭》一文中，他写道：“在先生逝世十年后的今天，民族解放战争虽已获胜，但内战还在扩大，社会秩序仍然混乱，人民生活反更艰苦，我们这民族也并没有得到真正的解放。先生所追求的并没有到来，而所憎恨的亦未消去。在这时候，逝去十年的先生呼声仍然是极其响亮的。我仿佛还看见先生执著思想的火炬在荆棘遍地的荒野中领着无数的青年向着远远的一线光亮前进。”他期待全中国人民继承鲁迅的遗志，“向着自由、平等的新中国的道路前进。”①

抗战胜利后，为了争民主、争自由，为了反独裁、反内战，巴金在重庆、

① 《少年读物》第 3 卷第 4、5 期合刊，1946 年 11 月。

在上海，积极参加了各种社会政治活动。1946 年 1 月 20 日，他与茅盾、冯雪峰等 50 余人联名发表《陪都文艺界致政治协商会议各委员书》；2 月 18 日，他就重庆校场口“2·10”血案对《民主报》记者发表深表愤慨的谈话，27 日，又与史良、杜国庠、茅盾等 152 人联名发表《为“2·10”血案告国人书》；4 月 18 日，他在重庆文化界知名人士《致美国国会争取和平委员会书》上签名，6 月，他在上海各界人士致蒋介石、马歇尔及各党派的信上签名；7 月 16 日，他与茅盾、叶圣陶等 260 人联名发表《中国文化界反内战、争自由宣言》；8 月 24 日，他在上海的《周报》上发表杂感《“封”和“禁”》，抗议当局查封这份颇有影响的进步刊物；10 月 10 日，他又与沈均儒、郭沫若、茅盾等 39 人联名发表《我们要求政府切实保障言论自由》。所有这一切，都是巴金“向着建设自由、平等的新中国”努力的实际行动。

1947 年年底，巴金在“一年前，两年前都不曾有过这样的‘寒夜’”中，写完了早在两年前已动笔的长篇小说《寒夜》。小说第一章的开头写的是冬天夜晚主人公汪文宣在外躲空袭警报的情形，充溢着黑暗和寒冷的气氛，而此时写完的“尾声”，是深秋的夜晚女主人公曾树生独自走在阴暗的街上。全书的最后一句是“夜的确太冷了。”①

《寒夜》是巴金在中华人民共和国成立前创作的最后一部小说，也是他毕生最后一部长篇小说。这部小说是 1944 年冬天在重庆开始动笔的，全书 30 章，断断续续写了两年时间，主要部分 1946 年写于上海。作品以抗日战争后期的重庆为背景，用沉痛悲凉的笔调，描写一个在“半官半商的图书文具公司的总管理处”做校对工作的小职员汪文宣的家庭悲剧。

汪家是一个由四口三辈组成的小家庭：汪文宣和在大川银行工作的妻子曾树生以及他们的儿子小宣和文宣的母亲。这个家庭生活窘迫，处境艰难，危机四伏，冲突不断。家中以汪文宣为轴心，构成婆媳之间、夫妻之间、母子之间难以调和的矛盾。大学教育系毕业的汪文宣，曾是“有理想，也有为理想工作的勇气”的青年，但是，生活中却没有他的位置。他在图书文具公

① 见《文艺复兴》第 2 卷第 6 期 (1947 年 1 月) 初刊文字。1947 年 3 月上海晨光出版公司出版单行本时，巴金在这句话后面又加了一句“她需要温暖”。此后各版的末句均为后者。

司谋得一个仰人鼻息的职位，迫于生计，不得不整天面对单调的校对工作和纠缠不清、令人头痛的译文，还不得不忍受着上司厌恶的表情、敌视的眼光和同事们多半是漠然的面孔。汪文宣在办公室里沉默寡言，唯唯诺诺，度日如年。好容易挨到下班，家庭也不是他的憩息之处。在家中，尽管也能得到母亲的关心和妻子的怜悯，但更多的时候，却不得不面对母亲喋喋不休的诉苦和唠叨，不得不面对妻子的责备和气恼。同时，在他的心灵深处，又为母亲的憔悴面容深感悲戚，为妻子的青春活力自惭形秽。最使他烦恼的是，母亲看不惯妻子的举止行动，妻子则受不了母亲的挑剔讥讽，婆媳一见面就免不了唇枪舌剑，相互伤害。汪文宣爱母亲，又不能说服母亲与妻子相安无事；无法舍弃妻子，又劝慰不了妻子与母亲和睦相处。他夹在母亲和妻子这“敌对”双方的中间，两面哀告，左右为难，恶梦连翩，难以自拔。汪文宣在家里实在呆不下去的时候，也到酒馆浇愁，见到的却是潦倒丧妻的老同学消沉轻世的惨剧。这“永远亮不起来，永远死不下去”的处境，加上匮乏的物质条件，使汪文宣的肺病一天天加重，身体一天天虚弱。最后，曾树生跟着银行的陈主任离开重庆远走兰州，汪文宣默默病死在欢庆抗战胜利的鞭炮声中，结束了平凡而又痛苦的一生，汪母和小宣则不知去向。作品通过波澜迭起的情节，把抗战后期都市中平凡人物的痛苦、悲愤、挣扎和死亡表现得淋漓尽致，全书反复点染浓黑的夜景和刺骨的寒气，既没有希望的闪光，也没有奋起抗争的火花。

《寒夜》描写了 1944 年冬天到 1945 年年底一幕令人断肠的家庭悲剧，这场因婆媳间固执地互不相让而发生的悲剧是怎样酿成的呢？是固执守旧的汪母对儿媳的挑剔苛求、冷嘲热讽引发了家庭的矛盾和解体吗？是青春焕发的曾树生“只想活得痛快一点，过得舒服一点”的追求破坏了家庭的平静与和睦吗？是谨小慎微的汪文宣懦弱自卑的性格助长了婆媳之间的冲突与斗争吗？显然都不是。三个主人公各自都有过失，都有弱点，特别是汪母与曾树生之间缺乏理解和容忍，但他们都是善良的、无辜的，都是令人同情的受害者。那么，悲剧的制造者是不是那个气宇轩昂、带走了曾树生的陈主任呢？是不是那个刻薄成性、辞退了汪文宣的周主任呢？显然不全是。他们对汪家的肢解负有责任，但都不是元凶祸首。经济的拮据，生活的艰辛，“工作”的痛苦，家庭的矛盾，疾病的折磨，都是导致汪文宣走向死亡的原因，但他死不瞑目，他喊不出自己的悲愤，他要求找到“公平”。汪家的悲剧既是家庭的悲剧，更是社会的悲剧。巴金沉重的笔触，引人深思。他不是引导读者去追究某个人的责任，他是通过描写陷入困境的汪家从争吵不休到人亡家破的曲折过程，通过汪文宣的中学同学、文学硕士唐柏青的穷愁潦倒，消沉自戕，醉酒后毙命于车祸的惨剧，以及汪文宣的同事、忠厚善良的钟又安染上霍乱得不到有效治疗和护理而死去的结局，从不同的侧面展示出战时重庆民生凋敝、灵魂扭曲，理想沉沦、斯文扫地的社会世相。那个如同浓重阴冷的寒夜一般的黑暗现实，那个一天天腐烂下去的使善良人受苦的社会制度，才是“摧毁良心没有丧尽的读书人”、毁灭汪家，制造悲剧的根源。巴金对这“无处不是苦恼”的社会，作了痛彻人心的控诉，表示了毫无寄托的绝望。

《寒夜》是抗战胜利前后国统区黎明前苦难生活的画幅，同时也是巴金此时失望而沉重的心情的真实写照。1946 年 6 月，巴金在散文《月夜鬼哭》中，这样描述他身处眼见的社会面貌：“官僚发财，投机家得利，接收大员作威作福……还有汉奸摇身一变，升了——”，“坏人享乐，好人受苦。……胜利给我们的亲人带来饥饿、痛苦与贫困，在另一些人中间却充满着荒淫与无耻。”这就是八年抗战后人民“粉身碎骨、肝脑涂地换来的新秩序”！面对这样的现实，他“睁大眼睛站在黑暗中间”，“‘希望’早已烟似地散了”。[①]这样的思想，表现在《寒夜》中，就是以深挚的同情，为痛苦挣扎、受尽磨难而走向死亡的小人物喊冤，为美好人生的毁灭哀伤；就是以近乎绝望的心情，沉重地诅咒制造各种悲剧的黑暗社会。尽管作品中没有揭示出在令人窒息的环境下人民中间蕴藏着的改变现实的力量，但它的思想倾向，充分表现了巴金对一个已彻底溃烂的社会的根本否定，对临近终结的沉沉长夜的悲愤控诉。当年，一位读者曾这样谈起他读《寒夜》的感受：

假如我们的良心并未泯灭，理智还有点清醒，就不会用一套空洞渺茫的什么光明、春天之类的东西来自欺欺人。现实生活里交织着太多的痛苦和血泪，每一瞬间我们都可以听到绝望的哀号，会看

① 《月夜梦鬼哭》，上海《大公报·文艺》，1946 年 6 月 25 日。

见无数的人在生活的煎熬中倒下去。……

谁不曾有过希望？谁不曾体验希望幻灭的痛苦？抗战八年，我们希望着胜利！胜利了，我们又得着了什么呢？我们只是在往下沉，往下沉。

今天，谁的心头都压了一块沉重的石头，对于将来，谁也觉得是一个猜不透的谜语。

恰好在这样的心情下，我读完了巴金先生的《寒夜》，从第一章到最末一章，我喘着气读完了它，眼睛始终濛着一层泪水！我愤怒的吼叫，我想尽情的痛哭，我想向谁去控诉，为着书中的主角，为我自己，为生存在同时代受着苦难磨折的伙伴。……

……今天，生活压迫下许多的人踏上了汪文宣的故道，胜利并没有解救他们，这产生汪文宣的时代并没有随汪文宣的死亡而死亡。①

以上文字不难看出，至少这位读者的心和巴金是相通的。在《寒夜》出版以后，巴金在给友人的信中说，这本书“沉闷，恐怕不受人欢迎”。② 实际上，这部饱含沉郁情愫的作品，对主要人物汪文宣、曾树生的思想、感情、性格、心理及其相互关系的描写细腻深刻，情节发展张弛有致。尽管由于种种客观原因，这部小说在发表以后相当长一段时间里，没有引起人们应有的重视，某些时期，甚至还遭到一些误解和曲解。然而，在经受了时间的冲洗之后，终于使更多的人见到其真淳丰富的思想内蕴和洗炼隽永的艺术功力。人们从不同的角度解读这部小说，并得到不同的体味，但都公认，这部作品既标志着 40 年代末巴金思想艺术的成熟和深化，也是同时期国统区小说创作中不多见的上乘之作。因此，它是继《家》之后代表巴金作品最高成就的又一部现实主义力作。

二

长篇小说《寒夜》和中篇小说《憩园》《第四病室》，是巴金 40 年代最

---

① 《寒夜》（康永年），《文艺工作》第 1 号，1948 年 5 月。

② 1948 年 3 月 2 日致杨静如的信。《雪泥集》（巴金书简），三联书店，1987 年 5 月版。

重要的三部作品。这三部各自独立的小说，题材不同，人物各异，基调有别，但“为了突出三书的类同性和重要性”，有的论者们将这三部情节和人物都不连贯的作品称为“三部曲”。[①]这一看法是有见地的，也得到不少论者的认同。持这一主张的论者将三书命名为“人间三部曲”，理由是，“写的都是大时代的小人物，而能从小人物以见大时代，从人间的悲欢，映现族国的苦难。”[②]还有的论者则认为，“人间三部曲”“这个名称取得不错，能够提醒读者这是‘人间’。但是细读作品，其中写的那些人物，上自破产者，下至普通工人、小职员……诸色人等，都还住在地狱里呢。所以，也可以给他换个名字，叫做‘地狱三部曲’。当人们记得是在地狱里生活的时候，他们会设法从地狱里冲出来，过上真正的‘人间’生活。”[③]从广义上说，巴金所有的小说，包括《海的梦》《长生塔》等童话，《利娜》《马拉的死》等历史小说、域外小说，写的都是“人间”之事，这是毋庸赘言的。就巴金小说的内容看，《雪》《砂丁》描写的完全是普通工人在地狱般的矿井里的生活，而《激流三部曲》的高家，又何尝不是奴婢和大家庭中青年男女的“地狱”？因此，“人间”三部曲也好，“地狱”三部曲也好，恐都未能完整地摄入三书的神魂，准确地揭示三书的独特性。倒是一位对巴金较为了解的评论者在 1947 年似不经意的看法更值得注意，他说：巴金“写《憩园》，写《第四病室》，写《寒夜》，都是几个小人物在串演着悲剧”。[④]从三部作品的实际出发，其同类性和有别于巴金其它中长篇小说的独特性在于，它们写的都是平凡之人(非英雄志士)、细小之事(无壮烈之举)，因此，将这三部小说称之为“小人小事三部曲”更为确当。

以“小人小事三部曲”和短篇小说集《小人小事》为代表的巴金 40 年代的创作，在控诉黑暗社会和抨击邪恶势力、追求光明社会和张扬正义力量方面，保持着他二三十年代作品的基本精神和一贯特色，但在题材内容、人物形象以及思想内蕴和艺术格调方面，又有了新的探索和新的表现。在这些作品中，完全看不到暗杀敌人、鼓动工人、组织罢工等引人注目、动人心魄的激烈斗

①② 《中国新文学史》下卷(司马长风)，香港昭明出版社，1978 年 12 月版。

③《人间地狱的三面镜子——巴金的 <憩园>、<第四病室>、<寒夜>》，《中国现代文学漫话》(郭志刚)，知识出版社，1988 年 6 月版。

④《巴金为什么沉默起来？》(苏夫)，北平《大公报》，1947 年 11 月 13 日。

争活动，看不到小资产阶级青年对革命理想那焦灼的渴求，对英雄事业和壮烈献身那急切的仰慕，也看不到类似杜大心、李冷、觉慧、觉民、琴、吴仁民、陈真、方亚丹、李佩珠、刘波等思想性格各异的叛逆者、反抗者、革命者的形象。代之而来的是兄弟、夫妻、邻里、婆媳之间由琐事细故引发的纠纷，金钱造成的罪恶，病人发出的呻吟，家庭经历的悲剧等平凡的生活现象和普通人的命运，以及对人生意义的探求和思索。正如《憩园》中姚国栋对作家"黎先生"的作品所做的概括："第一，小人小事，第二，悲剧。"无名的男女、冯文淑、田惠世、外科病室中的病人、杨木华、万昭华、姚国栋、杨梦痴、汪文宣、曾树生、唐柏青……或可悲可耻，或可叹可怜，或可爱可敬的普普通通的人，成为了主人公。即使像《第四病室》中的杨木华这样可称为"理想"的人物，心地善良，品格高尚，也只是在自己的岗位上充实地做着力所能及的实际工作，并无半点激昂慷慨、轰轰烈烈的言语行动。同上述变化相适应，在巴金40年代的作品中，深沉的甚至压抑的控诉，取代了反抗斗争的呐喊，对生活现象本身饱含情愫的客观叙述，取代了作家主观激情的直接倾泻。总之，英雄主义色彩的逐渐减弱，反抗激情的逐渐收敛，爱国主义和人道主义精神的愈益发扬，对现实和人生的更加贴近和深入，不仅使巴金40年代的作品更富于现实主义特色，也使他和时代的、文学的主潮一致的思想追求和艺术探索，达到了新的境界。

三

《激流三部曲》和《寒夜》不仅是巴金最出色的小说代表作，在整个中国现代文学的发展历史上，也属于最重要、最精采的作品之列。它们立足于坚实生活基础之上所作的艺术构思和塑造的艺术形象，显示出巴金对于现实生活独具特色的艺术思考和审美追求，即以家庭为窗口透视社会人生，表达思想感情。

较早从"家庭"的角度来把握巴金创作特色的，是一位法国学者。他曾用"被胁迫的'家'"、"分裂的'家'"、"动摇的'家'"、"团圆的'家'"概括《激流三部曲》《憩园》《寒夜》和《火·第三部》所描写的"家"的状态。尽管这一概括并不完全准确和科学，但这位学者称巴金为"'家'的创作者"，并对他描写“家”这一角度给予充分的重视，却是颇有见地的。[①]

的确，巴金十分善于通过一个个家庭的变迁，一个个善良人物的毁灭，反映半封建半殖民地社会中国都市中辛酸悲切的人生图景。巴金笔下的家庭，大者如《激流三部曲》里的封建世家高家，主仆近百人，小者如《寒夜》里的平民之家汪家，老少三代仅四口，但这些家庭(以及《憩园》里的杨家、姚家)同样都是不安定的，不合谐的，动摇分裂的。巴金始终注视着封建制度及其陈腐观念对年青一代的桎梏和戕害，他从家庭的血缘关系、伦理关系和社会关系的交融中，展示主要人物的心态、情感、性格和命运，以及他们之间和他们与其他人物之间的矛盾冲突。从内部看，巴金描写的不幸家庭各有各的不幸，可贵的是，他揭示出旧的社会制度、思想观念，是扭曲人的灵魂、扼杀人的青春、造成家庭离析的根源。因此，巴金描写的“家”，不仅在暴露封建伦理制度及传统观念在新的时代里的弊害方面，相当深刻，而且在创造具有个性特点的艺术天地方面，也取得了独树一帜的成就。

26. 怀念·企盼

1947 年春，为了表达对抗战以来逝去的朋友们烧心熬骨的怀念之情，为了让在黑暗寒冷的环境中生活的读者看到中国还有不少心灵纯洁美好的人，巴金把自己 1938 年 4 月到 1946 年底所写的八篇怀念抗战期间逝去的亲友的文章，编成了散文集《怀念》。这些散文是巴金八年来在记忆和悲痛中陆续写成的，所怀念的八个人中，除他的三哥李尧林外，其余七人都是他相交十年以上的亲密友人：作家罗淑(世弥)、王鲁彦、缪崇群、陆蠡，教育家陈范予，文化工作者林憾庐，中学教师施居甫。女作家罗淑因产褥热死于成都，作家陆蠡在“孤岛”上海殒身于日本侵略者的屠刀，其他六个人，都是在贫病交加的日子里患肺病而死的。巴金以深挚的情怀、朴素的文笔，“凭着记忆和感激抓住他们的一言一行”，展示出这些年龄不同、职业相异而同为平凡人身上的高尚情操。这些感人的怀友之作，是巴金散文中极有光彩的篇什。在《前记》中，巴金用真切的语言概括了他所怀念的八位亡故亲友的共同品格，

① 《巴金的生活和著作》(<法>明兴礼)，文风出版社，1950 年 5 月版。

他说："那些人虽说平凡，却也能闪出一股纯洁的心灵的光，那是一般大人物所少有的。他们不害人，不欺世；谦虚，和善，而有毅力坚守岗位；物质贫乏而心灵丰富；爱朋友，爱工作，对人诚恳，重'给予'而不求'取得'。他们是任何人的益友。"[①] 巴金一贯看重这样的品格，因此，他特别推崇具有这样品格的友人，对他们长念不已，难以忘怀。在抗战的艰苦环境中，在胜利后令人忧虑的日子里，巴金从来没有放弃对美好心灵的追求，正如他所说的："有了这样的朋友，我的生存才有了光彩，我的心才有了温暖。我们平日空谈理想，但和崇高的灵魂接触以后，我才看见了理想的光辉。"[②]

从 1946 年 6 月结束抗战期间的动荡生活回到上海，到 1949 年 6 月，整整三年中间，巴金除 1948 年 6 月下旬去台湾作过一次短期旅行外，都住在上海。这段时间，他把主要精力放在文化生活出版社的编校工作和译书方面。他先后为亡友王鲁彦、罗淑和缪崇群分别编选了《鲁彦短篇小说集》、译文集《白甲骑兵》和散文集《碑下随笔》，为已去世但与自己并不相识的青年作者郑定文（蔡达君）编辑了小说集《大姊》，为老友、中学教师卢剑波编辑了小说选集《心字》，为亡兄李尧林（李林）整理出版了译著《月球旅行》和《伊达》。他自己则译了英国作家王尔德的七首散文诗，以及俄国作家库普林的小说《白痴》、保加利亚作家奈米洛夫的小说《笑》和俄国民粹派女革命家妃格念尔的回忆录《狱中二十年》、德国作家洛克尔的《六人》等。自 1946 年初起，文化生活出版社内部出现了一些矛盾，此后 3 年中，巴金不得不在坚持编校工作和翻译工作的同时，花费时间和精力来应付和处理内部矛盾，这使他不时陷入恶劣的心情中。

在中国现代历史上，40 年代最后三四年，是光明与黑暗决战的关键时期。巴金立足于自己的文化岗位，默默地工作着，急切地等待着。1947 年 6 月，他发表的译文《人之子・悲多汶》的末尾是这样一段话：

……怎样纪念他呢？啊，这很简单：直接地，热烈地做我们的

① 《前记》，《怀念》，开明书店，1947 年 8 月版。

② 《怀圣泉》，《怀念》，开明书店，1947 年 8 月版。

工作，就象他生前曾经完成了他的工作一样：

尽自己的力量行善。

爱自由超过一切！

纵使为了国王的宝座，

也永不背叛真理！[①]

这段赞扬悲多汶（即贝多芬）的译文，可以借来说明巴金这一时期的基本思想立场。此后，他写了一篇关于法国大革命的散文《静夜的悲剧》，写的是马拉遭暗杀的事。关于这个内容，他在1934年写过短篇小说《马拉的死》，1939年又写过散文《马拉、哥代和亚当·鲁克斯》。1947年夏末，巴金又想起死去100多年的马拉，再一次谈马拉的死，这是为什么呢？

在《静夜的悲剧》中，巴金除继续表达自己对马拉这位“人民的朋友”的敬爱，对他的遇刺的悲悼之情外，主要针对当时两个年轻人的狂热行动，抒发自己的感想。他所写的两个年轻人，一个是25岁的法国贵族少女夏洛蒂·哥代，她崇尚英雄主义，梦想以自己的牺牲给法国带来幸福，由于长期受贵族和吉隆特党人诬蔑的影响，她颠倒了是非曲直，把仁慈、节俭、爱人民的马拉，当作一个喝血嗜杀的恶魔，把深受人民爱戴、毕生为法国人民奋斗的马拉，当作一切邪恶的根源和造成法国灾难的原因。她独自携刀入室，刺死了正在澡盆中工作的马拉。她以为自己完成了一件伟业，从容地走上断头台，勇敢地死去了。另一个年轻人是28岁的德国人亚当·鲁克斯，他对哥代的行动极为崇拜，并狂热地爱上了她，愿意和她同死在断头台上。哥代死后三个月，鲁克斯怀着“为自由而死”的感情，登上了断头台，他也死得很勇敢。

巴金称哥代刺杀马拉是“愚蠢行为”，称鲁克斯是“大傻瓜”。针对这两个年轻人的狂热行动，巴金指出：“在那个时代似乎人们常常把死看作净化心灵的试炼。每个人都愿意为自己的理想献出生命。谁都会勇敢地走上断头台。可是错误的理想并不曾因为得到那些生命的栽培就开了花。……”“革命并没有被哥代的匕首摧毁。人民仍然在往前走。”[②]巴金一贯称颂为理想献

① 《人世间》复刊第4期，1947年6月20日。

② 《静夜的悲剧》，文化生活出版社，1948年9月版。

身的英雄主义和牺牲精神，但在这篇散文中，他明确地对为“错误的理想”献身作了严肃的批评。他以哥代、鲁克斯的殉身为例，说明他们的生命和鲜血并无补于“错误的理想”。巴金还指出，法国革命史作为一部争自由的历史，“主要的斗争是为了‘权力’‘权利’和‘阶级的利益。”他更意味深长地强调：“对于那些记载着活人的勇敢的聪明的行动的书本，我感到了极大的兴趣。我特别提说聪明的行动，因为在当时也有至少愚蠢的行动。‘聪明’和‘愚蠢’的斗争也是 1789—1793 年中间的一个次要的‘现象’。”[①] 显然，1947 年 8 月末巴金再一次重提法国大革命，批评为“错误的理想”献身的“勇敢”行动，强调革命行动中的“聪明”和“愚蠢”的斗争，决不是单纯地追寻历史，凭吊古人，而有着强烈的现实针对性。

1947 年底，上海《大公报》副刊《出版界》编者以“我的下一本书将是什么？”为题，向一些作家询答。巴金回答：“也许是《灭亡》和《新生》的续编《黎明》，我想在这部小说里描写我的理想社会，或者把故事发生的时间放在 2000 年去。”[②] 沉默中的巴金除埋头编书、校书、译书，还在想些什么，从他对下一部作品的回答中，透露了一些消息。1927 年底他在马赛等船回国时，就产生了写《黎明》的构想。20 年过去了，他没有写这部小说，也写不出这部小说。现在，他似乎感到有写这部小说的可能了。巴金的思想没有沉默，他依然执着地构想着祖国的未来，渴望着光明的社会。他畅想中的 2000 年会是什么样的呢？人们不得而知。1948 年底，上海《大公报》的另一个副刊《大公园》以《巴金的心境》为题，发表了巴金给朋友信中的一段手迹：

> 我喜欢罗曼·罗兰的一句话，痛苦和战斗，这是支持宇宙的两根支柱。[③]

这一句写给友人的话，从另一个侧面表现了巴金当时复杂的心境。

---

① 《后记》，《静夜的悲剧》，文化生活出版社，1948 年 9 月版。

② 上海《大公报·出版界》，1947 年 12 月 11 日。

③ 上海《大公报·大公园》，1948 年 12 月 29 日。手迹中的“一句话”原稿不清楚，我曾请巴老识别。

一场天翻地覆的巨变，在中国大地上迅猛地延展。中国共产党领导的革命斗争，似滔滔的激流，以不可遏止之势，在全中国汹涌澎湃。1949 年 1 月，古都北平和平解放；4 月 21 日，人民解放军百万雄师强渡长江；4 月 23 日，蒋介石统治的中心南京宣告解放。这时，上海人心浮动，物价暴涨，靠稿费维持生活的巴金，没有别的收入，也没有储蓄，一家三口连吃饭都成了问题。老朋友顾均正伸出援助的手，巴金得以从开明书店借支了 20 块银元，这才维持住日常生活。

4 月 10 日，又一件令巴金悲痛的事情发生了，与他有 20 年友情的马宗融在上海病逝。马宗融是一位回族翻译家、作家、学者和文化活动家，是一个坦率、热情、真诚的人。1947 年因参加民主运动被复旦大学解聘后，去到台北，在台湾大学任教。他不适应台北寂寞的环境，关心上海的斗争，想念友人和学生，无处倾吐一腔愤懑，借酒浇愁，原本就火爆的脾气，变得更狂躁。老友许寿裳在台北遭杀害，乔大壮在苏州跳河自尽，更令他苦闷，悲愤，愁苦和烧酒损害了他的健康。马宗融不顾巴金在信中要他在台湾治病的劝告，抱着“愿意死在上海”的决心，在 1949 年 2 月拖着重病的身子携子女乘船返回上海。巴金夫妇常去看他，但自顾不暇，对他的医疗和生活爱莫能助。病弱的马宗融得不到适当的治疗和护理，4 月 10 日溘然长逝。马宗融毫无积蓄，他去世后，留下 18 岁的女儿马小弥和 10 岁的儿子马绍弥，孤苦伶仃，无依无靠，尽管方令孺、巴金、台静农、马松亭、陈望道、靳以等 82 位知名人士 4 月 11 日印发《募集马宗融先生子女教育基金启》，但因战事逼近，气氛紧张，并没有实行。巴金和萧珊收留了马宗融和罗淑留下的两个孩子，担起了抚育照顾他们的责任。

5 月 27 日，巴金以兴奋的心情迎来了上海的全部解放。看着人民解放军整齐威武的入城部队开进市区，巴金的心在胸中剧烈地跳动。他庆幸上海的解放，人民的解放，庆幸祖国的新生，民族的新生。巴金，这位一贯热爱祖国和人民、坚持反对帝国主义、封建主义和一切邪恶势力的作家，这位不懈追求并呼唤正义、光明和真理的作家，这位始终同人民大众站在一起，以笔为中国人民的解放和自由奋斗的作家，这位度过了漫漫长夜、走过了曲折道路、经历了种种坎坷的作家，仿佛看见光明就在前面向自己招手，等待自己赶快迎上前去。

第四部

从“天堂”到“炼狱”

(1949—1976 年)

第十章 赤诚的心

(1949. 7—1957. 12)

27. 大 会

一

1949 年 7 月，巴金应邀出席中华全国文学艺术工作者代表大会。来自东北、两北、华东、华中、华南的 800 多位代表，在古都北平汇聚一堂。[①] 巴金平生第一次参加这样大规模的集会，他又兴奋，又激动，又有些紧张。在会上，他见到不少分别多年的老朋友和熟人，更多的面孔却是他从来没有见过的，但他并没有陌生之感，觉得自己看到的一张张脸，全是诚恳的、亲切的、友善的。在北平一个多月的时间里，巴金结交了不少新朋友，他同老的和新的朋友们一起谈话，听报告，讨论，游览，交流体会，参加晚会，彼此的态度自由而坦诚，没有隔阂，也不感到拘束。他感到这几百个穿着简单、朴素衣服的人，“都有着同样的一颗心似的”。

巴金是抱着学习的目的参加这次盛会的。他认真地聆听周恩来的政治报告，郭沫若题为《为建设新中国的文艺而奋斗》的总报告和周扬、茅盾分别就解放区文艺运动和国统区文艺运动的报告，以及其他代表的发言。7 月 6 日，毛泽东和朱德来到会场，并作了简短而鼓舞人心的讲话。毛泽东称这次大会“是全国人民所希望的大会”，称到会的文艺工作者“都是人民所需要的人”。所有这些，都使巴金感到亲切，感到激动。会议期间，他应《人民日报》之约，写了一篇题为《我是来学习的》的短文，表达自己参加大会后的感受和收获：“第一，我看见人怎样把艺术和生活揉到一块儿，把文字和血汗调和在一块

① 会议原订邀请正式代表 753 人，实际到会的代表增至 824 人。

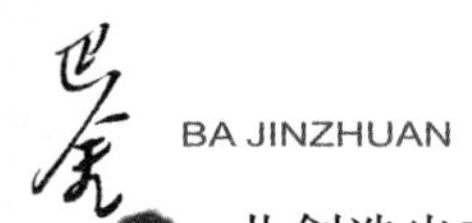

儿创造出来一些美丽、健康而且有力量的作品，中华人民共和国的灵魂就从它们中间放射出光芒来。”“第二，好些年来我一直是用笔写文章，我常常叹息我的作品软弱无力，我不断地诉苦说，我要放下我的笔。现在我发现确实有不少的人，他们不仅用笔，并且还用行动，用血，用生命完成他们的作品。那些作品鼓舞过无数的人，唤起他们去参加革命的事业，它们教育着而且还要不断地教育更多的年轻的灵魂。”“第三，我感到友爱的温暖。”

7月2日开幕的大会于19日闭幕。此后，全国文联所属各协会相继召开会议。7月23日，在全国文学工作者协会成立会上，主持人请巴金讲话。巴金从来没有在这么庄重的场合面对这么多人讲过话，于是，听见主持人叫自己的名字后，便逃出了会场。人走到了街上，他的心中却激荡着一种抑制不住的感情。8月初返回上海后，这种感情一直折磨着他，他觉得对施惠于自己的朋友们负了债。五个月后，他终于写成了一篇以《一封未寄的信》为题的散文，倾吐出积压在心中的情感，作为对自己当时未在会上发言的补偿。在这篇以当时的口气写成的散文中，巴金把自己同解放区和部队的文艺工作者作了对比，他说：“我们同是文艺工作者，可是我写的书仅仅在一些大城市中间销售，你们却把文艺带到了山沟和农村，让无数从前一直被冷落、受虐待的人都受到它的光辉，得到它的温暖。我好像被四面高墙关在一个狭小的地方，你们却仿佛生了翅膀飞遍了广大的中国，去散布光明。”最使巴金感动和钦佩的是，来自部队、工厂、农村的文艺工作者，不仅通过写书、唱歌、演戏，“在中国撒遍了文艺的种子”，“放遍了文艺的光辉”，而且直接从事实际工作，参加实际斗争，甚至为革命付出了鲜血和生命。写作与生活的一致，是巴金多年的追求，在来自生活和斗争第一线的文艺工作者身上，他似乎看到了这种追求的实现，因此，他第一次作出了这样自信的表示：“因为有你们这样的文艺工作者活在新中国的土地上，我才觉得做一个文艺工作者是一桩值得骄傲的事情。”①

这封热情洋溢的“未寄的信”和《我是来学习的》的随笔，吐露了巴金发自内心的声音。他对自己过去的审视是真诚的，他对解放区的文艺工作者

① 上海《文汇报》，1950年5月5日。

的敬佩是真诚的，他对新生活的喜悦和感奋也是真诚的。在这两篇文章里，从事写作 22 年的巴金，第一次用充实的感情和坚定的语调肯定从事文学工作的意义和作用。中华全国文学艺术工作者代表大会的确给巴金留下了新鲜而又难忘的印象，这对他此后相当长一段时间的文学创作，产生了深刻的影响。

9 月 21 日，巴金出席中国人民政治协商会议第一届全体会议，当选为全国政协委员。10 月 1 日，中华人民共和国成立。巴金应邀登上天安门城楼，参加开国大典。站在城楼上的巴金听着毛泽东主席宣读中华人民共和国中央人民政府公告，望着广场上林立的红旗和 30 万欢呼雀跃的人群，心仿佛要跳出胸膛。晚上，巴金观看完盛大的游行和缤纷的焰火，回到住处，还听到远远近近不断响起的欢乐的锣鼓声。兴奋得难以入睡的巴金，激动地在日记中写下“占人类四分之一的中国人民从此站起来了。”“在中国一个伟大的时代开始了!”他感到幸福，感到喜悦，感到轻松。他觉得过去那根一直抽打着自己的无形而沉重的鞭子消失了，无影无踪了，自己的眼前展开着一条灿烂光明而又宽广无比的大道。

1950 年 5 月，巴金为茅盾主编、开明书店印行的“新文学选辑”编了一册小说、散文选集，并在《自序》中回顾总结了自己 1927 年以来的写作生活。他着重强调“我的写作生活是痛苦的”，针对自己过去作品的缺点，他作了这样坦率的剖析：“所以我的作品中思想性艺术性都薄弱，所以我的作品中含有忧郁性，所以我的作品中缺少冷静的思考和周密的构思。”“在这新的时代面前，我过去的作品显得多么地软弱，失色!”同时，他又坚定而明确地表示：“使我还有点勇气作这编选工作的唯一原因，是我对于工作并未失去信心。不管我的作品有着种种或大或小的缺点，但我始终没有说过一句谎话。”他重申自己 1935 年在《写作生活的回顾》一文中所作的自白：“我是不会绝望的。我的作品中无论笔调怎样不同，而那贯串全篇的基本思想却是一致的。自从我执笔以来我就没有停止过对我的敌人的攻击。我的敌人是什么，一切旧的传统观念，一切阻碍社会的进化和人性的发展的人为制度，一切摧残爱的势力，它们都是我的最大的敌人。我永远忠实地守着我的营垒，并没有作过片刻的妥协。”联系四个月前写的《一封未寄的信》，可以明显地看出，巴金对于自己过去的作品，仍保持着一贯的态度，但他的文学思想和审美观念中已渗进了新的因素，在审视旧作时也有了新的参照标准，因此，他更多地感到了自己的不足。在这篇《自序》的结尾，巴金怀着既歉疚又振奋的心情写道：

> 现在一个自由、平等、独立的新中国的建设开始了。看见我的敌人的崩溃灭亡，我感到极大的喜悦，虽然我的作品没有为这伟大的工作尽过一点力量，我也没有权利分享这工作的欢乐。……我的一支无力的笔写不出伟大的作品。为了欢迎这伟大的新时代的来临，我献出我这一颗渺小的心。①

尽管巴金对自己三四十年代作品的审视是严格的，但这些作品的实际价值和意义却是一个客观存在。读者对这些作品自有自己的认识和评价。一位法国学者在40年代末就曾写过如下一些颇有意味的看法：

> 巴金小说的价值，不只是在现时代，而特别在将来的时候要保留着，因为他的小说是代表一个时代的转变……
>
> 巴金的作品是中国文艺复兴和社会革命的动人的传述，她好像我们古代的陶醉人的歌曲，永远要留在我们人间！她是我们新中国的读物，等到这个时代过去后，虽然那时或许有比他更大的思想家和文学家出现，可是他的作品如同珍贵的文献一样，永远要被后人保存着。
>
> 中国将来定会有更大的文艺家出现，但是《家》的作者巴金，仍要继续活在人间，他的短篇小说集和几本写得很好的长篇和中篇小说，在中国现代和将来的文坛上，一定要占一个很重要的位置。②

新的生活毕竟来临了。人民共和国的建立，使巴金开始在一个崭新的社会制度下生活和创作，他的生活道路和文学道路，展开了一个全新的时期。

---

① 《巴金选集》，开明书店，1951年7月版。

② 《巴金的生活和著作》(明兴礼)，文风出版社，1950年5月版。

自中华人民共和国成立到1966年上半年，巴金怀着对新社会的万分感激和热爱之情，认真学习，努力工作，勤奋写作，并积极参加国内外各种社会活动。他先后担任全国文联副主席、中国作协副主席、上海市文联主席、作协上海分会主席等文艺界重要领导职务，以及《文艺月报》《收获》《上海文学》主编。他还是全国人民代表大会第一、二、三届大会的代表。他多次作为中国作家、中国人民的友好使者出国访问或参加国际会议。为推动社会主义文艺事业的发展和繁荣，为促进中国人民同世界各国人民的团结和友谊，巴金贡献了应有的力量。巴金始终牢记着自己作为一个作家的责任，这段时间，在繁忙的工作和社会活动之余，他仍紧握着手中那支饱含爱憎感情的笔，孜孜不倦地写作，先后写出了近百万字的中短篇小说、散文、通讯报告和杂文(其中当时发表的有80余万字)，[1]并翻译了屠格涅夫、高尔基、迦尔洵等的一些作品。他用行动和作品证实了自己的誓言：为伟大的新时代献出自己的笔，自己的心，自己的全部力量。

二

1950年6月，巴金再次去到北京，出席一届全国政协第二次会议。7月中旬，他匆匆赶回上海，参加上海市首届文学艺术工作者代表大会。7月24日，会议召开的当天，上海《文汇报》发表了他的短文《“会”把我们更紧密地团结在一起》。自1949年7月起，巴金连续参加了许多会议，他把“会”看作一个欢乐的集体，因此他说“‘会’，‘会’是我的，我们的家，一个‘甜蜜的家’。”“我需要友爱，‘会’要给我温暖；我感到能力薄弱，‘会’要给我帮助。离开了‘会’，我只是孤立渺小的个人，生活在自己弟兄姊妹的中间，我对工作才有更大的信心。‘会’把我们大家更紧密地团结在一起，‘会’加强友爱的空气。”这是他对“会”的认识，也是他对“会”的期待。在这次会议上，巴金被选为上海市文联副主席。7月28日，会议结束前一天，巴金的第二个孩子——儿子李小棠出生了，这给他平静幸福的生活增添了更大的喜悦和欢乐。

8月，巴金辞去了文化生活出版社总编辑的职务，他想从纠缠了三年的出版社内部矛盾中解脱出来，但出版社的事情，还藕断丝连地牵扯着他。

---

① 60年代写的中篇小说《三同志》和几篇关于越南的散文当时未发表。

金色的十月又来临了。巴金怀着快乐的、感激的心情迎接中华人民共和国成立后的第二个金秋。上海《解放日报》约请各界人士撰文，畅谈一年来的感想，“为一年伟大胜利而欢呼”，巴金送去了一篇欢乐之情溢于言表的文章。在这个时刻，他首先想到的是“过去的那些日子”，他写道：“这百年来有多少撕裂人心的痛史！有多少不平不义的故事！有多少牺牲掉的有为的生命，埋没掉的卓绝的才能！还有无数说不尽写不完的奇耻大辱啊！然而现在那一切，那一切都过去了，都像梦魇一般地过去了！是永远不会再回来了！”[①]他相信，中国人民一站起来，新社会一建立，便消除了“一切”弊端，解决了“一切”问题，多少年来的弊端和问题，“永远不会再回来了”。对祖国的前途，巴金充满乐观，充满希望。

10月30日，巴金作为出席第二届世界保卫和平大会的中国代表团成员，随团从北京乘火车赴会。大会原定11月13日在英国的钢铁工业城市设菲尔德举行，由于英国政府的阻挠，不得不临时决定延期3天并将会址改在华沙。巴金一行11月9日到达莫斯科，在莫斯科饭店住三夜后转赴华沙。这是巴金在中华人民共和国成立后第一次出国，也是他毕生第一次以国家代表团成员的身份到国外参加国际会议。在西伯利亚的国际列车上，巴金写了一篇发言稿，准备在会上发言时用。由于出席会议的代表有近1800人，大会发言多达120人，巴金未能排上发言。回国以后，巴金把这篇发言稿分别题为《我愿意献出我的一切》和《给西方作家的公开信》，发表于同一天的《人民日报》和《大公报》。[②]在这篇发言稿里，巴金用自己的话语，向世界表达自己对中国历史的理解和对中华人民共和国诞生的骄傲。他写道：

> 我从中国来。这个国家在从前被西方人当作谜一样看待。这个国家有着悠久的历史和曾经发过灿烂光辉的文化。这个国家有着广大的山明水秀的国土和众多的刻苦耐劳的人民。但也就是这个国家，它的人民几千年来受尽了封建制度的剥削、榨取，一代一代地在专制独夫的残暴政治下面憔悴死亡。他们忍饥受寒，像牛马似地劳动，

① 《解放日报》，1950年10月1日。

② 两篇文章的文字略有出入。以下引用的文字据《大公报》1951年1月7日。

换取他们的简单的生存，但是他们也从没有失去斗争的勇气。反抗的火不断地在他们中间燃起来。殉道者的血不停地流着。终于到了这一天，人民的力量成了一股烁金熔铁的烈火，烧尽了一切专制政治和封建主义的恶草毒树。一个新的中国，人民的中国产生了。

他这样表达自己的职责和自己的和平观：

作为一个作家，我认为我的任务是宣传和平，我认为我的任务是把人类团结得更紧密。我愿意每张嘴都有面包，每个家都有住宅，每个小孩都受教育，每个人的智慧都有机会发展。作为一个中国人，我可以说我们比谁都更爱和平，更宝贵和平，更需要和平（在我们的丰富的文学遗产中就有不少光辉的非战的诗篇）。因为在和平中我们才可以找到建设的机会，而且我们是经过长时期的战争之后才得到和平的。

11月22日，第二届世界保卫和平大会闭幕，第二天，巴金随代表团前往波兰南部小镇奥斯威辛和历史悠久的古城克拉科参观访问。第二次世界大战期间，德国纳粹在奥斯威辛设立集中营，在三公里以外的布惹秦加设立毁灭营，屠杀了四五百万犹太人、波兰人、吉卜赛人、苏联战俘和欧洲各国的进步人士。战争结束以后，波兰政府把集中营改做了国立博物馆，让后人永远记住纳粹的暴行。巴金怀着愤怒的心情参观这个“杀人工厂”，法西斯屠杀和平人民的罪行使他震惊。建于10世纪并作过300年波兰京城的克拉科，则是战后波兰人民建成的一个新型钢铁工业基地，这里欣欣向荣的景象使巴金振奋，他从这里看到了热爱和平的人民医治战争创伤的坚强决心。

11月26日，结束在波兰的访问后，巴金又以中国劳动人民代表团成员的身份，随团到苏联访问。月初，第一次踏上俄罗斯黑土地的巴金，曾在莫斯科瞻仰过列宁墓，并参观了博物馆、地铁车站。这次，他在莫斯科和列宁格勒访问了三个星期，对苏联在各方面取得的成就有了更多的了解，并同一些普通的苏联人结下了难忘的友谊。

巴金回国以后，出版了两本小书，一本是《华沙城的节日》，记载参加第二届世界保卫和平大会的情况和对波兰的印象。另一本是《纳粹杀人工厂——奥斯威辛》，收入他在波兰收集的有关奥斯威辛集中营的图片 22 幅，他为每幅图片撰写了说明词，在这本小书的《前记》中，他语重心长地提醒世人，“在法西斯主义不曾完全消灭之前，这种罪行还是会发生的。”

28. 朝鲜战地的日日夜夜

一

1951 年 7 月，巴金参加北方老根据地访问团华东分团，到沂蒙山区和苏北访问，先后去到济南、沂南和镇江、扬州、盐城、兴化等地。尽管三四十年代巴金南下北上，几乎走遍了除东北、西北以外的中国大部分土地，但第一次在国内参加这样有组织的参观访问活动，他仍有不少新鲜的感受。这次集体参观，只是“走马观花”，巴金在建国后真正深入斗争实际，是两次到朝鲜前线的生活。

为了贯彻文艺的工农兵方向，推动文艺工作者同工农兵相结合，1952 年初，全国文联组织文艺工作者深入部队、工厂、农村，体验生活，改造思想。当时，担任中共中央宣传部文艺处长的丁玲，要曹禺写信给巴金，动员他参加赴朝鲜创作组。巴金征求萧珊的意见后，决定去朝鲜。这个创作组由文学、美术、音乐工作者组成，巴金任组长，副组长是作家葛洛和美术家古元，组员有黄谷柳、李蕤、白朗、罗工柳、逯斐、菡子、西虹、西野、王莘、伊明、王希坚、辛莽、寒风、高虹等，共 17 人。巴金 2 月 10 日离开上海到北京，集中学习后，3 月 7 日离京去沈阳，16 日在安东(今丹东)跨过鸭绿江，踏上朝鲜的土地。22 日，志愿军司令员彭德怀会见创作组全体成员，作了三个小时的讲话，四天以后，巴金写成赴朝后的第一篇散文《我们会见了彭德怀司令员》。4 月 4 日，金日成在平壤会见了创作组，并用中文讲话近一小时。创作组集体活动结束后，成员便分别去到各自挑选的部队。此后，巴金在中国人民志愿军十九兵团各部队生活了 200 多天，10 月中旬回国。在创作组中，巴金的年龄最大，在朝鲜停留的时间也最长。一年以后，1953 年 8 月，当朝鲜停战协定生效后半个月，巴金再次去到朝鲜，在那里又住了150天。

关于巴金在朝鲜的生活情况，从兵团到连队，从平壤到前沿阵地，从会见彭德怀司令员到结织各级指挥员和战士、通讯员、炊事员，在他写的关于朝鲜的近40篇散文、通讯、特写和短篇小说中，都有平实而动情的记述。比如，他说：“我从上到下跑过好些单位，从兵团一直到连队，我都住过。我也曾在坑道里跟战士们一块儿生活过。……他们全把我看做从祖国来的亲人。他们给我一切的方便。我要看什么，他们就让我看什么；我想知道什么，他们就让我知道什么。他们陪我通过敌人炮火封锁线到前沿阵地去。他们对我谈战争，谈他们的战斗生活经验，他们的思想、感情和希望。他们也要我给他们谈祖国最近的情况，祖国的建设，祖国儿童的幸福生活。有时候我跟战士们一块儿听指导员上课，我参加战士们的小组讨论会，听每个人用激动的声音说出他的真心话。有时候我跟着带路的战士或通讯员爬山，跳交通沟，从灌木林中找路下山，在半路休息的时候，再谈一些生活小事。有时候战士们在休息时间里谈得很高兴的时候，我也在旁边跟他们一块儿笑。我也有机会跟一个功臣同坐在朝鲜老百姓家的廊下谈几个钟头，听他兴奋地叙说他的惊人的英雄事迹。……我有一种感觉：我的心跟他们的心越挨越近。……他们把我看作他们中间的一个人了。”① 下面，从别人写的回忆文章中摘录几个片断，以从另一个侧面了解他在朝鲜前线的生活。

1952年4月中旬以后陪同巴金在砂川河畔前沿阵地的连队生活的一位政治工作者回忆道：

> 这一年，巴金48岁，而他的起居行装，却和年青战士的一样。一套洗漱用具，几件内衣，一双制式的黑色矮腰胶鞋。比战士多的是一点书籍、稿纸和俄语读本。另外，他的眼睛不太好，戴了个五百度的近视镜子；他的牙齿换了几颗，戴着假牙。……巴金敢投身战斗队列，也乐于像战士那样对待困难。眼睛不太好吗？他却常常摸黑走上阵地。敌人的炮弹在后面山下爆炸，弹片落在附近，他

① 《衷心的祝贺——献给第二次文代会》《人民文学》，1953年11月号。

仍然走上山坡，从容地同哨兵攀谈。有时午夜，别人睡熟了，炮弹爆炸的火光闪进洞子里，他立即起来，悄悄走出洞子，像是要身历战士出击的情景。牙齿不太好吗？一日三餐，他坚持要吃从大灶锅里打来的饭菜。

巴金天天到班里去访问，去听战士们的军事课、政治课，去参加他们的学习讨论会，生活检讨会，去看他们怎样生活，怎样工作”。当敌情异常或炮击频繁时，战士们便到他住的洞中谈话，战士愿意接近他，谈话融洽亲密。巴金了解战士，不在于以什么巧妙的方式方法，更不靠言辞的华丽、动听，而是靠诚恳的求知态度、对战士的真挚情感。……有时，巴金再也提不出要问的，就默默地同战士并肩坐着，面对面坐着，瞧战士的脸，瞧战士的军装，瞧战士的鞋袜，包括战士脚下的土地。①

当时任志愿军某师政委的李真这样记述1952年夏与巴金相处的往事：“他在我师的时间，不过一星期。可是他去过的地方很多，似乎能去的地方都去了。去过连队，到过休养所，串过战壕……他跟战士一块儿爬山，一块儿蹲掩体，住阵地的灌木丛中穿来穿去。”一天，巴金同作者谈到许多英雄的名字和事迹，“这时，我很惊叹，他在短短的几天里，竟了解到这么多情况。更使我惊奇的是，他不要翻阅记录本子，就能一口气讲出这么多人的名字和事迹。看得出来，他不仅做到了‘身入’，而且做到了‘心入’。他不仅善于深入和观察生活，而且对英雄们十分热爱。”②

这几个片断，可以窥见巴金在朝鲜战地生活的一斑。

巴金两次赴朝鲜期间，先后给妻子萧珊写了60多封信。这些书信，从又一个侧面，展示了他到朝鲜的心情和在那里的生活情况。

1952年第一次赴朝时，从离开上海到出国境，35天中，巴金给萧珊的信达17封之多。2月18日，巴金在北京写给萧珊的信中，谈到夫妻离别的情思，

① 《巴金在砂川河畔阵地上》(张文苑)，《昆仑》，1988年第1期。
② 《在朝鲜战地结识巴金》(李真)，《时代的报告》，1983年第3期。

谈到自己的忧虑和决心。他写道：

> 这次分别我心里最难过，因为分别时间最久，而且对前面的工作我全无把握。我无经验，无工作能力和方法，有的就是热情和决心。不过我总会尽我的力量做去。半年时间并不是长时间，我想很快就会过去的。但想到出国后恐怕难有时间给你写信，想到你几个月会得不到我的消息时，我真没法安定我的这一颗心。珍，你要忍耐，你要相信未来，万一你几个月得不到我的信，你也不要挂念我，以为我出了什么事。我在国外会当心自己的，朋友们也会照顾我，也许过一两个月就会跟着部队回来。丁玲他们给我安排一切，主张我先到各处看看，然后找个回国部队跟着回来。回国后就可以跟你通信了。不要常常想我。要好好地生活，活得硬一点，努力念俄文。我的确想家，我真不想离开‘家’，离开你们。我一生一直跟我自己战斗。我是一个最大的温情主义者，我对什么地方都留恋。我最愿意待在一个地方，可是我却到处跑过了。我最愿意安安稳稳地在上海工作，可是我却放弃一切到朝鲜去。我知道我有着相当深的惰性，所以我努力跟我自己战斗，想使自己成为一个更有用的人。不要责备我离开了你，不要责备我在上海时没有好好陪你玩，跟你多谈话。你想到我现在受着多么深的怀念的折磨，你会原谅我的。我只有想到好好地把工作做完跟你快乐见面的一天。

3月14日，离开沈阳的前一天，他在信中又说：“很想念你们，在国外一定更想家。在国外寄信回家还有机会，我一定不放过这样的机会。可是接读你来信的机会就不多了。这次是我们结婚以来时间最长的分别，这么久得不到你们的信息，我会感到寂寞。但我会把自己沉浸在工作里面来驱除寂寞，我会努力工作，当心身体。在前线的生活不会是怎么苦的，细菌战也不可怕，我们已经打过不少针，而且带了好些药去。”

5月14日，巴金收到萧珊和女儿小林4月4日写的信，这是他到朝鲜后收到的第一封家信。5月20日，巴金在开城写信给萧珊，他说：“我很好。

在部队里处处受照顾，生活相当舒适。我感到受之有愧。除了上次在连部防空洞内十多天喝白开水外，天天都有茶喝。处处都送烟来，我不愿意浪费国家财产，这月起索性不抽烟了。”5月26日，他又在信中说：“我前天又到上月去过的那个连的阵地去了一趟，看到上次认识的几个团级干部，非常亲切。现在我也习惯了部队生活了。”6月21日的信中说：“三个月过去了，我自省工作成绩差，见闻虽多，并未深入生活，以后的三个月中得好好生活一下，不然就完成不了任务。……出国后大家对我都好，我既感且愧。我已经领到抗美援朝纪念章，可是我觉得工作无成绩，受之有愧。”为了让萧珊放心，巴金在信中几乎不谈生活的艰苦和奔波的劳累，但对自己生活“不深入”和工作“成绩差”却从不回避，屡屡提及。1953年再次赴朝前，他在北京写给萧珊的信中说：“要写出一部像样的作品，我得吃很多苦，下很多功夫，……老实说，我不愿意离开你们，但为了创作，我得多体验生活，多走多跑……”11月5日，又在信中表示，“小说没有眉目，这三个月我没有想过小说的事情。我在朝鲜也许不考虑这个问题。目前只想多了解生活，多认识人。我宁愿将来再到朝鲜，不想改变计划。在这里你接触的是生活，不会考虑到创作。但有时得写点通讯报道。这个任务倒常在念中。……一个人能看清楚自己，实不容易。有人喜欢欣赏自己，我却觉得友情是最可宝贵的东西。”①

巴金写给萧珊的这些书信，是个人隐秘的独白，纯真，恳切，处处显露出巴金的本色。把这些书信同巴金关于朝鲜的散文联系起来读，更能展现他丰富而协调的内心世界。

二

像同亲人相处一样地在朝鲜战地度过的300多个日日夜夜，给巴金留下了鲜明的印象和难以磨灭的记忆，他说：这段生活“对我一生有很大的影响，在生活上和在创作上都有很大的影响。因为我生活在新的人中间，我生活在英雄们的中间。在我的周围每天都在发生可歌可泣的英雄事迹。我每天都受到那种深厚的爱和强烈的恨的感染。我自己的感情也逐渐在改变。”②

① 以上书信均见《巴金全集》第二十三卷，人民文学出版社，1993年版。

② 《衷心的祝贺——献给第二次文代会》，《人民文学》，1953年11月号。

为了写出堆积在自己心中的爱，写出强烈吸引自己的无数淳朴可爱而又勇敢坚强的志愿军新人，写出自己接触到的那些崇高伟大的心灵，巴金满怀感激、敬佩、兴奋的心情，不断地写作。第一次赴朝，他写了《我们会见了彭德怀司令员》《朝鲜战地的春夜》《生活在英雄们的中间》《向朝鲜战地的战友们告别》等 11 篇散文、通讯、特写，后辑为关于朝鲜的第一本通讯、特写集《生活在英雄们的中间》。回国以后，又写了《坚强战士》《黄文元同志》等四个短篇小说，后编为描写志愿军英雄的第二个集子——小说集《英雄的故事》。第二次赴朝，写了《金刚山上发生的事情》、《魏连长和他的连队》,《一个连队的生活》等八篇反映志愿军战士战时英勇抗击敌人，停战后奋力帮助朝鲜人民重建家园的散文、通讯、特写(后辑为《保卫和平的人们》)。1956 年，他又写了描写聪明、勇敢的朝鲜孩子的短篇小说《活命草》《明珠与玉姬》（后辑为《明珠与玉姬》）。

尽管巴金多次表示自己“没有一支有力的写史诗的笔”，“拙劣的笔写不出英雄气概和英雄事迹”，但他深怀着“但愿朝鲜战场上的英雄的事迹传遍祖国，但愿朝鲜战场上的英雄的声音传遍祖国”的强烈愿望。他用通讯、特写尽力报道志愿军指战员的战地生活和英雄事迹，以及他们对朝鲜人民和祖国人民深厚的热爱，对侵略者深切的仇恨，热情勾画他们“一人吃苦，万人享福”的伟大情怀和为保卫和平不惜牺牲一切甚至生命的崇高精神。在直接抒写自己感情的散文中，他一往情深地吐露自己对英雄们的热爱和敬意，酣畅淋漓地倾诉自己从英雄们身上受到的教育和鼓舞。《生活在英雄们的中间》《向朝鲜战地的朋友们告别》等文情并茂的抒情散文，在巴金关于朝鲜的作品中，是最具有特色并最为人称道的篇章。关于朝鲜的作品，是中华人民共和国成立后巴金反映新生活、表现新人物最早一批作品，也是他 50 年代最重要的文学收获。

29. 礼赞与针砭

一

1954 年 7 月，巴金应苏联作家协会邀请，赴苏参加为纪念契诃夫逝世 50 周年举办的活动。得到邀请的中国作家还有老舍，但他因身体不好不能参加，这样，巴金便只身前往。从 7 月 13 日到 8 月 3 日，巴金在苏联生活了 23 天。

7 月 14 日，巴金同德国小说家勃赖特尔、罗马尼亚诗人别纽克、保加利亚作家托扬诺夫夫妇等来宾一道，在莫斯科出席了契诃夫纪念馆开幕典礼。这里原是契诃夫 1886 年到 1890 年居住过的地方。走进这所房子，巴金的第一个印象是仿佛回到了鲁迅纪念馆，他觉得“两个纪念馆的布置有相似的地方，而且两个伟大作家的生活的朴素和简单也相差不远”。[①] 第二天，他们去到“新圣母修道院”契诃夫墓地扫墓；当晚，在工会大厦圆柱大厅举行了庄严隆重的纪念大会，巴金出席会议并作了讲话。他为自己能够把中国人民对俄罗斯伟大作家的敬爱的心带到这个盛大的纪念会上，感到幸福和光荣，他这样表述自己对契诃夫的理解：“契何夫通过他的人物和人物的日常生活，写出了他那个时代和当时社会的病症，也写出当时一般人的思想感情。”“他不停地责斥，不断地嘲讽，他不留情地让人们看见自己的真实生活情形，只是为了使他们奋发向上的心，只为了使他们变好。”他强调现实主义的大师契诃夫谈到的“作家的责任”，并表示：“我们更应该向安东·巴甫罗维奇·契诃夫学习，用他那支深刻而尖锐的讽刺的笔把一切阻碍人类前进的落后的、腐朽的东西摧毁干净。”[②]

在莫斯科，巴金几次会晤契诃夫的妻子克妮碧尔—契诃娃，他对这位在契诃夫的最后的岁月中给了他无限温暖的老人，表示了慰问和敬重之情。此外，他还结识了著名作家费定和诗人马尔夏克。这些都使他感到高兴。巴金还在莫斯科艺术剧院和瓦赫坦诃夫剧院分别观看了契诃夫的剧作《万尼亚舅舅》第三幕和《海鸥》全剧的演出。他带着中译本《契诃夫戏剧集》观看演出，赞赏演员们出色的表演。他不同意苏联的契诃夫研究专家符·叶尔米洛夫在《契诃夫论》中对这两个剧本的一些分析，比如，他认为《海鸥》的主题是青春，被庸俗势力摧残、毁灭了的青春，而不是叶尔米洛夫所说的主题是事业，只有有事业心的人才能在艺术中取得胜利。他认为叶尔米洛夫把《万尼亚舅舅》中的叶莲娜视为猛兽，说她“自己毁灭了，还要毁掉别人”，是不当的，他认为，

---

① 《印象·感想·回忆》，《文艺月报》，1955 年 12 月号。

② 《向安东·契诃夫学习》，《谈契诃夫》，平明出版社，1955 年 5 月版。

叶莲娜绝不是猛兽，她自己就是被庸俗势力的一个代表毁掉了的，因此，这个剧本的主题不是“白白地毁灭的美”，而是“庸俗的势力、不合理的社会制度毁灭了人生的美”。巴金把他的意见坦率地告诉了年青的翻译沙夏。显然，重要的并不在于巴金对这两个剧本的理解是否正确、深刻，而在于这些看法反映了巴金自己的审美观，反映了他坚持独立思考的品格。

7 月 21 口，巴金离开莫斯科，同别纽克一道去里海边的雅尔塔，他们参观了契诃夫度过最后几年时光的别墅，这里现在已成为作家的纪念馆，馆长就是契诃夫的妹妹、91 岁的玛利亚·巴甫洛夫娜·契诃娃。她领着巴金一行参观，并向他们讲述了她的哥哥的许多往事。在雅尔塔住了三天以后，巴金又去到顿河岸上的罗斯托夫，从那里去到契诃夫的故乡大冈罗格，他参观了坐落在这座小城里的契诃夫图书馆和契诃夫文学博物馆、契诃夫中学，并瞻仰了契诃夫诞生的屋子。

这次苏联之行，是巴金第一次以文化使者的身份单独出国访问。苏联人民对契诃夫这位伟大作家的尊敬和纪念，深深感动着他。回国以后，他把自己赴苏前后所写的五篇谈契诃夫的文章编为《谈契诃夫》一书出版。这本书是他唯一一本专门评介一位作家的书。

1954 年 9 月，巴金作为人民代表，出席在北京召开的第一届全国人民代表大会第一次会议。祖国五年来的飞跃进步和巨大成就令他欢欣鼓舞，但一些不健康的现象也使他担忧。26 日，他在会议上发言，热情颂扬了“正以无敌的力量向着繁荣、幸福的社会主义社会迈进”的伟大现实，又直率地指出，文学作品“一方面没有用充分的热情歌颂我们国家的新人新事；另一方面对我们社会中一些不健康的落后的现象也没有及时揭露和批判。”同时，他善意地列举了在某些干部和领导部门中存在着的官僚主义：把自己关在办公室内，在文牍中消磨日子；只喜欢听奉承，不高兴听批评；单凭主观愿望作决定、下命令；机械执行上级指示，不反映真实情况，等等。①

当然，巴金更多地看到新社会、新生活中积极、美好、欢乐、光明的主流，

---

① 《在第一届全国人民代表大会第一次会议上的发言》，《人民日报》，1954 年 9 月 27 日。

因而，洋溢在他心中的是兴奋、幸福和感激的心情，正如他在散文中所写的那样："焰火应当放得更多，歌声应当响得更高，灯火应当像朝霞一样把上海的夜空映照得更红。让我们尽情地欢笑！因为幸福已经降落在人间，降落在中国，降落在上海。"[①]巴金对中华人民共和国的热爱，建立在自己多年痛苦的经历和不懈的追求之上，他总是时时、处处"拿'今天'跟'过去，相比"，在他的眼里和心中，过去那痛苦、阴暗、饥饿寒冷、受人践踏的日子已经一去不复返。在1954年国庆节前写的《谁没有这样的幸福的感觉呢？》一文中，他这样描绘"今天"的图景："今天再也没有人关在自己的破屋里流泪呻吟了，今天再没有人冤死在黑暗的监牢里了，今天再没有人饿死、冻死在大街上了，今天再没有人为着衣食出卖自己的肉体和心灵了，今天再没有人在外国冒险家的面前低头了。""今天在我们国家里，每一双手都在动，每一个脑子都在思索，每一颗心都充满了爱，每一盏灯都在发光，每一块炭都在发热，每一件工具都在被使用。从南到北，从东到西，哪一个地方不在变动？哪一个人不换上一件新衣服，不添一样新东西？不论热闹的城市或偏僻的乡村，都在不断地改变面目。新的道路修筑了，新的工厂修建了，新的学校开办了，新的农场成立了，更多的矿藏开发了，更多的铁路建筑了。过去没有的东西现在有了，过去有的东西现在改善了。谁没有亲眼看见这一类的事实？谁没有亲身感受到它们的益处？谁不因为这五年来的成就而对前途充满信心？谁不因为自己的心和六万万人的心结合在一起为共同的事业努力而感到幸福？"[②]

在巴金的眼中，整个社会是如此美好，自己的家庭也非常幸福。1955年9月，他的家从位于闹市的霞飞坊(即今淮海中路淮海坊)搬到了安静的武康路一幢两层楼里。年底，他在迎接新年的随笔中，这样描绘家中一个夜晚的情景："我坐在床沿上对五岁的男孩讲故事，躺在被窝里的孩子睁大眼睛安静地听着，他的母亲走过来望着他漆黑发光的眼珠微笑。孩子的十岁的姐姐练好钢琴上楼来了，一进门就亲热地唤'妈妈'。母亲转过身去照料女儿，带着她到浴室去了。楼下花园篱笆外面响起了一对过路的青年男女的快乐的歌声，歌声不高，但是我们在房里听得很清楚。孩子忽然笑了笑，说：'爸爸，

① 《大欢乐的日子》，《文艺月报》，1955年10月号。

② 《谁没有这样幸福的感觉呢？》，《文艺报》第18号，1954年9月30日。

明年我要读大班了。真开心啊。’……”他们一家过着幸福的生活，在他的眼里，四周的人们也都过着幸福的生活。置身于这环境中的巴金，怎能不“觉得全身充满幸福的感觉”呢？[①] 这段时期巴金写的其他散文《最美丽、最光荣的事情》《迎接我们祖国的明天》《圣人出，黄河清》《“数字的诗”，幸福的保证》等，一再描绘的也是这样美好的现实，一再抒发的也是这样幸福的感觉。

巴金的上述散文，更多地为刚刚开始的新生活的闪光所吸引和激动，他所想到的、看到的、抓住的是这样一个现实：“我们的祖先想望了一生而始终得不到的东西，我们想望了半生而一直看不到的东西现在就在我们的前面发光——自由、独立、富强的中华人民共和国，有着强大工业的社会主义国家。这不再是空想的、或者遥远的东西。它已经摆在我们面前了。”[②] 他多年来追求的光明在中华人民共和国成立的欢呼声中看到了，他多年来憧憬的理想在中华人民共和国的成长中看到了，他当然要百倍热爱它，当然要放声歌唱它。巴金在 1955 年岁末写的一段话，有助于了解他这一时期的心情，他说：“每个人一生中都有过这样的经验：他想望了多年的东西一旦到手，他会一心一意地爱它，保护它。谁了解这种心情，他就会了解今天中国人民的心情。”[③]

正因为如此，从中华人民共和国成立起，巴金就放下了手中那支“写旧中国、旧社会的黑暗腐败，写剥削阶级的腐朽没落，写小资产阶级知识分子的悲欢离合，痛苦，死亡”[④] 的笔，转而开始用充沛的感情，响亮的声音，热烈的词语，礼赞祖国翻天覆地的变化，歌唱新生活的幸福和新事物的美好，抒写自己在新时代里欢乐而又振奋的心情。尽管这些散文还欠缺对现实生活更深刻的认识和反映，一些篇章甚至失之于“浅”和“偏”，但它们浸润着同时期中国人民赤诚的感情，闪射着同时期时代生活明亮的色彩，因而，它属于史册上令人难忘的一页。每一个没有偏见的读者，都能从这些散文中看到巴金那颗为人民的胜利和欢乐而剧烈跳动着的“燃烧的心”。

1955 年 4 月 4 日至 10 日，巴金赴印度新德里出席亚非作家会议。巴金

---

① 《一九五六年新年随笔》，《文汇报》，1956 年 1 月 1 日。

② 《迎接我们祖国的明天》，《西南文艺》，1955 年 9 月号。

③ 《一九五六年新年随笔》，《文汇报》，1956 年 1 月 1 日。

④ 《除恶务尽》，《巴金近作》，四川人民出版社，1978 年 8 月版。

每次出国访问，总在当时或事后记下自己访向的情况和感受。这次到印度却是一个例外，只在四个多月后的一篇短文中提了一句“我访问过印度，亲眼看见印度人民这种感情的表现”，[①]并没有写一篇文章。这大概与当时的政治气氛有关吧。5月13日，《人民日报》发表《关于胡风反党集团的一些材料》，此后，又相继发表了《关于胡风反革命集团的第二批材料》和《关于胡风反革命集团的第三批材料》。一个揭发、批判、声讨“胡风反革命集团”的斗争，急风暴雨般的在全中国掀起。这是中华人民共和国成立后巴金面对的第一场不可回避的政治运动。对胡风文艺思想的公开批判，是从这一年年初开始的，巴金作为上海文学界负责人之一，参加了学习、讨论活动，但并没有撰写批判文章，当把“胡风集团”定性为“反党集团”，进而为“反革命集团”之后，他不能也无法沉默了，他不能不自愿或被迫参加“战斗”。从5月下旬起，巴金先后发表了《必须彻底打垮胡风反党集团》《他们的罪行必须受到严厉的处分》两篇表明自己批判、声讨胡风态度的文章，还写了一篇批判胡风集团主要成员路翎的《谈别有用心的〈洼地上的战役〉》。[②]胡风是巴金1925年在南京东南大学附中读书时的同学，他比巴金低两个年级，是学生运动中的活跃分子，因而巴金知道他。巴金在中篇小说《死去的太阳》中写的学生干部方国亮的原型就是胡风。巴金与胡风真正相识于30年代中期，此后有过多次见面，彼此交谈不多，交谊不深，但也算朋友。为了划清与胡风的界限，巴金又以自己与胡风接触为例，写了《关于胡风的两件事情》，揭露30年代自己就觉得“在胡风身上有一种不自然，不真实的东西”，又揭露1955年2月3日在北京听周总理报告休息时，胡风“做贼心虚”地打“烟雾弹”，请他“多提意见”，并坚决表示“我们只有毫无怜悯地把他们打进他们自己亲手挖好的‘深坟’里去。”[③]此后，巴金还写了杂文《“学问”与“才华”》，继续批判胡风。

31年以后，巴金以沉重的心情重新回顾与胡风的交往，他特别提到1955年自己为了“过关”对胡风所作的“批判”，他表示：“我对自己的表演(即

---

① 《支援印度人民收复果阿的斗争》，《文艺月报》1955年9月号。文中所说“这种感情”指对本国领土的感情。

② 这篇文章在《人民文学》发表时，题目被改为《谈〈洼地上的战役〉的反动性》，文字亦由编辑作了增改。

③ 《文艺报》，1955年7月号。

使是不得已而为之吧),也感到恶心,感到羞耻。今天翻看30多年前写的那些话,我还是不能原谅自己，也不想要求别人原谅我。”[①]

二

1956年刚刚开始，巴金便作为中国作家的代表，同周立波一道去到柏林，出席1月9日至16日举行的德意志民主共和国第四届作家大会。往返各三天的长途航行，使巴金感到疲劳，但一个星期的会议对社会主义现实主义文学的强调和浓厚的自由辩论气氛给他留下了深刻的印象。

2月，巴金赴北京参加中国作协第二次理事会(扩大)会议。3月2日，他在会上发言，“谈个人的感受”。他认为，做作家就必须拿出好作品，创作是很严肃、很艰苦的事情，作家应当全心全意地用全副精力从事写作。在这些看法的基础上，他提出了自己的“结论”：“让一个从事创作的人有充分的时间。”这是他的结论，也是他的呼吁。他抱怨自己在送往迎来方面花费的时间太多，一个时期里火车站和飞机场成了他和另几个人的“会客室”。为了说明自己的呼吁，他特别强调创作实践对于作家的意义，他说“学习和改造对每个作家的工作都有很大的帮助,但是它们也得跟创作活动结合起来,才可以产生效果。”“作家离开了创作实践，是不会有进步的。作家必需不断地写作。写作是他的工作，也是他的义务。作家用写作来为人民服务。广大读者向作家要求的是：作品，更多的作品，而且更好的作品。所谓创作繁荣就是更多更好的作品不断地发表、出版。”在这篇发言里，人们第一次听到了巴金的一些“牢骚”。[②]

1956年中国共产党正式提出“百花齐放，百家争鸣”的方针，这使因反胡风受到震动与惊骇的巴金得到了新的鼓舞。6月，在北京出席第一届全国人民代表大会第三次会议期间，巴金等作家遇到主管宣传工作的胡乔木，他鼓励作家们写点杂文。回上海后，巴金开始写杂文并以30年代写杂感、随笔时用过的笔名“余一”发表，7月24日发表的第一篇杂文题目是《“鸣”起来吧！》，此后，又先后发表了《独立思考》《说忙》《重视全国人民的精神食粮》

① 《怀念胡风》，《无题集》，人民文学出版社，1986年12月版。

② 《文艺报》第5、6号合刊，1956年3月25日。

《观众的声音》《笔下留情》《“恰到好处”》《论“有啥吃啥”》《秋夜杂感》《描写人》《“艰苦”和“浪费”》《“救救孩子”》《辞“帽子”》等。这些针砭时弊的杂文，内容涉及“争鸣”问题、编辑工作、戏曲改革、图书发行、交通安全及文学创作等方面，主要批评不利于贯彻“双百”方针、不利于繁荣社会主义文艺、不利于满足人民群众多方面精神需求的一些倾向和论调。

针对害怕出现“没有领导的‘乱鸣’”，巴金主张“大胆地让大家齐鸣”，他说，“要是没有人‘鸣’，那么一切的讨论和号召岂不是成了多余的吗？”“既然鼓励别人讲话，最好还是少来些限制，暂时不必发什么‘恰到好处’的通行证之类。”他对这种现象作了针砭：“有些人自己不习惯‘独立思考’，也不习惯别人‘独立思考’。他们把自己装在套子里面，也喜欢硬把别人装在套子里面。”他特别尖锐地讽刺了“拿起教条主义的棍子到处巡逻”的一些教条主义者。他认为“编辑工作是为作者和读者服务”，编辑人员要“懂得尊重别人的作品，尊重别人的风格”，不能随意删改别人的作品。他呼吁“不论在吃的、穿的、用的各方面，都让人在‘有’的东西里面去挑选他们喜欢的”，而不应号召人们“有啥吃啥”“有啥买啥”。他反对在文学作品中用简单化的方式描写人，强调“要写人，得接近人，关心人，了解人，而且爱人。”这批“针对着人民内部矛盾的，指出缺点，而且要纠正缺点”[①]的杂文，是巴金在中华人民共和国成立后17年中唯一的一组带“刺”的作品。这些杂文一事一议，就事论理，重在揭露和批评现实生活中存在着的某些不健康的现象。如果说，巴金那些朗声歌唱新生活的散文是他对现实生活的热情肯定，那么，这些杂文则从另一个侧面显示出他对繁荣社会主义文艺、扫清社会主义建设道路上的种种障碍的满腔热忱。

1957年4月27日，中共中央发布《关于整风运动的指示》，中国共产党正式开展反对官僚主义、宗派主义和主观主义的整风运动。同一天，巴金出席了中共上海市委召开的作家座谈会。

---

① 《对文艺和出版工作的意见——在作家座谈会上发言的摘要》，《解放日报》，1957年5月8日。

他在会上就上海市委领导对文艺工作不重视和出版工作方面存在的又缺又滥的混乱现象，提出了尖锐的意见。他说：“领导上对文艺上的问题没有认真研究，认真讨论，却常常匆匆作出决定，甚至发出粗暴的批评。”“把热爱自己工作的人整成了应声虫，等于损害作家的独立思考。”[①] 在对《文汇报》记者的谈话中，他提出，文艺领导部门不重视话剧，致使剧场少，剧团少，剧本出版难，演员的实践少。[②] 此后，巴金在出席中共上海市委宣传工作会议时，又提出了这样的意见：应该把文艺交给人民，送到群众中去接受考验，不能由少数领导同志根据自己的好恶干涉上演或出版。他指出，我们对文学艺术的特性常常了解不够。他还表示：思想领导是必需的，这要由党负责，由市委来抓。但所谓艺术领导，还可以研究。艺术方面最好让作家们发挥各人的创造性，少领导，多帮忙。文艺创作主要依靠作家自己的艰苦的劳动，固然在作品写成发表以后，它就成了社会的财产，但是我们不能依靠领导的指示来写任何作品。[③]

这一年 6 月起，党内整风转为“反击右派”，一场急风暴雨式的反右派运动在全中国大地上开展起来。为了响应中共中央的号召，也为了保护自己，巴金以积极的态度参加了“反右”斗争，他出席各种座谈会、批判会，作发言或联合发言。6 月下旬，他在《文汇报》和《人民日报》发表《一切为了社会主义》、《中国人民一定要走社会主义道路》两篇谈学习毛泽东《关于正确处理人民内部矛盾的问题》体会的文章，同时对右派分子进行声讨。此后，还发表了《是政治斗争，也是思想斗争》《反党反人民的个人野心家的路是绝对走不通的》，并同靳以联名发表了《永远跟着党和人民在社会主义——共产主义的道路上前进》(巴金执笔)和《狠狠地打击右派，狠狠地改进工作，狠狠地改造思想》(靳以执笔)两篇批判丁玲、冯雪峰等人的文章。上述文章大都是发言稿或根据发言写成的，具有比较明显的表态性质。

在反右斗争中，巴金还写了三篇以“过关谈”为副题的杂文：《惨痛的教训》《“国士论”》《戴帽子》。这三篇以谈知识分子思想改造为中心的

① 《对文艺和出版工作的意见——在作家座谈会上发言的摘要》,《解放日报》, 1957 年 5 月 8 日。

② 《巴金接见本报记者发表谈话》，《文汇报》，1957 年 4 月 28 日。

③ 《巴金说文艺应该交给人民》，《解放日报》，1957 年 5 月 17 日。

杂文不再署笔名而用“巴金”的名字。他认为：“所有的知识分子都应该接受这次惨痛的教训，我们都应该好好地检查一下：我们究竟有多少知识？我们究竟改造了多少？我们拿什么来为人民服务？又怎样过社会主义的关？”他反复强调，“谁要在新社会长期生存，就得过‘社会主义关’。”“在任何时候知识分子都不能放松这一件事，认真地改造自己。”这些认识是发自内心的。巴金看到自己过去的许多朋友、熟人成为了“反党反社会主义的右派分子”，连他曾经尊敬过的老党员冯雪峰、丁玲也不例外，他不能不感到触目惊心，不能不引为前车之鉴。他愿意走社会主义道路，愿意成为一个新知识分子，因此，决心认真改造自己。

在 1957 年不平凡的春季和夏季，巴金除了参加社会活动，出席或主持各种会议，写批判“右派”分子的发言、文章，还做了两件值得提起的事情：一件是应人民文学出版社之约，开始编辑自己的文集，文集收入 1927 年到 1947 年的绝大部分文学创作，包括中、长篇小说 20 部，短篇小说集 13 个，散文、随笔集 18 个，此外，还有 1957 年至 1961 年写作的创作谈一集。全书共 14 卷，400 余万字。这是巴金过去 30 年来的思想探索和艺术探索的结晶，显示着他文学工作的实绩。他将 1950 年 5 月为选集所写的《自序》略加修改，作为全集的《前记》，他把原文最后一句“为了欢迎这伟大的时代的来临，我献出我这一颗渺小的心”，改为“为了欢迎这伟大的新时代的来临，我献出我的心，我的笔和我的全部力量”。这表明，巴金为新时代献身的决心更大，信心更足，态度也更为坚定。另一件是受中国作家协会委托，经过半年的筹备，他与靳以共同主编（由靳以主持）的中华人民共和国第一份大型文学刊物《收获》，于这一年 7 月正式在上海创刊。这份季刊篇幅多，容量大，内容厚重，发扬了 30 年代《文学季刊》《文季月刊》的特色，成为深受文学界瞩目和读者喜爱的一份重要刊物。这两件工作不论对巴金的文学生涯还是对中华人民共和国的文化建设来说，都具有重要的意义。

第十一章　风雨之路

(1958.1—1966.5)

30. 批判声声急

一

1958 年初，《文艺报》约巴金写了一篇批判美国作家霍华德·法斯特的文章。法斯特于 1957 年 2 月发表“声明”，3 月又发表“决定”，宣布脱离美国共产党。为此，遭到各国共产党人的谴责，中国的一些作家也发表文章进行批判和声讨。这时，“反右”斗争刚刚结束，面对这样的政治任务，巴金不敢拒绝，于是，他写了一篇题为《法斯特的悲剧》的文章。巴金认为，“霍华德·法斯特背叛了党，离开了社会主义的道路”，“这是一般的知识分子的悲剧”。他从知识分子心灵深处的个人主义出发，分析法斯特“向后转”的原因，认为“他始终没有能够把自己的感情完全溶化在群众的感情里面，在集体的解放中去追求个人的自由。他不能放弃个人的特殊地位。他过分地重视自己，突出自己，甚至为他自己设下一个自我陶醉，自我扩张，自我宣传的罗网”。最后，巴金大声提醒法斯特“回头是岸！这是最后的机会了”。[①] 巴金的文章发表后，《文艺报》编辑部转给他七封读者来信，批评他的看法。巴金感到自己犯了错误，为了保全自己，不致把事情闹大，便以认错的态度，给编辑部去了一封简要的复信，表示“读者们的批评是有理由的”，“读者们的意见使我受到了一次教育”，并检查自己“希望法斯特‘回头’，劝他不要继续走更反动的路，要他改过自新”，错在“只着眼在一个作家的堕落，

① 《文艺报》第 8 期，1958 年 4 月 26 日。

却忽略了这是一个共产党员叛党的重大事件”。就在刊出巴金的复信和三篇批评文章的《文艺报》第11期出版的同一天，上海的《文汇报》也发表了徐景贤“与巴金同志商榷”的批评文章《法斯特是万人唾弃的叛徒》。此后，在学术界颇有影响的上海《学术月刊》发表了一篇题为《批判巴金对法斯特的错误认识》的综述，算是使这场批评告一段落。[①] 围绕《法斯特的悲剧》一文对巴金的批评，是巴金在中华人民共和国受到的第一次公开批评，尽管批评来自“群众”，但内容涉及思想立场，因此，他不能不感到紧张和惶恐。

差不多与此同时，《文汇报》编辑部也把一篇题为《巴金同志提了一个错误的口号》的署名文章转给巴金。文章批评他去年4月所说“把文艺还给人民”是“一个错误的口号”。巴金读后，连忙写了一封自我检讨的长信复编辑部。他首先以“是病就应当医治；是疮就应该割掉；有包袱就应当打开、丢掉”的态度，检查自己解放以来“说过不少错误的话”，承认“把文艺还给人民”的话“的确是非常错误的”，其思想根源在于“把思想领导跟艺术领导分开了看”，认为“只要紧紧抓住思想、抓住政治就行了，在艺术方面是可以放松的。”其次，巴金主动检查了自己在大鸣大放以前发表的“错误的言论”：为《文艺月报》没有刊登关于胡风的第三批材料受到批评辩护，“犯了无组织、无原则的个人自由主义的错误”；反对“有啥吃啥”，为一些人的故意挑剔“推波助澜”，“凭个人意气用事，丧失了立场”；只凭个人狭隘的见闻，担心小孩在街上出交通事故，就“片面地看问题”，“危言耸听”地提出“救救孩子”；关于出版、戏改、话剧等“也都发表过一点不正确的意见”。他不仅否定了自己近二年来为针砭时弊所发表的那些言论，还进而从自己的家庭出身和解放前的经历方面，挖了脑子里的资产阶级思想，认为“犯错误”的根源在于“资产阶级个人主义在作怪。自以为是，一切都从个人的一点狭隘的见闻或经验出发，为了顾全面子甚至强不知以为知，这早已脱离了政治，丧失了立场了”。这些话虽显空泛，但颇切合当时自我检查的时尚。最后，巴金表示：“我耳边老有一个声音说：‘加紧改造’。这是自己心里的话。我决心改造自己。”巴金的信和批评文章，在6月14日的《文汇报》同时发

① 巴金在《<巴金六十年文选>代跋》(1986年)中对自己的文章和批评文章发表时间的回忆有误。

表了出来。就在写这封信前七天，《文汇报》发表了巴金题为《旧知识分子必须改造》的文章，他把自己归入“旧知识分子”之列，并对自己和与自己相似“徒拥虚名”的旧知识分子发出了这样的质问：“那些只能供自己个人欣赏，不能用来为国家、为人民服务的东西怎么能算是知识呢？我们能够为国家创造财富吗？我们能够推动时代前进吗？我们能够在改变祖国面貌的伟大事业中尽一份力量吗?”因此,他为自己在“一天等于二十年”的形势面前“背了一个旧知识分子的包袱跑不动”而着急,“特别感到旧知识分子改造的必要”。解放以来巴金对自己作为一个中华人民共和国知识分子和作家所有的自豪感，已经动摇了，对于自己也能用笔推动时代前进的自信心，已经消失了，代之而来的，是自惭和自遣。

为了赶上形势的发展,在巴金受到批评和进行自我批评的这一段时间里，他先后发表了《空前的春天》《写给青年突击手们》《宣传总路线》《小妹编歌》《变化万千的春天》等文，表现出紧跟形势、宣传总路线和“大跃进”的热情。他还同其他作家一道，采访被严重烫伤的上钢三厂炼钢炉长邱财康和使他战胜死亡的上海广慈医院，合写了特写《创造奇迹的时代》，后又单独写成特写《一场挽救生命的战斗》，他力图通过这些行动和作品，紧贴时代，歌颂时代，同时表明自己加紧思想改造的决心。

二

1958 年下半年，随着“大跃进”和人民公社化的热潮，思想文化领域展开了一场“插红旗，拔白旗”的“兴无灭资”运动。收录巴金 1949 年以前全部中、长篇小说的《巴金文集》第一卷至第六卷，在这年 3 月至 10 月由人民文学出版社出版。为实现年初制定的两年内写谈自己创作的文章十万字以上的规划,巴金在这年上半年陆续写作并发表了《谈〈春〉》《谈〈灭亡〉》《谈〈秋〉》《谈我的散文》《谈我的短篇小说》等 5 篇创作谈，向关心自己作品的读者讲述作品的写作经过、题材来源、人物原型，以及写作时的思想状况和自己对作品的看法。巴金作品在中华人民共和国的流传和巴金在新的时代里对自己旧作的解释说明，被一些人认为不利于无产阶级思想占领思想阵地。10 月 1 日出版的《中国青年》杂志和这一月 8 日、12 日出版的《文学知识》和《读书》三家有影响的刊物，开始对巴金解放前的作品展开“讨论”。《中国青年》的“编者按”说：“巴金同志的小说，曾在青年中流行很广。为了把共产主义的红旗插遍一切思想领域，我们从本期起，将陆续对巴金同志的主要著作，进行分析批判。”与这三家刊物同时，上海《文汇报》和北京的《光明日报》《文学评论》，以及山东师范学院、武汉大学等大学的学报，也以相当篇幅发表了评论和批判巴金创作的文章。10 月 4 日，巴金怀着兴奋的心情去到苏联的塔什干出席亚非作家会议，当他下旬回国后，这场令他意想不到的批判已颇有声势了。

从 1958 年 10 月到 1959 年 5 月，八个月中，全国各报刊共发表讨论文章六、七十篇。人民文学出版社和湖北人民出版社还先后出版了两本论文集《巴金创作评论》(1958 年 12 月)、《巴金创作试论》(1959 年 9 月)。参加这场讨论的不仅有各行各业的青年读者和大学师生，一些有影响的文学评沦家如姚文元和李希凡、张毕来等，也撰写了观点不一的文章。其中，姚文元在《中国青年》和《读书》上发表的三篇处处以“马克思主义观点”自居，实则用庸俗社会学观点粗暴否定巴金全部作品的长文，集中表现了文学评论中反历史主义的“左”的观点和倾向。[①] 在这样广的范围内，声势浩大地集中讨论和分析批判一位当代作家过去的作品，这不仅在建国以来是第一次，即使在整个中国现代文学历史上，也算是首开先例。

在这场大讨论中，尽管除《中国青年》外，其它报刊都发表了不同看法的争沦，但整个“讨论”是作为思想领域中一场对于与无产阶级思想相敌对的资产阶级、小资产阶级思想的斗争来开展和进行的。因而，使巴金受到极大的震动和惊骇。此外，在“讨论”中除了批判巴金解放前作品的思想倾向 (无政府主义，个人奋斗，消沉阴郁等)，清除其“消极影响”，还把 1957 年在《文学研究》(后改名《文学评论》) 和《人民文学》上发表长篇论文系统论述评价巴金的杨风和王瑶，作为“资产阶级评论家”的典型，加以批判。杨风认为，巴金“是勇敢的忠实于生活的现实主义者”，“热情的革命民主主义战士”，“从

① 即《论巴金小说〈灭亡〉中的无政府主义思想》(《中国青年》1958 年第 19 期)《论巴金小说〈家〉在历史上的积极作用和它的消极影响——并谈怎样认识觉慧这个人物》(《中国青年》1958 年第 22 期)《分歧的实质在哪里》(《读书》1959 年第 2 期)。

《激流三部曲》到《寒夜》，在巴金的这些主要作品里，我们都可感到不同历史时期主要的社会生活脉搏的跳动。”王瑶认为，巴金“作品中所表现的思想倾向是与中国人民民主革命和现代文学的思想主流基本一致的”。(他同时也分析了巴金作品的局限与不足)。杨风和王瑶作为最早全面评析巴金的学者，他们的观点当然是可以研究讨论的，但因被当作“错误评价”遭到彻底否定，这就使他们在学术上具有开创意义的一家之言，夭折于当时的“政治”。这样，50 年代中期刚刚开始并取得喜人进展的巴金研究，就此停顿下来并被逐步引向歧路。

对于这场大批判，巴金在当时和此后几年从未在文章中正面谈过。虽然在为人民文学出版社 1959 年版《巴金选集》所写的《后记》和 1961 年写的另几篇创作谈中，他从解释自己的作品、回顾自己的创作经历的角度，间接作了一些解释和答辩，但并没有直接涉及自己对“批判”的看法。1958 年 12 月 27 日巴金写给苏联汉学家彼得罗夫的信，是目前能看到的他的直接表态之一。他在信中这样回答彼得罗夫的有关询问：“我觉得对我过去作品的批判，有些是正确的，也有些文章对我过去的作品有些误解。我的作品在当时就有毛病，在今天看当然更有毛病。对过去的作品的确应当用今天的眼光来看待。然而对那些作品和作者的要求就应当顾到当时的实际情况。我对我的人物其实都有批判，不过有时并不明显……我的作品常常写个人奋斗。在旧社会这是有积极意义的。那些主人翁如果活到今天也会服从集体的利益了。倘使在今天还要学当时人物的个人奋斗的精神，那就会产生很大的消极作用，所以那些批判的文章对年轻的读者来说还是有好处的。”[①] 一方面对那些分析批判文章所采用的“今天的眼光”有异议，一方面又肯定批判对年轻读者“有好处”；一方面要求评论过去的作品“应当顾到当时的实际情况”，一方面又认为不实的批判只是“误解”；一方面肯定自己描写的“个人奋斗”在当时“有积极意义”，一方面又承认在今天确实会“产生很大的消极作用”。从巴金这些以谨慎的语言写出的看法中，既可看到他认真接受批判的诚意，又可以窥见深藏在他心中的疑窦。

① 《致彼得罗夫》(1958 年 12 月 27 日)，《巴金书信集》，人民文学出版社，1991 年 8 月版。

三

尽管巴金在1958年经受了两次公开批评、一场群众性大批判，承受着很大的精神压力，但仍未减弱对新社会、新时代的一腔热情。1958年10月和1959年底，巴金写了《悼振铎》和《安息吧，靳以同志》《哭靳以》《他明明还活着》等，悼念10月17日出国访问途中因坐机失事遇难的郑振铎，和11月6日猝死于风湿性心脏病的靳以。靳以是与巴金有30年友谊的老搭挡，30年代，他们一起编辑过《文学季刊》《文季月刊》和《文丛》月刊，50年代，又合作编辑《收获》。他们两人和两家，过从甚密，一直保持着深厚的友谊。巴金这样描述解放十年来他与靳以之间的关系："不知道有多少次我们互相勉励，互相鼓舞，要用最响亮的声音、最饱满的感情歌颂中华人民共和国的幸福生活，歌颂伟大的时代和英雄的人民，歌颂这些年中间数不尽的移山倒海的壮举和惊天动地的奇迹。不知道有多少次我们互相鞭策、互相激励，要贡献全部力量，做建筑社会主义大厦的一砖一瓦，跟着时代前进，永不掉队。"[①] 这些话，的确是当时实际情况的写照。巴金还这样称道靳以在国庆节以前的两个月中一口气写的十几篇文章："你用了那么热烈、那么欢快的调子，歌颂十年来千千万万无限美好的事物；你用了诗一样的激情的语言抒写个人深切的感受，歌唱人民的幸福生活。"[②] 其实，巴金自己也是这样，1959年一年中，他先后写了《"上海，美丽的土地，我们的！"》《从新安江回来》《"我们要在地上建立天堂"》《上海十年文学创作选集·总序》《我又到了这个地方》《无上的光荣》《最大的幸福》《星光灿烂的新安江》《我们伟大的祖国》《迎接新的光明》《英雄赞》《舞剧〈蝶恋花〉鼓舞我们前进》等30多篇散文，并编辑了散文集《赞歌集》以及建国十年作品选集《新声集》，还在苏联、印尼、香港的报纸上发表了《心连着心》《一个作家的无限欢乐》《为了子孙万代》等散文。不必摘引其中的文句，仅就题目便不难知晓这些散文的内容。

在这些散文中，人们仿佛又看到20年代初期的巴金。那时，他热情地描绘着憧憬中的新的社会，急切地呼唤着它的到来。而现在，新的社会已经在

①② 《哭靳以》，《人民文学》1958年12月号。

中国大地上实现了：“人们踊跃地参加义务劳动，好像去吃喜酒一样；公社里吃饭不要钱；在很短的时间里，基本上扫除了全国的文盲；几千万首诗、几千万幅画在各地方出现；技术革新的花朵在每个角落都开得鲜艳异常。每个脑筋都在开动，每双手都不休息，每一样东西都发挥作用，每个人的精力都取得成绩，每一颗心都充满力量，每个人的前途都充满光明。”[①] 类似这样在当时司空见惯的不切实际的“豪言壮语”和夸张的“歌功颂德”之词，在巴金散文中，比比皆是，正如他后来所说：“我并不是在吹牛，我当时的感情是真挚的，我的确生活在那样的气氛中。”[②] 这些散文，毕竟是中华人民共和国一个时期社会生活的投影。

31. 朝鲜的梦

一

60 年代初期，四年多未写小说的巴金重又开始了小说创作。从 1960 年 9 月至 1961 年 8 月的近一年时间里，在上海，在成都，在黄山，他不断地重温“朝鲜的梦”，陆续写成七篇关于朝鲜的短篇小说，并结集为《李大海》出版。这期间，他还写成同一题材的中篇小说初稿。这批作品的写作，是巴金建国后小说创作的唯一一次高潮。50 年代两度赴朝的生活，长久地萦绕在巴金的脑际，难以忘怀。尽管 50 年代巴金已出版了《生活在英雄们的中间》《英雄的故事》《保卫和平的人们》和《明珠与玉姬》几本关于朝鲜的集子，但他自己并不满足，也不满意。他总期待写出更好的作品。1953 年底和 1954 年初，他在朝鲜写给萧珊的信中说，“要写较好的作品还需用两三年时间”，[③]“像样的作品还有待于将来”。[④] 经过七八年时间的沉淀，现在似乎是写出“像样的作品”的时候了。从另一个角度看，这些小说的写作，可以说是巴金在经受了 1958 年以来的批评和批判后，表现自己加紧思想改造的具体行动，也可

① 《新年试笔》，《解放日报》，1959 年 1 月 1 日。

② 《“豪言壮语”》，《探索集》，人民文学出版社，1981 年 7 月版。

③ 《致陈蕴珍》(1953 年 11 月 12 日)，《巴金全集》第二十三卷，人民文学出版社，1993 年版。

④ 《致陈蕴珍》(1954 年 1 月 2 日)，《巴金全集》第二十三卷，人民文学出版社，1993 年版。

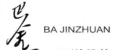

以说是他对于批评和批判所作的形象回答：他要塑造在中国共产党的领导和教育下战斗、成长的革命战士，他要描写胸怀共产主义理想、严守革命纪律的英雄人物，他要用小说来抒写自己对于新人物的热情和挚爱，他要用小说来证明自己作为一个作家的存在。

在巴金关于朝鲜的小说中，描写了志愿军的基层干部和高级指挥员，但更多的则是描写战斗在各个岗位上的普通青年战士。巴金一贯对青年有特别的感情，在关于朝鲜的小说中，他的笔力仍集中在塑造志愿军青年英雄形象方面。比如，《李大海》中英勇善战，临危不惧，在生命的最后一刻仍然坚信共产主义革命一定胜利的无畏战士李大海，《团圆》中朝气蓬勃、爽朗乐观的女文工团员王芳，《飞罢，英雄的小嘎嘶！》中在前线英勇战斗，回国后继续为社会主义建设献力的吴万山等。这些人物同50年代初他所写的《坚强战士》中身负重伤后爬行十天九夜，终于胜利归队的坚强战士张渭良，《黄文元同志》中宁让烈火在身上燃烧而至死不暴露目标，严守纪律的邱少云式的战士黄文元……同是巴金为社会主义文学画廊增加的新英雄肖像。对巴金来说，这些英雄在他的作品中是前所未有的崭新的人物形象，因为他们是在中国共产党教育下，在革命集体和革命斗争中锤炼成长的无产阶级革命战士。这些英雄从根本上有别于他在中华人民共和国建立前塑造的那些自己钟爱的和理想的青年英雄，尽管他们猛烈地反抗黑暗的社会，腐败的制度，邪恶的势力，热烈地追求幸福、自由和光明，甚至不惜牺牲自己的生命，但在他们身上，不能不充满着难以解脱的矛盾、苦闷、迷茫和悲哀，不能不带着那个时代的深深印记。

在描写志愿军的小说中，巴金力图充分地展示英雄们鲜明的阶级爱憎，宽广的革命胸怀和坚定的共产主义信念。他们始终不忘旧社会痛苦生活的辛酸，百倍珍惜解放以后翻身作主的幸福，因而，对祖国、对亲人、对领袖、对朝鲜人民爱得深，对侵略者恨得切。他们时刻自觉地用实际行动表示自己的爱和憎，表示自己保家卫国的赤胆忠心：平时兢兢业业，互相帮助，战时英勇无畏，不避艰险。其中许多英雄在严酷的战斗中献出了生命，但仍洋溢着激励人心的革命英雄主义精神。巴金的这些小说基本上采取第一人称写法，用“我”的耳闻目睹，在娓娓道来的平凡故事中，通过一些看似平常的日常生活细节，通过同志之间的关系，慢慢地挖掘英雄人物思想性格的光辉，揭示他们不平凡的、足以惊天地泣鬼神的壮举的根源和基础，从而展现出英雄人物“一人吃苦，万人享乐”的高尚精神和美好心灵。这些英雄人物是巴金深入斗争实际生活后的文学收获，也是他努力树立新的思想和审美观念并用以认识和反映生活的实际成果。

二

在谈到巴金关于朝鲜的小说时，不能不特别提到一部至今鲜为人知的作品，这就是1960年10月到1961年9月写成的中篇小说《三同志》。这部小说是巴金在中华人民共和国建立后写成的第一部中篇小说，也是他1946年底写完《寒夜》之后的40多年中完成的唯一的一部中篇小说。

50年代在朝鲜的时候，巴金对写作长篇作品缺乏自信，但又对此怀有愿望。当时，他曾向妻子表示：“写大东西现在实无把握”，“回国后考虑是否能写长篇”，“长篇小说是以后的事”。[①]60年代初，在重温“朝鲜的梦”的日子里，巴金终于实践了自己的诺言，实现了自己的夙愿。然而，初稿写成后，他感到很不满意，将它放置了起来。此后三年中，他都一直心系这部作品。1962年底，巴金考虑对小说进行修改，从11月20日到12月12日，他花了20多天时间，把小说校读了一遍。早在1961年1月末，他在成都写成10万字初稿后，就认为“写内在的东西多些，情节写得少些，修改时得花一点功夫，不然就成了拖沓冗长的散文，不像小说了”。[②]这次重新校读，他愈觉小说需要大改。12月5日，他在日记中写道：“校读《三同志》，越来越觉得修改不易，但是这个中篇的前半部必须大改。”12日，他又写道：“读完《三同志》，觉得只有最后几页可读，必须认真修改。”[③]从1963年2月5日起，巴金开始动手修改作品，直到2月底才住手；3月中旬，又用了5天时间修改，然后便停下来。1964年6月16日，再度进行修改。1965年1月18日到3月

① 《致陈蕴珍》(1953年10月6日，11月12日，1954年1月2日)，《巴金全集》第二十三卷，人民文学出版社，1993年版。

② 《致陈蕴珍》(1961年1月16日)，《巴金全集》第二十三卷，人民文学出版社，1993年版。

③ 《巴金全集》第二十五卷，人民文学出版社，1993年版。

中旬，又着手修改工作；5月中旬起，再次续改，直至月底。尽管巴金以认真严肃的态度，以近5年时间写作、修改这部作品，但他仍不满意，认为它“失败了”，因此，一直未交送发表，只在1977年撷取其中部分情节，重新改写了一个短篇小说《杨林同志》发表。[①]

《三同志》正文26章，另有一章“尾声”，正文写的是1952年春到10月在朝鲜的事情，“尾声”写1958年3月志愿军首批归国部队返回祖国。作品中的“三同志”是某部八连同出身于穷苦家庭却来自不同省份的三位年轻通讯员：不满19岁的四川人杨林，20岁的上海人王理明和22岁的山东人刘加亮。小说从到朝鲜仅三个月的杨林主动要求从师部下到连队写起，描写三位通讯员互相帮助，互相竞赛，一道学文化，求进步，在温暖如家的集体中并肩前进的故事。主人公杨林是一个淳朴可爱、爱憎分明的农村青年，他珍惜中华人民共和国成立后的幸福生活，痛恨破坏和平的美帝国主义，怀着杀敌立功，保家卫国的愿望，自愿报名来到朝鲜。尽管他文化水平低，缺乏战斗经验，但他学习刻苦、律己严格，对党和毛主席百倍热爱，万分信仰，并渴望着杀敌立功。在连领导的关怀和培养下，在周围同志的帮助和勉励下，他的文化水平、思想觉悟、政治素质和战斗经验不断得到提高，最后在保卫一七〇高地的激烈战斗中，身中数弹仍坚持战斗到最后一刻，光荣牺牲，成为一位无畏的英雄。

这部中篇写了二十几个人物，从志愿军师长、团长到连长、指导员、排长、班长、文书、卫生员，从祖国来的实习团首长到朝鲜儿童、老大娘，但主要写普通战士和基层干部；写了战斗场面，但主要写战士们的日常生活，写平凡行动；写了思想矛盾，但主要写美好的感情，写革命的理想和情操。小说力图通过主人公杨林与上级、与同志、与祖国来的亲人、与朝鲜人民的融洽关系，通过他对家乡、对祖国、对党和毛主席的深厚感情，通过他在工作、任务、战斗面前的严肃态度，表现他思想的进步和性格的成熟，展示他共产主义理想的逐步树立和坚定。为了使人物形象尽可能丰满，巴金还运用了对话、

① 这部中篇现已收入《巴金全集》第二十卷。

心理(特别是梦境和想象)、动作、细节、场景等多种艺术手法。

《三同志》充分调动了巴金50年代初两度入朝的生活积累。作品中故事发生的时间与他1952年首次赴朝的时间基本吻合，作品中的人物和事件，大都以他所接触、所了解的人和事作根据，大部分人物和场景，也能在他过去所写的关于朝鲜的散文、通讯、短篇小说中找到，许多场面和细节，就是他自己亲身的观察、经历和感受(比如第二十三章写慰问团与指战员会面时的热烈场面，第十二章、十四章写去前沿阵地时沿途的景物和情况；八连洞中墙上贴的三张图片，等)。

中华人民共和国成立后，巴金曾多次打算用中、长篇小说的形式反映新的生活、新的人物，他在给萧珊的信中甚至这样表示：“我从事创作是因为我心中有许多感情，我非写出一部像样的东西来才不白活，否则死也不会瞑目。”[①] 但频繁的社会活动使他更多地浮在生活的面上，反胡风集团、反右斗争和对自己的大批判，使他心有余悸，顾虑重重，致使写反映知识分子思想改造、反映新社会幸福生活的长篇作品的愿望一直难以实现。在朝鲜十几个月的生活，使巴金对新的人物和新的集体有了比较多的直接感受、比较深入的了解和比较深厚的感情。因此，他最终还是以这段生活为题材写成了《三同志》这部描写新人的中篇小说。但是，巴金对战斗生活毕竟比较隔膜，对部队的人和事的深层内容也不十分熟悉，加之，他力图使作品为“无产阶级政治服务”，为当时的形势服务。这一切，当然使他的创作受到限制。这部作品缺乏尖锐的矛盾冲突，人物性格不是在起伏跌宕的情节发展中得以展现，只在平面上显示，因此，尽管巴金力图从多方面刻画人物，表现其思想品格(比如，第十九章就是通过多侧面写人物的典型的一章)，作品中心理、景物、场面和细节也都不乏精彩的局部描写，但从整体上看，作品思想的容量和人物性格的丰满都不够，未能超出他已发表的短篇小说，读来显得比较单调、沉闷。应该说，在巴金关于朝鲜的创作中，散文优于通讯和短篇小说，而后者又优于《三同志》。

在《三同志》收入《巴金全集》与世人见面的时候，巴金在原稿首页写

① 《致陈蕴珍》(1953年8月2日)，《巴金全集》第二十三卷，人民文学出版社，1993年版。

下这样的话："我写了自己不熟习的人和事，所以失败了。这是一个惨痛的教训。"后来，他又这样说明小说一直未发表的原因："小说写成后，只有萧珊一个人看过我的全部手稿，她也同意我把小说锁在箱子里，不给人看。但是我们不曾交谈过小说失败的原因，有一次她讲过一句话：'小说要有点情节。'《三同志》的一个缺点就是缺少'情节'，因为我不熟习我所写的部队生活，我不理解那些土改后参军的青年战士的心灵。"这部中篇为总结巴金在中华人民共和国的文学创作的经验教训方面，留下了一份值得认真研究的材料。尽管这样，《三同志》的写作在表明巴金对新生活、新人物、新英雄的热情方面，仍是有说服力的一例，这正如他自己所说，"我并不后悔为写这废品花去的时间，和两次入朝的生活体验。这一年的生活我并不是白白度过的，我不是在替自己辩护，虽然没有写出什么作品，我却多懂得人间一些美好的感情。在我这一生，写作与生活是混在一起的，体验生活不单是为了积累资料，也还是为了改变生活。"①

32. 作家的勇气和责任心

一

1962 年 5 月 8 日，上海市文学艺术工作者第二次代表大会召开，巴金代表市文联致开幕词《更高地举起毛泽东文艺思想的红旗》。第二天上午，巴金以个人的身分，在大会作了题为《作家的勇气和责任心》的发言。当天在会上发言的还有丰子恺、黄佐临、瞿白音三位文艺界知名人士。巴金的发言稿虽不足 6000 字，却是他经过认真的反复的思考后写出来的一篇"畅所欲言"的讲话，它说出了堆积在巴金胸中多年的心里话，也道出了充塞于中华人民共和国正直的文艺家喉头的声音。这篇讲话心态开放，见解深邃，文词隽永，理直情真，是一位从旧社会的黑暗和灾难中走过来的中华人民共和国作家，怀着滚烫的心向党和人民递交的一份渴求繁荣和发展人民文学事业的"陈情表"。②

---

① 《致树基（代跋）》(1991 年 7 月 5 日)，《巴金全集》第二十卷，人民文学出版社，1993 年版。

② 这篇发言稿经删节后刊于《上海文学》1962 年 5 月号；全文后收《巴金六十年文选》(李济生、李小林编，上海文艺出版社 1986 年 12 月版)，但文字有少数脱落，误植。

巴金发言的主旨正如题目所示，讲的是“作家的勇气和责任心”，即提倡中华人民共和国的作家“对人民负责，有勇气坚持真理”，抨击少数“一手拿框框，一手提棍子到处找毛病”“用棍子推销框了”的人和现象。围绕这个题旨，他谈了三方面的问题。

首先，“做一个作家必须有充分的勇气和责任心。”。他所说的“勇气”，指的是“坚持真理、热爱祖国的勇气”；他所说的“责任心”，指的是“运用文艺武器为人民服务”。为此，要去掉“但求无过的怕挨整的顾虑”，让那些“不知从哪里来的框框和棍子”起不了作用。他着重抨击了少数这样的人：“他们喜欢制造简单的框框，也满足于自己制造出来的这些框框，更愿意把人们都套在他们的框框里头。倘使有人不肯钻进他们的框框里去，倘使别人的花园里多开了几种花，窗前树上多有几声不同的鸟叫，倘使他们听见新鲜的歌声，看到没有见惯的文章，他们会怒火上升，高举棍棒，来一个迎头痛击。他们今天说这篇文章歪曲了某一种人的形象，明天又说那一位作者诬蔑了我们新社会的生活，好像我们伟大的祖国只属于他们极少数的人，没有他们的点头，谁也不能为社会主义建设事业服务。”巴金在发言中多次提到“框框”,“棍子”。所谓“棍子”，显然是说那些抓辫子、戴帽子、简单粗暴、动辄无限上纲的“大批判”。所谓“框框”，他没有作解释说明，联系发言中举到的几年前指《洞箫横吹》为坏电影，《布谷鸟又叫了》为坏剧本，批判法国作家斯汤达尔的小说和罗曼·罗兰的《约翰·克利斯朵夫》，以及有人写信批判欧阳山发表在 1961 年第 10 期《上海文学》上的小说《骄傲的姑娘》等事例，可以看出，他所指斥的“框子”，实际上就是违背“双百方针”的种种“左”的文艺观点。他对阻碍“双百方针”贯彻落实的“左”的思想和做法提出了这样的质问：

为什么我们文学艺术的百花园中还不见红花似海、百鸟朝凤？为什么我们的报刊上许多人喜欢重复用着同样的词汇和字句？全国人民思想的一致是我们可以引以为骄傲的事情，但词汇的相同就不值得夸耀了。要是许多人都用“众所周知”的同样词汇写文章，那才是人力物力的浪费。我们的社会生活是极其丰富，我们人民的心灵是非常优美，我们的语言文字也决不贫乏，我们作家的头脑也并不简单，我们的队伍中间也不见得有多少懒汉，为什么大家都习惯于使用那些‘众所周知’的同样词汇，不肯多动脑筋想出别人未用过的适当的字句，创造不同的形象，从不同的角度和不同的感受来解释、来阐明同一个真理，同一个思想，同一个原则，来描绘、来反映、来歌颂同一个伟大的时代呢？

其次，他希望摆正批评家与作家的关系，反对那些“专门看风向、摸‘行情’的‘批评家’”。他说：“我只知道真理越辩越明，却未听说真理越骂越显。漫骂决不是批评，盛气凌人更解决不了问题。要繁荣创作，首先需要作家们辛勤的劳动和不懈的努力。有人以为只要批评家笔下留情，多讲好话，就可以促成创作的繁荣。这种想法未免太天真了。据我看，只有在作家和批评家互相学习，彼此帮助，互相尊重，携手并进，共同为社会主义文艺事业奋斗的紧密团结的局面下，才会有万花吐艳、百鸟争鸣的盛况。”

最后，他动情地谈到自己学习毛泽东《在延安文艺座谈会上的讲话》的体会。他认为，毛泽东文艺思想像宝藏丰富的“宝山”，包含着许多“发光的真理”。他特别强调毛泽东关于文艺与人民关系的观点为文艺家们指出了“光明大道”。他表示：“我越来越明显地认识了这个真理：只有在作家和人民同感情、共呼吸，共同为伟大祖国的命运奋斗的时候，文学作品才能成为‘战斗的武器’和‘教育的工具’，也只有在作品真正起了‘战斗武器’和‘教育工具’的作用的时候，作家才算是表现了他的勇气，尽了他的责任。那时候，什么框框，什么棍子都不在话下了。”

巴金在这次会议上，能鼓起勇气发表这样一篇讲话，与当时中共中央从各方面纠正 1958 年以来“左”的错误，调整党和知识分子的紧张关系所带来的良好的政治环境，有着直接的关系。特别是这年 3 月周恩来、陈毅在广州所作的关于知识分子问题的讲话和 4 月中共中央批发的中央宣传部和文化部党组、中国文联党组提出《关于当前文学艺术工作若干问题的意见（草案）》（“文艺八条”）使巴金受到很大鼓舞。因为周恩来和陈毅的讲话，对知识分子在建国以来跟着党和人民同甘共苦，经受住了考验，都作了肯定的评价，并指出知识分子的绝大多数已经是属于劳动人民的知识分子，而不是属于资产阶级的知识分子。“文艺八条”则对进一步贯彻执行“双百方针”，正确地开展文艺批评等，作了比较科学的论述和具体政策的规定。因此，巴金才有可能，也才有勇气，写出这样一个情理兼备、尖锐恳切的发言稿并放胆在会上率先发言。巴金的发言虽然受到上海和全国许多文艺家的欢迎，却惹恼了主管宣传工作的张春桥和暂时蛰居在上海作协理论组的“棍子”姚文元等人。

四个月以后，毛泽东在中共八届十中全会上把社会主义社会中一定范围内存在的阶级斗争扩大化和绝对化，会后，全国城乡开始进行大规模的阶级斗争。1963 年 5 月开始，陆续开展了对《李慧娘》《谢瑶环》《北国江南》《早春二月》以及一些文艺理论观点的政治批判，到 1964 年夏更扩大到哲学、经济学、历史学领域。政治和思想文化领域内“左”的思想重新抬头并再度发展，知识分子又置身于紧张的气氛之中。实际上从上海市二次文代会结束后，就不断有冷言冷语传到巴金耳中，《上海文学》因发表了这个发言(发表时，巴金自己删去了一些尖锐的话语)，也受到批评。因此，从 1962 年 6 月到 1966 年 5 月的四年中，为了不致“挨整”，不致“因为一篇文章招来一顿痛击”，巴金又回到在上海市第二次文代会发言中所说的那种精神状态中，“只好小心翼翼，不论说话作文，都不敢稍露锋芒，宁愿多说别人说过若干遍的话”，“叫人抓不到辫子，不管文章有没有作用，只求平平安安地过关。”这四年时间里，他虽发表了 40 多篇散文，但抒写的几乎全是出国访问的见闻、感受，反映国内生活的只有寥寥几篇，而且基本上是写实性的应时之作，如 1964 年 8 月应李束为、马烽之邀到大寨参观访问后描写大寨人的《大寨行》《大寨英雄——“老石匠”贾进才》，以及应命批判电影《不夜城》的《谎话一定要给戳穿》。他不能再“犯错误”，不能再给自己和家人招来“麻烦”。他必须保护自己，安然度过一场接一场的思想斗争。

二

1962 年以后，巴金的笔转向了异域生活。他记叙中国人民与各国人民的战斗友谊，声讨美帝国主义的侵略行径，声援被压迫人民的革命斗争，歌颂古巴和越南的抗美斗争。他用这些散文，表明自己的政治立场和态度，同时表明自己作为一个作家的存在。

1961年到1963年，巴金三次到日本参加国际会议和访问。1961年3月，他担任中国作家代表团团长，率团出席在东京召开的亚非作家会议常设委员会紧急会议，这是他自1935年离开横滨后，第一次重新踏上日本的土地；1962年7月，他又率领中国代表团赴东京出席第八届禁止氢弹、原子弹世界大会；1963年12月，他再度率中国作家代表团访问日本。前两次访问归国后，他先后写了《从镰仓带回的照片》《忆青野季吉先生》《富士山和樱花》《向着祖国的心》等六篇散文(其中《看了〈松川事件〉以后》1962年10月补写一节)；第二次赴日返国，他又写了《藤森先生的笑容》《倾吐不尽的感情》《"不死鸟"的雄壮歌声》《致芹泽光治良先生》等五篇散文。这些散文后来结集为《倾吐不尽的感情》出版。这些散文以诚挚而热烈的情怀，记叙自己在东京和日本各地与新老朋友们亲切的会见、融洽的谈话、欢乐的聚会和愉快的旅行，特别侧重抒写了日本知识分子和广大人民在反美斗争中的精神面貌，以及自己对他们的敬爱之意。充溢在各篇散文中的，是对这样一种感情的感受、描绘和赞颂："富士山的美是永久的，樱花的美也是永久的，我们两国人民之间的友情也是永久的。"[①]"两千年的人民友谊有如汪洋大海，它的深度是无法测量的。人到了海的跟前才认识到海的庄严和海的力量；多跟海接近才明白海能够做多少事情。……像这么深长的人民友谊一定能创造出许多、许多美好的东西。"[②]出现在巴金笔下并跃然于纸上的，有青野季吉、中岛健藏、芹泽光治良、石川达三、广津和郎、龟井胜一郎、藤森成吉、崛田善卫、白石凡、三岛一、秋田雨雀、有吉佐和子、木下顺二、阿部知二等十几位日本小说家、剧作家、文艺评论家和历史学家。巴金特别敬佩他们"离开了书斋，站在人民斗争的前列，要和人民同呼吸、共命运"的行动和爱憎鲜明，不畏强暴、不怕困难，为促进日中友好和世界和平竭尽全力的精神。由于这些散文大都是巴金在"思念最深的时刻""为着'酬答友情'"而执笔写下的，情深意长，真切感人，因此是巴金60年代中期给读者印象最深的篇什。

---

① 《富士山和樱花》，《倾吐不尽的感情》，百花文艺出版社，1963年6月版。

② 《致芹泽光治良先生》，《倾吐不尽的感情》，百花文艺出版社，1963年6月版。

1963年6月，巴金同山西作家李束为一道，到越南北方访问五周；1965年7月，他又同魏巍、杜宣等再次访问越南，住了110天。除河内外，越南北方各省和南北交界的十七度线，都留下了巴金的足迹。第二次访越时与巴金同行的杜宣曾忆及当时这段生活的一些片断：“这正是越南的雨季，只有在热带生活过的人，才能体会热带生活过的人，才能体会热带雨季的情况。空气潮湿得好像可以拧得出水。任何地方都是湿漉漉的。蛇蝎横行，蚊蚋丛生。还有最令人厌恶的就是旱蚂蟥，无论白天黑夜，只要走进丛林，它就会在不知不觉间畅饮着你的鲜血。当时，一切城市村庄都遭受轰炸，因此我们的活动不是在森林就是在山岩下。巴金当时已经过了60岁了，他和我们一样，穿着越南特有的‘抗战鞋’，挂着一根棍了，在泥泞的小道上一步一滑地走着。他老是滑倒，所以每到休息的地方，总像泥人儿一样。但他从来不叫苦，也没有一句烦言。”[①]第一次访越归来后，巴金写了《携手前进》《贤良桥畔》《忆越南》《致江南同志》等几篇散文，结集为《贤良桥畔》，于1963年9月由作家出版社出版。从编完这本集子到1966年3月，他先后又发表了《并肩前进》《美国飞贼们的下场》《越南青年女民兵》《炸不断的桥》《一块头巾》等12篇散文，他将其中六篇连同未及发表的另四篇编为关于越南的第二本散文集《炸不断的桥》，并写了《后记》，于5月初交上海文艺出版社。自1965年11月10日《文汇报》发表姚文元在江青支使下写的《评新编历史剧〈海瑞罢官〉》后，“文化大革命”便拉开了序幕，文学界艺术界乃至整个文化教育界草木皆兵，人人自危，形势异常紧张。在这种情况下，《炸不断的桥》的出版，自然成了泡影。

三

从1949年7月参加中华全国文学艺术工作者代表大会到1966年5月的17年，巴金在一个新的社会制度下生活和创作。每一个不带偏见的人，都可以看到他那“既然走上了新的道路，参加了新的队伍，就必须拿出全力跟着

① 《两都思翔——记巴金》、《小说界》，1984年第5期。

大队前进”[①] 的诚挚愿望和实际行动，看到他满怀着的那颗为祖国、为人民、为社会主义文学事业和建设事业时刻跳动的“燃烧的心”，并且都不难做出这样的判断：这一时期，他的写作生活和作品，的确呈现出此前从来没有过的面貌和特点。

对巴金来说，他的作家生活不再是可悲的生活，写作也不再是一件痛苦的事情了。“作为一个中国人，看见自己的祖国由半封建、半殖民地的落后国家变成世界强国之一，看见自己的同胞由一盘散沙变成坚固的团结，我不能无动于衷”。[②]“我接触了新的生活，见到了新的人，尽管我不熟悉他们，我控制不住自己，我要在他们身上汲取力量，不少热情的场面点燃我心里的火种”。[③] 巴金在不同时期用不尽相同的语言反复表述过的这些意思，从根本上说明了他这一时期写作的动力。过去是大多数人的呻吟和自己的痛苦逼使他写作，现在却是大多数人的欢乐和自己的喜悦促使他写作。他为做一个中华人民共和国人感到幸福，为自己不再是一个旁观者，也是自己所描写、所反映的生活的参加者感到自豪，因此，才为做一个中华人民共和国作家而骄傲，为自己能用笔传达时代的光和热、鼓舞人们前进而激动。尽管巴金担负了文艺界的领导职务，工作和社会活动繁重，但他始终认为是作家就必须写出作品。他不愿用别的花环来增添作家身上的色彩。他认为：“如果承认作家是一个光荣的称号，我们就必须拿出好作品来，免得辜负这个称号，辜负这个任何人不能不热爱的时代。”“作家必须不断地写作。写作是他的工作，也是他的义务。作家用写作来为人民服务。广大读者向作家要求的是：作品，更多的作品，而且更好的作品”。[④]17 年中巴金就是这样做的，他一直没有放下手中的笔，不断为社会贡献出他的作品。

当然，巴金这 17 年的行程，身边常有风雨，道路常有坎坷，目标也有过失误。尽管 1962 年巴金就在上海市第二次文代大会的发言中表示，“今天我更加深切地感觉到坚持真理、热爱祖国的勇气是非常可贵的，热爱社会主

① 《序》，《新声集》，人民文学出版社，1959 年 9 月版。

② 《一个作家的无限快乐》，印度尼西亚《生活报》1959 年 9 月 18 日。

③ 《致树基（代跋）》(1990 年 4 月 10 日)，《巴金全集》第十五卷，人民文学出版社，1990 年版。

④ 《在中国作家协会第二次理事会议（扩大）上的发言》，《人民日报》1956 年 3 月 25 日。

义文艺事业，并且准备为它献身的勇气也是极其可贵的”，但他并没有、也不可能完全做到这一点。为了对国内或国际的重大政治问题表态，为了避免别人抓辫子、打棍子，1955 年以后，他自愿地或被迫地写过不少追赶浪头、紧跟形势的作品，以“保护自己”，应付过关。在他的一些作品中，尤其是 1958 年到 1960 年的许多作品中，写过不少“歌功颂德”之词和浮夸的“豪言壮语”，其中有的的确是他当时的感受和认识，更多的则是失却独立思考和坚持真理勇气的人云亦云之语。对于这类作品，他曾作过这样的解说：“固然是‘歌功颂德’，但大半出自真实的感情。我接触了新的生活，见到了新的人，尽管我不熟悉他们，我控制不住自己，我要在他们身上汲取力量，不少热情的场面点燃我心里的火种，就这样，一本一本的‘豪言壮语’产生了。我使用豪言壮语不仅鼓舞别人，也在激励自己。起初我还注意‘节制’，珍惜这种感情，也爱惜自己的文章。后来经验多了，才懂得写文章也是为了保护自己。”[①] 这些读来令人感到沉重的话语，应该说是真实的。

巴金是一个忠实于自己生活的时代的作家，是一个紧贴现实人生的作家，他的艺术追求总是同他的人生追求、思想追求联系在一起的，他的艺术生命总是同祖国和人民的命运联系在一起的。建国 17 年间，巴金作品的优长和缺陷，同样表现在其他许多同时代作家身上。巴金的缺陷既属于他自己，更同这一时期我国社会生活、政治环境、文学氛围的变化息息相关。总的看来，这一时期巴金虽然写出了一些具有特色的作品，并多少为自己、为后人留下了一个值得回味的时代的某些侧影（其中有的篇章至今读来仍令人心动），但不可否认的事实是，这一时期他的确鲜有厚重之作。这不能不是一个历史的遗憾。

① 《致树基（代跋）》(1990 年 4 月 12 日)，《巴金全集》第十五卷，人民文学出版社，1990 年版。

第十二章　灵魂的煎熬

(1966.6—1976.9)

33.“炼　狱”

一

1966年夏季，炎热刚刚开始，一场大动乱、大灾难就席卷了中国大地。6月2日，巴金为出席亚非作家紧急会议，应命从上海来到北京。下飞机到招待所后，接他的一位同志小心地轻声嘱咐：“不要出去找任何熟人。”在这个时候，任何朋友都难以相信，任何熟人都可能突然面目全非。就在这一天，《人民日报》继前一天号召群众起来进行“无产阶级文化大革命”“横扫一切牛鬼蛇神”的社论之后，又发表了北京大学“革命左派”造校党委反的大字报，以及《触及人们灵魂的大革命》的社论。北京的气氛使巴金感到分外紧张。他听从嘱咐，老老实实地住在京西宾馆，参与会议的准备工作，读文件，看书报，学《毛泽东选集》，参加各种讨论会、汇报会，并不时乘车去机场迎接前来参加会议的各国代表团。

出席这次亚非作家紧急会议的中国作家代表团团长是郭沫若，副团长除巴金外，还有许广平和刘白羽。会议于6月27日开幕，7月9日结束。会议闭幕第二天，巴金应邀出席在人民大会堂举行的“支援越南人民抗美救国斗争大会”。会议开始前，他在湖南厅意外地见到老舍，不由万分欣喜。他到北京一个多月，没有听见人提起他，心中暗自担忧。早在巴金赴北京前，全国各报就转登了姚文元在上海《解放日报》和《文汇报》同时发表的《评“三家村”——〈燕山夜话〉、〈三家村札记〉的反动本质》，两本书的作者邓拓、吴晗、廖沫沙已成为人人喊打的“过街老鼠”。巴金到北京时，报上又公布了改组中共北京市委的消息。老舍是北京市文联主席，巴金怎能不牵挂着他呢？听到巴金问起自己的情况，老舍说：“我很好。请告诉朋友们，我没有问题。”巴金也放心地说：“我们都相信你。”

7 月 15 日，巴金陪同外国作家代表团离开北京，先到武汉参观游览，并往东湖礼堂参加毛泽东接见各国代表团的活动；18 日飞抵上海，26 日乘火车赴杭州，参加为出席会议的各国作家举行的“湖上大联欢”。31 日，又回到上海。忙碌于送往迎来的巴金万万没有料到，7 月 10 日竟是自己同老舍诀别的一天。44 天以后——8 月 23 日，老舍同北京市文化局负责人以及其他 30 多位作家、艺术家一道，被拉到成贤街孔庙大院批斗，老舍被打得头破血流；回市文联后，又遭到聚在那里的红卫兵的拳打脚踢，并被加上“现行反革命”的帽子。第二天 (8 月 24 日) 深夜，这位不堪凌辱和折磨的杰出人民艺术家，愤然离开人世，惨死于北京德胜门外的太平湖中，成为“文化大革命”中最先为自己所爱的社会交出生命的蒙难者之一。

巴金同样没有料到的是，正当他在武汉、杭州和上海为加强亚非作家的友谊和团结工作的时候，上海作家协会“文革小组”的成员们，却在紧张地秘密准备材料，以揭露他“反党反社会主义”的“罪行”。他们逐篇“审查”《巴金文集》中的作品和巴金自 1925 年以后发表的其他单篇文章，并“按照‘上头’所定的调子，列出‘四大’问题：一、一贯宣扬反革命无政府主义；二、反对无产阶级专政；三、解放后坚持反动立场，在历次重大阶级斗争风浪中，都跳出来反党反社会主义反毛泽东思想；四、办过出版社，是个文化资本家。另外，又提出了几个待查的‘疑点’，其中之一是：‘文化特务嫌疑’。”①

8 月初，送走在沪的全部外国作家之后，作协上海分会通知巴金到巨鹿路作协机关正式参加“文化大革命”。他被编在创作组里学习。这时，作协批判斗争的主要对象是党内“当权派”叶以群、孔罗荪，此外，王西彦、魏金枝、吴强、师陀也被当作“牛鬼蛇神”揪了出来。大厅里的大字报铺天盖地。巴金预感到大祸就要临头，心情空虚而又紧张，但又不知道究竟会发生什么样的事情，心里存着几分侥幸。8 月 10 日，他参加作协机关批判叶以群的大会。这是他第三次参加批判叶以群，7 月 20 日和 23 日，他从武汉回上海期间，

① 《巴金在“文革”中》(张英)，《东方纪事》，1988 年第 6 期。

已参加过两次大会，一次是作协内部揭发、批判以群，一次是作协内部批判以群、罗荪。这次会议气氛不同，因为以群已经在8月2日上午跳楼自杀了。发言者声讨他“自绝于人民”，慷慨激昂，巴金紧张地跟着大家举臂高呼：“打倒叶以群！”尽力不让人看出他的紧张，不让人想起以群是他的朋友。

来势很猛的“文化大革命”，使巴金深感迷惘和惶恐。自50年代末，他就更加注意政治理论学习，特别是1962年以后，不论在上海，在外地，甚至在越南，他都不忘每天听广播，及时学社论，努力提高自己对于“反帝”“反修”和“阶级斗争”的认识。为及时学习，他常常在深夜一两点听广播。他在日记中，经常用下面的词句表述自己对社论和重要文章的感受：“深入浅出、明确坚定、理直气壮”“义正词严”“逻辑性强”“生动有力”“透彻之极”“掷地有声”“又全面，又深刻，又明确，又尖锐”“振奋人心”“值得一听再听，一读再读”……1964年11月29日，他在郊区萧塘公社萧塘大队访贫问苦时，为听清早公社广播站转播的毛泽东支持刚果革命斗争的声明全文，拿着饭盒跑到食堂，急不择路，被门槛绊倒，跌倒在地上。他争取一切机会到工厂，到农村，访贫问苦，参加劳动，了解社会主义教育运动的情况，不断学习毛泽东著作和各种重要文章，积极参加各种座谈会、学习会、批判会。他严格要求自己，他虔诚地像追赶着形势。但是，他觉得他越来越难于理解他挚爱着的新社会，而新社会也越来越疏远了他。在眼前这场打倒一切、人人自危的“运动”面前，他完全迷路了。他只好跟着人群，随波逐流。

8月中旬，巴金已被令每天到机关参加学习。这时，揭发他的大字报也逐渐升级。16日，贴出了几张要求他交待与以群、罗荪关系的大字报，第二天，出现了一张揭萧珊的大字报；22日的小组会，明令他交待与以群、罗荪的关系。19日，一张批判“资产阶级权威”的大字报中点了巴金的名；24日，有专门的大字报向他“猛烈开火”。六神无主的巴金，不断用书面和口头的方式，表示自己“愿意接受批评”。8月下旬，外面的形势陡变。北京的红卫兵开始上街“破四旧”，他们义愤填膺地改街名、店名、校名，砸老字号招牌，张贴毛泽东画像和语录，并四处抄家，打“地富反坏右”分子，砸古董，烧字画和衣服。8月22日，《人民日报》发表社论，欢呼红卫兵的打、砸、抢、烧行动“好得很”。上海的红卫兵也行动起来，大字报、大标语封住了南京路各大商店的橱窗，打人、抄家的活动此起彼伏，巴金家的附近也发生了抄家和打人的事情。巴金为家中养的一条小狗担心，这条狗是文艺理论家、作家唐弢1959年从上海搬家到北京时送给他的。小狗十分可爱，可巴金怕它不识时的叫声把红卫兵引来，便把狗送到医院作解剖用。为安全计，他还烧了一些可能惹出麻烦的信件和书籍，信件中有保存了40多年的大哥尧枚生前的100多封来信，书籍中则有古典小说《金瓶梅》等。提心吊胆的巴金尽管处处小心翼翼，厄运照样降临了。9月10日，上海作协的“造反派”抄了他的家，书柜、衣橱都被贴上了封条，临走时，还在门廊贴了一张揭发他的罪行的大字报。18日，复旦大学中文系的一群红卫兵冲到家中，把他揪到学校批判斗争，一个月以后才释放回来。

大约在10月，巴金正式成为了“审查对象”，被关进巨鹿路上海作协二楼的资料室。这里的两间办公室和阅览室，连同一条长长的走廊里，还关着孔罗荪、王西彦、吴强、魏金枝以及杜宣、柯灵、闻捷、芦芒、师陀等一批新老“牛鬼蛇神”。巴金同其他受监督的对象一样，开始在这里诵读“语录”，检查“问题”，交待“罪行”，写“思想汇报”，并随时应召下楼“示众”，向人们“自报罪行”，接受批判斗争。大部分时间则是劳动：下楼掏阴沟、在花园拔野草、在楼内擦玻璃窗、到食堂拣菜、洗碗、擦桌子。劳动虽不重，但每天从大清早忙到晚上十点钟左右，有时中午饭后坐着打个盹监督组也不允许。这样忙一天，对年过60的老人来说，也是够劳累的。但巴金以为，既然认真进行改造，就不能怕吃苦，就应当服从监督组的任何规定，通过劳动和交待赎罪。与巴金一道呆在资料室“牛棚”的王西彦，曾这样记叙巴金当时的情况：“巴金坐在阅览室里，读《语录》时的态度最为认真，还琅琅有声。他对待劳动的态度也很认真，无论打扫花园或揩玻璃窗，都尽自己的所能，从不取巧偷懒。甚至挨批斗时，也总是垂首低头，对别人其实是‘上纲上线’到非常可笑的批判，也还是说：‘是！是！’”[①] 巴金自己则这样回顾当时的思想状况：“我想，我是在官僚地主的家庭里长大的，受到旧社会、旧家庭

① 《炼狱中的圣火——记巴金在“牛棚”和农村“劳动营”》，《花城》，1980年第6期。

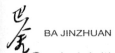

各式各样的教育，接触了那么多的旧社会、旧家庭的人，因此我很有可能用封建地主的眼光去看人看事。越想越觉得‘造反派’有理，越想越觉得自己有罪。说我是地主阶级的‘孝子贤孙’，我承认！说我写《激流》是在为地主阶级树碑立传，我也承认”，“我完全用别人的脑子思考，别人大吼‘打倒巴金’！我也高举右手响应。……当时我并不是做假，我真心表示自己愿意让人彻底打倒，以便从头做起，重新做人。我还有通过吃苦完成自我改造的决心。我甚至因为‘造反派’不‘谅解’我这番用心而感到苦恼。我暗暗对自己说：‘他们不相信你，不要紧，你必须经得住考验’。每次批斗之后，‘造反派’照例要我写《思想汇报》，我当时身心十分疲倦，很想休息。但听说马上要交卷，就打起精神，认真汇报自己的思想”，“那一段时期，我就是只按照‘造反派’经常高呼的口号和反复宣传的‘真理’思考的。我再也没有自己的思想。倘使追问下去，我只能回答说：只求给我一条生路。”①

这年年底的一个晚上，一群从北京来上海“革命串连”的红卫兵闯入巴金的家，惊吓的萧珊跑到派出所要求民警出面干预，结果，红卫兵当着民警的面，用铜头皮带在萧珊脸上抽了一下，打肿了她的左眼。民警无能为力，左眼受伤的萧珊却被红卫兵押回来，同巴金一道关进卫生间。把家翻得一塌糊涂的红卫兵凯旋而归。此后，随着“大串连”的高潮，一批又一批来上海的红卫兵大摇大摆闯进巴金家，白天来，晚上也来。巴金和家人只得躲进卫生间，任红卫兵们东翻西抄。

1967 年初，“上海工人革命造反总司令部”等“造反派”夺取了上海市的政权。从全国各地来上海的“串连者”有增无减。许多人来到作协，要求批斗巴金和其他“罪行严重”的“牛鬼蛇神”。“造反派”头头命令巴金和孔罗荪、王西彦、吴强、师陀、魏金枝六人搬到楼下不超过 5 平米的小煤气灶间，以方便“革命群众”随时“提审”和批斗。他们胸前佩着写有“牛鬼蛇神 ××”的牌子，每天早、中、晚三次站成一列，举行“早请示”“晚汇报”的仪式，程序是：先背诵“语录”，然后低头“请罪”，最后抬头手举“红宝书”“祝万寿无疆”。

① 《十年一梦》，《真话集》，人民文学出版社，1983 年 2 月版。

这时，上海作协三层楼内螺旋形的楼梯口，挂出了“彻底打倒上海文艺界的黑老K——巴金”“彻底批判邪书十四卷——《巴金文集》”等几条黑体字大标语，标语从三楼一直垂挂到地面，赫然在目。《解放日报》也先后发表批判《灭亡》和《我们会见了彭德怀司令员》的文章。街上高大的“大批判专栏”和“造反派”编印的小报、刊物，更辟专版、专辑对巴金进行“批判”。随着批判巴金的升温，萧珊也被勒令到作协参加运动。从1959年起，萧珊自愿到《上海文学》帮忙，联系作家，组织稿件，不取任何报酬。为了适应形势，改造自己，1966年初，经她一再请求，还去到铜厂参加“四清”运动。“造反派”却骂萧珊是巴金的“臭婆娘”，“坐探”，是贩卖30年代‘黑作家”毒草的“跑腿”，不仅勒令她和作协的“牛鬼蛇神”一道站队，请罪，在斗巴金的时候，还让她站在旁边“陪斗”。这一切，深深地刺痛着这位善良的妇女的心。萧珊的这种处境，到1968年下半年才有了改变，由于“造反派”之间忙于争权，顾不上她这类非正式的“牛鬼蛇神”，因此放她回家，由街道监督每天打扫大街。

二

1968年2月26日，巴金和萧珊从作协回到家中。这时，住所楼上的房间都被封起来了，全家人挤住在楼下。疲乏的巴金坐下来，习惯地翻看当天的报纸。当他打开《文汇报》第三版时便呆住了，《彻底揭露巴金的反革命真面目》的大标题赫然在目，“老牌的无政府主义者”“蒋家王朝的辩护士”“反党反社会主义的急先锋”“打倒巴金的黑后台”面个小标题触目惊心。这篇由两位工人作家署名的大块文章，像一根大棒击在巴金的头上。他感到眩晕。稍稍冷静以后，他看到文章开头的几行文字：“……文学界的反动‘权威’、大文霸巴金……进行反革命复辟的得力工具……”一年半来，类似的言词他见过多次了，听过多次了，但在公开出版的大报上看到这样的文字，他仍感到心悸。他赶快把报纸藏起来，生怕萧珊看见承受不住。晚饭后，萧珊看到了报纸。她没有再说一句话，早早地上床躺下了。巴金走进卧室时，发现妻子在床上小声哭泣，泪水淌在她憔悴的脸上。巴金默默无语。面对这样的年代，面对这样的打击，他既不能维护自己，也无法安慰妻子。痛苦和歉疚像一锅煮沸的水，在巴金心中翻腾。

5月下旬，根据张春桥、姚文元和徐景贤等人的“指示”，上海作协成立了“打巴小组”。“打巴小组”提出：召开“打倒反动学术权威巴金电视斗争大会”，以进一步“深入开展革命大批判”，肃清“文艺黑线的流毒”。6月10日，徐景贤对“打巴小组”的报告作出批示：一、同意在6月20日召开电视斗争会；二、斗争会名称中的“打倒”改为“斗倒、批臭”，因为“打倒”容易，“斗倒、批臭”不易；三、请报纸事先造一定的舆论；四、对巴金不能停留在“反动学术权威”上，要把他作为无产阶级专政的死敌；五、请做好电视观众的组织工作。[①]6月18日《文汇报》以“斗倒斗臭文学界反动‘权威’巴金”为通栏标题，集中发表了一组“批判”《家》的文章；6月19日，《文汇报》《解放日报》同时刊登《斗争巴金电视大会通知》，《解放日报》还在第二天发表一篇题为《清算反共老手巴金的滔天罪行》的长文。上海作协革命造反兵团和上海工人革命文艺创作队赶印出《彻底打倒无产阶级专政的死敌巴金》的专辑，以6万余字的篇幅刊登九篇“大批判”文章配合这次批斗会。为制造斗争舆论，增强斗争气氛，开批斗大会这一天，从作协所在的巨鹿路到会场上海杂技场，沿途还贴出许多“打倒”“批臭”的标语。

经过精心的准备，6月20日，上海文化系统“造反派”在人民杂技场召开声势浩大的斗争巴金电视大会，大会的横幅上写着《高举毛泽东思想伟大红旗，彻底打倒、批臭无产阶级专政的死敌巴金电视大会》。从1966年10月以后，巴金多次被拉到杂技场挨斗，但只有一次是以批斗他为主，其余都是陪斗，因此，他对这环境并不陌生。“杂技场的舞台是圆形的，人站在那里挨斗，好像四面八方高举的拳头都对着你，你找不到一个藏身的地方，相当可怕。”[②]这就是巴金当时对杂技场的印象。这次斗争大会的内容集中在四个方面：反对共产党和攻击无产阶级专政；反革命无政府主义；解放后的反党罪行，特别是1962年在上海第二次文代会上的发言；反革命的《激流三部曲》。工农兵和文艺界“代表”发言激昂，会场不时响起“打倒巴金！”的口号声。电视斗争大会收场后，第二天，《文汇报》和《解放日报》都辟出专

① 《巴金在“文革”中》(张英)，《东方纪事》，1988年第6期。

② 《解剖自己》，《真话集》，人民文学出版社，1983年2月版。

版，分别贯以《斗倒批臭文学界的反动权威巴金》和《彻底斗倒批臭无产阶级专政的死敌——巴金》的通栏标题，并发表《本市文化系统无产阶级革命派昨举行电视斗争大会　撕开反共老手巴金的画皮》的同题报道和 6 篇发言。电视作为一种传播媒介，在当时还只限于少数大城市，因此，有幸目睹批斗巴金实况的人并不多。报纸大张旗鼓的宣传，通过文字把局限在上海市的斗争会情况传播到了全中国、全世界。

在中国最大的城市，采用全市电视大会的形式，从上至下有组织地专场斗争一个享誉世界的非中共党员作家，必欲斗倒、批臭，再踏上一只脚，这在中国乃至世界文学史上，尚属首例，即使在中国“史无前例”的“文化大革命”历史上，也绝无仅有。

面对着肉体的折磨、精神的摧残、人格的凌辱，巴金也曾想到过死。1941 年，他曾在散文《死去》中写过自己的一个“梦”：自己死去了，并被葬入地下，一群评论家在墓前吱吱喳喳，“集体唾骂”，骂他“思想错误”、“写的东西全是有毒的”等等，后来，竟动手砍开棺材，要面对尸体朗读那些批判他“浅薄，落后，不通，错误”的“研究文章”。[①] 巴金的这个“梦”，是对 1940 年底到 1941 年初桂林一些报刊“研究巴金”的批判浪潮的反击。比起眼前的遭遇，那场批判只是隔靴搔痒。现在，他不能申辩。更不敢反驳，只能认罪。1937 年他在散文《死》中说过，“死并不使我害怕。可怕的是徘徊在生死之间的那种不定的情形。”[②] 巴金也经历了选择生死的内心激战和感情波动。最终，还是咬紧牙关坚持下来了。他后来做过这样真挚的自剖：“有过很短时期我曾想到自杀，以为眼睛一闭就毫无知觉，进入安静的永眠的境界，人世的毁誉无损于我。但是想到今后家里人的遭遇，我又不能无动于衷。想了几次我终于认识到自杀是胆小的行为，自己忍受不了就让给亲人忍受，自己种的苦果却让妻儿吃下，未免太不公道。而且当时有一句流行的话：‘哪里摔倒就在哪里站起来。’我还痴心妄想在‘四人帮’统治下面忍受一切痛苦在摔倒的地方爬起来。”[③]

---

① 《龙·虎·狗》，文化生活出版社，1942 年 1 月版。

② 《梦与醉》，开明书店，1938 年 9 月版。

③ 《再论说真话》，《探索集》，人民文学出版社，1981 年 7 月版。

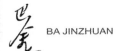

1968年9月，作协从巨鹿路搬到石门路，同上海人民艺术剧院、上海青年话剧团合并在一起搞“斗、批、改”。不久，“工人毛泽东思想宣传队”和“解放军毛泽东思想宣传队”进驻文化系统，随即带群众去松江县参加“三秋”劳动。第二年3月，作协又迁回巨鹿路原址。这一年夏秋两季，巴金都随作协去松江县辰山公社参加劳动，一边干活，一边随时与当地的地主一起接受“田头批判”。亲历过“田头批判”的王西彦这样记述当时的情景：“大家正在监督下奋力掘土，忽然一声令下，要我们立即放下铁鎝，集中田头，排列成行。在一群男女社员的围观下，先由干部如生产队支书或苦大仇深的贫下中农诉一通旧社会的苦，又由工宣队或‘造反派’笼笼统统训斥我们一顿，然后拉出一两个‘罪大恶极’的‘吸血鬼’在‘革命群众’面前低头认罪，自报罪行，最后照例高呼一通‘打倒’‘清算’之类的口号。不用说，在‘田头批判会’上，巴金是重要的批斗对象。”①

无休无止的“批判”“斗争”，没完没了的“交待”“认罪”，使巴金陷入深深的痛苦之中。抗日战争时期，他在日本侵略者的飞机下身经百炸而幸免于难，如今，在自己热爱的中华人民共和国身经百斗却无法解脱。对于敌人投下的炸弹，他可以不断写文章揭露、控诉、声讨，公开表明自己的义愤，面对眼前的批斗，他没有一点辩解，诚心地不断交待、检查、反省，得到的回答却是一次比一次更严重的人身侮辱和精神折磨。这到底是为什么？自己究竟犯了什么不赦之“罪”？为什么到处呼喊“打倒巴金”？“造反派”给自己戴上“反动权威”“反共老手”“汉奸文人”“卖国求荣”“国民党反动派的残渣余孽”等帽子，这难道不是指鹿为马，颠倒黑白？“造反派”说自己的十四卷文集是“邪书”，《激流三部曲》是“彻头彻尾的反革命三部曲”，“为地主阶级家庭树碑立传的黑家谱”，说《憩园》是“顽固地要把中国从无产阶级的革命道路上拉开去”，说《砂丁》《雪》“诬蔑工人阶级”，甚至说自己解放后反映朝鲜战场生活、歌颂中国人民志愿军英雄的作品，统统是“丑化英雄形象，诬蔑革命战争”的“毒草”……这难道不是胡说八道，信口雌黄？不断重复并不断升级的“批判”“斗争”，使巴金渐渐发现，

① 《炼狱中的圣火——记巴金在“牛棚”和农村“劳动营”》，《花城》，1980年第6期。

批判者们只靠大帽子危言耸听，用假话虚张声势，他们讲不出任何道理，也不讲任何道理。他们口里讲的并不是心里想的话，他们要自己相信的“真理”连他们自己也不相信。他逐渐看清了“批判”的真相——欲加之罪，何患无词！他不那么紧张了。他在自己的脑子里对这场“文化大革命”划上了一个问号。此后，尽管他在外表上没有改变，同样低头沉默，同样小心谨慎，同样“认罪服罪”，但内心却不同了。他不再按批判者的论点来改造自己，把他们的假话也作为自己的假话来说。这正如巴金后来说的那样：“起初把假话当作真理，后来逐渐认出了虚假；起初为了‘改造’自己，后来为了保全自己；起初把假话当真话说，后来真话当假话说。”①“我不是服从‘道理’，我只是屈服于权势，在武力之下低头，靠说假话过日子。同样是活命哲学，从前是：只求给我一条生路；如今是：我一定要活下去，看你们怎样收场！”②

34. 萧珊之死

一

1970年春节以后，上海的文化教育单位采用军事管理体制，编为团、连、排、班。上海作协被编为文化系统某团第四连，从正在劳动的松江县辰山公社直接去到奉贤县“五七干部学校”劳动。去干校前，巴金在家里的走廊上丢弃的旧书堆中，找到一本意大利文《神曲·地狱篇》，他想把这本书带到干校去，但书太厚，带着沉重，他便用小练习本抄写了第一曲带在身边。以后，从干校回家时便一本接一本抄。在地里劳动的时候，在会场上挨批斗的时候，在走进“牛棚”的时候，他不禁默诵着但丁的诗句：“经过我这里走进苦痛的城，经过我这里走进永恒的痛苦——”他得到一些安慰，也增添了一些勇气。

干校位于东海之滨，地处海塘以外，是海边一块狭长的盐碱地。巴金等第一批到达干校，先借住在一所小学校里，在地上铺稻草睡觉。他们的任务是修建和加固干校人员住的房舍，巴金负责搬运加固屋顶的稻草。芦苇棚修

① 《十年一梦》，《真话集》，人民文学出版社，1983年2月版。

② 《再论说真话》，《探索集》，人民文学出版社，1981年7月版。

好后大家便搬进了新居。王西彦这样描述住处的情况："我们住处的四壁由芦席围成，再涂上一层薄泥；棚顶盖的是油毛毡，再铺上一层稻草。海边风大，棚子老在吱吱发颤。碰上雨天，雨水就从油毛毡的缝隙里往下洒。……未经认真平整的泥地，过分潮湿，踩上去一步一个脚印，床底下还会长出生机勃勃的芦苇。地是咸的，过去曾经是盐场，现在除了芦苇，草木也很稀少。水也是咸的，煮起早粥连咸菜也成了多余，只是洗过的衣裤老是潮潮的，不见干燥。上海郊区农村本来多的是蝮蛇，可在这个海塘以外的地带，就是蛇类也无法容身。只要站在高塝上往前面眺望，出现在你眼前的，远处是一排芦苇的长堤，近处是一片白茫茫的盐花。高空云雀悲凉的鸣叫，更增添你情绪的凄怆……"①

在这里，巴金同柯灵、师陀、孔罗荪、王西彦、吴强、杜宣等"牛鬼蛇神"被分别编到各个班里，同"五七战士"们一起劳动，但另有专人监督管理他们，说话走路，劳动学习，仍受到众日睽睽的监视。建房劳动完成后，接着是从蓄粪池抬粪水到地里的化粪池，为种水稻作准备。巴金站在化粪池旁，担负往下倒粪水的任务。第二年改种蔬菜，巴金干的是育籽播种、施肥抬土、挑菜担草的活，比种稻轻松一些。此外，巴金还被派去喂过猪，搓过草绳。除了劳动和学习，不时有从市区来的人把巴金押到市内的工厂、学校批斗。巴金已经能坦然处之了，一回住地，便立刻戴上小草帽，围起小毛巾，赶到劳动场地劳动。但忧郁和痛苦仍咬噬着他的心，夜里，他常说梦话，甚至怪声大叫，有时还摔下床来，斜对面床上的吴强犯气管炎，咳嗽不止，他们两人常常搅得满屋子的人睡不成眠。

二

1972 年 6 月初，巴金从干校回家度假。萧珊卧床不起已经有好些日子了。见丈夫回来，她发灰的脸上露出了笑容。女儿和女婿前些日子已从杭州回家照料母亲。巴金见妻子的病越来越重，有时烧到 39℃以上，看门诊，看急诊，都弄不清到底是什么病，便要求延长假期，留在家里照顾妻子，但没有得到"工宣队"的批准。女儿和女婿又去请求，得到的答复是"留在家里对他的改造

① 《炼狱中的圣火——记巴金在"牛棚"和农村"劳动营"》，《花城》，1980 年第 6 期。

不利！”幸亏儿子小棠意外地从安徽回来了，巴金这才稍为放心地回到干校。在巴金离家前，意外地收到沈从文从北京寄来的一封五页纸的长信。信中告诉了一些朋友的近况，并提出“便中也希望告知你们生活种种，我们都十分想知道”。老友的惦记和关切，使病中的萧珊万分感动。巴金却不敢给老友寄去片纸只字。

7 月中旬，家人托人想了不少办法，给萧珊拍了两次 X 光片，才查出她患的是肠癌。后来在亲戚的帮助下，萧珊住进中山医院，这时，发现癌细胞已经扩散到肝部。在这种情况下，巴金才获准留家照顾妻子，他每天去医院陪伴妻子大半天。8 月 8 日，萧珊进手术室开刀。手术后，萧珊忍受着巨大的痛苦，却为输血、输氧的费用心忧。巴金默默地陪着妻子，萧珊含着泪望着形容憔悴的丈夫说：“我不愿丢开你。没有我，谁来照顾你啊?!”望着妻子那双很大、很美、很亮的大眼睛，巴金心中充满了酸楚，唯一的期望是妻子赶快恢复健康。

8 月 13 日——萧珊手术后第五天，中午，巴金在家中刚刚端起饭碗，突然接到传呼电话，说萧珊去世了。真是晴天霹雳！全家人立即赶到医院。萧珊的尸体已经用白床罩包好，停在太平间的担架上。巴金弯下身子，隔着白布拍着萧珊的遗体，无声地哭喊：“蕴珍，我在这里，我在这里……”心中涌出千言万语，此刻一句也说不出来。他悔恨妻子临终时自己没有守在她身旁，他悔恨自己没有听妻子留下遗言，他悔恨自己有许多话没有向妻子倾吐。……现在，一切都晚了，晚了。妻子再也睁不开那双明亮的大眼睛了，再也露不出高兴或忧伤的面容了，再也发不出亲切柔和的声音了。悲愤充溢着巴金的心。为了避免家破人亡的惨剧，自己逆来顺受，委屈求全，结果比自己小 13 岁的妻子还是受尽迫害，忍辱死去。这是多么不公平！妻子愿意改造思想，愿意看到社会主义建成，她不想死啊！只因为她是自己的妻子，因此遭人冷嘲热骂，被挂上“牛鬼蛇神”的纸牌子，被拉去参加陪斗，被罚打扫街道。只因为她是自己的妻子，患了病得不到及时治疗。这是多么不公平！是自己连累了她，是自己害了她！巴金欲喊无声，欲诉无人。悲愤撕裂了他的心。

三天以后，萧珊的遗体运到了龙华火葬场。前来告别的除巴金和女儿小林、女婿祝鸿生外，只有萧珊的几个亲友，小林的两三个同学，和从北京赶来的亡友马宗融、罗淑的儿子马绍弥。儿子小棠在萧珊手术后查出肝炎住院隔离，还不知道母亲已经去世。房间里一片伤心的哭声。巴金觉得有无数指甲在搔自己的心，他咬紧牙齿，不让眼泪掉下来，心里一遍又一遍地呼唤着："蕴珍，蕴珍！"他站在妻子的遗体旁拍了一张照片，这是他俩的最后一张合影。他要留下这个一生中弥足珍贵的镜头。

萧珊的骨灰盒在龙华火葬场存放室寄存了三年之后，巴金将它接回家，安放在楼下寝室床前的五斗橱上，后来又同他一起搬上二楼，他要妻子的骨灰随着自己度过无数的长夜。

在萧珊逝世后的几天里，巴金想写一点纪念她的文字，他独自坐在书桌前，三四个小时望着面前的稿纸，写不出一句话。直到 1978 年 8 月 13 日，萧珊逝世六周年这一天，他终于提笔开始写怀念文章。他花费五个多月时间，断断续续写成刻骨铭心的《怀念萧珊》。他说：最近半年中，在火葬场大厅悼念被"四人帮"迫害致死的朋友时，"每次戴上黑纱、插上纸花的同时，我也想起我自己最亲爱的朋友，一个普通的文艺爱好者，一个成绩不大的翻译工作者，一个心地善良的人。她是我的生命的一部分，她的骨灰里有我的泪和血。""一直到死她并不曾看到我恢复自由。这就是她的最后，然而绝不是她的结局。她的结局将和我的结局连在一起。"[①]1984 年 1 月，病中的巴金在医院又写了梦绕魂牵的《再忆萧珊》，他说："骨灰盒还放在我的家中，亲爱的面容还印在我的心上，她不会离开我，也从未离开我。做了十年的'牛鬼'，我并不感到孤单。我还有勇气迈步走向我的最终目标——死亡。我的遗物将献给国家，我的骨灰将同她的骨灰搅拌在一起，洒在园中给花树作肥料。"[②]

萧珊逝世后，巴金才被准许留在市内。作为"靠边"人员之一，他每天上午到作协机关上班，其实主要是自学马列和毛泽东的书，下午则在家看看其他书，做点家务或买买菜。9 月的一天，半年多不见面的王西彦在公共汽车站旁遇到巴金，发觉他已经瘦成了一个稻草人，显得老了十岁。年底，巴金

① 《随想录》，人民文学出版社，1980 年 6 月版。

② 《病中集》，人民文学出版社，1984 年 12 月版。

在写给杭州的老友黄源的信中说：“蕴珍比我年轻十几岁，倒想不到她会离开我，她的逝世对我是个大的打击。但我还是应当好好地活下去，还想在问题解决以后回家选一两部比较有用的西方名著慢慢地翻译。”[①]这是一位多么不屈的老人！

巴金的老友得知萧珊逝世的消息后，冒着危险去信安慰他。从这时起，巴金才开始同中断联系六七年的朋友们通信。先后与巴金书信往还的有叶圣陶、茅盾、楼适夷以及黄源、杨静如、方殷、黎丁、查良铮、杜运燮、汝龙、李健吾、唐弢、朱梅等。在回复朋友的信中，巴金谈自己的身体和生活、学习状况，谈自己“问题”的处理情况，谈家庭和子女的情况，谈对方询问的自己所知的朋友的情况，有时，他也谨慎地回答朋友提出的一些有关文坛史料等问题。在目前能看到的巴金“文革”期间的书信中，最早是1972年的四封，即1972年10月27日致查良铮，11月4日分别致杨静如和侄儿李致，12月12日致黄源。四封信都是收到对方来信后的复信。老友和亲人忽通音讯，喜悦是免不了的，但在当时“阶级斗争”的弦常更常新、越绷越紧的情况下，巴金为了不因写信遭祸，危及朋友，信的内容极为小心、克制，不使有一点“越轨”之处。他给萧珊在西南联大读书时的同学、《九叶集》作者之一查良铮(即穆旦)的信是这样写的：

良铮先生：

谢谢您的来信。我几次拿起笔想写回信，可是脑子里仿佛一团乱麻，不知从哪里写起，现在还是如此。想来想去，我只能写上面写的那两个字：谢谢。我想说的许多话都包括在它们里面了。其他的我打算等到我的问题解决以后再写。死者在病中还几次谈到您，还想找两本书寄给您（《李白与杜甫》），后来书没有买到，又想您也许用不着，也就没有再提了。您问起她安葬的地方，我只能告诉您她的骨灰寄存处，那是龙华火葬场（漕溪路210号）2楼6室8排417号4格。您将来过上海，去那里，可以见到她的骨灰盒。我

① 《致黄源》(1972年12月12日)，《巴金书信集》，人民文学出版社，1991年8月版。

本来要把骨灰盒放在家里，孩子们怕会影响大家的情绪，就存放在火葬场，三年后可以接回家来。至于一般公墓，早已没有了。

再一次谢谢您。祝

好

李尧棠

十月廿七日[①]

1972年10月，在南京当教师的杨静如(杨苡)自己得到“解放”后，为了询问巴金、萧珊的住处(她以为他们一定被撵出了原址)和情况，经再三考虑，给在干校劳动的熟人罗荪写了一封信，并托他转给巴金一信。10月中旬，杨静如收到罗荪如下一封回信：

杨苡同志：

十月八日来信已收到。得悉近况甚慰。

附信未能代转，因有所未便，想当能见谅。李已于八月初即离干校返沪，当时因陈蕴珍患病甚重，由他去照顾，而陈因所患癌症，已于八月中旬不幸去世。故李即留在上边，未再下来。他仍住武康路113号原址，问题尚未解决，此信是否要发，请你考虑。如写信去，也不要提到曾要我转信一事，陈去世一事，也不要提是谁讲的，免得麻烦。原信附奉。小林已结婚，也住在他家，小棠在农村。

我仍在干校，因问题尚未最后解决，通信多所不便，请不要再来信，容俟解决，当再奉告，以谢关怀。余不一一，祝好！

荪 10.14[②]

杨静如是30年代巴金的读者，1936年开始同巴金通信，向他倾述自己在封建家庭中的苦闷。40年代初，她与萧珊同就读于昆明的西南联大。此后，她和她的一家与巴金、萧珊一家，一直保持着亲密的友谊。从罗荪那里得知

① 《巴金书信集》，人民文学出版社，1991年8月版。

② 《雪泥集》(巴金书简)，三联书店，1987年5月版。

巴金的确切消息后，杨静如立即去信，为避免“麻烦”，信是写给巴金的女儿李小林的。11 月 4 日，巴金作复。信中说：“我身体较好，也比较想得开，受到的冲击也不算太大。在干校住了两年半，因照料蕴珍的病，回到上海，就留在上面，仍在靠边，每天到单位学习(自学)半天。开始在认真读书，学习马列主义。我的情况还算不错，你用不着为我的健康担心。”[①] 此外，还谈了一些家常。

为了尽快见到阔别十年的巴金，1973 年“五一”，杨静如找借口请了一周假，专程来到上海。她这样记述与巴金见面的情形：“巴金先生已是满头白发了，那时他还不到七十岁！我们似乎都在强忍着几次想溢出的泪水，却专门谈些在农场或干校劳动时如何苦中作乐的话题。他时不时地摘下眼镜，擦着眼角溢出的水滴，说是眼睛不好，牙齿也不行了，却又不停地反复说；‘我还好！我还好！’没有像老舍那样挨打，北京搞得厉害，这里还好！还好！我们一直在一进门的楼下前厅里聊天，楼上的房间还贴着封条，我们谈话的内容也有相当一部分贴着无形的封条。”“巴金先生提醒我说：‘你来是作为李瑞珏的朋友，是来看她的。你住在这里，不要去看罗荪，不方便，免得有误会。”[②]

巴金给查良铮的信、罗荪给杨静如的信和杨静如的记述，使人们活生生地看到那一个可怕、可憎、可悲的时代！

35. 扑不灭的火焰

一

1973 年 7 月中旬的一天早上，巴金去作协学习，刚刚走到大门，就遇见四连党支部书记。这位原先是“工宣队员”的书记把巴金叫到一楼东厅，严肃地打开手中的笔记本，对他宣布当时的上海市“领导”的决定：对巴金的“问题”“人民内部矛盾处理，不戴反革命帽子，发给生活费”。“决定”的意思很清楚，本来是“敌我矛盾”，是“反革命分子”，只不过“人民内部矛

① 《巴金书信集》，人民文学出版社，1991 年 8 月版。

② 《梦萧珊》，《人民文学》，1986 年第 10 期。“李瑞珏”系巴金的胞妹。

盾处理”“不戴反革命帽子”罢了。看来，对巴金是“从宽处理”了。实际上，这是要给巴金戴一顶永远抹不掉的看不见的“帽子”；至于“发给生活费”，也只是一纸空言，不过允许从他劳动所得的稿费储蓄中每月提出若干生活费而已。巴金默默地听完这个“审查”“批斗”了七年才有的“决定”，平静地说：“我可以做点翻译工作吧。”支部书记没有回答，因为他无权作出决定，需要请示“领导”。两天后，支部书记在作协机关的学习会上，当众宣布了对巴金的“处理”，除念了对巴金说过了的那几句话外，最后加了一句话：“做翻译工作。”

在巴金的“问题”“解决”之后，他不必天天去机关报到，每周只需去参加两个半天政治学习，其余时间便在家读书、念外文、读报、搞翻译。他常常呆在顶楼上的小屋，改译屠格涅夫的小说《处女地》。40年代他根据英译本初译了这部作品，60年代又对旧译本做了重译，这次，据俄文本校改。他每天抄一两页译稿，边抄录，边修改，到1974年底，新译稿全部译抄完毕。在快抄完译稿时，他告诉黄源：“《处女地》月底可以抄完，自己看看，比我的旧译本好多了，特别是加了些注，使得从前似懂非懂的东西变得明白了。这个译本一时不会拿出去，因为最近一段时期不会印这样的作品(将来也只是内部发行，供一部分人参考)。”[①]尽管巴金明白译作出版困难，但在重译《处女地》的同时，从1974年9月开始，又着手翻译赫尔岑的多卷本回忆录《往事随想》。

1974年8月，巴金为《处女地》新译本写了一篇《后记》。这篇一千余字的《后记》以冷静的客观态度，简介屠格涅夫和这部小说。巴金写道：屠格涅夫“反对农奴制度，反对沙皇专制政治，但他始终是一个资产阶级自由主义者。他热爱祖国，关心祖国的命运”，但“他脱离了人民，也不大了解祖国的现实生活。他看到他出身的那个阶级的腐朽丑恶和日趋没落的命运，也看到依附于这个阶级的知识分子的不可救药，但是他看不清楚人民的力量”。巴金认为，屠格涅夫在写小说中的“革命者”涅日达诺夫时，“也常常在解剖自己”，屠格涅夫熟悉当时贵族地主阶级知识分子中的“多余人”，“他

① 《致黄源》(1974年12月23日)，《巴金书信集》，人民文学出版社，1991年8月版。

在他的小说中替这种人和他们生活于其中的社会唱了挽歌”。巴金特别推崇屠格涅夫逝世前一年所写的散文诗《俄罗斯语言》，认为这首散文诗表明了屠格涅犬的“坚定的信念”，“他不赞成革命，但是他知道革命必然要来；他虽然害怕革命，但是根据他对祖国的热爱，他理解到革命必然要来，而且要改变他当时存在的一切”。[①]这篇四年后才得以发表的短文，是迄今所见巴金在“文化大革命”期间写的唯一一篇评论外国作家作品的文章。考虑到巴金当时的处境和心境，这篇《后记》显然寄托着他当时某种深藏心底的思想感情。

1975 年 9 月初，巴金的“业务关系”转到上海人民出版社编译室英文组。同时转到出版社的还有作协的茹志鹃、孙峻青、黄宗英、姜彬、萧子、芦芒等共 12 人，大部分都分到文艺编辑室，分到编译室的则只有巴金一人。巴金很清楚，这是要把他赶出文艺界，彻底剥夺他的写作权利。他不甘心自己的命运继续由别人完全支配，他再不能放弃自己的尊严和权利。他没有别的办法，报到时便以“身体虚弱”“眼睛不好”为理由，表示不能承担工作，不能接受翻译任务。这样，每周只需在二、六上午去参加政治学习。从“批林批孔”到学习“无产阶级对资产阶级全面专政理论”，到“批邓、反击右倾翻案风”，巴金很少在会上发言，带着耳朵听大家海阔天空似的漫谈乱侃，心里却为这样无聊赖地白白耗费时间而悲哀。

1975 年 10 月，本已说好留上海的女儿李小林又被改分配到杭州，年底，她离家去杭州报到。小林的丈夫祝鸿生已于一年多以前分配到杭州市文化局工作。女儿走后，家中只剩下巴金和他的两个妹妹瑞珏、琼如三个老人，还有小林的一岁半的女儿端端。为了解决家庭生活的困难，巴金开始向有关部门要求调回 1969 年中学毕业后到安徽嘉山县农村插队的儿子小棠。克服了重重困难，直到第二年 6 月，小棠才正式调回上海，他先在街道团委青少年教育组帮助工作，8 月上旬分配到益民食品三厂罐头车间当工人。

二

巴金把自己关在家中，翻译赫尔岑花费 15 年以上时间写成的史诗式巨著

① 《处女地》，人民文学出版社，1978 年 2 月版。

《往事与随想》。30年代，巴金就据英译本译过这本书中的片断，他曾告诉他所尊敬的鲁迅先生，一定要译完全书。他一直没有忘记自己的诺言。现在是实现这个夙愿的时候了。巴金喜欢这部包含着日记、书信、散文、随笔、政论和杂感的长篇回忆录，因为书中把作者个人的生活经历同具有社会历史意义的一些现象有机结合，反映出深厚的历史内容；因为书中的每一行文字都流露出作者的爱憎，横贯全书的始终是作者对沙皇君主制和农奴制度必然灭亡的坚强信心；因为书中有声有色的语言，像一团火似的燃烧着作者的感情。他在给朋友的信中说："作者是个文体家，文笔生动，内容丰富，全书好像是欧洲和俄罗斯19世纪前半期政治和社会的编年史，它的翻译工作有时是享受，有时是在受折磨，但总的来说，是学习。"① 他把这部书的翻译当作余生最重要的事情，在准备翻译的时候他就表示："赫尔岑的书大约一百几十万字，看来我这后半辈子能搞完这个工作就很不错了。我准备边译边学；要加的注解多，不要紧，慢慢来，我还可以学点知识，也学点拉丁文等等。总之，只要再活十年就可以把这个工作做得好，我也再没有什么奢望了。"② 译事开始后，他也没有想到出版，他这样告诉亲友："能够花不到十年的时间译完它，留下一部誊正的手稿，送给国家图书馆，对少数想了解19世纪前半叶欧洲和沙俄各方面问题的人也有一点用处。"③ "即不印，没有关系，留下来总有点用处。"④

巴金怀着一种修建纪念碑的悲壮心情，翻译《往事与随想》，从译这部书中找到寄托，找到安慰，诉说愤怒和心灵的呼声。译着书，他仿佛走进了19世纪沙皇尼古拉一世统治下俄国那恐怖的时代。他感到"四人帮"的丑行与沙皇专制多么相象。沙皇的统治被人民推翻了，眼前这人妖颠倒、善恶不分的日子决不会长久，自己的噩梦总会有终结。大约在1976年春天，探访过巴金的茹志鹃，曾这样记下她当时的印象："我是看到了一个更是巴金的巴金。文静、温和、诚挚的外表里面，却是一颗无比坚强的心"，"他竖着满头倔

---

①、④ 《致杨静如》(1975年2月6日)，《巴金书信集》，人民文学出版社，1991年8月版。

② 《致汝龙》(1973年11月18日)，《巴金书信集》，人民文学出版社，1991年8月版。

③ 《致李致》(1975年3月3日)，《巴金全集》第二十三卷，人民文学出版社，1993年版。

强的白发，任凭风狂雨暴，依然在走自己的路。”①

1976 年南京师范学院中文系编印的内部发行刊物《文教资料简报》第四十九期“读者来信”栏内，刊登了两封来信，一封是翻译家戈宝权写的，另一封署名“一个读者 1976 年 7 月 14 日上海”。这后一封信的作者便是巴金。信的全文是这样的：

> 《文教资料简报》第 46 期 68 页上，引了两段鲁迅先生对内山完造的谈话（即《〈生朋死友〉摘录》的译者按——编者），说是“内山引用曹聚仁在香港《星岛晚报》上发表的《书林新语》的第六节谈到内山书店的部分。”这个说法似与事实不符。这两段话的原文，见于内山完造的悼念文章《忆鲁迅先生》，最初发表在 1936 年 11 月 15 日在上海出版的《作家》月刊二卷二期上，后来又收在鲁迅先生纪念委员会编印的《鲁迅先生纪念集》中。当时《星岛晚报》还没有创刊。……

《文教资料简报》虽是一份内部发行刊物，但在期刊寥若晨星的当时，它以及时刊登不宜公开的多种材料和注意某一专题的系统资料为特色，因而受到十分寂寞而又渴望吸收新信息的文化教育界人士注意，发行面比较广。1974 年，在南京师院任教的杨静如将此刊寄巴金，使他得见，从 1976 年起，巴金便自己订了一份。当他看到刊物的文章中引用鲁迅的话出处有误时，便郑重地给编者写了这样一封信。巴金指出的事实是正确的，但谁也没有胆量让“巴金”这名字出现在刊物上，因此，编者用“一个读者”的名义发表了来信。这封未具作者姓名的信，在当时并没有引起人们的关注，但它对于巴金却有着重要的意义，因为它是 1966 年 3 月 14 日至 1977 年 5 月 25 日 11 年间他唯一一篇公开发表的文字。

“文革”期间，巴金时时怀念着鲁迅，格外关注有关鲁迅的著作和文章。1972 年在干校期间，他又一次通读了《鲁迅全集》。1972 年 12 月，他在给黄源的信中说：“听说你在研究鲁迅先生的著作，我相信你会搞出一点成绩来，

---

① 《我心目中的巴金先生》，《文汇月刊》，1982 年第 1 期。

这是一件好事，望你坚持下去。”1973 年 12 月，他又在给黄源的信中说：“鲁迅先生的面影至今还很鲜明地现在我的眼前。去年我把他的全集通读了一遍，但现在又大半忘记了。我很想认真地读他的书，想想他的事情，但又苦于没有时间。我要译赫尔岑。我觉得能够好好地研究先生的著作，学习他的精神，这是很大的幸福，希望你努力吧。我只能说，这许多年来我敬爱先生的心，我对他的感情，一直没有改变。”[①] 唐弢注释的《门外文谈》印出了，他十分高兴。1973 年夏末，他托黄源找增田涉《鲁迅的印象》中译本。1975 年他向黄源推荐新发现的鲁迅佚文《庆祝沪宁克复的那一边》，并买了一本刊有该文的《中山大学学报》寄给黄源。1975 年初，他收到杨静如寄来的南京大学中文系编的四卷本《鲁迅选集》后，立即抓紧阅读。1975 年底，他托北京的黎丁代找刊有《鲁迅与自然科学》一文后半部分的报纸。1976 年，他买了曹靖华注释的《鲁迅书简》……。除了鲁迅的著作，巴金还托黎丁买斯诺关于中国的著作，托杨静如买《〈红楼梦〉新编书录》，托侄儿李致买不同版本的《石头记》等新印古籍。巴金沉默着，他仍然不停地从各方面充实自己。他在沉默中思索，在沉默中学习，在沉默中耕耘，在沉默中等待。

时代的列车没有停止，没有沉默。它的车轮继续旋转，继续滚动，继续发出与铁轨摩擦撞击的轰轰声。它沿着朝前延伸的漫长轨道前驰，它要奔向它应该到达的目标……

① 《巴金书信集》，人民文学出版社，1991 年 8 月版。

第五部

“掏出自己鲜红的心”

(1976—1993 年)

第十三章　春　　蚕

(1976.10—1986.8，上)

36. 秋天里的春天

一

1976 年秋，经受了整整十年折磨和迫害的巴金，同全中国人民一道，得到“四人帮”覆灭的喜讯。尽管巴金自己的“问题”，并没有因“四人帮”的垮台立即得到解决，但他仍为人民的胜利而深深激动。他相信，梦魇般的日子就要结束了。10 月 4 日，他在给侄儿的信中说：“砸烂‘四人帮’，为民除害，大快人心。人民会高兴。……我现在学习稍微忙一点。但还有点时间搞翻译。‘四人帮’垮台，我晚上睡觉比较放心了。他们一帮人是希特拉的信徒……”[①]这是他第一封声讨“四人帮”的书信。17 日，他给在杭州的女儿、女婿写信，描述上海人民欢庆打倒“四人帮”的盛况：“砸烂‘四人帮’，大快人心，上海，十四夜交大学生已在淮海路游行，高呼打倒四人帮的口号。十五日街上已有大标语，康平路、淮海路、外滩一带炮轰马、徐、王的大字报很多，昨今游行的人不少。我们室里十五夜传达，十六下午开全社大会，会后游行。……上海人民也把‘四人帮’恨之入骨，不亚于外地。消除‘四害’是今年的一件大喜事。”[②]12 月，他又在给朋友的信中说：

……他们压在我的头上，像一块大石头，压得我吐不过气来。我担心张、姚二人有一天会搞掉我，不过我也不怕，只是提高警惕，

① 《致李致》(1976 年 10 月 4 日)，《巴金全集》第二十三卷，人民文学出版社，1993 年版。

② 《致李小林》(1976 年 10 月 17 日)，《巴金全集》第二十三卷，人民文学出版社，1993 年版。

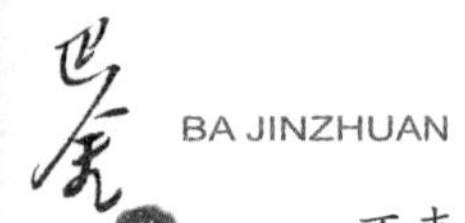

不声不响，让他们忘记我的存在而已。……我的问题还没有完全解决，不过总会解决的，希望有了。国家和人民的前途十分光明，个人的问题也容易解决。[a]

在另一封信中，他又说：

你谈起写申述信和找有关人谈谈情况的事，我考虑了一阵，还是“静候”为好，我自己不想讲什么，更不想申述。但我估计会有人来清查的（清查“四人帮”干的坏事）。我不讲，也可能别的人会讲。……倘使大家都不讲，也没有人来过问，那么就让历史来裁判吧。这一点我倒有充分的自信。反正“四人帮”已垮台，他们（特别是张、姚两个坏蛋）再也害不到我了。除了四害，国家前途很光明，充满了希望，我能够安静地活下去，就非常满意了。②

1977年1月，上海人民出版社来了新的领导。这一月，在出版社编译室召开的纪念周恩来逝世一周年的会上，巴金怀着感激和缅怀的心情作了发言。周恩来是巴金最早结识的中国共产党的领导人，也是巴金最敬佩的人之一。一年前周恩来逝世时，巴金就在给亲朋的信中寄托了自己的哀思。他说：“他是一个伟大的革命家，一个大公无私的无产阶级革命战士，他没有家，没有私生活，每天工作十八小时左右，把整个一生和巨大的精力奉献给中国人民革命事业，给无产阶级革命事业。四四年到四六年在重庆和上海，四九年到六六年在北京和上海，我多次看见他，他对我很亲切。我忘记不了他。”③“回忆起来，他真是个完人。他的人格太伟大了。”④为了在这次会上发言，巴金做了认真的准备。这次会议是巴金十年来第一次以普通群众的身份参加并作发言的座谈会，心情自然十分激动。4月下旬，出版社的新领导告诉巴金，原上海市委搞的“结论”已经撤消。接着，被封了多年的书橱和楼上的房间也

---

① 《致汝龙》(1976年12月10日)，《巴金书信集》，人民文学出版社，1991年8月版。

② 《致徐成时》(1976年12月23日)，《巴金书信集》，人民文学出版社，1991年8月版。

③ 《致李致》(1976年1月14日)，《巴金全集》第二十三卷，人民文学出版社，1993年版。

④ 《致杨静如》(1976年2月8日)，《巴金书信集》，人民文学出版社，1991年8月版。

打开了，拿走的东西也陆续发还。

5 月 18 日，巴金应《文汇报》副刊编辑徐开垒之约，提笔写了散文《一封信》，这是他十一年来首次写作并发表的散文作品；[①]5 月 27 日，他又据在小型座谈会上的发言稿，写成散文《第二次的解放》，也在《文汇报》发表。[②]在这两篇散文中，巴金结合自己在“文革”中受到的精神折磨和人身侮辱，愤怒声讨“四人帮”及其余党祸国殃民的丑恶行径，同时，恳挚地回顾了自己中华人民共和国成立前痛苦的写作历程，追忆了自己从毛泽东的《在延安文艺座谈会上的讲话》中受到的启迪、教育，以及中华人民共和国成立十七年中创作观的变化，并畅叙了自己得到“第二次的解放”后欢乐而振奋的心情。这两篇散文深深地留下了当时的时代痕迹，这主要不在于批判控诉“四人帮”和表达自己的欢欣时，使用了不少当时流行的语汇，而在于他仍责备自己建国前的作品是“用我的痛苦折磨读者”，“对读者的确欠了一笔还不了的债”，悔恨自己在建国后“犯过这样或那样的错误，说过错话，写过坏文章”，在于认为“文化大革命”包括其间自己受到的冲击和批斗“都是对我的教育”。尽管这样，这毕竟是两篇敞开心怀诉说胸中积蓄十一年的感愤的作品，它们既浸透着血泪的痛楚，又洋溢着昂扬的激情。巴金还健在，巴金还能写作和发表作品，巴金的热情仍是那样充沛，巴金的思想仍是那样敏锐，巴金的文笔仍是那样流畅。这两篇散文透露的这些信息，已足以使国内外一切关心巴金的读者和一切正直的人们释怀。

巴金的两篇散文发表以后，全国各地的读者纷纷致信表示祝贺，仅《文汇报》在半年时间里就收到 150 多封读者来信，要求转交巴金。读者们热情洋溢的来信，使巴金深受鼓舞，而来自老朋友的安慰、鼓励、祝贺、期待，更令他心热。胡愈之在信中写道：“今天从《文汇报》读到你的一封信，喜跃欲狂。尽管受到‘四人帮’十多年的迫害，从你的文字看来，你还是那样清新刚健，你老友感到无比的快慰。先写这封信表示衷诚的祝贺。中国人民重新得到一次大解放。你也解放了！这不该祝贺吗？”何其芳也写信说：“读到你在《文汇报》的文章，很高兴，你重又拿起笔来了！……你文章中说在译

① 《文汇报》，1977 年 5 月 25 日。

② 《文汇报》，1977 年 6 月 11 日。

赫尔岑的《往事与回忆》，这个消息也特别使我高兴。”与巴金同庚的沙汀，11月专程从四川到上海看望他。巴金敬重的文学前辈、82岁的叶圣陶几次去信祝贺，并欣喜地寄去一首情深意长的词：

诵君文、交不浅，五十年。平时未必常晤叙，十载契阔心怅然。今春《文汇》刊书翰，识与不识众口传。挥洒雄健犹往昔，蜂虿于君何有焉。杜云古稀今曰壮，伫看新作涌如泉。

叶圣陶对巴金散文新作社会反响的描绘，对新作特色作出的评价，以及对巴金寄与的期望，既确切，又深刻，他说出了广大读者的心声。

随着“四人帮”强加的种种罪名的推倒，巴金又开始了正常的社会活动。1977年5月23日到25日，他在上海展览馆出席上海文艺界纪念《在延安文艺座谈会上的讲话》发表35周年座谈会，并发言。6月9日，他同黄佐临、袁雪芬一道，会见美籍华人教授时钟雯，这是他11年来首次会见外宾；28日，又同筱文艳、桑弧一道同瑞典《火星报》代表团座谈。7月25日，他会见美籍华人作家於梨华。8月4日、5日，他应邀与香港参观团学生和留美“保钓”东西部学生参观团座谈；18日和27日，又参加招待日中友好国民协议会访华团和日本要求归还北方领土运动活动家坊华团的宴会。8月底以后，他接待了来访的日本老友中岛健藏夫妇、井上靖和法国友人米·露阿夫人，参加了欢迎南斯拉夫总统铁托的宴会等。10月3日，他参加上海市干部、群众代表团，赴北京瞻仰毛泽东遗容和周恩来生平展览。12月10日，他出席《人民日报》在上海召开的揭批“文艺黑线专政”论罪行的座谈会，并在会上发言；下旬，又出席政协上海市第五届委员会第一次全体会议，并列席上海市第七届人民代表大会第一次会议。1978年2月，他到北京出席第五届全国人民代表大会第一次会议；5月底，出席中国文学艺术界联合会第三届全体委员会第三次(扩大)会议，并在会上作了题为《迎接社会主义文艺的春天》的发言，6月5日代表主席团致闭幕词。会议期间，巴金怀着沉重的心情参加了老舍等“文革”期间遭受迫害致死的作家的骨灰安放仪式，制止“文革”悲剧再次发生的警钟，一次又一次地敲击着他的心扉。

1977年11月，巴金的长篇小说《家》由人民文学出版社重印，这是“文化大革命”结束后重印的他的第一本作品。此后，《海的梦》《春》《秋》《寒夜》等中、长篇小说和短篇小说、散文的选集也相继重印。巴金的作品又到了读者的手中。1970年，一位日本学者面对“文化大革命”对巴金、老舍等作家的彻底批判和对他们作品的封禁，曾写道：“在历史的长河中，有朝一日也许再以社会的名义，有解封的日子到来。虽然到了那个时候，再也不会见到他们当中的死者。但不知其中至今还活着的几个人，能否还有机缘见到？这种机缘或迟或早总会来的吧！原封不动地等待着解封一日的到来，对于老舍和巴金的这一类小说是正相宜的。”[①] 长眠的老舍没有机缘再看到自己作品的新生，巴金有幸等到这一天来到，但他在1977年8月为重印本写的《后记》中，却针对小说的缺点作了这样的自责：“我承认，我反封建反得不彻底，我没有抓住要害的问题，我没有揭露地主阶级对农民的残酷剥削，我对自己批判的人物给了过多的同情，有时我因为个人的感情改变了生活的真实。”[②] 一年以后，巴金否定了上述看法，他说：“据我看，要实现‘四个现代化’，必须大反封建。去年八月我写了《家》的重印《后记》，我说这部小说已经完成了它的‘历史任务’，我并不是在说假话，当时我实在不理解。但是今天我知道自己错了。”[③] 显然，从1977年下半年到1978年底，巴金的思想，发生了很大的变化。

为了弥补被迫失去的十年光阴，为了偿还心灵的欠债，为了不辜负朋友和读者的热情期待，重新握笔的巴金又开始奋笔写作。从1977年7月到1978年底，他根据未发表的中篇小说《三同志》的部分内容，创作了短篇小说《杨林同志》，歌颂中国人民志愿军的青年英雄，写作了揭批“四人帮”炮制的“文艺黑线专政”论的文章《除恶务尽》和响应“实践是检验真理的唯一标准”讨论的《要有个艺术民主的局面》。他还以炽热的情感，写了《望着总

① 《同时代人》(阿部知二)，《现代中国文学4·老舍 巴金(〈骆驼祥子〉〈憩园〉)》，日本河出书房新社，1970年版。

② 《〈家〉重印后记》，《人民日报》，1977年11月13日。

③ 《〈爝火集〉序》，《光明日报》，1978年12月10日；发表时题为《更爱我们的时代》。

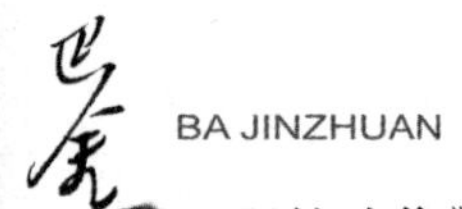

理的遗像》《“最后的时刻”》《永远向他学习》《等着，盼着》等多篇散文，哀悼在“文革”中和新近去世的周恩来、陈毅、郭沫若、茅盾、何其芳、金仲华、陈同生、曹葆华等人。这些散文既是一首首歌颂解放、光明和高尚人格的诗章，又是一篇篇讨伐专制、黑暗和跳梁小丑的檄文，饱含着巴金对领袖、对故友的深切怀念，和对祖国、对人民的深厚感情。1978 年 12 月，巴金开始写作“文革”以后最重要的作品——《随想录》。

除了写作短篇小说和散文，从 1978 年 7 月到 1980 年底，巴金还先后写了 11 篇谈自己中华人民共和国成立前部分小说、散文的创作回忆录。其中谈到的《激流》《寒夜》《第四病室》，过去已写过创作谈，这次又作了补充和新的发挥，更多的，则是过去从未系统谈过的作品，如长、中篇小说《火》《春天里的秋天》《海的梦》《砂丁》，和短篇小说集《长生塔》《神·鬼·人》《还魂草》以及散文集《龙·虎·狗》。巴金说：“我写这 11 篇《回忆》，并没有‘扬名后世’的意思，发表他们也无非回答读读者的问题，给研究我的作品或者准备批判它们的人提供一点材料。”[①] 他在文章中娓娓叙说每一部作品的创作经过，推心置腹地描述写作时的生活、思想情况和具体情景，言简意赅地表述自己的审美情趣和对于文学创作特点的独到见解。这些回忆录同五六十年代写的 10 篇《谈自己的创作》一样，为人们了解和研究他的有关作品的生活根据、创作过程及思想意蕴、美学特色，留下了宝贵的资料。

特别值得注意的是，巴金在这些回忆文章中，对自己创作中的一些重要问题作了正面的解释。比如，在谈到俄国盲人作家爱罗先珂时，他说：“我的‘人类爱’的思想一半、甚至大半都是从他那里来的。”[②] 在谈到 30 年代自己是否提倡“受苦的哲学”时，他表示：“我并不提倡为受苦而受苦，我不认为痛苦可以使人净化，我反对禁欲主义者的苦行，不赞成自找苦吃。可是我主张为了革命为了理想，为了崇高的日的，不怕受苦，甚至甘愿受苦，在那种时候，‘痛苦就是力量，痛苦就是骄傲’。这里面并没有什么哲学。”[③] 又如，在谈到 40 年代写小人小事的《某夫妇》中的女教师明方等平凡人物时，

---

① 《关于〈寒夜〉》，《创作回忆录》，人民文学出版社，1982 年 1 月版。

② 《关于〈长生塔〉》，《创作回忆录》，人民文学出版社，1982 年 1 月版。

③ 《关于〈海的梦〉》，《创作回忆求》，人民文学出版社，1982 年 1 月版。

他坚定地说：“我始终认为正是这样的普通人构成了我们中华民族的基本力量。任何困难都压不倒中华民族，任何灾难都搞不垮中华民族，主要的力量在于我们的人民，并不在于少数戴大红花的人。40 年代开始我就在探索我们民族力量的源泉，我写了一系列的‘小人小事’，我也有了一点理解。”[①] 在谈到自己的文学观时，他作了这样的表述：“存心说谎的作品和无心地传达假话的作品都是一现的昙花。说谎的文学即使有最高的‘技巧’也仍然是在说谎，不能震撼多数读者的心灵。人为什么需要文学？需要它来扫除我们心灵中的垃圾，需要它给我们带来希望，带来力量，让我们看见更多的光明。……我为什么需要文学？我想用它来改变我的生活，改变我周围的环境，改变我的精神世界。”[②]

二

从 1979 年起，经过十年磨难的巴金，又作为中国作家、中国人民的友好使者，多次出国访问和参加会议。每一次出访，都受到所在国家的作家和读者的热烈欢迎。

1979 年 4 月，身着深色西装的巴金在“文革”以后首次出访，他率领中国作家代表团踏上了法国的土地。自 1928 年底离开法国，51 年过去了，巴金带着一头银发再度来到了这个熟悉而陌生的国度。没有寂寞，没有悲哀，也没有痛苦，他走进了友谊的海洋。1978 年以来，巴金的代表作《家》《寒夜》和《憩园》的法译本相继在巴黎出版，法国文学界掀起了一股“巴金热”。巴金的来访，在法国文坛引起了轰动。在巴黎、在尼斯、在马赛、里昂、在沙多—吉里，巴金同作家和各方面的朋友会晤，同景慕他的读者见面、座谈，出席法国笔会、法国作家同人公会、法中友好协会、出版社和各大学举行的欢迎会、招待会。到处是热情的面孔，到处是友好的声音，这使巴金深受感动。他表示：“这次重访法国的旅行使我懂得一件事情：友谊是永恒的，并没有结束的时候。即使我的骨头化为灰烬，我追求友谊的心也将在人间燃烧。”[③] “倘使问起我这次访问的最大收获，我的回答便是：让我也把这余生献给人民友谊的事业！”[④]

① 《关于〈还魂草〉》，《创作回忆录》，人民文学出版社，1982 年 1 月版。

② 《关于〈砂丁〉》，《创作回忆录》，人民文学出版社，1982 年 1 月版。

③ 《沙多—吉里》，《随想录》，人民文学出版社，1980 年 6 月版。

④ 《人民友谊的事业》，《随想录》，人民文学出版社，1980 年 6 月版。

访问法国的 18 天里，巴金还有许多别的收获。在巴黎他瞻仰了使他得到安慰和鼓舞的卢梭雕像（原先的铜像二战期间遭毁，现在是重建的石像）；在尼斯瞻仰了他崇敬的作家赫尔岑的墓地；在马赛他找到了 1928 年返国等船时住过的“美景旅馆”，又乘小船去一个小岛参观了过去囚禁政治犯的伊夫堡；在沙多—吉里的拉·封丹中学里，他重温了 52 年前美好而痛苦的旧梦，还在学校保存不全的外国学生登记表上意外地找到了朋友巴恩波的名字……

法国读者、法国人民为什么这样热情地欢迎巴金？法国笔会名誉主席克朗西埃在一次欢迎会上的讲话，说出了其中的原因：“亲爱的大师，您的名字、您的作品、您的榜样、您的生活，就意味着对正义和自由的热爱。从您年轻时代起，一种渴求而经久不息的激情指引着您的思想、作品和行动。您渴求进步，保护被剥削的人民……”巴金面对法国读者的友谊，面对法国人民的深情厚谊，感到这是他们对中华人民共和国的热爱，对中国人民的感情。他决心把自己想写的和应当写的东西写下来，作为对读者和朋友们的报答，对真诚、深厚的友谊的报答。为此，他庄严地表示：“我一刻也不停止我的笔，它点燃火烧我自己，到了我成为灰烬的时候，我的爱我的感情也不会在人间消失。”①

一年以后，1980 年 4 月，巴金又率中国作家代表团赴日本，17 天中，先后访问了东京、广岛、京都、奈良、德岛、长崎等地。4 日和 11 日，他分别在东京朝日讲堂讲演会和京都文化讲演会上作了题为《文学生活五十年》和《我和文学》的讲演。②这两篇讲演稿是巴金继 1935 年《写作生活的回顾》和 1950 年《巴金选集·自序》之后，对自己 1927 年以来的文学生活和文学观点所作的又一次自我描述，自我剖析，自我总结。比起前两次回顾，这一次不仅所述的时限最长，表述更完整、更系统，而且更多地阐述到自己的文学观念和文学追求。

巴金说：“我开始写小说，只是为了找寻出路。”“我的每篇文章都是有所为而写作的，我从未有过无病呻吟的时候。”“不把自己的幸福建筑在别人的痛苦上，爱祖国、爱人民、爱真理、爱正义，为多数人牺牲自己；人

---

① 《再访巴黎》，《随想录》，人民文学出版社，1980 年 6 月版。

② 见《巴金谈创作》，上海文艺出版社，1983 年 2 月版。

不单是靠吃米活着，人活着也不是为了个人的享受。——我在那些作品中阐述的就是这样的思想。”在谈到 50 年代以后的写作情况时他说：“新中国成立了，一切都改变了，我想丢掉我那支写惯黑暗的旧笔，改写新生新事，可是因为不熟悉新的生活，又不能深入，结果写出来的作品连自己也不满意，而且经常在各种社会活动中花费大量的时间，写作的机会更加少了。”他特别强调总结“文化大革命”十年经历的重要：“那难忘的十年在人类历史上是一件大事，古今中外的作家很少有过这样可怕而又可笑、古怪而又惨痛的经历！我们每个人都给卷了进去，都经受了考验，也都作了表演，今天回头看自己在十年中间的所作所为和别人的所作所为，实在可笑，实在愚蠢。”“倘使我不给自己过去十年的苦难生活作一个总结，认真地解剖自己，真正弄清是非，那么说不定有一天运动一来，我又会变成另一个人，把残忍、野蛮、愚蠢、荒唐看成庄严、正确。”

巴金在这两篇讲演中向日本作家和读者着重阐述了自己的写作目的和艺术追求，他说：“我写作一不是为了谋生，二不是为了出名。……我写作是为着同敌人战斗。”因此，“我写小说从来没有思考过创作方法、表现手法和技巧等等问题。我想来想去，想的只是一个问题：怎样做一个更好的人，怎样对读者有帮助，对社会、对人民有贡献。”他承认自己写小说有法国老师、俄国老师、英国老师、日本老师以及中国老师，但他更强调社会生活对于作家的重要性，他说：“我最主要的一位老师是生活，中国社会生活。我在生活中的感受使我成为作家。”他这样说明自己的艺术追求：“作品的最高境界是写作同生活的一致，是作家同人的一致”，即“作家把心交给读者”，“不说假话”。这些思想，是巴金长期以来的一贯思想，但显然又作了新的表述。

1980 年 8 月，担任中华全国世界语协会副会长的巴金，率领中国世界语代表团赴瑞典的斯德哥尔摩，出席第 65 届国际世界语大会。来自几十个国家的 1700 多位代表，在会场内外都讲着同样的语言，这景象使巴金十分振奋，“我觉得好像在参加和睦家庭的聚会一样。对我来说这是第一次，但是我多年来盼望的、想象的正是这样”。经过这次大会，巴金对世界语的信念更加坚强了，他认为：“世界语一定会大发展，但是它并不代替任何民族、任何人民的语言，它只能是在这之外的一种共同使用的辅助语。每个民族都可以用这种辅助语和别的民族交往。”[①]1981年9月，巴金率中国笔会中心、中国上海笔会中心、中国广州笔会中心代表团，出席在里昂和巴黎举行的第45届国际笔会大会。他对国际笔会的性质和作用是这样认识的：“它应当成为世界作家的讲坛，它应当成为保卫世界和平、发展国际文化的一种强大的精神力量。这是理想，这是目标，我以为它的前途是十分光明的。”[②]这次赴法国，巴金和代表团没有接受任何团体或个人的邀请，因此，会议以外的时间或参观，或游览，或访问，完全按自己的意愿安排，这使他比较清闲自如地度过了5天时间。会议结束后，巴金应瑞士苏黎世市长的盛情邀请，去到这个风景如画的城市访问了一周。

巴金的文学业绩和文学贡献愈来愈引起世界各国的重视。80年代以后，他不断得到各种国际性的荣誉。1982年3月15日，意大利驻华大使塔马尼尼等到巴金寓所，宣布意大利卡森诺文学、艺术、科学和经济研究院的决定：1982年“但丁国际奖”授予中国作家巴金。4月2日，佛罗伦萨举行授奖仪式，中国驻意大利大使馆公使代表巴金领取了奖章、证书。这是巴金有生以来获得的第一个国际性奖。巴金作为一位中国作家，获得以伟大作家、《神曲》作者但丁的名字命名的国际荣誉奖，是他半个世纪以来的杰出文学成就所取得的应有荣誉，也表明中国现代文学在欧洲已经发生了广泛的影响。

1983年5月7日，巴金荣获法国最高的荣誉勋章——法国荣誉军团指挥官勋章。这个勋章创立于1802年，分为三类，一、二类授予军功卓著的军事家，第三类授予有重大成就和非凡贡献的非军人。这一天，法国总统来到上海，带来法国人民对半个世纪以前从法国走上文学道路的巴金的友爱之情和崇高敬意。在上海展览馆的大厅，总统把一枚系着鲜红缎带的勋章佩带在巴金胸前，并发表了热情洋溢的讲话。他称巴金为“大师”、“现代中国最伟大的作家之一”、“著述不倦的创作者”“本世纪最伟大的见证者之一”。他对巴金说：对于法国的无数读者来说“您就是中国的形象本身，一个经过若干世纪的考验所锤炼的、并且不断从自身产生复兴动力的、兄弟般的中国的形象本身。”“在您的身后，在中国的文学界里，新的一代正在崛起。他们从您的形象之中看

① 《世界语》，《探索集》，人民文学出版社，1981年7月版。

② 《三访巴黎》，《真话集》，人民文学出版社，1983年2月版。

到自己，并且将希望寄托在对您这位老人的效法之中，……这一代人正在准备，并且业已开始，循着您的脚印，由自己向世界表明，——表明一个现代的、开放的、富有多样性的中国正决心全力为人类伟大的文化运动做出贡献。”[①] 巴金怀着愉快的、感谢的心情，接受了这个荣誉，同时，他诚挚地表示：“作为一个中国作家，我的作品被译成法文，受到读者的喜爱，这就是对我的很大荣誉了。”授勋给自己“并不是我个人有什么成就，这是总统阁下对我们社会主义祖国的尊重，对历史悠久的中国文化的尊重，这是法国人民对中国人民友好的象征。”[②] 朴素的语言，真挚的感情，展露出巴金在荣誉面前博大的胸怀和高尚的思想境界。

1984 年 5 月，来自世界五大洲的 600 多名作家，聚会在杜鹃花盛开似火的日本东京，在这里举行国际笔会第 47 届代表大会。抱病出席大会的巴金不仅是中国代表团团长，还是大会特别邀请的七位“荣誉客人”之一。为使巴金出席大会，负责筹备会议的日本笔会中心会长、著名作家井上靖三次到上海华东医院看望巴金，并一再邀请他与会。日本著名作家水上勉表示：“巴金先生是一只雄健的鹰，他来参加大会，即使坐在那里一言不发，也是一种威严，一种力量。”

这次大会的总议题是《核时代的文学——我们为什么写作？》，巴金就这个议题作了专题发言。他说：“‘核时代的文学’这个总议题，选得很及时，它反映了当前时代的特点和人民的愿望。‘为什么我们写作？’这一问问得好！多少年来我一直在寻求答案，并不是一问一答就能解决问题，我已经追求了一生。”“每个作家从不同的道路接近文学。通过创作实践，追求真理，认识生活。为什么写作？每一本书、每一篇作品就是一次的答案。古往今来有数不清的作家，读不完的作品。尽管生活环境各异，思想信仰不同，对人对事的看法也不一样，但是所有真诚的作家都向读者交出自己的心。”“我写作只是为了一个目标：对我生活在其中的社会有所贡献，对读者尽一个同

① 《在授予巴金［法国］荣誉军团勋章仪式上法兰西共和国总统弗朗索瓦·密特朗先生的讲话》，《巴金研究在国外》，湖南文艺出版社，1986 年 10 月版。

② 《中法两国人民友谊的象征——巴金接受法国荣誉勋章侧记》（赵兰英），《文学报》，1983 年 5 月 12 日。

胞的责任。”“核时代的文学绝不是悲观主义的文学，我们任何时候都不能低估人民的力量，他们永远是我们作品的主人公。……核时代的文学本来应当是和平建设的文学——人类怎样用自己的聪明才智创造美好的生活，建设灿烂的文明……”[①]在巴金讲演时，全场座无虚席，人们屏息而听。这种状况，在会议期间独一无二。日中文化交流中心理事长宫川寅雄说：“对巴金先生的尊敬，不仅是日本人民、也是世界人民的共同感情。”

这一年10月，巴金去到香港，接受香港中文大学授予的荣誉文学博士学位。大学秘书长在典礼上概括介绍了巴金50多年的文学历程和贡献，并指出：“他的创作出自对人生的探索，他所追求的是真实，而并不顾及美。但在最高的境界中，真和美究竟是分不开的。”“无论在国内国外，他充满感情的作品和高尚的品格都深受崇敬！”秘书长还表示，颁授荣誉文学博士学位给巴金这位“我国新文学运动的健将，60年来为人生、为理想，持志创作不懈的作家”，是“为表扬巴金先生60年来对中国新文学运动的巨大贡献，为表扬他的道德勇气和求知求真的精神，为表扬他对中国人民在这狂飚激流的世纪中追求进步所作的有力呼吁”。[②]巴金到港，使香港人深感欣慰和荣幸，各报纷纷发表报道、文章、社论，记叙颁授典礼的盛况和巴金在各处受到的热烈欢迎。报界指出，巴金“之所以受到人民的尊崇，国际的敬仰，正是由于他具有对祖国对人民崇高的情感”，称赞他“以伟大作家所具有的良知，鞭挞邪恶，控诉残暴，在他进入高龄，在‘文革’十年动乱中虽饱受创伤，仍然矢志不渝。”

巴金所得到的荣誉，表明他已成为一位国际性的作家。这是中国作家的光荣，也是中国人民的骄傲。

37. 现代文学馆

一

巴金在国内外的声誉日增，但他仍执著地在自己的土地上耕耘，思考，

① 《核时代的文学——我们为什么写作？》，《无题集》，人民文学出版社，1986年12月版。

② 《在授予巴金荣誉文学博士学位大会上香港中文大学的赞辞》，《香港中文大学校刊》，1984年第5期。

探索，追求。

1979 年 11 月，中国作家协会第三次会员代表大会在北京召开。巴金在为大会所作的闭幕词中举出两件事情提醒作家们：一是今后还会不会出现“四人帮”那样的人物？他认为，“很有可能再出现，也有可能不出现，这就要看我们是不是愿意再受迫害。”为此，他强调健全民主，完备法制；二是以《重放的鲜花》为例，指出 1957 年对这部分作家的不合理、不公道的惩罚，许多人都是点头默认过或举手赞成过的，对此，“作为正直的作家，是于心有愧的”，历史的悲剧不能再重演了。在闭幕词的末尾，他充满感情地说：

> 今天出席这次大会，看到许多新生力量，许多有勇气、有良心、有才华、有责任心、敢想、敢写、创作力极其旺盛的、对祖国和人民充满热爱的青年、中年作家，我仍然感觉到做一个中国作家是很光荣的事情。我快要走到生命的尽头，写作的时间极其有限了。但是我心中仍然燃烧着希望之火，对我们的社会主义祖国和我们无比善良的人民，我仍然怀着十分强烈的爱，我永不放下我的笔。我要同大家一起，尽自己的职责，永远前进。作为作家，就应当对人民、对历史负责。我现在更明白：一个正直的有良心的作家，绝不是一个鼠目寸光、胆小怕事的人。[1]

70 年代末，巴金在反思“文革”劫难和展望文学事业的发展时，开始考虑如何避免自己以及整个社会的文学资料的损失，更好地保存和利用文学资料的问题。对欧洲和日本的访问，使他看到国外对中国现代文学资料的广泛收集和认真研究，后来，他又注意到《文汇报》上一篇介绍日本近代文学馆的文章。他逐渐形成了在我国创办一所现代文学资料馆的设想。1980 年 11 月 15 日，他在给姜德明的信中首先提出了这个建议。10 天以后，他又写信给姜德明说：“我认为由作协来办最好，房子向政府要，资料由大家捐献，经费也可以由作家和文学出版社捐赠，过一两年便可以自足自给。我愿意为它的

① 《文艺报》，1979 年第 11、12 期合刊。

创办出点力，而且相信肯出力的人一定不少。”[①]12 月 27 日，巴金在《创作回忆录》最后一篇《关于〈寒夜〉》文末谈到搜集我国现代文学资料的必要性后，正式提出建议：

> 我建议中国作家协会负起责任来创办一所中国现代文学馆，让作家们尽自己的力量帮助它完成和发展。倘使我能在北京看到这样一所资料馆，这将是我晚年的莫大幸福，我愿意尽最大的努力促成它的出现，这个工作比我写五本、十本《创作回忆录》更有意义。

第二天，他在为《创作回忆录》所写的《后记》中再次表示："出版这本小书，我有一个愿望：我的声音不论是微弱或者响亮，它是在替中国现代文学馆的出现喝道。让这样一所资料馆早日建立起来！”此后，巴金先后给姜德明、孔罗荪、曹禺、李健吾等去信，谈建立文学馆的事，并得到了他们的支持。

1981 年 2 月 14 日，香港《文汇报》副刊《文艺》和《大公园》分别刊出《关于 <寒夜>》和《创作回忆录・后记》。3 月 12 日，《人民日报》转载《创作回忆录・后记》，并在编者附记中强调了巴金关于建立现代文学馆的倡议。第二天，巴金高兴地给姜德明去信说：“我可以捐赠一部分书刊、资料和开办费”，并强调“办这个馆对建设社会主义精神文明也会有贡献。”[②]巴金的建议和呼吁公开发表后，文学界人士给予了积极的响应，茅盾、叶圣陶、夏衍、冰心、丁玲及罗荪、臧克家、曹禺、唐弢、周而复等先后口头或撰文表示支持。曹禺 3 月 2 日致信巴金，表示：建立现代文学馆，“这是为我们后代留下财富，为全国与全世界的中国文学研究者积攒些有用的资料，也是为今后中国的文化展览做个准备”。它“实在是一项值得我们用心去做的事。它会增强我们的民族自豪感，让我们更加地认识自己。这也将是祖国的一个荣誉”。[③]现代文学史家唐弢认为，巴金的倡议“这是回顾，也是前瞻”，

---

① 《致姜德明》(1980 年 11 月 25 日)，《巴金书信集》，人民文学出版社，1991 年 8 月版。

② 《致姜德明》(1981 年 3 月 13 日)，《巴金书信集》，人民文学出版社，1991 年 8 月版。

③ 《致巴金——响应建立“中国现代文学馆”》，《人民日报》，1981 年 4 月 2 日。

因为“只有真正尊重自己文化历史的人，才会热爱自己的民族，热爱自己的祖国，懂得向前看，懂得将民族文化历史不断推进的重要，从而努力于现代化的事业。”[①]朋友们和文学界人士的响应、支持，使巴金受到更大的鼓舞。4 月 4 日，他以《现代文学资料馆》为题，写了第六十四篇《随想录》，文中说：“点着火柴烧毁历史资料的人今天还是有的；以为买进了最新的机器就买进了一切的人也是有的。但是更多的人相信我们需要加强我们的民族自豪感，提高对我们民族精神的认识。认识自己，认识我们的文学，认识中国人民的心灵美。”并表示，“我准备交出自己收藏的书刊和资料，还可以捐献自己的稿费，只希望在自己离开人世前看见文学馆创办起来，而且发挥作用。”[②]

1981 年 3 月 27 日，中国作家协会主席茅盾逝世。4 月 20 日，作协举行主席团扩大会议，选举巴金为代理主席。筹建现代文学馆也是这次会议的议题之一。与会者热情赞同建立现代文学馆，巴金也在会上表示：自己准备献出稿费 15 万元作建馆基金，并愿捐出自己的手稿及所藏的有关资料。4 月 21 日巴金回上海，24 日即写信给负责筹建现代文学馆的作协书记处书记罗荪，商量尽快把捐款汇往北京的办法。在找到稳妥快捷的办法后，7 月 13 日，巴金在侄女陪同下亲自去卢湾区人民银行办理了划款手续。在这之前，他还在给罗荪的信中表示，“我还想把今后出书所有的稿费都送给资料馆。”[③]他急切地期望着早日建馆，他要尽自己的一切努力支持这一事业。

10 月 13 日，由巴金、冰心、曹禺、严文井、唐弢、王瑶、冯牧、罗荪、张僖九人组成的现代文学馆筹备委员会正式组成，随即开始了筹备工作。12 月，在中国作家协会第三届理事会第二次会议上，巴金当选为中国作家协会主席。他在会议的闭幕词中表示：“感谢大家对我的信任。说实话，作家协会主席这个职务对我很不合适。我只希望自己做一个普通的会员，一个普通的作家，紧紧捏着自己的笔，度过我最后的三、五年。”“我同意担任这个职务，不过是表示我对作家协会工作的支持。”他再一次表示自己要尽力促成现代文

① 《回顾是为了前瞻》，《人民日报》，1981 年 4 月 10 日。

② 《真话集》，人民文学出版社，1983 年 2 月版。

③ 《致罗荪》(1981 年 7 月 7 日)，《巴金书信集》，人民文学出版社，1991 年 8 月版。

学馆早日建成。[①]

1982年2月，巴金编定自己的十卷本选集。他在《后记》中说："我严肃地进行这次的编辑工作，我把充当作我的'后事'之一，我要按照自己的意思做好它。""照自己的意思，也就是说，保留我的真面目，让后世的读者知道我是一个什么样的人。[②]这部选集收入他1927年到1981年55年间的主要作品，是迄今为止规模最大的一部自选集。其中，中华人民共和国成立前的作品占八卷多，中华人民共和国成立后的作品占近二卷；长、中篇小说占六卷，短篇小说占一卷多，散文占近两卷，回忆录、创作谈占一卷。未入选的长、中篇小说有《灭亡》《新生》《死去的太阳》《利娜》《砂丁》《雪》和《火》一、二、三部等九部。从反映巴金的创作面貌的角度看，这部选集未收入处女作《灭亡》和描写工人生活的《雪》，给读者留下了较大的遗憾。

巴金在为十卷本《选集》所写的《后记》中，还阐述了近两年来自己对文学的一些基本问题的思考。关于作家与批评家、创作与评论的关系，他的看法是："作家和批评家都是文艺工作者，同样为人民、为读者服务；不同的是作家反映生活、塑造人物，而批评家却取材于作家和作品，他们借用别人来说明自已的主张"，二者分工不同，应该"友好合作，共同前进"。他认为，"批评家有权批评每一个作家或者每一部作品，这是他的职责，他对人民负责，对读者负责。"但是，"我不相信作家必须在批评家的硃笔下受到磨炼。我也不相信批评家是一种代表读者的'长官'，是美是丑，由他说了算数。"对于某些谁也看不懂的"现代文学作品"他也发表了自己的意见。他联系自己在苏黎世的现代博物馆看到的一些既看不懂又毫无所得的绘画和雕塑作品，对这类作品提出质疑："文学艺术的作用、目的究竟是什么？难道我是在沙滩上建造象牙的楼台、用美丽的辞藻装饰自己？难道我们有权用个人的才智和艺术的技巧玩弄读者、考读者、让读者猜谜？难道我们在纸上写字只是为了表现自己？文学艺术究竟是不是只供少数人享受的娱乐品、消遣品或者'益智图'？究竟是不是让人顺着台阶往上爬的敲门砖？"他否定这

① 《文艺报》，1982年第2期。

② 《巴金选集》第十卷，四川人民出版社，1982年10月版。

一切，而赞同高尔基的观点：“一般人都承认文学的目的是要使人变得更好。”

十卷本《巴金选集》出版后，巴金将稿费全部捐给了现代文学馆，此前此后，他还将《探索与回忆》、《序跋集》等书的稿费捐出。为了便于各出版社向现代文学馆寄稿费，巴金油印了一封信，寄给有关的出版社，信中说：“凡有付给我的稿费，请迳寄‘北京 8101 信箱　中国现代文学馆　巴金收。备注项请注明‘稿费’，以便查收。”巴金自己不断向现代文学馆捐稿费，但他并不动员别人也这样做，他特意写信给罗荪：“这种办法绝不能宣传、推广，讲出去也没有好处(我是个例外，是特殊情况)，请不要对外人讲。”①

自从提出创办现代文学馆的倡议以后，巴金就开始清理自己的藏书、资料，准备分别捐赠北京图书馆、上海图书馆、中国现代文学馆等。1981 年底，赠北京图书馆的 619 册外文书刊运抵北京。1982 年 10 月 16 日，中国现代文学馆筹备处从沙滩中国作家协会的防震棚迁进了西郊万寿寺西院，这一喜讯使巴金更加快了清理图书资料的步伐。11 月 7 日，由于连日清理劳累过度，不慎在书房跌跤，造成左股骨粗隆间骨折。为了治伤，巴金在华东医院住了整整半年，治愈后左腿短了三公分，这使他的行动更加不便，写作也更为艰难了。出院后四个月，巴金便向现代文学馆送去第一批书刊、手稿、信件等 3161 件。

二

1984 年 11 月 25 日，巴金迎来了 80 岁生日。巴金常对朋友们说，80 岁已是人生的暮年，很难再做更多的事情了，并不值得庆祝。因此，他非常不愿意惊动别人。然而，国内外的贺信、贺电仍像雪片一样飞到他的家中，人们通过各种方式表达对这位老作家的敬爱和祝愿。诗人臧克家赋诗道：

四十年前忆旧游
奋将大笔写春秋
躬经坎坷心尤壮
浩荡文坛立阵头

① 《致罗荪》(1982 年 3 月 16 日)，《巴金书信集》，人民文学出版社，1991 年 8 月版。

老舍夫人胡洁青信中的四句话，传达了人们共同的心愿："立德立言，于兹不朽；寿人寿世，共此无疆。"

三个多月前，上海市第三次文学艺术界代表大会选举巴金为上海市文联名誉主席，全体代表在给他的致敬信中说：

> 您半个多世纪以来的辛勤劳动，硕果累累。您的大量作品，热情而真诚地鼓舞了广大青年，从封建礼教的重压下觉醒起来，向往进步，投奔革命。您的丰硕的创作成果，大大丰富了中国现代文学的宝库。您的大量作品，不但在我国人民中有着广泛而深刻的影响，并且在国际上享有卓著的声誉。我们上海人民和广大文艺工作者，无不以有您这样一位杰出的文学大师而感到光荣！
>
> 您一贯热爱祖国，热爱人民，真诚地拥护共产党的领导，不遗余力地为社会主义服务。您的道德、文章，永远是我们学习的榜样！[①]

这一年年底，中国作家协会在北京召开第四次代表大会，巴金因病未能出席。作为第三届理事会主席团主席，他为大会寄去一份开幕词。文中对新近出现的表现出一股巨大的锐气和潜力的文学新人表示欣慰，对我国的文学站在世界文学的前列、产生出伟大的无愧于时代的作品充满殷切期望，并号召作家们解放思想，独立思考，善于学习，大胆创新。在第四届理事会的第一次会议上，众望所归的巴金以最高票数继续当选为中国作家协会主席。

走过了人生80年路程的巴金，硕果累累，声名赫赫，但他没有自满，没有懈怠，关心的也不是自身的荣辱，他常常想的是怎样为文学的发展做些实事。近几年来，特别是1982年跌伤以后，除了写《随想录》外，巴金最关心的是建立现代文学馆这件大事。

经过四年筹备工作，1985年3月26日，中国现代文学馆在北京西郊万寿寺西院正式建馆。从上海赶来的巴金，同夏衍、胡风、臧克家、沙汀、王蒙等200多人一道，参加开馆典礼。破败多年的古建筑修饰一新，荒芜的庭

---

① 《文学报》，1984年8月9日。

院种上了树木花草，文学馆的图书库、报刊库、档案库、摄影室已经建立起来。巴金站在文学馆的大门前，看着由叶圣陶书写的门匾在鞭炮声中挂到了门柱上，看着周围的人群喜悦的笑脸，想到文学馆作为我国第一个专门搜集、收藏中国现代文学资料的中心，对推动中国现代文学的研究和发展。对加强国际文化交流，将发挥积极的作用，他感到莫大的幸福。在开馆典礼上，巴金说：“我又老又病，可以工作的日子也不多了，但是只要我一息尚存，我愿意为文学馆的发展出力。”[①] 自 1982 年 7 月捐出 15 万元现款，此后三年，巴金又捐赠所有著译重版稿费计二万余元。就在巴金出席现代文学馆开馆典礼这一天，还带来一笔稿费，他亲手把它从大衣口袋里掏出来，交给了文学馆负责人。除捐款外，巴金先后向文学馆捐赠珍贵资料数千件，其中不仅有自己的部分手稿、具有研究价值的作品清样和各种版本的著作，还有自己保存的其他作家的手稿、书信、作品，以及 30 年代的各种文学期刊。为文学馆的建设，巴金的确尽了心，尽了力。

巴金这次到北京，从 3 月 23 日到 4 月 10 日，一共呆了 19 天。他作为全国政协副主席之一，出席了政协六届三次会议的开幕式和闭幕式，出席了现代文学馆开馆典礼并参加了作协主席团扩大会议。在京期间，巴金两次见到阔别三十年的胡风，去医院探望了病中的叶圣陶、周扬，还去冰心、沈从文等家看望。这次离北京后，巴金再没有到过他熟悉而又陌生的首都了。

从北京回上海不久，巴金收到无锡县桥乡中心小学五年级三班十位小学生写来的一封信。信纸是小学生用的作文稿纸，上面的字工整又稚嫩。信中说：“近年来，我们被一些新的现象迷惑了。爸爸妈妈说话不离钞票，有些人常以收入多少作为自己的骄傲。”“为金钱工作，为金钱学习，已经成为理所当然的事。这难道就是我们 80 年代的少年应该追求的理想吗？”这十位纯洁的少年决心探索、寻求正确的答案。他们在语文课本上学过巴金的《海上的日出》《鸟的天堂》，又在课余读过《家》等小说，他们还知道，这位举世闻名的老作家至今仍忙碌地伏案写作，因此，写信给这位令他们敬佩的老人，

① 《在中国现代文学馆开馆典礼上的讲话》，《中国现代文学研究丛刊》，1985 年第 3 期。

向他讨教。孩子们在信中焦灼而又直率地问道："当您伏案写作的时候，您想的是什么？您写了那么多的书，您追求的是什么？"孩子们不知道年迈体衰的老人举笔有多么艰难，他们在信末要求："十只迷途的'羔羊'向您呼救，请您以最快的速度给我们指点。"

读了来信，巴金陷入了沉思。孩子们感到的"新的现象"，其实是沉渣泛起，但孩子们的确提出了一个至关重要的人生观问题，这就是理想与金钱的关系。应该回答他们，必须回答他们。巴金用颤抖的手握住笔，每天写一两百字，到6月25日，一封3000字的长信终于写完了。他想再抄一遍，又怕孩子们着急，只好把草稿寄去。他在信中告诉孩子们："理想是存在的。可是有人追求了一生只得到幻灭；有的人找到了它一直坚持到生命的最后一息。各人有各人的目标，对理想也有不同的理解。"理想"不是化妆品，不是空谈，也不是挂在人们嘴上的口头禅。理想是那么鲜明，看得见，而且同我们血肉相连。它是海洋，我好比一小滴水；它是大山，我不过一粒泥沙。不管我多么渺小，从它那里我可以吸取无穷无尽的力量。拜金主义的'洪流'不论如何泛滥，如何冲击，始终毁灭不了我的理想。问题在于我们一定要顶得住。我们要为自己的理想献身。"他还坦率地回答孩子们："我追求集体的幸福和繁荣。""我不需要从生活里捞取什么，也不想用空话打扮自己，趁现在还能够勉强动笔，我再一次向读者，向你们掏出我的心：光辉的理想像明净的水洗去我心灵上的尘垢，我的心又燃起了热爱生活、热爱光明的火。"最后，巴金深情而又坚定地说：

亲爱的同学们，我多么羡慕你们！青春是无限地美丽，青年是人类的希望，也是我们祖国和人民的希望，这样一个信念，贯串着我的全部作品。理想就在你们面前，未来属于你们。千万要珍惜你们宝贵的时间。只要你们把个人的命运同集体的命运连在一起，把人民和国家的位置放在个人之上，你们就永远不会"迷途"。理想不抛弃苦心追求的人，只要不停止追求，你们会沐浴在理想的光辉之中。不用害怕，不要看轻自己，你们绝不是孤独的！昂起头来，风再大，浪再高，只要你们站得稳，顶得住，就不会给黄金潮冲倒。

这就是一个八十一岁老人的来迟了的回答。[①]

巴金的复信使孩子们深受鼓舞，10 月 19 日，他们选出四名代表到上海看望巴金。巴金把一只陶瓷牛送给他们，希望孩子们永远像牛那样，勤勤恳恳地学习和工作，任劳任怨地为祖国为人民作奉献。

1986 年 8 月 20 日，巴金写完《随想录》的最后一篇文章《怀念胡风》，这篇长文章从开头到写完，断断续续用了将近一年时间。至此，五本总题为《随想录》的书终于完成了。22 天前，他已编好最后一集《无题集》，并写了《后记》，满怀深情地向读者告别。透过这篇《后记》，人们仿佛能看见年老体弱的巴金胸中那一颗剧烈跳动的心。他说：

> 我们这一代人的毛病就是空话说得太多。写作六十几年，我应当向宽容的读者请罪。我怀着感激的心向你们告别，同时献上我这五本小书，我将它们称为“真话的书”。我一生不知说过多少假话，但是我希望在这里你们会看到我的真诚的心。这是最后的一次了。为着你们我愿意再到油锅里受一次煎熬。是真是假，我等待你们的判断。同这五本小书一起，我把我的爱和祝福献给你们。[②]

9 月 15 日，《人民日报》以《我把我的爱和祝福献给你们》为题，转载了这篇《后记》及 1978 年 8 年 12 月 1 日写的《〈随想录〉总序》。9 月上中旬，北京和上海的文艺界人士或举行座谈，或发表感想，认为《随想录》全书热透纸背，情透纸背，力透纸背，是一本反映了时代声音、充满着忧国忧民激情的大书，它不仅是新时期的散文佳构，其影响和价值，已远远超出了作品本身和文学范畴。[③]

---

① 《“寻找理想”》，《无题集》，人民文学出版社，1986 年 12 月版。

② 《无题集》，人民文学出版社，1986 年 12 月版。

③ 《文艺报》，1986 年 9 月 27 日。

第十四章 “保留我的真面目”

(1976.10—1986.8，下)

38. 用自己的脑子思考

一

1978 年 12 月，巴金在重新握笔一年半之后，开始写作《随想录》，与此同时着手的，还有赫尔岑回忆录《往事与随想》第二册的翻译，《创作回忆录》和描写“文革”时期知识分子遭遇的长篇小说的写作。从 1979 年春到 1980 年春，巴金在与香港和日本、法国的记者、作家的谈话中，多次谈到自己 80 岁前的“五年计划”：完成 8 部 13 本书——2 部长篇小说，5 册翻译，5 本《随想录》，1 本《创作回忆录》。他说：“我是站在这样的‘思想基础’上订计划的：是作家，就该用作品同读者见面，离开这个世界之前我总得留下一点东西。”“我不是社会名流，我不是等待‘抢救’的材料，我只是一个作家、一个到死也不愿放下笔的作家。”[①] 写小说同写散文、译作品交叉同时进行，这是巴金几十年来习惯的方式。在这个计划中，巴金显然更重视、更强调长篇小说的写作和赫尔岑回忆录的翻译。他在这些谈话中，都把长篇小说的写作放在首位，他还强调说，“我最希望的是完成正在写作的两部小说及赫尔岑的翻译。”[②]

1980 年底，《创作回忆录》完成，《随想录》也写完两本，《往事与随想》第二册的译事正在进行。巴金发现自己并非“焕发青春”，痛感年迈的自己难以实现夺回失去时光的壮志。特别是 1982 年骨折住院和随后的帕金森氏症，

① 《大镜子》、《探索集》，人民文学出版社，1981 年 7 月版。

② 《巴金答法国〈世界报〉记者问》，香港《大公报》，1979 年 7 月 1 日、2 日。

使他病痛倍增，行动不便，写字极为困难。他不得不面对新的现实，调整写作计划，毅然放弃了继续翻译赫尔岑作品的打算，搁下了长篇小说的创作，谢绝各种应酬和社会活动，一字一字也坚持续写《随想录》，以至“除了写《随想录》，我什么事情也没有管，而且也不会管。”[①]前后耗时近8年，终于在1986年8月完成了这部五集156篇，总计40余万字的散文随笔集。[②]

关于《随想录》的写作缘起，巴金是这样说的：“50年代我不会写《随想录》，60年代我写不出它们。只有在经历了接连不断的大大小小政治运动之后，我才想起自己是一个‘人’，我才明白我也应当像人一样去想任何大小事情，一切事物、一切人在我眼前都改换了面貌，我有一种大梦初醒的感觉。只要静下来，我就想起许多往事，而且用今天的眼光回顾过去，我也很想把自己的思想清理一番。”“碰巧影片《望乡》在京公映，引起一些奇谈怪论，中央电视台召开了座谈会，我有意见，便写了文章。朋友潘际坰兄刚刚去香港主编《大公报》副刊《大公园》，他来信向我组稿，又托黄裳来拉稿、催稿。我看见《大公园》上有几个专栏，便将谈《望乡》的文章寄去，建议为我开辟一个《随想录》专栏。”[③]

在《随想录》开宗明义的《总序》中，巴金写道：

> 我年过七十，工作的时间不会多了。在林彪和“四人帮”横行的时候，我被剥夺了整整十年的大好时光，说是要夺回来，但办得到办不到并没有把握。我不想多说空话，多说大话。我愿意一点一滴地做点实在事情，留点痕迹。我先从容易办到的做起。我准备写一本小书：《随想录》。我一篇一篇地写，一篇一篇地发表。这只是记录我随时随地的感想，既不系统，又不高明。但它们却不是四平八稳，无病呻吟，不痛不痒，人云亦云，说了等于不说的话，写

---

① 《“从心所欲”》，《无题集》，人民文学出版社，1986年12月版。

② 全书正文150篇，加上《总序》和各集的《后记》，计156篇；另有3篇“附录”未计在内。1987年三联书店印行合订本时，又写《合订本新记》；1993年线装本出版时，增收《怀念从文》、《怀念二叔》二文，并新写《后记》。

③ 《合订本新记》，《随想录》，三联书店，1987年8月版。

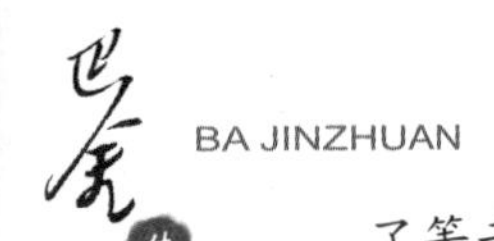

了等于不写的文章。那么就让它们留下来，作为一声无力的呐喊，参加伟大的“百家争鸣”吧。

按照巴金的计划，从 1979 年起编印《随想录》，每年一集，到 1984 年 80 岁前，共编印 5 集。实际情况如何呢？第一集 1978 年 12 月 1 日开篇，1979 年 8 月 11 日结稿，只用了 8 个月的时间，提前完成计划；第二集《探索集》也比较顺利，从 1979 年 9 月 12 日到 1980 年 10 月 22 日，用了 13 个月。此后，由于跌伤和生病，一集比一集艰难。第三集《真话集》写了 16 个月 (1981 年 1 月 29 日至 1982 年 6 月 5 日)；第四集《病中集》自 1982 年 7 月 14 日至 1984 年 1 月 21 日，花费了 18 个月时间；第五集《无题集》1984 年 9 月 3 日动笔，时写时辍，直到 1986 年 8 月 20 日写毕，前后竟费时 23 个月。原计划 5 年写完的这本书，共用了 7 年零 9 个月才得以完成。

对于年迈多病的巴金，写作 40 多万字的《随想录》，实在是一项艰辛而宏阔的工程。1982 年 11 月 7 日，他因整理图书劳累过度，不慎跌倒，造成左腿骨折，养伤期间近八个月没有写一个字。偏偏祸不单行，治愈腿伤后，又患帕金森氏病，双手发抖，握不住笔，圆珠笔在手中仿佛有几十斤、几百斤重，每天写两三百字，就满头大汗，精疲力竭。他咬紧牙关，一笔一划地移动手里的笔，一篇短文写写停停，停停写写，往往要几天，十几天，甚至一个月。朋友三番五次劝他口述，请人笔录或打字，他回答说：“我不靠驾驭文字的本领，因为我没有这样的本领，我靠的是感情。”[①] 他的文字倾注着自己真诚的感情，只有一字一字地写，感情才能化为表达心声的文字，因此，仍坚持自己握笔一字一句地写下去。

在艰难地写作《随想录》的近八年时间里，巴金同时还做了许多事情：写完了九万字的《创作回忆录》和其他 20 多篇短文，几次到国外出席会议或进行访问，参加国内的一些必要的会议和活动，接待世界各国和国内接连不断的来访者，整理所藏书刊捐赠给北京图书馆、中国现代文学馆、上海图书

① 《后记》，《病中集》，人民文学出版社，1984 年 12 月版。

馆等，处理国内外朋友和读者、研究者的大量来信，编辑 10 卷本《巴金选集》，并对其中作品作再一次修订，编选《爝火集》《怀念集》《序跋集》《译文选集》等集子，开始着手编辑 26 卷本《巴金全集》……对一一位耄耋之年的病弱老人，做这一切，需要有多么坚韧的意志，多么顽强的毅力！自己的名誉已得以恢复，儿女有了适当的工作，生活也比较适意，他完全可以“欢度晚年”，不必这样孜孜矻矻地受苦受累了。对此巴金作出的回答是：

> “人各有志，我的愿望绝非‘欢度晚年’。我只想把自己的全部感情、全部爱憎消耗干净，然后心安理得地离开人间。”①

二

五本《随想录》记录了巴金“随时随地的感想”，是巴金晚年的“真实思想和真挚感情”的写照。正如巴金自己所说：“《随想录》是我最后的著作，是解释自己，解剖自己的书”。② 巴金在书中着重回顾和反省“文化大革命”十年中自己的遭遇和思想，坦率地挖掘自己的灵魂，追究自己应承担的责任。此外，他抨击现实生活中的种种歪风邪气，畅谈对人生的价值、意义的见解，阐述对文学的性质、作用和对生活、作家、作品、读者及其相互关系的看法，记叙日本、法国、瑞士和香港之行的见闻感受，回忆从儿时到 60 年代的种种往事，忆念已故亲友的行状以及他们对自己的帮助教育，……这些就生活和文学的种种问题发表看法的随笔，寓深沉于平淡，不论是现实的感兴，还是往事的追思，不论是谈关乎国家民族的大事，还是叙身边目睹耳闻的细故，都既把笔触伸向社会和历史的深处，又严格地解剖检讨自己。他把心交给读者，毫无掩饰地讲自己的心里话，表现出对祖国前途、人民命运的热切关注和严肃思考，显示出强烈的历史责任感和真实自然的人格光辉。巴金这本用颤抖的手镌刻、用滚烫的心熔铸的书，所写的不仅是他个人的经历、感想、思绪，也映出了同时代中国正直的知识分子的心灵。巴金以这本书，完成了自己对

① 《后记》，《病中集》，人民文学出版社，1984 年 12 月版。

② 《后记(之二)》，《巴金全集》第二十六卷，人民文学出版社，1993 年版。

十年“文化大革命”浩劫的反思，完成了对自己一生为人为文的自审，完成了自己在文学领域的最后建筑。作为在文学道路上跋涉了60多年的巴金，没有辜负时代的呼唤，没有辜负文学的使命，没有辜负读者的期望，也没有辜负自己的誓言。

《随想录》的总序和正文各篇，虽然始载于香港《大公报》，但有近半数在发表后为国内各报刊转载。全书先后至少有十个印本：1979年12月至1986年12月香港三联书店分册印本，1980年6月至1986年12月人民文学出版社分册印本，1982年7月至1989年日本筑摩书房日文分册译本，1986年12月人民文学出版社分册国际流行开本印本，1987年8月北京三联书店合订本印本，1988年5月香港三联书店合订本印本，1989年9月人民文学出版社分册再版本，1990年9月四川文艺出版社《讲真话的书》，1991年《巴金全集》第十六卷，1993年11月华夏出版社线装本。除了这些，《随想录》第一集还以南京师范学院《文教资料简报》增刊的形式印行过；四川人民出版社1980年9月至1986年12月出版的《巴金近作》第二、三、四集收入第1篇至第122篇，上海文艺出版社1986年12月出版的《巴金六十年文选》选入101篇。此外，还有一些《随想录》的选本，如百花文艺出版社1985年版《愿化泥土》，人民日报出版社1988年版《十年一梦》[①]等。至于选录部分篇目的巴金散文集和其他综合性散文选集，更不胜枚举。

在散文的出版和发行不大景气的情况下，《随想录》反复印行，畅销不衰，这不仅在80年代中国文坛。就是在整个中国现代、当代散文出版史上，也是不多见的。

印数多、传播广的《随想录》不仅受到哲学家、政治学家、社会学家等各界人士和研究生、工人等不同层次的广大读者的关注和赞扬，更给予小说家、剧作家、诗人、杂文家、散文家、评论家以及表演艺术家、书法家等众多文学界、艺术界人士以勇气和启迪。一家有权威的图书评论杂志称这本书“是每个中国知识分子都必须一读的书”，[②]一位学者这样描述：“学者读《管锥篇》，

① 1994年以后，还有许多的印本和选本—2017年5月补注。

② 《三联之页》，《读书》，1988年第1期。

常人看《随想录》,各有千秋。”[①] 在1989年2月揭晓的新时期全国优秀散文(集)杂文(集)评奖中,《随想录》为获荣誉奖的7部作品之一。1993年,第一届国家图书奖开评,这届国家图书奖评选是中华人民共和国建立以来第一次,也是规模最大、规格最高的一次。这次评奖,从1980年至1992年出版的50余万种图书中精选出荣誉奖8种、图书奖45种、提名奖82种。在获“图书奖”的9类书籍中,文学类书籍5种,《随想录》名登榜首,同时获此殊荣的还有《管锥篇》《莎士比亚全集》《罗摩衍那》《新时期中篇小说名作丛书》。就一部散文集在同时代产生的直接影响和获得的社会评价来说,《随想录》在当代中国可谓无与伦比。

39. 总结“十年浩劫”

一

在《随想录》中,我们看到一个真心诚意拥护新社会,并决心为这个社会献出自己的笔和心的著名作家,在那“流着血和泪的日子。”里,怎样丧失了一个人(更不说一个作家)应有的最起码的权利。野蛮的抄家,不停顿的批斗,无休止的检查,亲友的遭难,农村和干校的劳动,以及思想的重压,精神的撕裂,心灵的破碎……巴金在书中记录的亲历亲见的种种事实,袒露的肉体和精神的累累伤痕,对于揭露“文化大革命”的恶果,无疑具有很高的文献价值。但类似的一切,并非《随想录》所独有,人们在同时期许多有关的回忆录、散文以及报告文学、纪实文学中也不难读到。

《随想录》的独特之处,《随想录》的价值,主要在于它是一个受害者的严肃反思,一个正直心灵的痛苦自审,一个最无责任者对自己责任的拷问。透过这反思、自审、拷问,人们看到的是中国正直的知识分子对国家、对民族、乃至对人类的过去、现在和未来高度负责的一颗赤诚之心。

《随想录》的主旨在于反思和批判“文化大革命”,但这一主旨并不是在开始写作时就十分明确的。1978年12月1日巴金在《总序》中说,他只想

① 《读者的话》(金克木),《文艺报》,1988年10月8日。

记录自己“随时随地的感想”，“一点一滴地做点实在的事情”，使余生“留点痕迹”。尽管在开始的27篇文章中，他对“文化大革命”已不断有所揭露和抨击，但直到1979年8月5日写《绝不会忘记》时，才明确提出：“我们应当向前看，而且我们是在向前看。我们应当向前进，而且我们是在向前进。然而中华民族绝不是健忘的民族，绝不会忘记那11年中间发生的事情。”1980年1月，他在《小狗包弟》一文中，回顾了发生在“文化大革命”初期心惊胆战的日子里的一件往事：为了不致因狗叫引来抄家的红卫兵，把一条养了7年的小狗送到医院供解剖用。他沉重地写道：“文革”创伤的熬煎是不会有终结的，“除非我给自己过去十年的苦难生活作了总结，还清了心灵上的欠债。”这一年四月，巴金赴日本访问，去到35年前遭受原子弹之害的广岛。历史的惨痛悲剧，眼前的活力和生命，和平公园慰灵碑上“安息吧，过去的错误不会再犯了”的碑文，使他激动，也促他深思，更强化和坚定了他总结“文化大革命”的信念。在离开广岛前的深夜，他一口气写完了《我和文学》这篇将在京都作讲演的讲稿，“一共不到三千字，我又立下了一个心愿：给自己的十年苦难做一个总结。……为了使十年的大悲剧不会再发生，也需要全国人民坚决的努力，让我们也燃起我们的灯，要子孙后代永远记住这个惨痛的教训。”[①] 此后，在《写真话》《长崎的梦》和《〈探索集〉后记》等文中，巴金反复表示了同一个意思，直到这个时候，写作之初的想法和逐渐明晰的主旨才得到和谐的统一，这就是：“我要写自己几十年创作的道路上的一点收获，一些甘苦。但是，更重要的是：给‘十年浩劫’作一个总结。”[②] 这一过程，巴金在1987年6月为合订本写的《新记》中，作了这样的表述：“从无计划到有计划，从梦初醒到清醒，从随想到探索，脑子不再听别人指挥，独立思考在发挥作用。拿起笔来，尽管我接触各种题目，议论各种事情，我的思想却始终在一个圈子里打转，那就是所谓十年浩劫的‘文革’。”

正是在逐渐明晰全书主旨的过程中，巴金不断地探索“文革”深层的根源，并在批判“文革”劫难、揭示“文革”根源的同时，确认并不断剖析自己身上的“毒素”和“尘埃”。早在1979年初，当人们还在大力揭露批判“四人帮”

① 《访问广岛》，《探索集》，人民文学出版社，1981年7月版。

② 《后记》，《探索集》，人民文学出版社，1981年7月版。

篡党夺权、实行法西斯专政的罪行以及对国家、民族和个人造成的累累伤痕时，巴金已有这样的认识：“我们不能单怪林彪，单怪‘四人帮’，我们也得责备自己！我们‘吃’那一套封建货色，林彪和‘四人帮’贩卖它们才会生意兴隆。”[①]后来，他又指出：“在总结十年经验的时候，我冷静地想：不能把一切都推在‘四人帮’身上，我自己承认过‘四人帮’的权威，低头屈膝，甘心任他们宰割，难道我就没有责任！难道别的许多人就没有责任！”[②]他确认自己身上的“封建的尘埃”为“文革”的发生提供了土壤，为“四人帮”及大大小小的“造反派”肆虐创造了条件，从而，肯定了自己作为一个受害者在这场民族灾难中所应承担的责任。

巴金挖掘“文革”根源和追究自己的责任，不是从政治学、法学或历史学的角度进行的。他以一个公民、一个作家的身份，力图给十年浩劫中自己的遭遇、经历作一个总结，因而，他关心的是公民兼作家的自身和作家注视的中心对象——人。他立足于切身的感受、观察和体验，把思考和探索的重心放在“人为什么变为兽？人怎样变为兽？”[③]即自己目睹耳闻的许多蛮横凶狠的“造反派”们，怎样变成“吃人”的“虎狼”，面目狰狞，毫无人性、人道、人情，以肆虐为快；而自己以及与自己类似的俯首帖耳的受害者们，又怎样变成驯服的“牛”，不用脑子思考，人云亦云，甘心低人一等，自卑自贱，任人鞭打、宰割。

针对“造反派”变为“虎狼”，巴金指出：“人兽转化的道路也就是披上‘革命’外衣的封建主义的道路。”[④]由于缺乏具体解剖的对象，因而，巴金对这一“转化”的泛化揭示不免显得比较抽象。对于受害者变为“牛”，巴金以自己为箭垛，为目标，因而不仅具体可感，更有着很强的概括力和穿透力。他痛切地说：“只有盲目崇拜才可以把人变成‘牛’，主要的责任还是在我自己。”[⑤]盲目崇拜，迷信“神”，使自己像喝了“迷魂汤”一样失却独立思考和独立人格，自己说服自己，虔诚地相信自己“有罪”，因此甘愿

① 《一颗桃核的喜剧》，《随想录》，人民文学出版社，1980 年 6 月版。

② 《后记》，《探索集》，人民文学出版社，1981 年 7 月版。

③ 《我的噩梦》，《病中集》，人民文学出版社，1984 年 12 月版。

④ 《人道主义》，《无题集》，人民文学出版社，1984 年 12 月版。

⑤ 《病中(三)》，《病中集》，人民文学出版社，1984 年 12 月版。

任人驱使。巴金在许多篇随想中，对自己为求一条保全身家的生路从“人”沦为“牛”，从“奴在身者”滑向“奴在心者”的可悲过程，作了坦率的披露，更做了入木三分的剖析。由于巴金把自己“奴在心”时心上的垃圾也作为清算对象，同“文革”一起加以否定，这使他的自剖自责，不仅成为十年浩劫中许多受害人心态的生动记录，也得到劫后许多有识之士的认同。

巴金作为“文革”的受害者，把自己也摆在责任者的位置上，主动反省并承担责任，决非意味着为害人者开脱。灾难的制造者及其帮凶当然应该首先受到清算，但历史告诉人们：“多有只知责人不知反省的人的种族，祸哉祸哉”。[①] 在中国，历来不乏只知责人从不责己、专门控诉而不能反省的人。巴金追究和承担自己的责任，意在呼吁人们：曾经受害者和未曾受害者，都要认清自己的责任，不为虎作伥，不推波助澜，不盲目从众，要挺起胸来，独立思考，坚持真理，明辨是非，这样，灾难制造者就难以重演故伎，更不能为所欲为。为了弄清“文革”发生的原因，为了避免和制止“文革”悲剧再发生，为了不让子孙后代再遭受灾难，巴金才日夜揪心地前思后想，才坚持移动那时而重如数十斤、时而又重如千斤的笔。他所作的反思，表现出一个正直的知识分子对人类和民族的满腔热诚，对现实和历史的高度负责精神。

二

巴金在写作《随想录》的近八年时间里，经历了这样一个过程：开始以较为冷静轻松和一定程度的局外评说的态度抨击“文革”，到逐渐沉重地探究“文革”的根源，再到不能不痛苦地审视剖析自己，以致挤伤口的脓血，在吐出自己的心声以后才卸下了心灵上的负担。显然，他是以十年“文革”的遭遇、精神状态及其演变为主线，通过总结十年浩劫的教训，清理自己一生的思想轨迹。正是在这个意义上，他说：“我把这五本《随想录》当作我一生的收支总帐”，“讲出了真话，我可以心安理得地离开人世了。”[②] 巴金在总结“文革”，剖析自我的基础上，完成了对一生做人著文的自审，清理并偿还了心理上的欠债，从而使精神个性得到最充分的显示，精神境界得到

① 《不满》，《鲁迅全集》第一卷，人民文学出版社，1981 年版。

② 《合订本新记》，《随想录》，三联书店，1987 年 8 月版。

前所未有的升华。

“文革”使巴金受到一生中最惨重的侮辱，这侮辱不是来自他几十年来与之战斗的敌对营垒，偏偏来自他为之奋斗并挚爱着的社会。“文革”中，尤其是1969年以前，又是巴金一生最严重的失足，他丧失了自身具有的品格，一度沦为失去思考的机器。痛定思痛，他在《随想录》中做了一生最深刻的反省，对自己在“文革”中和此前几十年间的心灵欠债，作了严厉的谴责和认真的清算。

他批判自己在“文革”中屈从于棍子，不能对自己的作品作最起码的评价；“文革”初期在日记中主动写上认罪的话，讨好造反派，以求“从宽”；以忍受为药物，低头屈膝，任人摆布；学习会上批判翻译家满涛，唯恐暴露了自己引火烧身，因而一言不发；为保全自己，将可怜可爱的小狗送到医院作解剖。他把自己同愤而自尽的老舍、不服罪的王西彦、替自己作辩护的孔罗荪加以对比，责备自己曾经是“‘奴在心者’，而且是死心塌地的精神奴隶”。他多次用“可耻”“丑态”“可怜可鄙”等词形容自己在“文革”初期的表现。他甚至这样剖析自己1967年到1969年间的精神状态和思想状况：“在那个时期我不曾登台批判过别人，只是因为我没有得到机会，倘使我能够上台亮相，我会当做莫大的幸运。”“我因为没有‘效忠’的资格，参加运动不久就被勒令靠边站，才容易保持了个人的清白。”[①] 他还把这种清算延伸到60年代、50年代：反“胡风集团”，批判冯雪峰、丁玲、艾青，都曾“跟在别人后面丢石头”；1965年照别人的意思著文批判影片《不夜城》……他说，这些“投井下石”之举，“说是相信别人，其实是保全自己”。他还清理了自己为猎取文利，删英文版《家》、删文集中的某些作品，并实事求是地认识了自己十七年中的那些“歌德”文章和“豪言壮语”。巴金的这些严酷的自剖不仅止于对道德的关注和对道德意识的追求，不仅仅为了保持自己心灵的安宁和清白，更不是独善其身，而是对自己失却独立的人格意识的拷问。他把自我清算同对封建传统积淀的某些民族心理和性格弱点的反省连接在一起，同对民族前途的忧患和国家命运的关切连接在一起，因而，表现出一种着眼自我

① 《解剖自己》，《真话集》，人民文学出版社，1983年2月版。

又超越自我的精神。

巴金在反思“文革”和审视自己时，表现出两个特点：批判与控诉结合、批判为主；自谴与谴他结合，自谴为主。这两个特点所显示的最清醒的批判意识，不仅使《随想录》远远高出同时期许多政治的、文化的、文学的反思，更使巴金的精神境界得以升华。

对于巴金来说，批判，是对历史和现实的重新认识和评价；控诉，是对自己和人民所遭磨难的愤怒揭露和申说。在这个意义上，批判本身包含着控诉，但又比控诉有更深刻的内容和意义；控诉本身也包含着批判，但却是批判的表层形态。一般地说《随想录》是对“文革”、对封建专制的控诉是可以的，但用来概括它的整个特色，既不准确，也未能揭示其深层意蕴。中华人民共和国成立以后，巴金走过了一条由歌颂到沉默、到批判的路。十年“文革”期间痛苦的经历和思考，成为了他由“歌颂者”向“反思者”转变的关键。他批判的是社会主义制度的某些弊端以及强加在“社会主义”名下的封建货色，而不是社会主义制度本身。《随想录》批判意识的张扬，典型地反映了中国现代知识分子追求真理、追求独立人格的思想变迁历程。

巴金说：“我挖别人的疮，也挖自己的疮。”[①] 前者是谴他，即批判别人；后者是自谴，即批判自己。他这样谈自己“作文的本意”：“我的箭垛首先是自己；我揪出来示众的也首先是自己。这里用了‘首先’二字也有原因，自己解决之后才有可能想到别人，对自己要求应当比对别人更严格。”[②] 巴金是一位一贯严于解剖自己的作家，从20年代的《灭亡》到80年代的《创作回忆录》，他不停地审视和剖析自己，但这样集中、这样剜骨剖心的自审，还只能在《随想录》中见到。自我批判是《随想录》的出发点和核心，而它的归宿，则是反思“文革”，总结一生。偿还欠债，警诫世人。从自我解剖入手去解剖社会，正是巴金晚年散文的独到之处和伟大之处。

通过自我批判，巴金得到了一生最彻底的醒悟。他在新的层次上重新找到并肯定了自己作为一个独具个性的人的精神品性。这主要表现在四个方面：

---

① 《后记》，《探索集》，人民文学出版社，1981年7月版。

② 《卖真货》，《无题集》，人民文学出版社，1986年12月版。

一是重新认定和坚持“给予”和“奉献”的生命信仰。他反复申说：“生命的意义在于付出，在于贡献；不在于接受，不在于获取。”[①]“人活着不是为了捞一把进去，而是为了‘掏一把出来’。”[②]一是重新认定和坚持有益于人生社会的写作目标。他多次表示：“我写每篇文章都是有所为而写的”，这就是“怎样活得更好，或者怎样作一个更好的人，或者怎样对国家、对社会、对人民有贡献”。[③]“我写作只是为了一个目标：对我生活在其中的社会有所贡献，对读者尽一个同胞的责任”。[④]三是重新认定和坚持写真话、抒真情的写作宗旨和美学原则。他认为真话并不等于正确的话，更不等于真理；说真话就是把心交给读者，抒写自己的真实思想和真挚感情，就是说自己心里的话，自己思考过的话，就是保持自己的本来面目，不掩饰，不化妆，不赖账，不随风变来变去。四是重新认定和坚持任何时候都必须独立思考的行事著文原则。他以自己“文革”中的表现为例，说明不敢独立思考必然要受到惩罚；他说：“一个人倘使不用自己的脑子思索，一个作家倘使不照自己的思考写作，不写自己心里的话，那么他一定会让位给机器人。”[⑤]他指出，人不能像录音机那样“习惯于传达和灌输”，[⑥]也不能“随意摆弄自己的思想使它们适应种种的环境”，“把思想改变成见风转动的风车”。[⑦]在《随想录》中，巴金不趋“新”，不骛“时”，他是大树而不是小草，他坚持着自己 80 年的人生经验和生活信仰，坚持着自己独立的个性和品格。在经历了巨大的磨难之后，他通过沉熏而痛苦的反思与自审，通过对个人生活和社会历史的新观照，终于找到和确认了曾经失落的自己多年来追求的东西，因而得到了补偿，他没有遗憾了。

巴金的自谴，巴金的偿还心灵的欠债，完全是自觉的、主动的，他已没

---

① 《真话集·上海文艺出版社三十年》，《病中集·我的“仓库”》；两文的文字略有出入，此录后文。巴金在其他地方还多次写过这句话。

② 《“掏一把出来”》，《病中集》，人民文学出版社，1984 年 12 月版。

③ 《探索之三》，《探索集》，人民文学出版社，1981 年 7 月版。

④ 《核时代的文学——我们为什么写作》，《无题集》，人民文学出版社，1986 年 12 月版。

⑤ 《春蚕》，《探索集》，人民文学出版社，1981 年 7 月版。

⑥ 《灌输与宣传》，《探索集》，人民文学出版社，1981 年 7 月版。

⑦ 《思路》，《真话集》，人民文学出版社，1983 年 2 月版。

有了政治的负荷，没有了名利的困扰。这与30年代多次叫嚷“放笔”的内心焦灼，这与五六十年代在政治压力下的自我批评不同，与“文革”中的自我否定、自我打倒更不可同日而语。他怀着对民族、对人类、对子孙后代的挚爱，经过灵魂深处的冲突、挣扎和苦痛，直面人生，直面自己，在批判中升华，在自谴中升华，从而达到了自我更新的境界。

《随想录》作为巴金这位享有盛名的老作家，这位“文革”中备受折磨的受害者的散文作品，它的出现是新时期中国文学中的重大现象之一。这部作品与同时期出现的另一些重大的或重要的文学现象不同，它之所以引起广泛重视并产生深远的影响，完全不在于新的文学观念、新的艺术技巧和新的创作方式，主要的也不在于大胆触及被视乃“禁区”的题材内容，公然宣扬惊世骇俗的思想观点。它以沉郁而执著的真诚坦直，叩击着人们的心扉，显示出当代文学发展的新风貌，成为新时期十年无可争议的散文杰作之一。

在巴金动笔写《随想录》之初，他属意于用长篇小说来结束自己的文学生活，但事实上，集腋成裘的《随想录》成了他写作生涯中的最后力作。这部作品不但是巴金暮年贡献给中国人民和中国文学的珍贵精神财富，同时也是他在自己的生活道路和文学道路上建立的最后一座丰碑。

在巴金一生所写的近30本散文集中，不乏清新之作，厚重之作，精湛之作，然而，还没有一本能与《灭亡》《家》《寒夜》鼎足并峙。《随想录》的出现，打破了这种格局。这是唯一一本能与巴金具有里程碑意义的小说比肩而立的散文作品。同时，它也是巴金冲破30多年的范式，迸发出蓄之既久的热、力、情的结晶。由于它的出现，使巴金在《寒夜》之后30多年文学道路上的省略号和问号变作一个感叹号。巴金以最适合于自己此时此境的体裁样式、表达方式，应和了时代，找到了自己。

在世界文学史上，许多作家在暮年用回忆录或自传的形式回顾一生，映照时代。卢梭在逝世前写成回忆录《一个孤独的散步者的梦想》，雨果70岁以后写成诗体日记《凶年集》，蒲宁80岁撰述《回忆录》，罗曼·罗兰70岁以后出版《内心的旅程》等三部回忆录，亨利希·曼逝世前六年撰写自传《观察一个时代》……这些作品各有各的特色，各有各的价值。年逾 80 的巴金用《随想录》做了自己可以做的事，做了自己应该做的事。《随想录》只是一本普通的小书，说不上博大精深，然而，这本应和时代的精神和要求，反映巴金精神个性、心灵历程和人格光辉的思考录、自审录、遗言录，标志着一个剧烈转折的时期，对于巴金来说，则的确具有史诗般的意义。

1986 年 12 月 31 日，全国青年文学创作会议在北京举行。这次会议在辞旧迎新之际召开，昭示着生气勃勃的青年一代将在文学战线肩负起继往开来的重任。长期患病的巴金不能到会，但他的心和年轻作家们连在一起。他为会议写了一篇充满信任和期望的讲话稿。他以自己几十年的丰富经验和深邃思考，语重心长地对青年作家们说："我始终相信那句老话：生活培养作家。生活本身 (不是别的) 培养了一代又一代的新人。不过这不是说生活会自然而然地造就出作家，作家必须对自己熟悉的生活进行深入的思考，要善于从生活中挖掘和发现。要用自己的脑子指挥拿笔的手，说自己想说的话，写自己真实的感受。不要人云亦云，违背自己的良心，说自己不愿说的假话。"他针对两年前在中国作协第四次会员代表大会开幕词中提出的"我们的文学应该站在世界的前列"，提出了新的看法。他说：

经过反复思考，我更明白中国作家首先是为中国的读者写作。倘使我们的作品不能打动中国读者的心，不能帮助中国读者认识人生，认识自己，不能支持他们对真理的追求，不能激发他们的羞耻心和正义感，帮助他们取得为崇高的目的献身的力量，倘使我们的作品不能在中国读者中间产生巨大影响，得到本国读者的热爱，中国文学怎么能站在世界文学的前列呢？

得不到自己熟悉的人民理解，不能同生活在一起的本国读者心连心，还说什么夺取"世界冠军"?! 所谓划时代的巨著也不是靠个人的聪明才智铸造出来的，它是作家和人民心贴心之后用作家的心血写成的。

同时，他又告诫青年作家，“必须不断学习，提高修养，继承我国文化遗产，学习外国的各方面的成就。”不论是传统文化或者西方现代科学技术，只要对我们有用，都可以把它们变为自己的东西。“不用怕文化开放，开放会带进来各种新的事物，好的我们大量借用，坏的我们可以不要。两种文化接触，一定互相影响，比赛高低，你比我，我比你，好的东西不会给人随便化掉，优秀的文化也不会一碰就倒，我们应当有这个信心。不要因为害怕污染，就关上门不见人，死守着祖先遗产永不更新。不学习，不思考，哪里会走上振兴民族的光明大道？”

巴金的这些话语，在当时确有一种振聋发聩的力量。

第六部

让生命开花

(1987—2005 年)

第十五章　愿化泥土

（1987.1—1998.12）

40. 把心奉献给读者

一

1987年10月5日，83岁的巴金乘飞机回到阔别26年的故乡成都寻亲访友。自1923年5月离开成都后，巴金曾在1941年、1942年、1956年和1960先后四次回过成都。几十年来，家乡的泥土、祖国的土地和善良的人民像一根绳子，牢牢地系着他的心。经历了“文革”劫难和巨变以后，巴金更怀念家乡，1983年他就在《随想录》中说过“近年来我非常想念家乡，大概是到了叶落归根的时候吧”。他热切地表示：“我多么想再见到我童年时期的脚迹！我多么想回到我出生的故乡，摸一下我念念不忘的马房的泥土。”为了“向故乡的泥土告别”，他回到了四川。在到达成都的第二天，巴金对93岁的老朋友张秀熟说：“这次回来，是想还多年的人情债，看望一下老朋友，还想闻一闻家乡泥土的芳香，带点家乡的泥土回去。”半个月时间里，他同老友张秀熟、沙汀、艾芜等多次会面，游览了新都的宝光寺、桂湖，并到自贡市参观了恐龙博物馆。他重访了正通顺街的旧居故址，并去到地处杜甫草堂东面万里桥边的百花潭公园。成都园林局为适应旅游的需要，根据《激流三部曲》中描写的高公馆的园林格局，正在百花潭公园里修建一处名为“慧园”的园林。他还专程拜访了已故老友李劼人的故居“菱窠”，并怀着深切的怀念之情在签名册上写下一句话：“一九八七年十月十三日巴金来看望劼人老兄，我来迟了！”

从成都回到上海后，看到眼前上海的景物，巴金仿佛做了一个美好的梦。

故乡温馨的山水和泥土，故乡热情的同胞和亲友，使他依依难舍。他写信给在成都的侄儿说：“我说我返川为了还债，可是旧债未还清，我又欠上了新债。多少人，多少事牵动着我的心，为了这个我也得活下去，为了这个我也得写下去。”

巴金的确放不下他手中那支使用了60年的笔。尽管1986年8月写完150篇“随想”以后，他表示要搁笔休息，实际上，他没有“搁笔”，更没有“休息”。1987年4月，他写信给冰心，说：“我已搁笔，不再作文。可是脑子不肯休息。整天想前想后，想到国家、民族的前途，总是放心不下。”在写这封信之前，他不仅写了《致青年作家》，还写了《〈巴金六十年文选〉代跋》和《〈怀念集〉增订本代跋》。从这时到1989年10月的两年半中，他又陆续写了《〈随想录〉合订本新记》《〈收获〉创刊三十年》《〈巴金译文选集〉序》《〈冰心传〉序》《怀念从文》《〈巴金书信集〉序》《〈回忆〉后记》以及《巴金全集》第四、五、六、七、九、十、十二各卷的《代跋》和全书的第一篇《后记》等。其中，《怀念从文》动情地追忆了56年间与沈从文坦率、真诚的情谊，全篇1万3千余字，是他1981年以来少有的长文之一。如果考虑到下面的情况，就更能体会巴金写这些文章的艰难。这期间，他又在书房摔倒两次，第一次1987年4月20日，伤势不重，只造成右胸肋骨软组织轻度挫伤；第二次1989年1月26日，因腰肌扭伤，进医脘住了八个月。

1989年底，巴金又在给冰心的信中诉说衷肠：“本来我想得很好：不能动笔就索性搁笔，平静地度过这最后的日子，‘我已经尽了自己的力了’。但没有料到，躺在病床上，每天总有四五小时不能闭眼，我忘不了我们这个多灾多难的国家，更忘不了我们那么多忠厚勤劳的人民。怎么办呢？我还能为他们做点什么呢？我始终丢不开他们。时间不多了，我总得做点什么吧。反来复去，好像床上有无数根针，我总是安静不下来。每天都受到这样的折磨……”怀着这样的心情，1990年到1994年五年间，他不仅为《巴金全集》第十五、十六、十七、十八、十九、二十、二十一、二十二、二十四各卷写了《代跋》，还写了《〈巴金短篇小说集〉小序》、《〈巴金谈人生〉前言》《给成都市和平街小学同学们的信》《怀念井上靖先生》《给成都市东城根街小学同学们的信》《给巴金国际学术研讨会的信》《向老托尔斯泰学习》

和《给成都市正通顺街小学同学们的信》《新的希望》《怀念二叔》以及《〈巴金全集〉后记（之二）》《没有神》《〈随想录〉线装本后记》《致四川省作家协会的信》《西湖之梦》《怀念卫惠林》等。

书信是巴金 1987 年以后抒发感情、发表议论、陈述己见的主要形式。前面罗列的篇名中，绝大部分序、跋就是写给编（著）者的信函。我所列举的都是当时公开发表的篇章，至于巴金写给亲友和国内外读者，研究者私人的书信，由于至今未能全部公开发表，因此，难以准确统计其数字，仅据《巴金全集》第二十二、二十三、二十四卷，就收入他 1986 年 8 月至 1992 年 12 月所写书信 400 余件。

面对这样的事实，不禁使人想起 1938 年巴金在回答青年关于“应该做一个什么样的人”和“怎样对付生活”的问题时所说的那些话。他坚定地说：“做一个战士！”他说：“战士是不知道畏缩的。他的脚步很坚定，……他能够忍受一切艰难、痛苦，而达到他所选定的目标。除非他死，人不能使他放弃工作。”他表示：“这样的战士不一定具有超人的能力。他是一个平凡的人。”年届九十的巴金，老迈病弱的巴金，便是一个这样的战士，一个平凡的人。

二

在巴金那些“蘸着自己的心血”写成的书信和文章中，他痛感自己已处于垂暮之年，因而透露出一种悲壮的情怀。他反复重申说：“我现在快走到路的尽头，剩下的日子已经不多了”，“现在我行动更不便，写字很吃力，精力体力都在不断地衰退”，“活到 87 岁，我的确感到精疲力竭”。然而，他那一颗热烈的心仍跳动在所有的书信和文章中。对生活至死不渝的挚爱，对祖国、人民前途的热切关注，对充实生命执著坚定的追求，仍是贯穿所有文字的主调。他表示：“我愿意再活一次，重新学习，重新工作，让我的生命开花结果，为民族、为人民献出全部精力。”“我仍在思考，仍在探索，仍在追求。我不断地自问：我的生命什么时候开花？那么就让我再活一次吧，再活一次，再活一次！”让生命开花，是巴金毕生的追求，但到暮年，这追求更为迫切，更为执著。什么是生命的开花？巴金回答道：

> 我思考，我探索，我追求。我终于明白生命的意义在于奉献，而不在享受。人活着正是为了给我们生活在其中的社会添上一点光彩，这我们办得到，因为我们每人都有更多的爱、更多的同情、更多的精力、更多的时间，比维持我们个人的生存所需要的多得多，为别人花费了它们，我们的生命才会开花结果，否则，我们将憔悴地死去。①

正因为巴金这样看待生命的价值，生命的意义，生命的目的，因此，他强调自己“只是一个普通的中国人”，不是“学习的榜样”，不是“杰出人物”，不是“民族英雄”。“今天回顾过去，说不上失败，也谈不到成功，我只是老老实实、平平凡凡地走过了这一生。”

在这些书信和文章中，巴金继续回顾既往的生活，反省过去的作品，继续审视现实，解剖自己。他认为自己的一生“时而向前，时而后退，有时走得快，有时走得慢，无论是在生活中，或者在写作上，我都认真地对待自己”。在谈到自己的一些“失败之作”时，他要言不繁地重申了生活对于创作的重要意义，比如，《砂丁》《雪》的失败在于“见闻有限，同工人接触不多”，“描写自己不熟悉的人和事”。而长篇小说《火》则因为“生活不够，感受不深，只好避实就虚，因此写出了肤浅的作品”。在谈到20年代末在法国写《灭亡》前后写成的三本外国革命者传记时，他说：“今天最后一次回顾过去，我在60年的‘残灰’中又看到自己的面目。爱国主义，人道主义，无政府主义一直在燃烧，留下一堆一堆的灰，一部作品不过是一个灰堆。尽管幼稚，但是它们真诚，而且或多或少的灰堆中有火星。”在谈到自己的旧作时，他肯定这些作品在三四十年代得到广大青年的认可，同时又表示：“50年代到80年代的青年不再理解我了，我感到寂寞、孤独，因为我老了，我的书也老了，无论怎样修饰、加工，也不能给它们增加多少生命。……不是他们离开了我，是我离开了他们，我们的时代可能已经过去。我理解了自己，就不会感到遗憾，也希望读者理解我。”“要求理解，并非要求宽容。理解之后，读者也许会把全书四分

---

① 《〈巴金谈人生〉前言》，《巴金谈人生》，中国青年出版社，1992年5月版。

之二扔在垃圾堆上，那么我这一生写作上的努力就得到公平的待遇了。”

在看待现实的种种问题上，巴金依然保持着他的睿智和坚定。1990 年，他这样表示自己对青年的看法：“一方面相信青年是人类的希望，另一方面我也尊重鲁迅先生的意见，不以年龄来判断是非。”1991 年，他再次申说自己对“讲真话”的见解，他说：“我的原则仍然是讲真话，掏出自己的心。其实这不过老调重弹。我并非自吹自擂独家贩卖真货，或者我在传播真理，我唯一的宗旨是不欺骗读者，自己想说什么就写什么，不停地探索，不断地追求，倘使发现错误，就承认错误，绝不坚持错误。”1992 年，他对文学事业的繁荣，表示殷切的希望：“我认为十一届三中全会以来，新时期的文学事业取得了很大的成就。作家们的创造性劳动，应该得到鼓励、尊重和保护。”“现在改革开放的新势头，给人民带来了新的希望。我相信我们的文学创作一定能突破‘左’的禁锢，进一步活跃起来，繁荣起来。”

1986 年 8 月以后，巴金写了许多私人信函，对这类信函的发表或出版，他的看法前后有变化。鉴于“私人信件可以随意公开，断章取义，任意定罪”的沉重历史经验，起初，他不同意发表私人书信，后来虽然同意发表，但不赞成全部发表或在生前发表。他这样描述自己的矛盾心情：“一方面我赞成发表作家信件让读者有充分研究的资料，理解作家的心灵：一方面我又不愿意掏出自己的心，扔在‘案板’上给读者仔细解剖。因为我还活着，我有权不让别人知道我的一切私事。”这是 1989 年 5 月的看法。1992 年末，他表示：“我对书信的用法、看法有了改变，我一直要写到闭上眼睛。可能我骨已成灰还有人为我编印《书信集补遗》……”他要通过书信，继续讲真话，继续掏出那颗满是伤痕的赤诚的心，继续默默地献出最后的一切。可以说，1986 年以后巴金所写的数百封长短不一的书信，是真切反映他这段时期生活状况和思想感情、心灵奥秘的一面面多棱镜。

巴金的私人书信，首先映照出他充实而开阔的内心世界。他在给冰心、曹禺、萧乾等的信中，对老友讲述自己的生活和身体状况，以抑制不住的喜悦，诉说自己在电视上、报刊上看到老友的形象和文章时的欢乐，也倾吐自己精力不济，行动不便，写字困难的苦恼，有时也发一点“牢骚”，更不时谈一些重要的事情。比如，1986 年 10 月巴金去杭州休息前，写信给成都的侄儿，谈修建故居一事。他说：“我的意思就是，不要重建我的故居，不要花国家的钱捕我的纪念。旅游局搞什么花园，我不发表意见，那是做生意，可能不会白花钱。但是关于我本人，我的一切都不值得宣传，表扬，只有极少数几本作品还可以流传一段时期，我的作品存在，我心里的火就不会熄灭。”他准备到杭州后写封长信郑重地谈这件事，但未能写成，回上海后，他又写信给侄儿，要他“不妨多想想我那句话的意思：‘我必须用最后的言行证明我不是盗名欺世的骗子’”。1988 年，他在给侄儿的信中又说：“真正了解我的人并不多，可能有些未见过面的读者看到了我的心。我并不希望替自己树碑立传，空话我已经说得太多，剩下的最后两三年里我应当默默地用‘行为’偿还过去的债。我要做一个普通的老实人。我没有才华、没有学问、没有本领，只有一颗火热的心，善良的心。我怎么会成为今天这样的人？我近来常常在想这个问题。”

1991 年 3 月，巴金在一封信中，直截了当地谈到自己对“诺贝尔文学奖”的态度。巴金 20 年代的老友吴克刚 (即巴金在一些短篇小说和散文中写到的“吴”，40 年代曾担任过台湾大学教授、台湾省立图书馆馆长) 准备和台湾的几个朋友筹组一个基金会，把《巴金全集》译成多种外国文字出版，争取诺贝尔奖金。1989 年吴克刚回大陆探亲，几次写信把这个意思告诉巴金老友马宗融的女儿马小弥。马小弥赞成这个主意，从北京写信给巴金请他说“行”或“不行”，巴金回信说：“我不赞成设立基金会出钱请人把我的小说译成外文，到外国推销，争取什么奖金。因为，一、办不到，没有这样方便的奖金；二、我的小说是写给中国人看的，从来不想骗外国人的钱；三、我的作品译成外文出版的也已不少。”1991 年，四川有家出版社想出版巴金日记的单行本，他们请巴金的侄儿李致同巴金商量。巴金认真考虑了两个晚上，决定现有日记除收进“全集”外，不另外出版。为此，他写信给李致：“你刚来信说你尊重我的人品，那么你就不该鼓励我出版日记，这日记只是我的备忘录，只有把我当成‘名人’才肯出版这样东西，我要证明自己不愿做‘名人’，我就得把紧这个关，做到言行一致。”“因为这两卷书对读者无大用处 (可能对少数研究我作品的人提供一点线索)。我没有理由出了又出，印了又印，浪费纸张。”

有时，巴金也在信中直率地谈一些与收信人不同的看法，比如，他在给黎烈文夫人的信中说：“我想得到你不满意我不肯伏倒在‘主’的面前，向他求救，我甚至不相信他的存在！对，你不能说服我。但是我不会同你辩论。我尊敬你，因此我也尊敬你的信仰。我愿意受苦，是因为我愿意通过受苦来净化心灵，却不需要谁赐给我幸福。事实上这幸福靠要求是得不到的。正相反，我若能把自己仅有的一点点美好的东西献出来，献给别人，我就会得到幸福。……我有我的‘主’，那就是人民，那就是人类。”

从巴金写给亲人的信中，或许更能看到作为普通人巴金的另一侧面。这一个侧面更使人感到可亲，也更使人感到可敬。比较典型的是1990年他写给随母亲在美国的6岁孙女李晅之的信：

我的小晅晅：

你好！收到你的信，好像见到你本人。我跟你分别一年了。老爷爷多么想念你！这一年来我什么地方都没有去，因为腿痛，行动不便，除了华东医院外，什么地方也去不了。这样一个大上海这几年变化很大，可是老爷爷一点也没有看见，一点也不知道。你看老爷爷多可怜。晅之可以到处跑，老爷爷只好坐在小桌前面。

老爷爷真想念晅之。照片看到，可是不像老巴金看惯了的小宝贝了。这个美丽的“西方化”小姑娘老爷爷还不熟习，你得让我多见见你，看看你的笑容。

你在信上说你会说英文，老爷爷很高兴。可是我下次同你见面时希望你不忘记说中国话。老爷爷爱你，我的好晅晅，我相信还可以见到你，我给你留着两件礼物：一、来回飞机票一张；二、我的《全集》一部，希望你有机会读它。

问候你妈咪。祝

你好！

老巴金　八月四日

41. 文因德而益彰

一

1989 年 11 月 25 日，是巴金 85 岁生日。如果以巴金在《小说月报》发表小说处女作《灭亡》作为他文学道路的开始，这一年也是他文学创作生涯 60 周年。广大读者和中外文学界，用各种方式表达他们对于巴金的人品、作品的由衷爱戴和对老人生日的诚挚祝愿。11 月中旬起，海内外的贺信、贺电纷至沓来，20 日以后，花篮和贺礼不断寄到或送到家中。夏衍送来一个由 85 朵含苞待放的小红玫瑰组成的花篮，老舍夫人胡絜青送来她特意画的一幅不老松，王蒙捎来一株灵芝。冰心托人送来一只精巧素雅的竹编瓷胎花瓶，并附用毛笔写的一纸短简：

> 这只花瓶代表我向你祝寿！她将时刻站立在你的座旁，你将从她所供养的四时不断的繁花密叶中看到我的微笑！
>
> 巴金老弟
>
> 冰心乙巳深秋

冰心与巴金见面不多，通信却一直密而不断。巴金尊称比自己年长 4 岁的冰心为“大姐”，说这位“我们新文学的最后一位元老”是“思想不老的人”，并表示，“她是中国知识分子的良知，我敬重她的人品并以她为榜样”。冰心说，“我同巴金 30 年代就认识了，我曾写过鲁迅先生赠瞿秋白的一副对联送他：‘人生得一知己足矣，斯世当以同怀视之。’就感到这已说尽了一切。”可见，他们之间的相交有多厚，相知有多深。上海的朋友得地利之便，可以在当天上门祝贺。这一天，市长朱镕基登门送上一盆已栽培 30 多年的“珍秀小叶罗汉松”，祝老人永远不老。

在众多的生日礼物中，还有两件值得提起，一件是北京部分作家送来的祝寿画卷，画卷上方是漫画家丁聪手绘巴金头像和冰心的题词：“这幅画画得神似，你是一辈子愿作泥土、追求光明的不失赤子之心的‘大人’！”下面有夏衍、王蒙、叶至善、孔罗荪、唐弢、卞之琳、吴祖光、梅志、楼适夷、袁鹰、姜德明、郁风、张兆和、邵燕祥、黄宗江、新凤霞、冯亦代、潘际坰、黎丁等 26 人的签名。另一幅是油画，也是巴金头像，由上海青浦画院院长作画，出席首届巴金学术研讨会的 50 余位中外学者、专家签名。这两幅画，寄托着文学界、艺术界对巴金寿辰纯洁真挚的祝福。

11 月 25 日上午，四天前开幕的“首届巴金学术研讨会”闭幕。下午，由中国作协上海分会、北京图书馆、中国现代文学馆、上海文艺出版社主办的《巴金文学创作生涯六十年展览》在上海美术馆开幕。这个展览 1987 年 10 月 15 日在北京图书馆首展，1988 年又在成都展出过，这次作了较大的修改和调整，内容更加充实和完善。展览展出的 850 余件展品中，有巴金不同时期的照片 400 余帧，部分作品的手稿、国内外各种版本的巴金著作和译作，还有巴金编辑的部分刊物，以及巴金收藏的其他作家的手稿和签名本著作等。

年迈的巴金宁静地坐在高背木椅上不停地思考，握着手中不大听指挥的笔顽强地继续写作，广大读者和研究者对巴金思想、创作的研究也不断取得进展。1981 年以来国内的巴金研究领域，呈现出新枝竞露、果实累累的气象，除大量研究论文，仅专书、专著就达数十部。为了更好地交流、总结巴金丰富的创作经验，研究、探讨巴金的创作道路和思想历程，推动研究工作的深入开展，有关巴金的学术研讨会也开始举办。

上海是巴金居住时间最长的城市，他在这里创作，发表了一生中许多重要作品。1989 年 11 月 21 日至 25 日，由复旦大学中文系、中国作家协会上海分会等联合举办的首届巴金学术研讨会在上海市近郊淀山湖畔的青浦县城召开，学者们在严肃而和谐的气氛中，切磋研讨有关巴金作品、思想、文学道路和巴金研究的种种问题。学者们用自己的方式——独立思考的研究成果和推进研究工作的实际行动，来表达对巴金这位以笔作武器为光明和正义不懈奋斗的文学巨匠的理解。

首届巴金学术研讨会的召开，在 1989 年的中国文坛上，称得上是一件盛事。会议开幕当天和会后，全国 10 余家报刊在显著地位报道了会议召开的消息或会议的综述。报界认为："巴金是现代文学史上屈指可数的泰斗之一，他用自己的创作实践，在中国文学史上树起了一座为众人公认的、不可磨灭的丰碑，他的创作经验成为我国现、当代文学史上的宝贵财富。""他几十年的思想和创作道路，真实地反映了这一代中国知识分子在曲折的历史发展中不断探求真理的思想历程"，"他在民主革命和社会主义革命的重要历史时期都创作了出色的文学作品，这一文学现象在现、当代文学史上是罕见的，因此，深入研究巴金的创作思想及创作道路，具有十分重要的意义。"

这次研讨会结束两年以后，在 1991 年秋色宜人的季节，由中国作家协会、四川省社会科学院、四川大学等联合举办的"巴金国际学术研讨会"于 9 月 12 日至 16 日在成都举行。四川省的领导人在代表中共四川省委、省政府以及四川省社会科学界的欢迎词中说："巴金出生在四川，在成都度过了他的青少年时代，至今他仍十分怀念故乡，关心和支持四川的建设。这次巴金国际学术研讨会在四川召开，是我们四川人民的光荣。"巴金的老友冰心、曹禺、沙汀、艾芜、张秀熟、马烽等为大会发来贺信或题写贺词，萧乾寄来书面发言《他写，他也鼓励大家写》；中国作协上海分会、台北中国作家艺术家联盟会会长尹雪曼也发来贺信。远在上海的巴金给大会写来一封信。信中说：

> 我不是文学家，也不懂艺术。我写作，不是我有才华，而是我有感情，对我的祖国和同胞我有无限的爱，我用作品来表达我的感情。写作六七十年，我并无大的成就。可以说是愧对读者。
>
> 我提倡讲真话，并非自我吹嘘我在传播真理。正相反，我想说明过去我也讲过假话欺骗读者，欠下还不清的债。我讲的只是我自己相信的，我要是发现错误，可以改正，我不坚持错误，骗人骗己。所以我说："把心交给读者。"读者是最好的评判员，也可以说没有读者就没有我。
>
> 因为病，我的确服老了，现在我行动更不方便，写字很吃力，精力、体力都不断地衰退，以后我很难发表作品了。但是我不甘心沉默。我最后还是要用行动来证明我所写的和我所说的到底是真是

假，说明我自己究竟是一个怎样的人。一句话，我要用行为来补写我用笔没有写出来的一切。

请相信我。谢谢。

巴金情真意挚的话语，叩击着每一个与会者的心扉。大家都相信这位老人，大家都感谢这位老人。

此外，1992 年 9 月 22 日至 23 日，福建泉州黎明大学还召开了以“巴金与泉州”和“巴金研究的现状与趋势”为议题的“首届巴金研讨会”。福建以及上海、安徽、江西和日本的 43 位学者与会。该校董事长、巴金的老友梁披云在会上强调“从巴金的人研究巴金的文，从巴金的文研究巴金的人”，得到与会者认同。

二

继 80 年代获得意大利“但丁文学奖”和法国荣誉军团勋章等多种国际奖之后，90 年代，巴金又赢得了新的国际性荣誉。

1990 年 2 月，苏联最高苏维埃主席团决定授予巴金“人民友谊勋章”，以感谢他“对苏联与中国文化发展所做出的重要贡献”。4 月 11 日，苏联驻沪总领事前往巴金寓所转赠勋章，总领事对巴金说：“尊敬的巴金同志，苏联几百万读者认识你。你作为中国最杰出的作家，创作出很多很多非常好的作品，这是世界文化宝库中的优秀财富。”巴金在即席所作的答辞中表示：“发展人民之间的友谊是我一生奋斗的目标。我始终记得列夫·托尔斯泰那句话：‘把人民团结起来的就是美的、善的。’直到今天，托尔斯泰仍是我尊敬的老师。我十四五岁的时候，俄罗斯文学和它的人道主义精神，就曾唤醒我这一个中国青年的年轻灵魂，使我懂得热爱文学、追求人民友谊，在几十年的创作生涯中保持艺术家的良心。”尽管一年多以后，苏联作为一个统一的国家解体了，但原苏联各地、各族读者对中国人民、中国文学以及巴金的感情，却是不会消失的。

7 月，巴金与日本著名导演黑泽明，英国的中国科学史权威李约瑟，泰国著名文学家、评论家、政治家克立·巴莫和日本京都大学东南亚地区问题专家矢野畅5人，同获首届日本“福冈亚洲文化奖创设特别奖”。1990年由福冈市政府和学术界、民间联合创设的“亚洲文化奖”，目的是“为了资助亚洲地区的文化发展和成长，同时加强相互理解，为和平事业作贡献。”“以一个城市的名义，表彰对亚洲的学术文化有贡献的个人和团体，这在日本尚无先例，是日本首项国际奖。” 在受奖的5人中，巴金名列首位。关于授奖给巴金的理由，是这样写的：

巴金先生是一位处于现代中国文坛顶峰的作家，他的存在代表着亚洲的理性。

1919年5月4日，北京爆发了反帝爱国的“五四运动”。在这场波涛中，巴金一面从超越国家的普遍性高度为席卷全国的爱国主义运动敲起警钟，其本人也在上海和法国参加了无政府主义运动。对于巴金先生来说，无政府主义即是民众的解放，是自由、平等和博爱，是对人类之爱和人道主义的普遍性的追求。

然而，如同其处女作《灭亡》所反映出来那样，伴随无政府主义运动挫折、衰退的苦恼，作家开始真正走上文学创作的道路。1933年刊行的早期代表作《家》是一部描写反抗封建家庭和当时青年理想的作品，吸引了青年读者，博得许多人的赞赏。

其后，作家又陆续发表了大量作品。日本战争爆发后，作者以抗日战争为背景，通过大量随笔、评论，充分展示了一位文学工作者强烈抗议的态度，在表明对战争的愤怒与决心抵抗的同时，也对腐败和加重压制的当时政权表示出愤慨。

因此，巴金先生当时的作品一贯描写平民们充满喜怒哀乐的人生，即所谓民众的生活故事，可称为大众的代言人。代表作《寒夜》就是一部在观照平民的悲剧、考察献身与爱的社会意义的同时，探索获救之路的作品。

忠实于自己的良心，经常以真挚的态度审视时代与历史，在众多作品中向人们述说自己理想的巴金先生在文化大革命中一度受到冲击，复出之后，作为一位作家在开展严肃的社会批判的同时，进行坦诚自我批判。

综上所述，巴金的存在成为凝重的历史见证，对于亚洲的理性和文化的形成发挥出极大作用。可以说，以他的业绩而获得“福冈亚洲文化奖创设特别奖”当之无愧。①

9月3日，巴金派儿子李小棠代表自己到福冈出席授奖仪式，并表达自己对福冈市人民的深情和祝愿。巴金在题为《我和日本》的讲话稿中写道：“我对亚洲文化的发展并没有什么杰出的贡献，得此殊荣，我知道这不是由于我个人的成就，这是福冈市政府和福冈市人民对于有着悠久历史、源远流长的中国文化的尊重，是对中国人民友好的表示。因此，我怀着愉快的心情，接受这项荣誉。”接着，他深情地回顾了自己6次访问日本的景况和与日本朋友之间结下的深厚友谊，表达了对于不曾到过的福冈的向往。最后，他表示：“我今年87岁，生命即将走到尽头。我愿把余生献给中日两国人民的友好事业。即便我的生命化为灰烬，我那颗火热的心也会在朋友们中间燃烧。”这次，巴金获得500万日元奖金，他分文不留，分别捐赠给了中国现代文学馆和上海文学发展基金会。

除了种种荣誉之外，1987年以来，巴金仍担任着种种职务或名誉职务，最主要的有：全国政协副主席、中国作家协会主席、中国笔会中心会长、中华全国世界语协会及上海世界语协会名誉会长、上海市文联名誉主席、《收获》杂志主编等。奖章，奖金，称号，职务，赞词，颂歌，绝不是巴金的追求。他没有也不会迷恋在鲜花丛中，没有也不会沉醉于赞美声中。他始终认为自己只是一个普通的作家，仍是一个普通的人。勤奋写作是自己的职责，努力奉献是生命的意义所在。因此，能提笔的时候，他用笔倾吐感情，表达爱憎；提笔困难，他用力所能及的行动，表示自己的忠诚，说明自己究竟是一个怎样的人。

1991年夏季，中国大地上遭受了特大洪灾，全国人民都为救灾赈灾而努

① 本文是笔者1993年10月载日本福冈通过亚洲太平洋中心向福冈市政府索取到的。原文为日文，中文译者为中国社会科学院日本研究所高洪。

力。8 月 30 日，“上海百名作家赈灾义卖签名本”活动在南京东路新华书店举行。早在 8 月 5 日，巴金就用“李尧棠”的名字，向上海青浦灾区捐献了 5000 元，表示他对灾区人民的一点心意。这次，他又为赈灾义卖提供了 7 种 24 本作品：三联书店特装本《随想录》，香港三联书店合订本《随想录》，五集本《随想录》，人民文学出版社布面精装本《家》《春》《秋》，香港天地图书公司版《家》《春》《秋》，四川人民出版社十卷本《巴金选集》，浙江人民出版社版《巴金散文选》。记者这样报道当时购书的盛况：“购买巴金的作品签名本使义卖达到了高潮。由于热爱巴金的读者太多，书店只得采取发预约券协商购买的方法。43 名有幸领到预约券的‘巴金迷’进行了激烈竞争，……结果，共有 6 位读者花 19040 元买下了巴金的 7 种 24 本义卖签名本。”[①] 以 13900 元买下巴金两部《随想录》(编号特装本和香港三联初版本）的卢湾区玩具厂女工吴淑芳，在谈到自己买书的动机时说，我也不是钱很多，首饰之类我没有，百元以上的套装我也没有买过，但我崇拜巴金。这一场面，令在现场的记者感慨不已地写道：“巴老，感谢您！‘上海百名作家赈灾义卖签名本’活动因为有了您的一片爱心，方使高潮迭起，读者纷涌，使义卖共获 25000 多元。……中国大陆，少有的义卖，仅有的‘拍卖’，巴老，因为您，才使这一富有人情味的活动出现了令人真正感动的场景。”[②] 义卖活动结束后，巴金将一册香港专业出版社出版的《巴金文选》赠送给吴淑芳，并在扉页题写了他在这一年两次写过的一段话：“我不是文学家。我写作，不是我有才华，而是我有感情，对我的国家和人民我有无限的爱，我用作品来表达我的无穷无尽的感情。”

42. 没 有 神

一

1993 年新年伊始，巴金为早已编竣的全集写下最后一篇《后记》。三年

① 《书籍有价情无价》（傅庆萱），《文汇报》1991 年 8 月日。

② 《巴老！感谢您》（汪耀华），《文汇读书周报》1991 年 9 月 7 日。

半之前，他已写过一篇后记，作为全集卷末“最后的话”。现在，他又另写一篇，作为后记之二。在这篇新写的后记中，他再一次深情地对读者说：

……改变自己的生活，消除言行的矛盾，这就是讲真话。

现在我看清楚了这样一条路，我要走下去，不回头。

但是对我来说，这已经太迟了。我讲话吃力，写字困难；笔在我手里重如千斤；无穷无尽的感情也只好咽在肚里。不需要千言万语，让我们紧紧地握一次手无言地告别吧。

《巴金全集》是巴金从 1986 年开始编辑的。本来，巴金是不打算编印全集的，他一直认为，自己的作品中有不少“失败之作”，甚至“废品”，没有必要收集起来重印一遍。1985 年初，在人民文学出版社编辑王仰晨（树基）的再三动员下，巴金基本同意编印全集，当年 11 月，商定了全书的框架和编目（此后不断有所调整），年底，他在给王仰晨的信中说：“说实话，我又不想搞《全集》了，我真希望被大家忘记，让我安静地再活几年，再写两三本小书留给后人。可是我知道我不让你搞，别人也会搞，我活着的时候我还可以指指点点，出主意，想办法，你也多少了解我。让你来搞，这样总比我死后别人来搞好些。这些日子里我的确进行了一番思想斗争，要不要让你搞？写这信时我这样决定：搞，让你搞。”这样，从 1986 年起，全集开始陆续发稿，出书。巴金是这样看待这件工作的：“我只希望它成为一面镜子，真实地、全面地反映出我的整个面目，整个内心。”为了认认真真做好全集的编辑、出版工作，年逾八十的巴金以病弱之躯，仔细地审读原稿，校阅清样，有时一天工作六七个小时，并频繁地通过书信同王仰晨交换各种意见，1985 年 1 月至 1992 年底，他写给王仰晨的信达 200 余封。

经过整整八年的艰辛劳动，1993 年底，二十六卷《巴金全集》全部面世。这部全集是迄今为止收文最丰的一部巴金作品总汇，也是显示五四以来中国新文学发展历程和巨大成就的一项宏阔建筑。它不仅收入了十四卷《巴金文集》已收的全部长、中篇小说、短篇小说集和散文集，并补入了编《文集》时删去的一些篇目和未收入《文集》的抗战期间写的散文集《感想》、20 年代末撰写的传记《断头台上》《俄罗斯十女杰》《俄国社会革命运动史话》，以及抗战期间编印并写说明文字的画集《西班牙的血》《西班牙的曙光》等。它收入了巴金在中华人民共和国成立后出版的全部小说集、散文集，还收入了未曾发表过的中篇小说《三同志》和未曾出版的散文集《炸不断的桥》。更难得的是，它不仅尽可能完整地收录了巴金为自己和他人的著译所写的序跋，还以两卷的篇幅，从有关报刊书籍中，搜集了巴金自1921年以来发表而从未收入过集子的各类作品和文章。此外，它还收录了目前所能收集到的书信和保存下来的日记。在1995年举办的第二届国家图书奖评奖中，《巴金全集》和《闻一多全集》《冰心全集》等7种书，荣获"荣誉奖"。

中国现代文学馆的建设，是巴金最为关注的另一件大事。三年前，1990年4月，中国现代文学馆建馆5周年的时候，巴金曾写信给文学馆馆长，信中说："我说过文学馆是我最后一件工作，我应当把全部力量献给它。其实你们为它出的力，为它花费的心血比我多得多，我已经精疲力竭了。但是只要我的心还在燃烧，我就要为文学馆出力。""让我们大家为文学馆出力吧。文学馆会发展下去。中国作家的美好心灵会通过文学馆的发展而开花结果！我坚决地相信，事业一定会大发展。"他向文学馆继续赠送图书、手稿，继续捐赠稿酬，继续呼吁海内外人士关注她，帮助她，支持她。在海内外文学界和关注中国文学事业的各界人士的热情支持下，文学馆在艰苦的条件下逐步发展，截至1990年，已收藏图书、期刊和作家的手稿、照片、书信、文物以及录音、录相等文献资料近20万余件。在文学馆的藏书中，作家赠书约占三分之一，仅作家亲笔签名的著作就有近6000册。文学馆为除了自己的著作外还大量捐赠自己藏书的作家，设立了专门的文库，其中最早设立的作家文库就有"巴金文库"。

然而，文学馆还面临着巨大的困难。临时馆址借用的万寿寺西院。由于万寿寺是北京市重点文物保护单位，如再继续借用，将实行有偿租借，而租金却是文学馆无力承担的。为了使文学馆摆脱困境，找到永久性的馆址，1993年初，巴金写信给中共中央总书记，信中说："我为中国现代文学馆目前遇到的困境感到不安。归结起来最迫切的是建馆舍的问题，希望能提到议事日程上来并获得批准。在新馆未落成之前，希望仍在万寿寺西院内安身，不实行有偿借用。文学馆将是我一生最后一个工作，绝不是为我自己。我愿意把我最后的精力贡献给中国现代文学馆，它的前途非常广阔，这是表现中国人民美好心灵的丰富矿藏。我不愿意看见它夭折。前面有不少困难，需要大家的支持，也希望得到您的帮助，请您过问一下。一切拜托了！”2 月下旬，冰心也致函国务院副总理，恳请国家支持和帮助建立新馆。在有关领导和有关部门的关切下，国家正式决定投资 9600 万元，在北京建设面积为 24000 平方米的中国现代文学馆新馆。作为现代文学馆的倡议者、支持者和催生者，巴金感到欣慰。

1993 年，巴金又获得两项荣誉。4 月，亚洲华文作家文艺基金会授予他“资深作家敬慰奖”，奖牌上写道：“巴金先生著作等身，作品广受读者喜爱，历久不替，堪称文坛瑰宝。”年底，欧洲举办的颇具影响的文学评奖之一意大利蒙德罗国际文学奖评委会授予巴金和以他为主席的中国作家协会特别奖，“以表彰其在促进中意文学交流中做出的重要贡献”。巴金没有出席这两项奖的授奖仪式。前者由他的女儿李小林在上海代领，后者委托中国作家协会副主席冯牧赴西西里岛巴莱莫市领奖。

巴金默默地坐在自己的书桌前，不时用颤抖的手，握起沉重的笔写着，他写信，也写些短文，他要留下更多的肺腑之言。7 月，他为《新民晚报》副刊《夜光杯》“‘文革’轶事”专栏文章结集出版写短文《没有神》，又为线装本《随想录》写了《后记》。他说：

> 我明明记得我曾经由人变兽，有人告诉我这不过是十年一梦。还会再做梦吗？为什么不会呢？我的心还在发痛，它还在出血，但是我不要再做梦了。我不会忘记自己是个人，也下定决心不再变为兽，无论谁拿着鞭子在我背上鞭打，我也不再进入梦乡。当然我也不再相信梦话！
>
> 没有神，也就没有兽。大家都是人。

9 月，他为十二卷本《闻一多全集》题词：“民族的良心，青年的挚友，一多先生是中国知识分子光辉的榜样。”10 月，他写信给四川省作家协会，表明对以自己的名字建立“基金会”、设立“文学奖”的态度。他写道：“我只是一个普通的文学工作者，写作六十几年，并无多大成就，现在将我的名字和我省的文学事业联系在一起，对我实在是莫大的荣誉。我非常感谢。但是建立‘巴金文学基金会’，设立‘巴金文学奖’又使我十分惶恐。我一向不赞成以我的名字建立基金会、设立文学奖。”

二

按农历计算，1993 年 (癸酉年)11 月是巴金 90 华诞。全国政协和上海市政协在巴金寓所举行了庆贺寿辰韵活动。深情的祝福从中国和世界各地飞往上海。这个时候，巴金对众人说的是这样一段话：

> 我的一生是靠读者养活约，只要读者不抛弃我，我还要活下去。我明白一个道理，生命的意义在于奉献而不是索取。我是不是做到这一点，是不是一个诚实的人，等将来看，要盖棺论定。

1994 年 4 月 14 日至 16 日，第三次巴金学术研讨会在风和日丽、百花竞放的北京举行。这次以“巴金与二十世纪”为主题的研讨会，是由中国作家协会、中华文学基金会、中国社会科学院研究生院、人民文学出版社和云南玉溪卷烟厂联合举办的。文坛前辈夏衍、冰心、艾青、曹禺、张光年，萧乾，马烽、柯灵等，或挥毫题词，或亲笔致信，以精粹的文字，悠长的意蕴，表达对会议的诚挚祝贺和对巴金的由衷敬意：“你是光，你是热，你是二十世纪的良心。”(曹禺)“巴金同志的一生把个人的痛苦与欢乐融合在时代的痛苦与欢乐里，人民尊敬他，读者爱戴他。”(艾青)“巴金的伟大，在于敢否定自己。”(萧乾)“铁肩担道义，呕心作文章，献给祖国，献给人民，献给时代，献给理想。”(柯灵) 中国作家协会副主席冯牧在开幕词中说：“巴金一生热爱祖国，热爱人民，关怀人类命运，他在思想文化方面所作的努力和建树都体现了人民的呼号、愿望和心声，成为本世纪中国知识分子对于时代和生活进行深刻探索和思考的重要结晶。”“他所创造的精神文化财富不仅属于中国，也属于全人类。他是本世纪世界上犹存的少数几位杰出的文学大师之一。”陈荒煤、林默涵、萧乾、臧克家、贾植芳和胡风夫人梅志、沈从文夫人张兆和，以及来自全国 17 个省、市和日本的 30 多位中外学者，在研讨会上作了发言。

这次会议的举行，成为春末的北京文化界一大盛事。首都文学界、学术界、新闻出版界人士和与会代表 250 多人，出席了隆重而富于学术气息的开幕式。文化部部长致信赞许“研究‘巴金与二十世纪’是一个高层次的学术活动，是弘扬民族优秀文化、鼓励高雅艺术发展的积极举措”。

《巴金全集》出齐以后，巴金又开始了 10 卷本《巴金译文全集》的编审工作。4 月 2 日巴金在送给外孙女端端的《巴金全集》卷首写道：“说真话，我并未放弃过手里的武器。我始终在疲乏地奋斗。现在我是疲乏多于战斗。我说我要走老托尔斯泰的路。其实，什么‘大师’，什么‘泰斗’，我跟托尔斯泰差得很远，我还得加倍努力！只是我太累了。”

5 月，巴金去到杭州休养，在那里住了半年时间。西湖的山光水色令他欣悦，他感觉精神好，手也不发抖了。他在这里一边疗养，一边做译文全集前 5 卷的审读工作。7 月底，巴金写了一篇怀念老朋友卫惠林的文章。巴金与卫惠林相识于 1925 年，1927 年同船去巴黎，他们是好朋友，但看问题常有分歧，不断发生争论。80 年代中期，卫惠林和他的女儿先后病逝。想到朋友间的友谊，想到年青时卫惠林对自己的帮助，巴金的心难以平静，但是，他仍然深信：“只有开出花来，生命才有意义！”10 月 16 日，老友黄源来访，巴金送他回房后，在黄源为一位工作人员的题词后面写了以下的话：“第一次和黄源见面是在一九二九年，于今六十五年矣。想说的话很多，但坐下来握着他的手，六十几年的旧事都涌上我的心头，许多话都噎在肚里。我只想着一个人，他也想着一个人：就是鲁迅先生，我们都是他的学生，过去如此，今天还是如此。”

11 月上旬，巴金从杭州回到上海。回家以后，他继续抓紧一篇篇、一页页地校阅译文。11 月 20 日，他感到胸部疼痛加剧，去医院检查，原来是胸部压缩性骨折。他早患有这种因年事高、骨质疏松而引发的疾病，最近工作过于劳累，故而旧病复发。第二天，他又住进了医院。这次住院，一住就是半年，直到 1995 年 5 月才回家。

巴金在医院里度过了自己 90 岁的生日。在他得到的许多生日礼物中，最珍贵的一件是浙江文艺出版社送来的刚刚印出的《家书》。这本书辑录了巴金和妻子萧珊1949年9月至1966年7月的往来书信380余封，每一封信的字里行间都充溢着夫妻之间相濡以沫的深挚感情。巴金翻阅着这本由女儿李小林编的家书，思绪万千，他永远忘不了“文革”中病故的妻子，他永远忘不了那一场吞噬了许多生命的噩梦。

1995年来到了。新年伊始，巴金在医院里写下一篇不足200字的短文《〈再思录〉序》。《再思录》是汇集巴金自《随想录》完稿以后9年里所写各类文章的新书。在这本书即将付印的时候，巴金想到的是他的读者们。这篇短文便是他对读者说的心里的话。他说：“躺在病床上，无法拿笔，讲话无声，似乎前途渺茫。听着柴可夫斯基的第四交响乐，想起他的话，他说过：‘如果你在身上找不到欢乐，你就到人民中去吧，你会相信在苦难的生活中仍然存在着欢乐。’他讲得多好啊！我想到我的读者。这个时候，我要对他们说的，也就是这几句话。”几个月后，巴金在医院里看到《再思录》的样书，他特别高兴，从病床上坐起来，用手抚摸着新书的封面，很有信心地说：“我还会写下去，再写一本《三思录》。”

1995年3月23日，中国作家协会第四届主席团第九次会议在上海召开。巴金支持这次以“团结、鼓动、活跃、繁荣”为主题的会议。他坐着轮椅出席并主持了这次相隔6年多才得以召开的会议。这也是他十年来第一次公开露面并主持会议。与会的主席团成员以能在上海与他们的主席相聚而深感高兴。3月25日，巴金在会上作书面发言，他说：“我年过九十，又疾病缠身，已走到生命的尽头，我做不了多少事情了，只能无力地为你们摇旗呐喊。但是，我对我们的事业充满信心。”他希望作家们“要有更大的勇气，更多的责任心，要有良知，讲真话，努力用自己的笔，真实地反映现实，为我们的读者创造更丰富的精神食粮”。拳拳之心，谆谆之意，令与会者感动。

4月的上海，春风荡漾。29日，第10届文汇书展在工人文化宫开幕。这次书展将限量供应巴金、萧乾、王元化、杨绛、张中行、邵燕祥等著名作家的签章本。读者蜂涌而至，在他们盼望得到的签章本中，巴金的《再思录》首当其冲。记者摄下了读者争购巴金签章本的情景：“为得到这本书的签章本，他们在时间上争分夺秒。洋泾中学的一对母女清晨六时许就带着面包来到了售票处。入场券午后才发售，而母亲下午要赶回去上班，于是不得不委托排在前后的书友照料一下这个才上初中预备班的女儿。新华医院一位白发苍苍的退休女医生也起了个大早，赶来排队；队伍中，还有大学教师、科研人员……当然，普通工人中也不乏巴金作品的爱好者，一个青工告诉记者，他是开了调休单赶到这里的。队伍中还有不少外地读者，他们有的公务在身，有的已购就回程车票，耽心无法坚持到底，纷纷要求记者找来工作人员记下他们的姓名和工作单位，以便代购邮寄。” 面对此景此情，记者不能自抑。傍晚，记者去医院见巴金，建议再增加一百本签章本，以满足外地读者的要求，病中的巴金立即颔首表示同意。

5月中旬，巴金出院后，又去杭州疗养，直到11月上旬才回上海。6月下旬，他在杭州为《十年一梦》增订本写了一篇序言。已经逝去20年的那场噩梦，至今仍令他刻骨铭心：

> 十年一梦！我给赶入了梦乡，我给骗入了梦乡。我受尽了折磨，滴着血挨着不眠的长夜。多么沉的梦，多么难挨的日子，我不断地看见带着血的手掌，我想念我失去的萧珊。梦露出吃人的白牙向我扑来。在痛苦难熬的时候，我接连听到一些友人的噩耗，他们都是用自己的手结束生命的。梦的代价实在太大了。我不是战士！我能够活到今天，并非由于我的勇敢，只是我相信一个真理：任何梦都是会醒的。

这之后，从7月到12月，巴金先后为译文全集前5卷写了5篇后记。他用质朴的文字，回忆自己翻译克鲁泡特金、屠格涅夫、赫尔岑、高尔基作品的经过，抒写对自己有过教益和帮助的朋友的思念和感激。同时，他为自己未能完成计划翻译的一些作品深感遗憾。他写道；“人说我很有毅力，很坚强，其实我很软弱，我写了许多文章，翻译过不少作品，这都是与自己斗争的结果。我也有失败的时候，那就是失信于读者，欠下了还不清的债。”

43. 告别读者

一

1996年初，巴金继续审读《巴金译文全集》校样并为第六、七、八、九、十卷作《代跋》，这几篇文章大都是他口述，由外孙女端端记录的。从1月12日到2月23日，只用四十三天就先后写好后五卷的《代跋》，而去年写前五卷的《代跋》用了近五个月时间。为了尽早把这部全集奉献给读者，他显然加快了进度。五个月后，巴金口授写成译文全集的总跋《告别读者》。他说："《译文全集》编好，十篇《代跋》交卷，我真应该告别了，何况我疾病缠身，工作能力已经丧失。"最后，他深情地说：

> 最近，我常常半夜醒来，想起几十年来给我厚爱的读者，就无法再睡下去。我欠读者的债太多了！
>
> 我的作品还不清我的欠债。病夺走了我的笔，我还有一颗心，它还在燃烧，它要永远燃烧。我把它奉献给读者。

这段话是6月听完侄孙李舒所写介绍自己近况的文章后讲的，现在，他将当时说的话修改后写进译文全集总跋，作为向读者告别的心语。1997年6月，十卷本《巴金译文全集》由人民文学出版社一次出版。这部全集收入巴金自1927年起所译克鲁泡特金、屠格涅夫、赫尔岑、高尔基、迦尔洵、斯笃姆、王尔德、阿·托尔斯泰、尤利·巴基和凡宰特、鲁多夫·洛克尔、柏克曼等30余位外国作者的小说、童话、诗歌、传记、回忆录和论著等37种，单篇译文3篇。其中克鲁泡特金的《自传》《面包与自由》，屠格涅夫的《处女地》《父与子》《散文诗》赫尔岑的《往事与随想》、高尔基的《草原集》等，在不同时期产生过广泛影响。从1986年开始出版的巴金著作和译文的两个全集，历经十二个寒暑，至今全部完成了。

1997 年 9 月 9 日巴金为《巴金书简——致王仰晨》作《序》。12 月由文汇出版社出版的这本书信集，收录 1963—1996 年三十四年间巴金致王仰晨（树基）的信 393 封。人民文学出版社的资深编辑王仰晨是《巴金全集》、《巴金译文全集》的责编，也是与巴金有几十年交谊的朋友。作为两位老友之间的交流，这些信函可以看到他们相互关心、相互勉励的深厚友情和充分信任；作为作者和编者之间的交流，这些信函可以了解两个全集的漫长的编辑过程以及巴金在这一过程中的种种思想。

1996 年以后，由于身体的原因，巴金连信也很少写了。这段时间只留下 1996 年 10 月 23 日致张光年、刘白羽信、1997 年 6 月 11 日致冰心和 1998 年 3 月 28 日致萧乾（炳乾）等几封亲笔信和 1997 年 6 月所作题词“为香港回归而欢呼！”1997 年 8 月为福建长乐冰心文学馆落成的题词“愿冰心大姊一片爱心感动更多的人！”1998 年 7 月为《瞭望》杂志题词：“和平发展”。特别值得提到的是，1998 年 8 月 10 日，他为《新世纪的千年祝福》题词：“讲真话”，再次以自己八十年代引起巨大反响的主张为 20 世纪祝福，表现出巴金执着的追求。此外，1997 年 7 月他还为上海文艺出版社捐建的安徽岳西石关希望小学题写了校名。

1997 年，上海文艺出版社举行“当代文坛大家文库”图书拍卖会，用来援建希望小学。知道消息后，巴金马上同意将其签名作品义拍，并特意叫女儿将其亲笔印章带到出版社。巴金捐赠的是一套用红木盒包装的书，羊皮封面、印有惟一序列编号、并限量印刷，极具收藏价值，当天便筹集资金 22 万元。后来，当得知义拍所得将全部用于翻修安徽岳西县一所贫困小学时，巴金连连说好，提笔写了“上海文艺石关希望小学”10 个大字。这是近几年来，巴金惟一的一次公开题字。

1998 年 11 月上海文化出版社出版极具研究价值和文献意义的《〈随想录〉手稿本》，这部书不仅为《随想录》增加了一个新的珍贵版本，也为人们欣赏和研究《随想录》打开了一扇新的门户。这一月在上海图书馆举办的《馆藏巴金著作版本展览》中，有一件独特的展品，这就是年已七旬的读者王恒生用四年时间完成的《家》《春》《秋》和《寒夜》手抄本，这抄本寄托着读者对于巴金作品的挚爱之情。

随着巴金著译的全面汇集出版，有关巴金研究的新成果迭出，其中特别值得提及的有两项：一是1996年1月东方出版社出版日本学者山口守、坂井洋史的论文合集《巴金的世界——两个日本人论巴金》，这是第一本直接用中文在中国出版的外国学者论集，显示出巴金研究的国际性和中外学者深层次的学术对话。二是1996年12月上海图书馆制成融图文资料与数据库检索功能与一体的多媒体光盘《巴金》。光盘主窗口有序言、巴金作品、系年目录、生平事略、研究书目等按钮；光盘包含六个数据库：著译书目、系年目录、研究书目、手稿、书影、历史照片。多媒体光盘的制作，为学习和研究巴金提供了更便捷的途径。此外，第四届巴金国际学术研讨会如期召开，这就是1997年9月1日至4日由中国作家协会、中华文学基金会和苏州大学在苏州市联合主办的主题为《巴金与同时代人》的研讨会。1996年11月24日至26日在华侨大学召开了“福建省中国现代文学研究会96’年会暨巴金学术讨论会”。

二

年迈的巴金在病中经受了亲人和挚友去世的折磨。1996年4月年仅51岁的女婿祝鸿生因肺癌逝世，1997年12月88岁的九妹李琼如病逝，1996年12月13日凌晨挚友曹禺在睡梦中安详逝世。

祝鸿生是浙江绍兴人，1968年与李小林同毕业于上海戏剧学院戏剧文学系。他俩在“文革”中相恋结婚，毕业后分配到杭州工作，1978年与李小林一道调回上海，在上海电影制片厂任编剧。关于祝鸿生，萧珊1972年6月28日致沈从文信中有这样几句话：“我的女儿已结婚，女婿是同班同学，劳动人民的子弟。”巴金的侄孙李舒曾这样记述：“他是个大块头，性格开朗，待人诚恳，所以到处都有朋友。他来来去去像一阵风，壮实得像一头牛，没想到一九九五年底查出来患肺癌，而且已是晚期。”

李琼如（瑞瑶）是巴金的大妹妹，按家族的排行居第九，因此称“九妹”。她年轻时遭遇丈夫、儿子在一个月内相继去世的不幸。1954年巴金接她到上海，此后一直住在巴金家中，帮助料理家务。造访巴金的客人大都在巴金家中见过这位善良热情的老人，像巴金的后辈那样称她“九姑妈”或“九姑婆”。

著名剧作家曹禺生于 1910 年，比巴金小 6 岁，是与巴金相识相交六十多年的挚友。得到曹禺去世的消息，巴金沉默不语，他无法思索，无法开口，脑子里一片空白。曹禺去世的第三天，做完治疗和检查的巴金对家人说："拿笔，拿纸，我要写东西。"他流着眼泪，吃力地捉住笔，一笔一画为曹禺的妻子和女儿写下三十四个字："中国文联转李玉茹、万方 请不要悲痛，家宝并没有去，他永远活在观众和读者的心中！"此后，他开始与女儿合作，断断续续地口述写作有关曹禺的文章，1998 年 3 月终于完成近二千八百字的长文《怀念曹禺》。文章开头就说，自己 1996 年 12 月 15 日写给曹禺亲属的文字"话很平常，不能表达我的痛苦，我想多说一点，可颤抖的手捏不住小小的笔，许许多多的话和眼泪咽进了肚里。"文章回忆六十多年来两人之间历历在目的件件往事，由衷赞叹曹禺杰出的艺术才华，惋惜衰老和疾病使两人的写作计划成为梦想……

"他把痛苦留给了他的朋友，留给了所有爱他的人，带走了他心灵中的宝贝，他真能走得那样安详吗？"巴金用这样的疑问结束了全文。

1996 年 4 月 3 日全国政协主席李瑞环到华东医院看望巴金。此前四天，中国作家协会负责人翟泰丰、张锲曾看望他，并汇报作协工作和即将召开的第十次主席团会议及第五次全国代表大会筹备情况。这两件大事在年底前都有了结果。

11 月 25 日，中国现代文学馆举行新址奠基典礼，巴金高兴地从上海致贺词："我因病不能远行，但我的心和你们在一起。我希望：方方面面，齐心协力，快一点建好。拜托了！"短短几句话，传达出他急切的心情和恳切的嘱托。12 月 16 日，中国文学艺术界联合会第六次全国代表大会和中国作家协会第五次全国代表大会在北京召开，因病未能出席的巴金为两会致贺词《迎接文学艺术的新世纪》，为作协会致贺词《热爱人民　深入生活》。在 19 日举行的中国作家协会第五届全国委员会第一次全体会议上，巴金再次被选举为中国作家协会主席。

1998 年 3 月，政协第九届全国委员会第一次会议在北京召开，巴金因病未与会。会前，他通过新华社记者寄语大会："大家要畅所欲言，多讲真话，要讲民主。政协要为推动中国的改革开放，做出自己的贡献。”拳拳之意，殷殷可鉴。3月13日巴金被选举为政协第九届全国委员会副主席。

1998年4月22日“第四届上海文学艺术奖”举行颁奖典礼，巴金与贺绿汀等四位文艺家同获“杰出贡献奖”。这一年5月16日，巴金和前几年一样到杭州西湖休养。他与张光年、于光远、陆文夫、王元化等在这里会面畅谈，并一同观赏杭州国际烟花节烟火。1930年巴金第一次到“浓妆淡抹总相宜”的西湖，近七十年里，他曾无数次到这个毕生最喜爱最留恋的地方，然而，这一次却是巴金西湖之旅的结束，10月底返沪便成了与西湖的最后告别。

从1998年12月到1999年2月初，巴金修改和续写1989年春就已动笔的怀念郑振铎的文章。这篇由巴金口述、女儿小林记录，然后逐句逐段修改的四千多字长文《怀念振铎》，是巴金的最后一篇文章。

郑振铎是巴金的前辈，也是挚友，青年时代巴金的文学生涯得到过他的提携、帮助，但30年代两人在工作合作中，也发生过矛盾与冲突。郑振铎1958年10月17日因飞机失事遇难，10月31日巴金发表《悼郑振铎同志》，盛赞郑振铎乐观、热情、正直的为人。在四十年后写的《怀念振铎》里，巴金以感激的心情回顾郑振铎对自己的帮助，又深怀忏悔之心陈述三十年代自己对郑振铎的误会和批评，表达出对正直、公道、厚道的亡友真挚的怀念。

文章从对郑振铎的怀念，引申到对五、六十年代种种“运动”特别是“文革”时期的两种生存态度的总结：“活命哲学”和“以死抗争”。他说：

> 根据这几十年的经验，我能忍才能过那一个一个的难关。这并不是容易的事：忍受奇耻大辱。我一直认为，活着是重要的，活着才能保护自己，伸张正义。而不少在‘运动’中，在‘文革’中被人整死的人和所谓‘自绝于人民’的人，就再找不到说话的机会，也不能替自己辩护了。关于他可以由人随意编造故事，创写回忆，一时出现多少知己。
>
> “我忍受了十年的侮辱。固然我因为活下去，才积累了经验，才有机会写出它们；但我明白了一点：倘使人人都保持独立思考，

不唯唯诺诺，说真话，信真理，那一切丑恶、虚假的东西一定会减少很多。活命哲学和姑息养奸不能说没有联系。以死抗争有时反能产生震撼灵魂的效果。”

文章留下的最后一段是：

今天又想起了振铎，是在病房里，我已经住了四年多医院了。病上加病，对什么事都毫无兴趣，只想闭上眼睛，进入长梦。到这时候才知道自己是个无能的弱者，几十年的光阴没有能好好地利用，到了结账的时候，要撒手也办不到。悔恨就像一锅油在火上煮沸，我的心就又给放在锅里煎熬。我对自己说：“这该是我的最后的机会了。”我感觉到记忆摆脱了我的控制，像骑着骏马向前奔逃，不久就将留给我一片模糊。

“一直到最后的日子，你没有停止过你那管撒播生命种子的笔，你蘸着生命的露水写字，你蘸着自己的赤热的血写字。有人说你是‘生命的象征’。”这是巴金1941年8月在散文《死》中悼念友人的话。现在，决心写到生命的最后一息的巴金，在手握不住沉重的笔时，用微弱的声音写作，直到自己力所能及的最后一刻。《怀念振铎》这篇没有写完的绝唱，便是他顽强、执着、坚韧的生命的象征。

《怀念振铎》还没有写完改定，巴金就进入了他生命历程中的重大转折。

第十六章　生命没有沉寂

（1999.2—2005.10）

44. 为他人而活着

一

1999 年 2 月 5 日巴金患感冒，8 日早晨开始发烧，摄氏 38 度的体温持续至下午。晚上 8 点，体温升到摄氏 39 度，呼吸也加快了。医生做血清等检查，发现缺氧，呼吸衰竭。医院抢救小组认为，因痰咳不出来，易感染，热度退不下来，需采取引流，用机器把痰吸出来。11 点，主治医生告诉巴金："需要气管插管，把痰引出来，这样会舒服些。"巴金说："好。"11 点半，管子插好，吸出好多痰。下半夜，体温有所下降。医疗组考虑呼吸器重，长期插用不行，因此 2 月 14 日做气管切开手术。切开气管后，口不能说话，他陷入清醒的思维和无法言说的的折磨之中。

自这次住进上海延安西路 221 号华东医院后，巴金就再未走出过这家医院。

巴金曾多次对家人和朋友说："长寿是一种惩罚。"最使他揪心难受的是，在他的晚年，亲人中的一些后生晚辈，朋友中许多比自己年轻者，都先他而离世。巴金不愿意在病痛的折磨中高寿，他多次表示希望自己病重后"安乐死"。1994 年，巴金胸椎骨折，在痛苦不堪中，他第一次向家人提出安乐死。1995 年 2 月 6 日夏衍去世后，有人在巴金的病房中谈到夏衍家人不忍他在最后受苦，主动要求医院不再抢救，插在身上的管子拔掉不久，夏衍就停止了呼吸。一直在旁默默听着的巴金，这时忽然对女儿小林说："我以后也要这样，不要抢救，安乐死。"1999 年 2 月，巴金在喉部手术前，对医生说："不要用药了，让我安乐死吧。”以后，他又多次对女儿小林说要安乐死，甚至发了脾气，说小林不听他的话，不尊重他，不让他安乐死。巴金的请求得不到医生、家人和其他人的同意，许许多多爱他的人都希望他活着，大家愿意他的存在温暖着人们，支持着人们。备受病痛煎熬的巴金只好无奈地说：“我为你们而活。”为了不给周围人添麻烦，他总是坚强地配合医生治疗。活着似乎成了他此时的职责，正如巴金的胞弟李济生 2002 年 8 月为《巴金研究》题词中所写：“几年来，巴金重病卧床，既不能言，更不能写，忍受着无比的苦痛，牺牲自己为他人活着，身不由己！”

重病中的巴金静卧在床不能言说，噩耗却接踵而来：1999 年 2 月 11 日，挚友萧乾逝世；2 月 28 日，他称作“大姐”的挚友、新文学运动的元老冰心以 99 岁高龄逝世。因巴金病情严重，家人均隐瞒未告。2000 年 6 月 19 日，91 岁的老友柯灵在上海逝世；2003 年 1 月 2 日，比他小一岁的挚友黄源在杭州逝世。

1999 年 7 月 28 国际天文学联合会下属的小天体命名委员会发布《国际天文学联合会小行星通报（第 35491 号）》，批准我国科学家 1997 年 11 月 25 日发现的一颗小行星（编号为 8315）命名为“巴金”。通报称：

> 巴金先生是中国五四新文化运动以来最有影响的作家之一，二十世纪中国杰出的文学大师，也是卓越的翻译家和编辑家、出版家。他的作品在全世界广为传播。

从此，在无边无际的天空，灿烂的群星中有一颗名为“巴金”的星在闪烁。这颗美丽纯洁的星星，像一个人的眼睛，带着深深的关心望着大地，默默赐予人们祝福。10 月 26 日，“巴金星”等四颗小行星命名仪式在北京举行。

巴金最牵挂的中国现代文学馆传来了佳音：位于北京市北四环南侧芍药居的新馆 1999 年 9 月 28 日第一期工程竣工。2000 年 5 月 23 日正式开馆。新馆正门外矗立的巨石上面镌刻着巴金的二段话：

我们有一个多么丰富的文学宝库，那就是多少作家留下来的杰作，它们支持我们，教育我们，激励我们，使自己变得更善良，更纯洁，对别人更有用。

我们的新文学是表现我国人民心灵美的丰富矿藏，是塑造青年灵魂的工厂，是培养革命战士的学校。我们的新文学是散播火种的文学，我从它得到温暖，也把火种传给别人。”

新馆南门和东门、北门、西门上的馆名，分别由江泽民和巴金、冰心、叶圣陶题写。大门的手把铸着巴金的手模。庭院中有鲁迅、郭沫若、茅盾、巴金、老舍、曹禺、冰心、艾青、丁玲、沈从文、朱自清、叶圣陶、赵树理等十三尊真人大小的作家塑像。馆中藏品现在已达60余万件，其中，书籍23万余册、手稿22005件、照片16173件、书信25733件、字画1887幅、文物169330件。

在世纪交替的时候，两次巴金研讨会相继召开。1999年10月11日至13日，中华文学基金会、中国社会科学院研究生院国际交流中心、复旦大学文学院和襄樊市委宣传部在湖北省襄樊市主办第五届巴金国际学术研究会，会议主题为《展望新世纪的巴金研究》《〈随想录〉的思想文化意义》等。2001年11月1日至4日中国作家协会、中华文学基金会、福建师范大学等在福州市举办第六届巴金国际学术研讨会，会议主题为《巴金与现代文化建设》、《21世纪，再读巴金》；会后福建教育出版社出版了含第四、五届研讨会部分论文的会议论文集《巴金：新世纪的阐释》。

1999年10月1日出版的《北京青年报》“国庆金版”将巴金列入“五十年影响我们的人物”之一。介绍文字说：“巴金的名字不仅与他脍炙人口的‘激流三部曲’——《家·春·秋》连在一起，他晚年还以‘讲真话，把心交给读者’而成为中国作家的一面旗帜。”11月25日，出版巴金著作最多的人民文学出版社全体员工致信祝寿，信中说：“我们愿继续传播先生的著作和精神，将您心中的‘希望之火’播向寰宇。”

1999年由人民文学出版社和北京图书大厦发起、组织的评选“百年百种优秀中国图书”揭晓，《家》、《随想录》入选其中。2000 年 3 月教育部修订《全日制普通中学语文教学大纲》，首次指定中学生课外必读中外文学名著三十部。中国现代部分有巴金的《家》和鲁迅、郭沫若、冰心、茅盾、老舍、曹禺、钱钟书的作品。

2000 年 6 月，由中国出版科学研究所和浙江省新闻出版局主持的首次全国“国民阅读与购买倾向”抽样调查报告表明：鲁迅、巴金、冰心、老舍与港台作家金庸、琼瑶、古龙、三毛和大陆当代作家贾平凹、王朔被列为读者最喜爱的十位作家。其中，鲁迅排名第一，巴金位居第四。

进入新世纪后，巴金著作的出版仍在继续。2000 年 4 月人民文学出版社重印二十六卷本《巴金全集》，这个一次出齐的印本重新设计了封面，调整了各卷的图片并校改了少量误植。

2003 年 3 月四川人民出版社为纪念百年华诞和该社成立五十周年，重印十卷本《巴金选集》世纪珍藏版。

2003 年 11 月，大象出版社《佚简新编》，该书收入 1921 年 9 月至 1997 年 3 月巴金致 87 位中外人士和 12 个中外机构、团体的书信 326 封。这些信件均为《巴金全集》“书信编”未收的佚信。《佚简新编》披露的书信，特别是日本大学山口守教授发现的 20 世纪 20 年代末和 40 年代末、50 年代初巴金用英文、法文和中文写给欧美人士的 46 封信，为人们带来了多方面的新信息。

2004 年 4 月，广西师范大学出版社出版《再思录》增补本。在初版的基础上补入了巴金 1995 年以后断断续续写的文章，和新发现旧文、书信等材料。同月，大象出版社单行出版收入 1962 年—1965 年现存日记的《巴金日记》。

2005 年 10 月上海文艺出版社出版《寒夜》的手稿珍藏本；上海社会科学出版社 10 月重印《巴金选编配文反法西斯画册四种》，12 月出版首次面世的新书《海外行记 :1979–1984 年出访日记及随想》。

二

2001 年 1 月 1 日零时，巴金在梦乡中进入新世纪，实现了三年前“有勇气跨入下一个世纪”的心愿。12 月，中国文学艺术界联合会第七次全国代表大会、中国作家协会第六次全国代表大会在北京举行，因病未出席。嘱人代笔作致词《新世纪的祝愿》，18日作为开幕词由金炳华宣读，22日巴金被选举为中国作家协会第六次全国委员会主席。

2001年和2002年，各地举办了一系列有关巴金的活动。首先是各剧种《家》的演出。2001年11月天津人民艺术剧院在“第四届上海国际艺术节”上演出由该院改编的新版话剧《家》；2002年4月，成都市川剧院在第二届中国川剧节上上演新编现代川剧《激流之家》，11月香港演艺戏剧学院在香港演艺戏剧院用粤语上演曹禺改编的话剧《家》。

其次是展览、朗诵和讲座。2001年11月23日至25日中国现代文学馆在本馆举办系列活动：由苏民、谢芳、冯复生、杨立新、瞿弦和、崔道怡等朗诵的《把心交给读者——巴金作品朗诵音乐会》，大型图片展览《走近巴金》，由李辉作题为《巴金：云与火的景象》的讲座。

2002年6月22日“第四届香港文学节”在香港中央图书馆举办“两地文学两地缘”大型专题展览，展出由中国现代文学馆提供的包括蔡元培、鲁迅、茅盾、巴金、冰心、曹禺等作家的珍贵照片、著作版本、手稿等文献资料在内的一百多件馆藏精品。展览于七月十四日结束。8月大型图片展览《走近巴金》在广东美术馆展出。同时还展出中国现代文学馆赠给广东美术馆的青铜铸“巴金手模”。11月成都市档案馆举办《“老成都”档案展》，展品中有赠该馆的《〈巴金译文选集〉序》手稿和1960年10月至1961年2月在成都小住期间的日记。11月21日，上海市作家协会在巨鹿路675号作协办公楼一楼大厅举行“把心交给读者”活动，庆贺《收获》杂志创刊四十五周年暨主编巴金九十九华诞。上海和来自全国各地的作家王安忆、贾平凹、余华、苏童、毕飞宇、马原、陈村、叶辛、赵长天、赵丽宏、陈丹燕等出席。2002年12月上海市作家协会在文学会馆展出“上海日记”（1962年11月1日——1966年9月3日，1977年5月23日——1982年4月30日）手稿，同时展出的有陈望道、夏衍、于伶、傅雷、柯灵、施蛰存、王元化等一百三十一位作家、学者的一百三十三份手稿。12月底，北京中山公园音乐堂举办的北京新年系列音乐会，上演“聆听经典之六”《抚慰灵魂的风——中外经典散文音乐朗诵会》。会上朗诵散文《灯》以及鲁迅、朱自清、梁实秋等作家的散文名作。

人们用各种方式表达对巴金的惦记。2002年11月20日成都市老年人体育协会骑游俱乐部周锡光等四人骑自行车抵上海，他们代表二千五百位骑游老人，将盛满家乡人民情意的一幅“寿”字竹编条幅送至寓所，由女儿李小林代收。11 月 24 日中共四川省委派人专程赴沪看望并祝寿，转交贺信及一幅蜀绣《松鹤延年》。

2002 年 11 月 24 日，江苏省无锡市钱桥中心小学举行铜牛塑像揭幕仪式。1986 年，收到复信的该校十名小学生派代表到上海看望，临别前获赠一头小瓷牛。该校将小瓷牛放大一千倍，铸成这座铜牛，安放在新建的校园里。铜牛的花岗岩基座上镌刻着巴金的话：“我把这头牛送给孩子们，希望他们不断地慢慢地往前走，一步一步脚踏实地向前向上，一定要做个对社会对国家对人民有用的人，少讲空话，多干实事。路很长，走起来不容易，要坚强。”当年那十个“寻找理想的孩子”已长大成人，正在各自平凡的岗位上努力工作，揭幕仪式是他们小学毕业后的第一次重逢。

2002 年 11 月 25 日下午，上海市委书记、市长受党和国家领导人的委托，到华东医院看望巴金，转达领导人对九十九华诞的祝贺：您是中国文坛的泰斗，是中国共产党的亲密挚友。您一生追求真理，坚持正义，崇尚科学，热爱人民，您的光辉作品和高尚品格影响和激励了一代又一代中国青年和广大读者，为中国和世界的文学事业、为人类和平和发展事业作出了卓越贡献！

12 月 10 日《北京青年报》报道：研究者李辉在北京的旧书摊买到六本 1925 年和 1926 年纽约出版的英文杂志《The Dial》(《日晷》)，封面均有“巴金赠书”印章，其中一本内页有亲笔签名。摊主说，这些杂志是国家图书馆外文期刊部处理过期期刊时得到的。1981 年以来，巴金先后六次向国家图书馆（原北京图书馆）捐赠英文、法文、德文图书期刊及一些手稿，达七千余册(件)。巴金赠书流失的报道引起了各媒体的关注，此后，上海《文汇报》、《文汇读书周报》，广州《南方周末》等多家报纸报道、评论此事。

12 月 16 日　鉴于从各种途径反馈的结果统计，在巴金捐赠国家图书馆的外文图书中，至少有一百多本向已经流失到私人收藏者手里，为保证其它赠书特别是所赠手稿的安全，女儿李小林、儿子李小棠致信国家图书馆，要求归还父亲捐赠的手稿《春》《秋》《寒夜》《憩园》《随想录》第五集及《家》的散页。12 月 20 日，国家图书馆常务副馆长杨炳延等到沪与家人沟通，对部分所赠书刊流失表示歉意，并表示国图正在对捐赠书刊逐一进行核查，已为此事多次召开会议，落实整改措施。他还带来该馆善本特藏部关于手稿保存情况致李小林、李小棠的信。

45. 丰富满盈的生命

一

2003年3月政协第十届全国委员会第一次会议在北京召开。巴金因病未出席，仍被选举为政协第十届全国委员会副主席。

按照中国的传统算法，2003年11月25日是巴金百岁诞辰。从年初起有关巴金的各种活动渐次展开，到11月达到高潮。

2月10日中央电视台转播北京举行的“中国文学艺术界二〇〇三年春节大联欢”，焦晃朗诵巴金散文片断，同时朗诵的还有冰心、老舍、郭沫若、曹禺的作品。8月31日国务院总理温家宝到华东医院看望巴金。

11月25日，上海举行国务院授予巴金“人民作家”荣誉称号的颁证仪式，李长春出席仪式并在仪式前到医院看望巴金。《文汇报》为此发表评论员文章，指出：“人生百年，实属不易。巴金的百年人生，在寻梦的激流中，用一支笔给人们留下了那么多文学名作，影响了一代又一代读者，更属不易。巴金一辈子视读者为自己的衣食父母，他把全部心血献给了哺育他成长的这片热土。他与人民息息相通，为读者写作，用他的话说，那就是‘把心交给读者，讲心里话，讲自己相信的话，讲思考过的话’。”

为庆贺巴金百岁华诞，上海、北京、成都三地还举行一系列活动。

在上海，新编话剧《家》、上海越剧院的新编越剧《家》、上海沪剧院的新编沪剧《家》和成都市川剧院的川剧《激流之家》从10月底开始在舞台上陆续演出。11月24日，《巴金在上海——巴金先生百岁华诞图片文献展》揭幕，同时，宣布上海巴金文学研究会成立。作为上海市作家协会主管的社会民间团体，研究会旨在研究巴金的文学成果，光大他的人格精神，推动全社会的精神文明建设。研究会以研究巴金的思想和创作，搜集巴金的史料和信息，组织相关学术交流活动，普及巴金作品的阅读为中心工作，兼及其他在沪的上海老作家的资料收集及研究工作。上海巴金文学研究会的成立，结束了巴金研究长期无团体作依托的状况。这虽是一个地区性的学术团体，但上海文化地位显要，是我国的学术重镇，学术资源丰厚并对巴金研究有重大贡献，加之上海是巴金生活了七十多年的第二故乡，与巴金有着密切而特殊的关系，因此，这一团体有可能超越地区局限发挥更大的学术作用。一年后，研究会编辑出版“巴金研究年刊”卷一《生命的开花》。25 日，四组十六枚“世纪巴金”个性化邮票发行。

在北京，11 月 15 日首都文艺界在中国现代文学馆举办了“巴金百岁喜庆艺术大展”，50 位作者参加了此次文学美术专题联袂展览，其中既有书画大家，也有众多艺术新锐，一件件素描、彩墨画、雕塑、油画、漫画、木刻、书法及综合材料创作的作品，令人为之感动。19 日，“阅读巴金祝福百年”的主题读书活动在王府井书店等 20 余家新华书店同时启动各书店还在显要位置开辟了“巴金作品专柜”。22 日，举行了由陈铎、朱琳主持的“巴金文学之夜”朗诵音乐会。

在成都，由中国作家协会、中共四川省委宣传部、中共成都市委宣传部主办，四川省作家协会、上海市作家协会、四川文艺出版社、四川省巴金文学院、成都市作家协会承办的“巴金论坛　第七届巴金国际学术研讨会”，11 月 16 日至 21 日隆重召开，50 余名国内外专家学者出席了会议或提交了论文。在《巴金和四川》《百岁巴金和我们》主题下，与会代表围绕“巴金的时代意义”“巴金的思想评价”“巴金的文本分析”和“巴金的互动研究”等议题进行了广泛深入的交流。11 月 21 日上午由四川省委、省政府主办的四川省庆祝巴金百岁华诞座谈会举行，当天同时举行的活动还有巴金文学院新馆落成典礼、《世纪真情》巴金展览开幕。此外，根据巴金名著《家》改编的川剧《激流人家》、电视晚会《把心交给读者》、巴金作品电影展映周等演出活动也先后推出。

在香港，《香港文学》《香港作家》《香江文坛》和《明报月刊》于 10 月、11 月分别推出“巴金百岁华诞特辑”“巴金百岁寿辰专号”“庆贺巴金百岁华诞专辑”和“百岁巴金的世纪梦”特辑。11 月 8 日香港作家联会在香港中央图书馆举行“文坛泰斗巴金先生百岁华诞庆祝会”。曾敏之、潘耀明主持，主礼嘉宾金庸讲话。来自北京和上海的作家、学者邵燕祥、陈思和、李存光、叶辛应邀出席并分别作题为《我是巴金的老读者》《巴金作品和他的世纪之梦》《巴金的人格发展及其意义》《文学的良心》讲演。余思牧、罗孚、陶然、张诗剑、罗琅、梅子等百余香港文化人出席。

围绕巴金百岁诞辰，全国出现前所未有的介绍、评论和思考、研究巴金的热潮。有关巴金的图书成为了出版热点，成都、北京、上海、南宁、福州、郑州、济南等地的出版社，纷纷推出专书专著。从 1995 年到 2002 年，八年中出版有关巴金的图书共 40 余部，而 2003 年一年时间间出版的有创意、有特色的传记、年谱、论著、纪实、书画等纸质图书和音象制品就达 30 余种。包括报纸、期刊、书籍和网络、电视、广播等在内的各种媒体，对巴金的生活、思想、人格和创作、翻译、编辑等特别对巴金的影响和当代意义，发出了众多的声音。同时，从下半年到年底全国范围开展的一些活动，如“二十世纪文化偶像”调查评选，“感动中国：2003 年度人物”评选，“2003 年度中华文学人物”和“2003 年度杰出文化人物”评选以及中学生征文比赛，大型图片及实物展等，也传达了大众对巴金的关注，反映出当代人对巴金的评价和巴金在当代人心中的地位。

由新浪网与《南方都市报》《新民周刊》《南风窗》《北京娱乐信报》《华商报》《半岛晨报》《中国财经报》《郑州晚报》《精品导报》《江南时报》《兰州晨报》《南京日报》《燕赵都市报》《深圳商报》《蓉城周报》《辽西商报》《都市消费晨报》等国内十七家媒体联合推出的大型公众调查“二十世纪中国十大文化偶像”评选活动落下帷幕。经网友和读者投票，综合统计出的“十大文化偶像”依次为：鲁迅 、金庸 、钱钟书 、巴金 、老舍 、钱学森 、张国荣 、雷锋 、梅兰芳 、王菲。巴金的当选评语是：“三四十年代，有无数的热血青年因为阅读了巴金的《激流三部曲》而走向革命的道路，拨乱反正以后，巴金又因为要‘说真话’的《随想录》而赢得人民更普遍的崇敬。今天，百岁高龄的巴金是中国现代文学大师中硕果仅存的一位。”

由《中华文学选刊》、中国当代文学研究会、南方都市报、《南方文坛》和新浪网等五家机构、11 位著名文学专家联合评选的“2003 年度中华文学人物”揭晓，巴金、杨绛分别摘得“文学先生”和“文学女士”的桂冠 。对巴金的评语是：“巴金是一个伟大而丰富的文学巨匠。他的文学生涯跨越了两个世纪，近八十年的文学创作道路是他追求真理、探索人生的艰难历程，也是二十世纪中国文化发展的一个缩影。他的小说《激流三部曲》《寒夜》等已是中国新文学史上的经典。晚年，他的《随想录》等著作语言返璞归真，思想沉潜深宏，尤其是他顽强的求真意识、不懈的人文追索，成了几代知识者艰难前行的精神滋养。无论是他浩瀚的文学著述，还是他奇迹般的生命意志，都成了这个时代难以超越的丰碑。”

中央电视台“感动中国 · 2003 年度人物”巴金的颁奖词这样说：“穿越一个世纪，见证沧桑百年，刻画历史巨变，一个生命竟如此厚重。他在字里行间燃烧的激情，点亮多少人灵魂的灯塔；他在人生中真诚的行走，叩响多少人心灵的大门。他贯穿于文字和生命中的热情、忧患、良知，将在文学史册中永远闪耀着璀璨的光辉。”

巴金还获选由网络文明工程组委会、光明日报社、中国网主办，人民日报等单位协办的“2003 年度杰出文化人物”。同时获选的有保护窖藏国宝青铜器的王宁贤等 5 位农民，作家王蒙、冯骥才，文物专家王世襄，导演张艺谋，曲艺家夏雨田，企业家陈天桥，画家群体（华君武、黄永玉、靳尚谊等）、艺术家田军利。这些获选人涵盖了各个文化领域，具有广泛的社会性和代表性。

转眼间，日历翻到了 2004 年。

1 月 27 日，中华人民共和国主席胡锦涛在法国国民议会发表演讲。演讲在谈到法兰西民族和中华民族这两个历史文化悠久的伟大民族之间源远流长的交往关系时说：

> 19 世纪以来，西学东渐，法兰西文明被大量介绍到中国。伏尔泰、孟德斯鸠、卢梭、笛卡尔、雨果、巴尔扎克、大仲马等大师的作品多次被翻译成中文，为中国人了解西方打开了重要窗口。法国大革命为近代中国人民推翻封建专制统治的斗争带来了重要

启迪。

20世纪初，许多满怀救国救亡之志的中国学子负笈赴法求学，寻求改造中国的道路和现代思想艺术的灵感。在这些人中，既出现了周恩来、邓小平、陈毅等中国革命的杰出领袖，也出现了巴金、钱钟书、徐悲鸿、冼星海等中国文学艺术的著名大师。两国文化漫长的交流和借鉴，为中法两国人民的友谊和两国关系的发展打下了重要基础。①

2004年3月上海为在希望工程中做出特别贡献的巴金等10位人士颁发了“上海希望工程实施十周年突出贡献奖”。巴金以“李尧棠”之名捐给希望工程的钱款，超过40万元人民币，这些钱都是他的稿费。由于巴金一再表明不要突出个人，因此多所“巴金书库”对外都称为“爱心希望书库”。巴金还结对资助了近10位外省市贫困学生，其中好些人如今已考上大学、走上工作岗位，但他们都不知道，当年资助他们的老人是巴金。

2004年6月22日至26日，由圣彼得堡大学东方系主办，中国驻圣彼得堡总领事馆协办的《远东文学问题——纪念巴金诞辰100周年》国际学术会议，在俄罗斯圣彼得堡大学召开。来自俄罗斯30名代表和来自中国、乌克兰、斯洛伐克、捷克、美国和英国十多个国家的15名代表出席了这次会议。这次大会旨在以庆祝巴金百年华诞为契机，恢复中断了20年之久的传统，即定期举办远东各国文学的理论与实际问题的国际学术会议。大会组委会主席、圣彼得堡大学东方系主任谢列勃里亚科夫在以《善良与正义的探求——纪念中国当代杰出作家巴金百年诞辰》为题的致辞中回顾了俄罗斯巴金研究的历史与状况，论述巴金文学创作的巨大成功来自他对外国文学，其中包括俄罗斯文学的多元接受和对本民族文化的忠实继承与积极弘扬。俄罗斯科学院远东研究所热洛霍夫采夫、莫斯科语言文化大学扎哈罗娃，分别探讨了当代中国文学对巴金传统的继承与发展，和巴金的散文风格特征及其在中国当代文学史中的传承；中国代表王立业论述了巴金与俄罗斯

① 《人民日报》2014年1月29日。

文学的创作情缘，美国特拉华州大学的陈建国对巴金小说《将军》的文化历史背景作了精细研究。

2004 年 11 月，上海巴金文学研究会和上海市档案馆联合举办为期一个月的“走近巴金系列文化讲座”。讲座 17 日开始，每周一讲，共 4 讲。演讲人为学者余秋雨、巴金侄子李致、北京鲁迅博物馆孙郁、复旦大学中文系陈思和，他们分别作了《巴金与一个世纪》《巴金教我如何做人》《鲁迅与巴金》《〈家〉的解读》的演讲。讲座引来了众多听众，爆满上海外滩新馆。

尾　章

流向大海

2005年10月17日下午7点06分，巴金的心脏停止跳动，在上海华东医院平静地逝世。当晚，新华社正式发表消息。

10月24日下午，巴金遗体告别仪式在上海龙华殡仪馆举行。记者这样报道仪式现场：

> 庄严肃穆的大厅里，摆放着数百位政府领导、亲友送来的花圈和挽联，普通读者自发送来的花圈放在大厅外面……
>
> 遗体告别仪式分三部分进行，下午2时开始是中央领导及中国作协参与的告别仪式；2：30开始是上海市作家协会及各地区相关团体参与的告别仪式；3点钟以后，普通市民自行吊唁。有上万人前往悼念巴金这位中国文坛巨匠，虽然殡仪馆现场人山人海，但现场秩序井然。众多自发而来的普通读者，都耐心地在工作人员引导下，依次进入大厅。巴金的女儿李小林、儿子李小棠以及儿媳唐宁，外孙女端端等，站在巴金遗体旁，向前来向巴金送别的人们一一握手表示感谢。
>
> 大厅和外面的院子两边，都已经放满了白色的花圈。大厅的中央是各种鲜花铺成的花床，周围环绕着家人送来的花篮。女儿李小林和儿子李小棠送的花篮摆放在最前面，花篮的挽联上写着“爸爸一路走好”！
>
> 花床前，一颗红色的心十分醒目，这颗心由101朵红玫瑰组成，

白色菊花镶边——玫瑰漂亮，但又带刺，象征着一个人不屈的性格，巴金生前最爱的花正是红玫瑰。鲜花围绕下，巴老安详地躺在花床中央。按照巴老遗愿，为了不使现场气氛悲痛，背景音乐播放的是柴可夫斯基的《悲怆交响曲》第四乐章。这是巴老生前最喜欢听的音乐，生前在病房里就一直播放。在巴老最爱的鲜花和音乐中与他告别，这应该是巴老最喜欢的方式。

下午4点，追悼会结束之后，巴金遗体随即火化。

记者还写到现场的一些情况：

在现场，自发而来的普通读者超过了上万人，他们来自全国各地，有巴金的老家四川成都的，有从苏州、杭州赶来的，还有很多从北京赶来的文学爱好者。在工作人员的引导下，人们安静地排成两队，缓步前行。进入大厅后，在巴金的遗体前三鞠躬，绕行遗体瞻仰遗容，为巴老献上鲜花。巴金的家人向前来吊唁的人们鞠躬回礼。一位来自无锡的小学生手持红玫瑰，

安静地进入大厅，将手中的玫瑰献给巴金。一位从宁夏千里迢迢赶来的中年读者告诉记者，他得知巴金去世消息之后，即刻动身来到上海，连日来他在巴金生活工作过的上海作协、巴金故居以及华东医院等地方流连忘返。在那些地方感受着大师生活过的气息，他要将参加巴金追悼会、送别巴金的感受带回家乡去。

几位受到过巴老资助的中学生，特意从成都赶来，他们为巴老献上亲手制作的红色玫瑰花。一位从成都赶来的读者，手捧和巴金老人的合影，在巴金老人遗体前久久不愿离去。从大厅出来之后，来自四川成都的乡亲们打出横幅默默站在遗体告别大厅门口，为巴老送别。读者送来的花圈上，写着人们对巴金这位伟大的作家最真心的赞扬："他的存在是为了所有有良知的中国人，其身虽灭，其魂永存。""向敢于和勇于说真话的巴金致敬！巴老的百年人生，

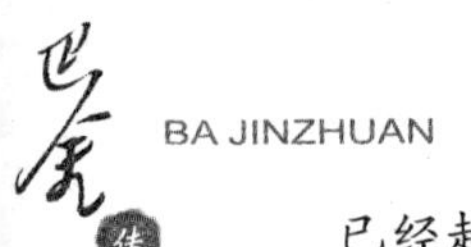

已经超出正常的生命价值，他的存在，本身就是一种精神！”①

10月17日晚我在异国得到巴老逝世的消息，我既为老人得以解脱身心的苦痛而感宽慰，又为真的失去了老人而哀痛。带着复杂的心情，23日我从韩国飞抵上海，次日与出席第八届巴金国际学术研讨会的同仁一道，乘车到龙华殡仪馆向巴老遗体告别。前往告别的人很多，我们在外等候了四十多分钟才进入灵堂。由于队伍很长，灵堂内的几位工作人员小声催促大家快走，不要停留。我排在邵燕祥先生和李辉后面。这是向老人作最后的告别，我们不理会工作人员的劝阻，坚持向老人的遗体鞠躬，坚持与小林、小棠握手致哀。告别老人后，大家默默地上车去嘉兴参加学术研讨会。

巴金的逝世，引发了全中国各地公众群体性追忆，其范围之广，规模之大，在近七十年的中国实属罕见。

10月18日全国各大报均在显要位置头版刊登了巴金逝世的消息。10月25日全国各大报均刊登了10月24日送别巴金的相关报道。

围绕哀悼巴金逝世，读者和媒体关注评议巴金的热情空前高涨，继2003年庆贺巴金百岁诞辰之后，再度出现了前所未有的介绍、评论和思考、研究巴金的热潮。从10月18日持续到11月底，有关巴金的各种文字在全国众多媒体随处可见，其中，《新华每日电讯》《文汇读书周报》《南方周末》《南方都市报》《文汇报》《解放日报》《文艺报》《中国青年报》《光明日报》《华西都市报》《新京报》《成都晚报》等报纸以专版、专栏、特刊等，发表大量报道、评论、随笔、散文、诗歌；《中国新闻周刊》《时代人物周报》《瞭望东方周刊》《三联生活周刊》《人民文学》《广州文艺》《民族文学》《文学自由谈》《语文学习》《新诗代》以及香港《明报月刊》《凤凰周刊》等各类刊物，刊出悼念追思的特刊、特稿、专辑；新浪网、搜狐网、新华网、人民网开辟了悼念巴金专版专辑，数以万计的年轻人纷纷上网留言，表达追思之情。对巴金的生活、思想、人格和创作、翻译、编辑等特别对巴金的影

① 《在鲜花与交响乐中与他告别 上万读者上海送巴金》（高丽），《今晚报》2005年10月25日。

响和当代意义，包括报纸、期刊、书籍和网络、电视、广播等在内的各种媒体，传达出众多的声音，反映出当代人对巴金的关注、评价和巴金在当代人心中的地位。

在深切的缅怀和哀思中，学者们用自己的方式表达巴金逝世的纪念。2005年10月25日至27日，由中国作家协会、上海市作家协会、嘉兴市人民政府和上海巴金文学研究会共同主办的第八届巴金国际学术研讨会，在巴金的祖籍地——浙江省嘉兴市召开。来自俄、法、日、韩等国的学者与国内各地的学者60余人出席研讨会。会议在“巴金与当代”的总主题下，就巴金的创作和思想对当代文学发展的作用和意义、经典化 的巴金创作与当代思想文化的沟通、新发现的巴金文献资料与当代思想文化关系等具体问题，展开了深入细致的学术研讨。为加强巴金作品与当代读者的沟通，鼓励年轻的学人参与巴金研究，研讨会还专门设立了“青年论坛”。

11月25日是巴金102岁诞辰。这天上午，子女捧着父亲巴金的骨灰盒和33年前去世的母亲萧珊的骨灰盒，乘船来到长兴岛附近的东海海域。9时50分，玫瑰花雨中，巴金、萧珊混合在一起的骨灰，撒入茫茫大海。

新华社记者赵兰英以《海的梦——巴金骨灰撒入大海祭》为题，面对巴金的亡灵，描写了骨灰撒放的全过程：

> 巴老，今天天气晴朗。清晨，有点薄薄的雾。上午8点钟，你和萧珊，在小林、小棠的怀抱里，离开家门，走上踏海之路。……瑞瑞、国煣、李致、少弥、唐宁等你的亲人，都陪伴在你的身边。你疼爱和牵挂的孙女晅晅，特意从美国赶来。全国政协、中国作协、上海市委的领导也来送行了。还有，曾经在你身边工作多年的老徐、小陆、小吴、小张、殿熙、邵主任、谭护士、张护士等等，也都从四面八方赶来，送你最后一程。
>
> 8点30分，车至吴淞码头。白色的沪航3号轮，舶在岸边等着你。江水，拍着堤岸，卷起白色的水花，仿佛在迎接你……
>
> ……3楼船舱内，高悬着你生前喜欢的那张有着灿烂笑容的照

片。天蓝色幕布上一行黑字：巴金、萧珊骨灰撒放仪式。用红色玫瑰缀成的祭坛，前面是用白色玫瑰组成的一个大大的心的图案。两旁立着4只同样用玫瑰扎成的花篮。甲板上，四周也摆满玫瑰鲜花，扶栏上挽着深蓝色布。你喜欢的柴可夫斯基的《悲怆》，回响在船舱内。全体送行人员，深深地向你鞠躬，摄影留念。

海船犁过黄绿色的江水，迎着朝阳驶去。……9点55分，船至东海口。默哀毕。小林、小棠解开你和萧珊骨灰盒上的红色绸缎。小林、小棠轻轻地将母亲的骨灰和你的合在一起。……

在瓣瓣玫瑰花的陪伴下，巴老，你和萧珊一起，飘入大海。爸爸，你放心地走。妈妈，你放心地走。我们会很好的。小林撒着亲人的骨灰，哭着说道。爸爸，我晓得，你会一直看着我们的。爸爸，再见。妈妈，再见。船行过后，鲜花伴着骨灰，行成一条长线，从从容容，向着太阳，向着深海流去、流去、流去。

……

巴老，10点10分，向着东方，向着太阳，全体人员又一次三鞠躬，将102支红红的玫瑰，撒向大海，让它们去伴随你的灵与魂。这时候，沪航3号鸣起了长笛。相距不远的一艘中国海事船，也鸣笛向你致礼。①

……

在巴金的人生途程上，水，江之水，海之水，曾两次引领他走向新的生活。1925年春末的一个清晨，巴金同三哥尧林一道，在成都东门外的锦江边，登上了小木船，经重庆、宜昌、武汉，去上海。那“永远向前流去没有一刻停留的绿水”，把他从住了十八年的家带到未知的城市和未知的人群中间去。从此，揭开了他生命历程上新的一页。1927年1月15日早晨，巴金在黄浦江登上“昂热”号邮轮，他噙着泪水，心底暗暗呼喊：“再见罢，我不幸的乡土哟！我恨你，我又不得不爱你。”邮轮穿越印度洋、红海、地中海，34天后到达

① 《海的梦——巴金骨灰撒入大海记》（赵兰英），《文汇读书周报》2005年12月2日。

法国马赛。在法国巴金写成第一部惊世之作《灭亡》，从此走上文坛。

巴金爱水，爱海。1937 年 8 月，巴金在《生》中写道：

> 我常将生比之水流。这股水流从生命的源头下来，永远在动荡，在创造它的道路，通过乱山碎石中间，以达到那唯一的生命之海。没有东西可以阻止它。在它的途中它还射出种种水花，这就是我们生活里的爱和恨、欢乐和痛苦，这些都跟着那水流不停地向大海流去。我们每个人从小到老、到死，都朝着一个方向走，这是生之目标，不管我们会不会走到，或者我们会在中途走入了迷径，看错了方向。
>
> 生之目标就是丰富的、满盈的生命。……

2005 年 11 月 25 日上午，巴金的肉体和灵魂，毫无保留地融入了动荡的水，融入了宽阔的海。茫茫海水带着他，带着他的爱和恨、欢乐和痛苦，奔向他的生之目标——丰富的、满盈的生命。

2005 年末，各报刊、网站撰写的《2005 年十大告别》（《时代人物周报》2005 年 12 月 5 日）、《盛世中国的年度关键词》（《新周刊》2005 年 12 月 19 日）、《追忆 2005 年辞世大师》（《北京日报》2005 年 12 月 26 日）、《2005 十大难忘面孔》（《生活报》2005 年 12 月 27 日）、《那些被永远留存在 2005 年的记忆中的人》（《新闻午报》2005 年 12 月 31 日）以及《2005 文化事件：悲欢起伏 穿透时空》（新华网“年终报道”2005 年 12 月 31 日），《“纪事本末体”的中国 2005 》（光明网 2006 年 1 月 4 日）等，举办的《2005 年大学生年度人物和年度魅力人物评选》（《光明日报》2006 年 1 月 4 日）、《2005 年度中国人物影响力调查》（《人物杂志》社等）等，都将巴金辞世作为重大事件。正如《2005 年十大告别》所说的那样：“文化或者科学的某一成就，总可以随着基础的积累或者某个天才的诞生而再现，一个拥有几千年文明的民族并不在乎这一刹那的空白。但是，思想的独立，灵魂的真实，却是一刻都不能远离。这个社会需要智者的守护，他们以常人不具备的智慧维持我们这个民族灵魂的延续，对他们的回顾是对其精神的致敬。”“作为长寿的名人，巴金伴随中国一个世纪的风雨，并保持了独立的人格精神。1978年，在‘文革’刚刚结束，中国人还在三缄其口的年代，他勇敢地着笔书写《随想录》，对一个摧残人性的时代作出了深刻反思，而且他的反思，完全是建立对自我心灵的拷问之上，而不是归咎于时代或者某人。他的这一晚年著作被称为检测中国知识分子的道德标尺。而巴金也被称为中国人的良心符号，反思文革的精神领袖。斯人已逝，而精神长存，百年以后，公众也许不再翻阅巴金的文字，但却不可不记得如此精神。”①

对巴金逝世的悼念追思活动，成为了一个意味深长的思想文化现象，留给后人去探讨深思。对巴金的思想、人格精神和“说真话”等的评价，对巴金晚年最重要作品《随想录》的思想内涵和文学价值、社会意义的认识，褒扬声中也掺杂有质疑或贬抑。不必为见仁见智的争论作结论，这个任务应该交给时间，交给历史。可以肯定的是，远去的巴金作为一种威严，一种力量，他依然存在，就像天空那颗名为“巴金”的行星，始终在我们的头顶上闪烁着光芒。

在结束本书的时候，我想说的话是：

20世纪百年间，中国知识分子有太多的坎坷，太多的无奈，太多的抗争，遭遇了种种重大的社会政治变迁，经历了多次升沉起浮，在每一次重大的变迁之后，总是有的高升，有的沉沦，有的叛逆，有的妥协；有的高升后沉沦，有的沉沦后高升，有的叛逆后妥协，有的妥协后叛逆……但是，有这样一种知识分子，不管他们生活在哪个时期，居于什么地位，从事何种职业，隶属何种党派团体，秉持何种思想观点，他们总能以天下之忧乐为忧乐，他们咀嚼的不仅仅是一己的悲欢，他们向往的不仅仅是个人的安康，他们的物质生活可能贫乏但心灵永远丰富，他们愿意脚踏实地去做一些有益社会人生的事情。巴金就是20世纪中国这样的知识分子的一个缩影。

巴金几乎亲历了20世纪中国所有的重大社会政治变迁，其间或升或沉、或“红”或“黑”，或激烈反抗或委屈妥协，他经受过世间顺逆处境的种种

① 《2005年度十大告别》（李梓），《时代人物周报》2005年12月5日。

揉搓磨练，尝遍了人生酸甜苦辣诸般况味，因此，在巴金的百年经历中，可以最充分地看到中国正直的知识分子曲折痛苦的人生之旅，更可以看到他们思想选择和心灵搏斗艰难悲壮的历程。

从青年时代起，巴金就怀博大之心，追求祖国安定、繁荣、富强，世间平等、自由、幸福，人类善良、互助、和谐。他急切地接受外来思想，他渴望投身于实际斗争，他夜以继日地写作，他深怀良知的呼号，他揭露，他控诉，他呐喊，他歌颂，都是为追求和实现美好的理想尽力。是的，他走过弯路，他有过失误，甚至有过人格的扭曲，但他从来没有放弃过理想追求。他的理想，难道不正是20世纪以来中华民族无数志士仁人矢志不渝的理想吗？他追求理想的漫长过程和不懈精神，难道不正是20世纪以来中华民族无数志士仁人追求理想的过程和精神吗？巴金的追求难道不是中华民族追求的缩影？

巴金实践了写到生命的最后一息的诺言。生命的终结使他不得不停下手中那支沉重的笔，他已无法再倾吐那永不衰竭的感情，他已无法再抒写那充溢胸中的爱憎。但是巴金留下的心还在燃烧。燃烧着爱，燃烧着真诚，燃烧着理想，燃烧着奉献，燃烧着庄严的生命。巴金的生命已经开花。绚丽的花朵，开放在读者的心中，开放在人民的心中，也开放在他自己燃烧着的生命之中。绚丽的花朵，启迪着千百万人去爱那需要爱的，憎那需要憎的；去追求真、善、美，诅咒假、恶、丑；去把个人的生命投入群体的生命，为祖国的富强、人民的幸福、人类的光明奋斗。

一颗永远燃烧着的心，一朵绽开着的生命之花。——这就是巴金，属于过去和现在也属于未来的巴金，属于中国和亚洲也属于世界的巴金。

我眼中的巴金老人

——代后记

一位满头银发的老人，端坐在我对面的高背木椅上，双腿间架放着一根手杖，身着略显臃肿的栗色茄克式棉衣。老人举步维艰，但脸色红润，神态安祥。这位老人便是巴金。

坐在老人对面，我真真实实地感到一种宁静，一种镇定，一种充实，一种信任。

这一天是1991年2月4日，农历庚午年腊月二十，节令正当立春。

没有多少热力的阳光，穿过婆娑的树叶，再透过门窗的玻璃，斑斑驳驳地洒进由阳台改成的狭长形房间。房内没有取暖设备。阳光虽未增加多少暖意，却平添了几分明亮。我同巴老便在这样的氛围中谈话。同去的朋友在远处和巴老的九妹琼如老人很有兴致地拉家常。

三天前，我同思和一道去巴老家时，请巴老为我选编的《巴金谈人生》写几句话。巴老应允了，要我再给他一份纲目看看。这天，我专为送纲目而来。老人说：一定写，只是身体不好，可能短一些。我说：哪怕只写一句话也好。说完“正事”，我又同老人谈了些别的事情。老人拿出两件材料给我看。一件是浙江嘉兴县志办公室据1923年手稿打印的《嘉兴杂忆》残稿，另一件是六十五年前写有《春梦》片断的练习薄。三天前，我同思和在巴老家谈了近三小时，这次，我不愿多占老人的时间，因此，进屋后一直没有取下围巾，脱去大衣。翻看那极其珍贵的稿本时，我显得笨手笨脚。巴老慈祥地看着我，不时轻声说几句话。看着老人双腿间的手杖，身上的棉衣，我突然涌出一个念头：老人那衰老的身躯也需要支持，老人那燃烧的心也需要温暖。我有点走神了……

2月5日，我离沪返京。19日，农历辛未年正月初五，巴老来信。我急切地拆开老人亲笔写的信封，内中是老人一笔一划写成的两页《前言》。文末署“91年2月14日”，这一天是农历的除夕日。《前言》是这样写的：

> 一九二八年在巴黎，我对一位朋友说：“我只想活到四十。”过了六十二年，我在回答家乡小学生的信中又说：“我愿意再活一次，重新学习，重新工作，让我的生命开花结果。八十七岁的老人回顾过去，没有成功，也没有失败。我老老实实地走过了这一生，时而向前，时而后退，有时走得快，有时走得慢，无论是在生活中，或者在写作上，我都认真地对待自己。我欺骗过自己，也因此受到了惩罚。我不曾玩弄人生，也不曾美化人生。我思考，我探索，我追求。我终于明白生命的意义在于奉献，而不在享受。人活着正是为了给我们生活在其中的社会添一点光彩，这我们办得到，因为我们每个人都有更多的爱、更多的同情、更多的精力、更多的时间，比用来维持我们个人的生存所需要的多得多，为别人花费了它们，我们的生命才会开花结果，否则，我们将憔悴地死去。
>
> 我仍在思考，仍在探索，仍在追求。我不断地自问：我的生命什么时候开花？那么就让我再活一次吧，再活一次，再活一次！”

读罢在人生途程中跋涉八十七个春秋的老人的自白，面对工整而苍劲厚重的手迹，蓦地，我眼前化出一幅景象：在人们忙碌地准备迎接新岁的时候，巴老静静地坐在临窗的小桌前，手中那管显得万分沉重的笔，在纸上艰难地缓缓移动，移动……我的双眼模糊了。幻象消失了，眼前是实实在在的写着四百多字的两页稿纸。放下稿纸，我感奋，我崇敬，只是不知怎地，感奋中含着些许酸楚，崇敬中惨着几分感喟。我默默地对自己说：这就是巴金老人！这就是巴金的精神。

《巴金谈人生》是我为青年朋友选编的一本薄薄的小书。我力图通过书中精选的巴老有关人生的方方面面的言论，展现他数十年来所倡导和实践的一贯思想：人应该追求真诚的、充实的、有理想的、有奉献的生活。巴老新写的《前言》所回顾的、所展示的、所渴望的，不也是这样吗？将巴老的手稿复印交出版社以后，我在小书的《后记》中，写了这样一段有感而发的话："最有资格谈人生的人应该是严肃地对待人生的人。巴金就是这样一个人。他怎样说就怎样做，至少是努力这样去做。正因为这样，在八十岁的时候，他才能这样说：'我绝不写文章劝人"公字当头"，而自己"一心为私"。自己不愿做的事我也决不宣传。我的座右铭就是"绝不舞文弄墨、盗名欺世"。'我们的确见过那种'论'人生时头头是道，'过'人生时则背道而驰的人。言行一致、身体力行与言善行恶、口是心非，其美与丑、高与低，真是泾渭分明。"我向青年读者们建议："读巴金谈人生的书，还应了解巴金这个人。只有把书和人联系起来'读'，才能真正认识巴金并理解他对人生所说的话语，受到更大的启迪和教益。对于其他谈人生的书和人，也应如此。"

我同巴老的文字往来始于 1963 年秋。当时，我刚刚步入大学四年级，准备以巴老的创作道路为题，撰写当年的学年论文和一年后的毕业论文。9 月 23 日，我写信给巴老，一封两千字的信写了一个星期，才交给指导教师林如稷教授，请他转寄给巴老。信写得很稚拙。我说："为什么我会对您和您的创作感到兴趣呢？凭我有限的知识，我感到，我国新文学史上的重要作家中，对您的论述和研究还不够充分、全面，有的问题解放前后都在争论，至今还没有一致的看法；有的虽然接近一致，但中间也有些值得商榷的地方；有的呢，似乎还没有怎么触及呢，特别对您的创作道路和经验的研究，显得更加不够。因此，对您的文学活动和创作道路的轮廓，作一个较全面的勾画；对您的作品，作一个合乎事实、较为正确的评价；对您的创作经验和意义，作一个公正的总结，是十分必要、十分迫切的事情。自然，我深知，知识贫乏、能力低下、年仅二十一岁的我，远远不能胜任这样艰巨的工作，它的完成，在待于致力于这方面研究的人们共同的探索和努力。我愿意在这项工作中，努力尽自己的一点力量。"我又表示，"读您的作品，我很喜欢您的性格和语言。当然我不是喜欢那些旧时代留下的消极的方面，我指的是由您的作品中体现出来的作家全人的品格。我爱热情、诚挚的人，爱明朗、酣畅的语言，我相信，这会有助于我对您的作品的感受和研究。"我以十分严肃的态度说："鉴于以上种种原因，我才立志研究您的作品及创作道路。我认为，这决不是个人的喜好和事情，对您的研究和评价，实际上关系到正确批判继承五四以来新文学的进步传统，关系到如何掌握评价新文学史上一大批进步作家的标准，涉及到怎样用马克思主义的认识论、方法论去对客观事实作实事求是的分析等一系列重要问题。我希望通过对您的研究，使自己对这些问题有更深刻、具体的认识。”

10月29日，林如稷教授转给我巴老的复信和一本我求借的《巴金的生活和著作》。巴老的信是用毛笔写的，字迹流畅飞动，文句却颇多委婉。这封信是这样写的：

存光同志：

信收到。我最近比较忙，过几天便要离开上海到南方去看看，我抽不出时间写较长的信。请原谅。说实话，我希望您最好不要研究我的作品。我过去写得多，但写得不好，现在社会活动较多，文章写得少，还是写得不好——自己看看，也不满意，何况别人！倘使我将来能写出好作品，我当然不反对人们谈论它。目前我害怕您会白白浪费了您的时间。

您要看的明兴礼的著作，已托林先生转给您了。这本书我这里还有，您不必寄还了。作者是个天主教徒，在他这篇“博士论文”中他也在宣传天主教义。不过他懂中文，我的作品他差不多全看过，引用的地方较多。

我1923年离开成都后曾在上海、南京两处进中学读书。没有参加什么社会活动。去法国前，翻译过一本克鲁泡特金的《面包略取》（后改名《面包与自由》）。

匆覆。此致

敬礼

巴　金

10月17日

请代问候林如稷先生，我不另给他写信了。

我毕竟是一介书生，且悟性甚低，不懂测风察云，见机行事。在1963年秋写信给巴老，表示要研究他的作品和创作道路，并侧面表示对1958年至1959年全国范围内以“巴金作品讨论”为名的大规模批判运动的不满，对文学评论和研究中日见抬头的种种“左”的思潮的质疑。这怎么不使心有余悸的巴老感到为难呢？大概是我的书生气令巴老忧虑，因此，他劝我“最好不要研究”他的作品，“害怕”“白白浪费”我的时间。我未能理解巴老的深意，也的确不明白正在发展的形势的严峻，仍然坚持搞自己的选题。以后的事情却为巴老所言中。一年以后，我不得不中止了研究。

风雨雷霆，十四年以后，我从西北的一所大学来到北京，得以重新研究中国现代文学和巴老。此后六年间，我只给巴老写过一封信。为了抢回失去的时光，我奔忙于各家图书馆，埋头翻查旧报旧刊，四处寻觅绝版书，整日遨游在书海之中。直到1984年，我出版了一本论述巴老文学道路的小书并编成三卷研究资料后，才下决心去见巴老。12月3日，在巴老度过八十岁生日之后，我第一次走进上海武康路巴老寓所。我带去一份复制件，这是上海《大公报》副刊《大公园》1948年12月29日以《巴金的心境》为题刊登的两行手迹：“我喜欢罗曼·罗兰的一句话，痛苦和战斗，这是支持宇宙的两根支柱。”手迹中的“一句话”三字有脱笔，看不清是什么字，令我耿耿于怀，因此，趁便先请巴老和小林同志辨认一下。为了节省巴老的时间，赴上海前，我将要请教的问题寄给了巴老；见面后，巴老便针对我的问题逐一作了回答。谈话的主要部分如下：

存光：1979年4月和1980年初，您在同法国《世界报》记者雷米和上海文学研究生花建的谈话中，都谈到“追随鲁迅的道路”。我正在思考应该怎样理解您所说的“鲁迅的道路”。能否谈谈您在30年代对“鲁迅的道路”的认识，以及今天您对“鲁迅的道路”的看法？

巴金：你的问题我看了。老实说，你的问题我很难回答。作家与批评家、理论家是不同的。有些问题我从来没有想过。

关于“鲁迅的道路”，我没有仔细想过这个问题。《真话集》

中《怀念鲁迅先生》写过。我的看法就是这样:“我勉励自己讲真话,卢骚是我的第一个老师,但是几十年中间用自己燃烧的心给我照亮道路的还是鲁迅先生。我看得很清楚:在他,写作和生活是一致的,作家和人是一致的,人品和文品是分不开的。他写的全是讲真话的书。他一生探索真理,追求进步。他勇于解剖社会,更勇于解剖自己;他不怕承认错误,更不怕改正错误。他的每篇文章都经得住时间的考验,他的确是把心交给读者的。”我对鲁迅的看法,当然也是这样,不过现在到写这篇文章时,考虑这个问题就考虑得更清楚一点,更明确一点。我认为作家的道路就是这样的,写文章也这样写。我觉得鲁迅的道路首先是这样的。比如讲真话,我是这样写的:写作和生活一致,作家和人一致,人品和文品一致。写这篇文章时虽说是回忆,但鲁迅对我的影响,我对鲁迅的看法就是这样的。30年代、40年代,我不是这样明确,70年代、80年代,更明确了。

存光: 现在回过头来看,20年代末、30年代初的文学运动、文学思潮,对您自觉从事创作是否有什么影响?

巴金: 我觉得很难明确地说。当然受到影响,但创作主要是生活。明确的我说不出来。我不是有意的。搞创作,写什么东西,主要是生活里有一些感受。所以我说我不是文学家。……我对青年作家说,你写创作,不要管别的,理论也好,美学也好,什么也好。你写生活中的感受,最熟悉的东西,感受最深的东西。我自己写作也是这样。反正我也不要做作家、文学家。

存光: 您认为对于作家的社会理想、政治观点与小说的思想的关系,应该怎样认识才较为确凿?

巴金: 这是有关系的。我的作品与我的主张是有关系的。我写作品是宣传我的思想,宣传我的看法。写出作品要打动我,也打动别人。不是为写作而写作。我没有话可说就不写东西了。

过去有些东西是别人拉稿写的,现在也有拉稿的。要尽量避免。替别人完成任务,要你写什么稿子你就写什么稿子,是浪费时间。

存光: 您认为写一个作家的传记,最需要注意哪些方面的问题?

巴金：我觉得写一个人的传记，最重要的是你了解他的生活，还了解他所处的时代。时代最重要，背景、环境最重要。我不想别人替我写传记，我写过去，也需要好些时间来思索，来回忆，才能准确地回忆起来。我写《回忆我的哥哥李尧林》在香港的《大公报》发表后，《一般》杂志也转载了。这篇文章里就有错，时间和事情都有错，查了几篇东西，才搞清楚，收在《病中集》中的是改过了的。我写东西要有根据。我要写过去哪些事，要考虑哪些问题，也要花好多时间，不能说几十年的事一下就想起来。我的时间不多了，把要写的东西多写两本，还有，我还要做点事，证明自己的文品、人品，证明文学与生活、与写作的一致。因此，我没有更多精力来写回忆过去的东西。我要做我自己要做的事，不能老做别人让我做的事。

存光：有人说，写传记要写出“我眼中（或心中的×××”）；又有人说，应写出“真实存在着的×××”。很想听听您对这个问题的意见。

巴金：照我来看，当然应该写真实存在的人。但这不容易，总免不掉我写的东西总有点我自己的看法、印象。比如这个人我讨厌他，写出来总有点反映。他做的有些事你不赞成，你总不可能把他说好。当然，写作时尽可能准确些，忠实一点。过去写传记最困难是材料，我为啥要提出建立文学馆呢？就是为了保存材料。这个馆明年一月一日可以正式建馆。成立文学馆还有不同看法，有人提出成为研究中心。我的意思，先应该是资料中心，收集资料，整理资料，提供资料，主要为全国大专院校中文系师生服务，还要为海内外研究者服务，为很多人服务。研究中心是为少数人服务。以后发展当然可以办。写传记有了资料也就方便一些。本人谈的只能参考，特别是家属，现在有些回忆录就不大符合事实，家属提供的情况好话说得太多。最困难的是时代怎样创造这个人，能把时代写出来。这个时代出现这个人。

匆匆又五年。1989年11月，我去上海参加“首届巴金学术研讨会”。说来令人感慨，自80年代以来，中国现代文学研究十分活跃，其中，巴金研究堪称进展最大、收获最丰的领域之一，但召开全国性的巴金研讨会，却困难重重，在上海同仁的努力下，直到1989年尾才得以举行。研究者们从各地赶赴上海市郊青浦宾馆，兴奋和欣喜自不待说。11月21日，会议开幕。许多代表要求探望巴老，会议主持者颇感为难，他们在开会前已与巴老联系过，未得同意，因为巴老不习惯也不愿意搞“接见”式的会见。会议主持人再三解释，但要求仍殷殷不停。于是，23日下午，我同李济生老人、丹晨同志陪与会的几位日本学者去巴老寓所，同时，代大家再向巴老陈情。我对巴老说：有十几位研究者，也是几十年来读您的书的读者，现在来到您的门前，不见您心里实在过不去，50岁的人说起这事都流泪，请巴老见见吧。巴老听后，立即说：“见一见，见一见。”这样，便约定第二天上午10点见面。第二天，我随过去已见过巴老的代表参观大观园，十几位从未与巴老谋面的代表，则乘车去武康路巴老寓所。

会议闭幕后，28日下午，我与思和又应约去巴老寓所，请教有关老人的集外佚文等问题。这两次见巴老，我明显地感到，老人的体力不如五年前，行动已很困难，但他那平易的风范、清晰的思路仍然如故，他思维的敏捷和记性的超常，更令我惊叹……

我同思和28日去巴老寓所前，先到华东去医院探望正在住院的王瑶先生。说到王先生，我不能不多写几句，因为王先生的名字也是同巴金研究连在一起的。早在1957年，王先生就发表了《论巴金的小说》这篇奠定我国巴金研究基础的力作；80年代，王先生又为《中国大百科全书·中国文学卷》撰写“巴金”词条，全面而中肯地评介了巴金的创作道路和文学成就。王先生一直关心支持巴金研究，并为研究工作的收获深感欣慰。1985年，我和丹晨同志受同仁之托，到北京大学镜春园76号拜访王先生，请他同复旦大学的贾植芳先生一道领衔主编《巴金研究论集》。1989年11月9日，我代“首届巴金学术研讨会”主办单位与王先生联系，他在电话中以十分肯定的语气说：“一定参加。”他还告诉我，即将动身去苏州出席现代文学研究会理事会，会后便赴上海。21日，我因事耽误，下午才从北京飞往上海，同仁告我，王先生上午抱病出席开幕式，但无力讲述事前准备好的发言稿，在贾植芳先生的劝说下退席休息，已住青浦中医院输液观察。当晚，王先生病情加重，次日转至市内华东医院住院治疗。我和思和去医院时，思和买了一束鲜花，病房的护士小姐找来一个广口瓶权当花瓶，鲜花使洁白的病房增添了一些生气与活力。王先生此时已不能说话，但头脑清楚，面部表情坚毅而乐观。陪伴王先生的师母告诉我们：上午，巴老来医院检查，因不能上楼，特让女儿李小林代他到病房向王先生致意。想不到，这一天竟是我同王先生的诀别。12 月 27 日，在北京八宝山王先生的追悼会上，我默立在人丛中，想到 50 天前我与王先生的通话，和一个月前在上海的最后一面，想到王先生一生的学风和人品，开拓和成就，不禁黯然泪下。王先生是从巴金研讨会的会场上住进医院的，他是“战死”在现代文学研究阵地上的啊！我蓦然想到巴金 1938 年在《做一个战士》中写的一段话：“他能够忍受一切艰难、痛苦，而达到他所选定的目标。除非他死，人不能使他放弃工作。”王先生不正是这样一位“战士”吗？因此，在向王先生遗像鞠躬时，我心里除了哀痛，还升腾着一种异样的感情……

我与巴老接触不多，仅有的几次见面，都在老人 80 岁之后。尽管每一次见到老人，我都有所获，有所感，有所思，但我却认为实在无需用铺陈的笔去描述每一次见面的情形，这是因为在我的眼中，他是一位诚挚、平易、谦虚的老人，是一位爱憎分明、热情正直的战士，是一位辛勤耕耘，硕果累累的作家。他不是“首长”，不是“名流”，不是圣人，更不是神仙。读他的作品，我像是在聆听他促膝谈心；坐在他的对面或身旁，我眼前是一个真真实实的普普通通的老人。我爱我眼前的巴老，我敬我眼前的巴老。

自五四以来，可称为“作家”的中国人车载斗量，然而，真正把写作当作事业，在推动社会的进步和人类的文明方面卓有建树者，却可以数计。有的作家才华出众，或一度辉煌，或写过力作佳构，但星换斗移，沧海桑田，逐渐失却光泽，有的甚至蒙上尘垢。更有的号称“作家”者，或猎于名，或钓于利，或屈于力，随时俯仰，见风转篷，文章或有可取，人品几乎等于零。巴老自本世纪 20 年代开始写作，他亲历了五四以来我国新文学的全过程，除去头十年和被迫搁笔的“文革”十年外，其余五十余年都堪称文学创作的大家和文学运动的中坚。像巴老这样，长达七十余年坚持写作，坚持用作品同读者见面，其作品在几代读者中产生广泛而深远的影响，这在现代作家中的确不多见。巴老不想当作家，但生活却把他造就成一个作家。一个为写作事业贡献毕生精力的大作家。巴老写作如同在生活，为使世间更温暖、更幸福，人的心灵更纯洁、更美好，他写作一生，探索一生，思考一生，奋斗一生。他用作品说真话，吐真情，真切反映时代的影象，尽力抒写人民的心声。他有过迷惘，有过坎坷，也有过错误，有过失落，但不论处于何种境地，他始终不忘读者，不忘祖国，始终襟怀坦白，勇于自剖，始终追求真理和光明，坚持理想和信仰。其言以真而传世，其文因德而益彰。在这位写作与生活一致、做人与为文一致的作家面前，谀词和贬斥同样不都是苍白无力的吗？

记叙或评述巴金老人的一生，是一件为许多人关注的工作，已经出版的几部传记和评传，或重在作品的评析，或偏于经历的描绘，或以铺叙言行活动见长，或以揭示人格发展取胜，自成一格，各有特点。我的这本书，能为读者提供一些新的东西吗？这不该由我作答。我所能说的是，我力求忠实地、客观地叙说老人不懈奋进的一生，特别是他在思想和创作方面探索、追求的历程；以目前所能掌握的全部材料为根基，不取巧，不自以为是。我爱巴老，我敬巴老，但我避免用一己的感情去择取事实，以个人的好恶去剪裁历史。我的写法也许拘谨，但执著于材料也颇艰苦。我有自知之明：我笨拙的笔，写不好这位世纪老人，时代良知。我这样自慰：我所写的巴老，也是一种认识，一种观照，一种理解，一种表现吧。今年，巴老整整九十岁了。在这个时候，我把这册书奉献给读者，也多少卸下了自己心上的重负。于是，我释然了。

末了，对于不断督促和鞭策我的朋友们，对于栽培本书的园丁们，我深深地道一声：谢谢！

1994年中秋夜，于韩国大邱巴山洞明月下

新版后记

这本《巴金传》写就于1994年上半年，同年12月列为北京十月文艺出版社“中国现代作家传记丛书”之一出版，2000年5月改换封面第3次印刷。受限于写作时间，书中对巴金先生的记叙止于1993年。

二十一年的时光匆匆过去了。蒙团结出版社盛意，要再行出版我写的这本巴金传记，我无力对全书内容作修改，但总该弥补叙写不完整的遗憾。为此，新增写了自1994年至2005年10月17日巴金先生辞世、11月25日与夫人萧珊的骨灰同入大海的内容，即第十五章末节、第十六章的三节和尾章，并改动了第十五章章题，将第十五、十六章和尾章另立为第六部。除以上增写和调整，还改正了1994年十月文艺版中的一些错字和个别词语。新版尽管因未能将这些年来陆续发现的文献史料（比如巴金的日记、往来书信等）补充进去，留下遗憾，但是这本书总算了却了我完整记叙巴金先生一生的心愿，也表达了我对巴金先生《随想录》完成三十周年、辞世十一周年的纪念。谨记。

2016年10月于北京